Studien zur Praktischen Theologie

Band 9

STUDIEN ZUR PRAKTISCHEN THEOLOGIE

Herausgegeben von Reinhard Feiter und Judith Könemann

Band 9

INSTITUTIONELLE SCHUTZKONZEPTE UND KINDERPARTIZIPATION

Religionspädagogische Perspektiven auf präventionsbezogene Organisationsentwicklungsprozesse in der Gemeindepastoral

Rebekka Burke

Aschendorff Verlag

Münster
2023

Gedruckt mit freundlicher Unterstützung
des Bistums Münster und des Erzbistums Paderborn

www.aschendorff-buchverlag.de

Printed in Germany
Gedruckt auf säurefreiem, alterungsbeständigem Papier
ISBN 978-3-402-15199-0
ISBN (E-Book-PDF) 978-3-402-15200-3

Inhalt

Vorwort

Bei vorliegendem Text handelt es sich um den leicht überarbeiteten Abdruck meiner Dissertationsschrift, die ich im Wintersemester 2021/2022 an der Katholisch-Theologischen Fakultät in Münster unter dem Titel „Institutionelle Schutzkonzepte und Kinderpartizipation. Religionspädagogische Perspektiven auf präventionsbezogene Organisationsentwicklungsprozesse in der Gemeindepastoral" eingereicht habe und die dort im Mai 2022 angenommen wurde. Die Defensio fand im Juli 2022 statt.

Auf dem Weg zur Einreichung, Verteidigung und Veröffentlichung der Arbeit haben mich viele Personen auf ganz unterschiedliche Weise begleitet und unterstützt. Bei ihnen möchte ich mich an dieser Stelle herzlich bedanken.

Mein erster Dank gilt den zahlreichen Personen – Mitarbeiter*innen im Generalvikariat des beforschten NRW-Bistums wie auch Ehren- und Hauptamtlichen in den Pfarreien und Gemeinden –, die mich und mein Forschungsvorhaben unterstützt sowie Kontakte, Begegnungen und meine empirischen Erhebungen möglich gemacht haben. Ich danke insbesondere den Kindern, die mit mir ein Gruppengespräch geführt und mich an ihren Perspektiven haben teilhaben lassen. Ohne das Interesse aller genannten Akteure und ohne ihre Perspektiven wäre meine Forschung in dieser Form nicht möglich gewesen.

Ich bedanke mich bei Prof. Dr. Judith Könemann, die diese Arbeit von Anfang an unterstützt hat. Für ihre Förderung und Begleitung ebenso wie für die Erstellung des Erstgutachtens bin ich ihr sehr verbunden. Ebenso gilt mein Dank Prof. Dr. Marianne Heimbach-Steins, die das Zweitgutachten erstellt hat und deren Feedback mir während des Schreibprozesses stets eine wertvolle Hilfe war. Von den konstruktiven Gesprächen wie auch der Freiheit zum Denken und Schreiben, die beide Gutachterinnen mir gelassen haben, habe ich stets profitiert.

Mit zahlreichen Kolleg*innen durfte ich im Laufe der Jahre über meine Ideen diskutieren und so haben sehr viele Menschen zum Gelingen dieser Arbeit beigetragen: Ich danke meinen Kolleg*innen an der Katholisch-Theologischen Fakultät Münster und den Teilnehmenden am Doktorand*innenkolloquium von Prof. Judith Könemann und Prof. Reinhard Feiter für ihre hilfreichen Rückmeldungen zu meiner Arbeit. Danke an Theresa Sothmann, Dr. Maria Bebber, Verena Suchhart-Kroll und Markus Toppmöller für die Diskussionen zur empirischen Forschung sowie Dr. Matthias Daufratshofer für die gemeinsamen

Schreibzeiten, in denen wir unsere Qualifikationsarbeiten voranbrachten. Danke an Laura Otte und Juliana Osterholz, auf deren Unterstützung ich in der Jonglage der verschiedenen Arbeitspakete stets zählen konnte. Ich bedanke mich außerdem bei den Kolleg*innen des Lehrstuhls für Religionspädagogik unter besonderer Berücksichtigung von Inklusion (Universität Paderborn). Mein Dank gilt Isabelle Hoyer und Lisa Hofmeister sowie insbesondere Prof. DDr. Oliver Reis für seine Ermutigungen und seinen mir stets einen hilfreichen Perspektivwechsel bringenden Blick.

Mein besonderer Dank gilt Dr. Laura Mößle und Sarah Delling für den andauernden wissenschaftlichen Austausch, die vielen persönlichen Bestärkungen und insbesondere die wertvolle gemeinsame Weggemeinschaft. Ich danke meiner Familie und Freund*innen für ihre Ermutigungen auf dem Weg der Erstellung dieser Arbeit. Meinem Mann Andree gebührt mein herzlicher und großer Dank für die vielen inhaltlichen Gespräche und noch mehr für den Halt, den er mir gibt.

Für großzügige Druckkostenzuschüsse danke ich zwei Bistümern. Zum einen dem Bistum Münster, in dem ich vom Studium bis zum Einreichen meiner Promotion leben, lernen und studieren durfte. Zum anderen dem Erzbistum Paderborn, in dem ich aufwuchs und engagiert war sowie mein Interesse an Religionspädagogik entdeckte.

Darüber hinaus danke ich Prof. Dr. Könemann und Prof. Dr. Feiter, die die Veröffentlichung dieser Arbeit in ihrer Reihe „Studien zur Praktische Theologie" möglich gemacht haben. Außerdem bedanke ich mich bei Dr. Bernward Kröger für die freundliche und hilfsbereite Begleitung im Lektorat des Aschendorff Verlags.

Hamburg im Juli 2023

Rebekka Burke

1. Einleitung

Die schwedische Schriftstellerin Astrid Lindgren setzte sich öffentlich für Kinderrechte und gegen Gewalt und Machtmissbrauch in der Kindererziehung ein. 1978 hielt sie ihre berühmt gewordene Rede ‚Niemals Gewalt!' anlässlich der Verleihung des Friedenspreises des Deutschen Buchhandels.[1] Auch in ihren Büchern kommen ihre Auffassungen zu Gewaltlosigkeit in der Kindererziehung und Machtsensibilität zum Ausdruck, bspw. in den Geschichten von Pippi Langstrumpf. Lindgren stellt darin die gewohnten Verhältnisse zwischen Kindern und Erwachsenen buchstäblich auf den Kopf.

> „Pippi ist finanziell unabhängig und mit unvorstellbar großen Kräften ausgestattet. Sie ist die Starke, die Erwachsenen die Schwachen. Aber Pippi tut, wovon auch ihre Erfinderin überzeugt ist: Sie nutzt die Macht, die sie dadurch über andere hat, nicht aus. […] Pippi weiß, wie stark sie ist, und sie versteht es, ihre Kräfte einzusetzen – vor allem, wenn es um die Rechte von Kindern geht. Sie duldet keine Ungerechtigkeiten."[2]

1992 beschreibt Astrid Lindgren in einem Interview die Bedeutung ihrer berühmt gewordenen Figur wie folgt: „Wenn Pippi übrigens jemals eine Funktion gehabt hat, außer zu unterhalten, dann war es die zu zeigen, dass man Macht haben kann und sie nicht missbraucht. Und das ist wohl das Schwerste, was es im Leben gibt."[3] Dieses Zitat von Lindgren kann auch heute noch, gut 30 Jahre nach dessen Aufzeichnung, mitten hineinführen in Fragestellungen und Herausforderungen, die Kirche und Theologie unbedingt angehen. Wie also geht man mit Macht so um, dass man sie nicht missbraucht?

Es gibt wohl kaum eine zentralere und gleichzeitig größere Frage, die sich angesichts einer aktuellen kirchlichen Situationsanalyse stellen ließe. Denn es steht fest: Pfarreien, Gemeinden und alle kirchlichen Einrichtungen sind Orte, an denen Grenzüberschreitungen, Machtmissbrauch und sexualisierte sowie nicht sexualisierte Formen von Gewalt geschehen. Seit einigen Jahren werden diese Orte vermehrt zu Orten der Entwicklung und Umsetzung von Präventi-

1 Die Rede wurde vielerorts publiziert. Vgl. z. B. LINDGREN, Astrid: Niemals Gewalt! A.-L. Kornitzky und K. Behnken. Hamburg 2017.

2 WEITENDORF, Silke: Nachwort. NIEMALS GEWALT! Oder: Es gibt Dinge, die man tun muss, sonst ist man kein Mensch, sondern nur ein Häuflein Dreck [Nachwort zu:] LINDGREN, Astrid: Niemals Gewalt! A.-L. Kornitzky und K. Behnken. Hamburg 2017, 64f.

3 Ebd., 65f. Hervorhebung im Original.

onsmaßnahmen. Es werden z.B. Führungszeugnisse eingesehen, Beschwerdewege aufgezeigt und Schutzkonzepte erarbeitet. Im Zuge dessen befinden sich kirchliche Einrichtungen inmitten eines Spannungsfeldes: Missbrauch und (Re-)Traumatisierungen, Aufklärung, Hoffnungen, Aufbrüche und Enttäuschungen, Präventionsbemühungen und Innovationsstau – das alles ist Teil kirchlicher Realität und Teil der Situation, in der Präventionsarbeit geleistet wird.

Im Zusammenspiel von Prävention und Partizipation – insbesondere der Betroffenen bzw. Überlebenden[4] – tut sich ebenfalls ein Spannungsfeld auf: Partizipation erscheint im Rahmen von Prävention einerseits unabdingbar, andererseits scheint Beides nicht immer oder nur schwer Hand in Hand zu gehen.[5] Carolin Schloz, Marc Allroggen und Jörg M. Fegert begründen die Bedeutsamkeit von Partizipation im Rahmen präventionssensibler Organisationsentwicklung:

> „Wenn es hierbei gelingt, haupt- und ehrenamtliche MitarbeiterInnen, Kinder und Jugendliche sowie Erziehungsberechtigte in alters- und funktionsangemessener Weise von Beginn an aktiv zu beteiligen, erhöht sich die Akzeptanz des Themas. Zudem wird die spätere Praxistauglichkeit des Konzepts durch die Berücksichtigung der verschiedenen Bedürfnisse und Perspektiven verbessert (UBSKM, 2013). Hinzu kommt, dass durch die gemeinsame Beschäftigung mit dem Thema von Beginn an eine größere Sensibilisierung erreicht werden kann […].“[6]

Dass Partizipation nichtsdestoweniger häufig *Desiderat* bleibt, kommt in den Ergebnissen des Forschungskonsortiums um Harald Dreßing, Hans Joachim Salize und Dieter Dölling zur Sprache, die als ‚MHG-Studie‘ veröffentlicht wurden. Bis 2014 wurde so „lediglich in vier Diözesen Betroffenen die Möglichkeit

4 Jeder Mensch entscheidet selbst, wie sie oder er sich bezeichnet. Diese Arbeit vermeidet den Begriff ‚Opfer‘ und verwendet stattdessen ‚Betroffene‘ und ‚Überlebende‘. Die Entscheidung für die im Rahmen dieser Arbeit verwendeten Begriffe hat die Autorin getroffen, um damit eine vielerorts gewählte Selbstbezeichnung z. B. von ‚Betroffenenräten‘ aufzugreifen. Selbstbezeichnungen wie z. B. ‚Überlebende‘ markieren eine Verschiebung in der Begriffsnutzung vom passiven zum aktiven Erlebnis. Die Nutzung beider Begriffe bringt die Absicht zum Ausdruck, beide Dimensionen des Erlebens von Menschen sprachlich zu berücksichtigen.

5 Vgl. Unabhängige Beauftragte zur Aufarbeitung des sexuellen Kindesmissbrauchs: Abschlussbericht der Unabhängigen Beauftragten zur Aufarbeitung des sexuellen Kindesmissbrauchs, Dr. Christiane Bergmann. 2011. Online unter *https://beauftragter-missbrauch.de/service/berichte* [Stand: 08.12.2021], 21.

6 Vgl. zu Partizipation als Faktor gelingender Implementierung von Schutzkonzepten z. B. Schloz, Carolin/Allroggen, Marc/Fegert, Jörg: Forschungsstand zur Umsetzung von Schutzkonzepten und Faktoren einer gelingenden Implementierung. In: Wolff, Mechthild/Schröer, Wolfgang/Fegert, Jörg (Hg.): Schutzkonzepte in Theorie und Praxis. Ein beteiligungsorientiertes Werkbuch. Weinheim/Basel 2017, 25–32 insb. 31.

eingeräumt, sich an der Präventionsarbeit zu beteiligen."[7] Die Erfahrungen Betroffener bzw. Überlebender werden gerade nicht zum locus theologicus, vom dem aus sich Theologie und Kirche etwas sagen lassen.[8]

Eine weitere Beobachtung mit Blick auf das Verhältnis von Prävention und Partizipation ist, dass *für* Kinder, Jugendliche sowie schutz- und hilfebedürftige Erwachsene[9], seltener jedoch *mit* ihnen Präventionsmaßnahmen etabliert werden. Ursula Enders, Mitbegründerin der Beratungsstelle ,Zartbitter Köln e.V.', veröffentlichte im März 2020 ein Statement zu den Entwicklungen der Präventionsarbeit in der katholischen Kirche und kommt zu folgender Aussage:

> „Die Präventionsarbeit der meisten Bistümer orientieren [sic!] sich [...] bis heute vorrangig an dem Interesse der Institution Kirche und nicht an denen [sic!] von Kindern und Jugendlichen. Das durch Missbrauchsskandale ramponierte Image soll wieder aufpoliert, die Institution vor weiteren erwachsenen Tätern/Täterinnen in den eigenen Reihen geschützt werden. Dementsprechend wird der Problembereich sexualisierte Peergewalt und die Partizipation von Kindern und Jugendlichen bei der Entwicklung von institutionellen Kinderrechte/Schutzkonzepten meist mehr als weniger vernachlässigt."[10]

7 Dreßing, Harald u.a.: Sexueller Missbrauch an Minderjährigen durch katholische Priester, Diakone und männliche Ordensangehörige im Bereich der deutschen Bischofskonferenz. Projektbericht. Mannheim Heidelberg Gießen 2018. Online unter *https://www.dbk.de/fileadmin/redaktion/diverse_downloads/dossiers_2018/MHG-Studie-gesamt.pdf* [Stand: 08.12.2021], 194. [Nachfolgend auch: MHG-Studie]

8 Vgl.: Striet, Magnus: Sexueller Missbrauch im Raum der Katholischen Kirche. Versuch einer Ursachenforschung. In: Striet, Magnus/Werden, Rita (Hg.): Unheilige Theologie! Analysen angesichts sexueller Gewalt gegen Minderjährige durch Priester (Katholizismus im Umbruch). Freiburg/ Basel/ Wien 2019, 40.

9 So bezeichnet die Deutsche Bischofskonferenz in den offiziellen Dokumenten, wie z. B. der Rahmenordnung, die in dieser Arbeit noch ausführlich vorkommen werden (Kapitel 6.2), die Gruppen derer, um deren Wohl und Schutz es sich besonders zu sorgen gilt. Alternativ wird in den Dokumenten auch von „Minderjährigen" und „schutz- und hilfebedürftigen Erwachsenen" gesprochen. Vgl. hierzu: Sekretariat der Deutschen Bischofskonferenz (Hg.): Rahmenordnung – Prävention gegen sexualisierte Gewalt an Minderjährigen und schutz- und hilfebedürftigen Erwachsenen im Bereich der Deutschen Bischofskonferenz. 2020. Online unter *https://www.dbk.de/fileadmin/redaktion/diverse_downloads/dossiers_2019/2019-207b-Rahmenordnung-Praevention.pdf* [Stand: 08.12.2021; Nachfolgend auch: Rahmenordnung 2020].

10 Enders, Ursula: Traurige Bilanz der Aufarbeitung sexuellen Missbrauchs in der katholischen Kirche - ein persönliches Statement von Ursula Enders. 2020. Online unter *https://www.zartbitter.de/gegen_sexuellen_missbrauch/images/Fachinformationen/2020_03/Presseerklaerung_Kirche_Ursula_Enders.pdf* [Stand: 08.12.2021], 7.
Dass Partizipation von Kindern und Jugendlichen auch andernorts nicht berücksichtigt wird, zeigt z. B. dieser Beitrag für den Bereich stationärer Kinder- und Jugendhilfen: Kampert, Meike: „Unser Schutzkonzept ist in einem Ordner, ich weiß aber nicht, wo der gerade steht". In: Sozial Extra. 39/5 (2015), 22–24. Allerdings konnte dies, wie das Datum der Veröffentlichung zeigt, bereits 2015 erkannt werden. Im kirchlichen Bereich kommt die

Ausgehend von dieser Analyse setzt sich die vorliegende Arbeit mit der Schutzkonzepterstellung in Gemeinden und Pfarreien auseinander. Kinderpartizipation und damit die Frage nach der Berücksichtigung von unterschiedlichen Akteursperspektiven werden dabei fokussiert. Wenn die Analyse von Enders zutrifft, erscheint es notwendig, insbesondere hier einen Forschungsbeitrag zu leisten. Prävention kann nicht dem Selbsterhalt der kirchlichen Institution dienen. Dieser Beitrag kann dann vielleicht auch seinen kleinen Teil dazu beitragen, was Doris Reisinger als theologische Fürsorgepflichten benennt:

„Die Opfer kirchlicher Selbstbestimmungsfeindlichkeit sind nicht in erster Linie Theologinnen und Theologen, sondern es sind gerade und vor allem Menschen, die intellektuell, spirituell und emotional so viel weniger wehrhaft sind als sie. Es sind insbesondere Kinder, Jugendliche und Menschen in Not. Angesichts dieses Befundes können Theologinnen und Theologen den Weg des Selbstschutzes nicht länger beschreiten, ohne dass es zugleich ein ausdrückliches Wegschauen wäre. Ein Wegschauen von der Gewalt, die Menschen in der Kirche erleiden. Für diese Menschen haben Sie, haben wir alle, die wehrhafter sind, eine Fürsorgepflicht.“[11]

In diesem Sinne ist auch die religionspädagogische Forschung angefragt, welche Lehren und Konsequenzen sie aus den Entwicklungen der Praxis für sich ziehen kann und sollte. Es gilt, Gemeinden und Pfarreien als Orte des Erlebens und Gestaltens von Prävention für die Religionspädagogik sichtbar zu machen.

Die für ein solches Vorhaben relevanten Themenfelder sind riesig und der Forschungsbedarf im Bereich der Kirche enorm. Die Verantwortung ist hoch und der Forschungsbedarf noch höher.[12] Für den Bereich der Religionspädagogik kann gesagt werden, dass es vereinzelt Forschungsprojekte zu sexualisierter Gewalt gibt.[13] Einen der Größenordnung des Phänomens entsprechenden Diskurs um die Reflexion der Präventionsbemühungen, die zur alltäglichen Praxis vieler religionspädagogischer Orte geworden sind, gibt es noch nicht.[14] Die vorliegende Arbeit sieht sich deshalb von einem Balanceakt herausgefordert: Es gilt auf der

Implementierung von Schutzkonzepten demgegenüber zeitversetzt in den Blick (vgl. Kapitel 3 und Kapitel 5 dieser Arbeit).

11 Reisinger, Doris: Machtmissbrauch und sexuelle Gewalt in der Kirche – was hat Theologie damit zu tun? Gedanken aus der Perspektive einer Betroffenen. In: Reményi, Matthias/Schärtl, Thomas (Hg.): Nicht ausweichen. Theologie angesichts der Missbrauchskrise. Regensburg 2019, 58.

12 Vgl. ebd., 52–60.

13 Hier kann z. B. das PRONET[2] Projekt P34: *Darstellung sexualisierter Gewalt in Bibel und Religionsunterricht* genannt werden. Das Projekt wird von Prof. Annegret Reese-Schnittker und Prof. Ilse Müllner verantwortet. Online unter *https://www.uni-kassel.de/fb02/institute/katholische-theologie/wir/projekte/pronet2-projekt-p34-darstellung-sexualisierter-gewalt-in-bibel-und-religionsunterricht* [Stand: 08.12.2021].

14 Vgl. Reisinger, Machtmissbrauch und sexuelle Gewalt in der Kirche – was hat Theologie damit zu tun?, 52.

einen Seite (immer noch) erste Schneisen zu schlagen im Hinblick auf die religionspädagogischen Auseinandersetzung mit Präventionsarbeit und im Zuge dessen gerade deshalb auf das zu reagieren, was Expert*innen in der Arbeit und Forschung zu sexualisierter Gewalt und Prävention – insbesondere in Diskursen der Sozial- und Erziehungswissenschaften – als für Kirche und Theologie relevant erkannt und erforscht haben. Die vorliegende Arbeit will einige dieser Diskurse für theologisch-religionspädagogische Überlegungen aufnehmen und eröffnen. Es gilt dies aber auf der anderen Seite auch, im Rahmen einer Qualifikationsarbeit, entlang einer begrenzten Fragestellung zu tun.

Die Arbeit widmet sich insofern dem folgenden Anliegen: Vor dem Hintergrund der bereits eingeführten Frage (Wie geht man in Kirche verantwortungsvoll mit Macht um?) unternimmt sie den Versuch einer möglichen ‚Expeditionstour', um einige für religionspädagogische Reflexionen hilfreiche Entdeckungen im gemeindepastoralen Raum einzuholen und von diesen zu berichten. Dabei leitet sie die Frage: Wie steht es um Kinderpartizipation im Rahmen der Schutzkonzepte? Es werden unter Verknüpfung von christlich-theologischen wie auch sozialwissenschaftlichen Erkenntnissen religionspädagogische Elemente einer schutz- und partizipationssensiblen Perspektive herausgearbeitet, die im Rahmen der präventionsbezogenen Organisations-entwicklungsprozesse in der Gemeindepastoral einen kleinen Teil zum Aufbau wirksamen Kinderschutzes in Form „regelhafter Strukturen für einen reflexiven Umgang mit Unsicherheiten"[15] beitragen können.

Die Auseinandersetzung mit Partizipation zeigt, dass die Schutzkonzepte dabei viel mehr sind als der verschriftliche Textkorpus. Sie stellen die Basis für einen lebendigen Organisationsentwicklungsprozess dar, der sich in konkreten Praktiken vor Ort zeigen muss – auch in Partizipationspraktiken von Kindern. Die Arbeit ermöglicht einen Einblick in genau dieses Zusammenspiel, diese – wie es die Arbeit als Bezeichnung anbieten möchte – ‚Synchronisierungsleistungen', zwischen Praktiken und Konzepten, zwischen Konzepterstellung, Konzepttext und Konzeptentwicklungsprozess. Partizipation wird im Rahmen der Arbeit damit a)

15 So der Wortlaut einer von Stefan Heinitz eingebrachten These dazu, was Kinderschutz innovativ macht. Formuliert wurde sie im Rahmen eines Workshops gemeinsam mit Fabian Brückner, Michael Böwer und Monika Weber auf dem Bundeskongress Soziale Arbeit (5.-7. September 2018). Der Titel des Workshops lautete: Wie gelingt guter Kinderschutz? Perspektiven von Theorie und Praxis auf den Schutz von Kindern und Jugendlichen in pädagogischen Settings und Hilfesystemen. Eine Belegquelle konnte nicht gefunden werden. Vgl. zu ähnlichen Ausführungen: HEINITZ, Stefan/SLÜTER, Ralf: Von der Notlösung zum Erfolgsmodell. Erfindungen, Fallstricke und Perspektiven im Kinderschutz am Beispiel der Entwicklung des Profils der "insoweit erfahrenen Fachkraft". In: BÖWER, Michael/KOTTHAUS, Jochem (Hg.): Praxisbuch Kinderschutz. Professionelle Herausforderungen bewältigen. Weinheim/ Basel 2018, 44–58.

als grundlegende „(Querschnitts-)Aufgabe"[16] der Schutzkonzepte und b) als Kinderrecht und „Modus des Kinderschutzes"[17] in den Blick genommen.

Gemeindepastorale Orte verändern sich durch Präventionsarbeit und dies ist überaus bedeutsam für religionspädagogische Reflexionen dieser Lern- und Lebensorte. Die Arbeit bietet Anknüpfungspunkte für die Frage danach, wie sich Gemeindepastoral kindgerecht (im Sinne einer kinderschützenden und partizipationsorientierten Praxis) aufstellen kann, ohne Kinder durch Schutzhandlungen in von der Sphäre der Erwachsenen getrennte Schutzräume unter Anwendung von „Ausschließungs- und Einhegungspraktiken"[18] zu versetzen. Diese Arbeit möchte damit für theologisch-religionspädagogische Perspektiven und Praktiken in einer präventionssensiblen Rahmung einstehen, in der Kinderpartizipation eine fundamentale Rolle spielt.

16 WIESNER, Reinhard: Partizipation als Modus des Kinderschutzes. In: INFORMATIONSZENTRUM KINDESMISSHANDLUNG/KINDESVERNACHLÄSSIGUNG (Hg.): UN-Kinderrechtskonvention. Impulse für den Kinderschutz. 2009, 21.

17 Ebd., 22.

18 LIEBEL, Manfred: Kinder und Gerechtigkeit. Über Kinderrechte neu nachdenken. Weinheim 2013, 83.

2. Vorgehen und Grundstruktur der Arbeit

In diesem Kapitel werden Forschungsfrage und Anliegen, grundlegende Anlage, Aufbau und Struktur der Arbeit sowie die empirisch-methodischen Entscheidungen dargelegt. Es wird offengelegt, dass im Rahmen der Arbeit qualitativempirische und literaturbasierte Zugänge zur Forschungsfrage miteinander verschränkt werden (Kapitel 2.2). Insofern folgt dieses Kapitel keinem ‚klassischen' Entwurf eines Methodenkapitels einer ‚rein' auf empirisches Datenmaterial und dessen Analyse gestützten Forschungsarbeit. Das Kapitel dient ferner nicht zur Beschreibung eines ‚Fahrplans', der zur Umsetzung dieser Arbeit zugrunde gelegt wurde. Vielmehr wird die methodische Umsetzung des Forschungsanliegens dargestellt, bei der die Forscherin im Forschungsverlauf Anpassungen der Modellierungen der erkenntnisgenerierenden Zugänge zum Gegenstand vorgenommen hat.

Dazu werden Aufbau und Gliederung der Arbeit skizziert (Kapitel 2.3) und empirische Datenerhebungs- und Analysemethoden vorgestellt (Kapitel 2.4). Die Entscheidungen für das Vorgehen stellen die von der Autorin gewählte Strategie dar, sich dem dynamischen Forschungsfeld anzunähern sowie dem Forschungsgegenstand zu entsprechen. Die Gemeindepastoral erwies sich für die vorliegende Forschung als ein bis zur Belastungsgrenze mit sich selbst beschäftigter Bereich, was anhand der gescheiterten und erfolgreichen Feldkontakte (Kapitel 2.4.1) gezeigt werden kann. Insofern eröffnet sich in diesem Kapitel a) der Einblick in die Darlegung des Vorgehens und der methodischen Entscheidungen und b) können aus teils gescheiterten, teils erfolgreichen Umsetzungen von Feldzugängen und Datenerhebungen auch erste Erträge für eine inhaltliche Auseinandersetzung mit Schutzkonzepten und Partizipation in der Gemeindepastoral gewonnen werden.

2.1 Anliegen und Forschungsfrage

Die vorliegende Arbeit beschäftigt sich mit Kinderpartizipation und Schutzkonzepten (auch ‚Institutionelle Schutzkonzepte', siehe Kapitel 5.1) zur Prävention sexualisierter Gewalt.

Schutzkonzepte dienen strategischer Organisationsentwicklung im Bereich der Prävention sexualisierter Gewalt (Kapitel 5). Sie setzen Impulse zu einem planvollen Vorgehen, das sich von zufällig ‚gerade noch mal gut gegangenen' Situations- und Prozessgestaltungen unterscheidet. Fokussiert man von den Schutzkonzepten ausgehend auf den Aspekt der Kinderpartizipation, ist es erforderlich, diese zu diesem Zwecke zunächst einmal genauer zu bestimmen (Kapitel 6). Partizipation von Kindern kann so z. B. mit Blick auf die Erstellung der Schutzkonzepte vorkommen, sie kann aber z. B. auch ein Teil des Maßnahmenpakets sein, das dazu beitragen soll, den Alltag der Pfarrei oder Gemeinde präventionsorientiert umzugestalten.

Damit wird deutlich: Aus der Verknüpfung von Schutzkonzepten und der Frage nach Kinderpartizipation ergibt sich zunächst kein überschaubarer, klar abgrenzbarer Bereich, innerhalb dessen sozusagen ‚ungestört' geforscht werden könnte. Der Forscherin zeigte sich eine so bereits beim Feldeinstieg über die Expert*inneninterviews eine ‚komplexe Situation' (Kapitel 2.4.2.2). Hinzu kommt, dass die Erstellung der Schutzkonzepte in den Pfarreien eine recht junge Praxis darstellt, die bisher mit Blick auf katholische Gemeinden und Pfarreien wenig bis kaum erforscht ist und bisher von Theolog*innen kaum in den Blick genommen wurde. Das bedeutet nicht nur, dass es kaum Forschungskonzeptionen gibt, sondern auch, dass die Akteure des Forschungsfelds keinerlei Erfahrung haben, was es bedeutet, sich mit den eigenen (Präventions-)Praktiken und Standpunkten Forscher*innen zu öffnen und zu zeigen.

Um an dieser Stelle bereits Missverständnissen eindeutig vorzubeugen: Kein Kind kann sich selbst vor sexualisierter Gewalt schützen. Partizipation allein schützt nicht vor sexualisierter Gewalt. Das Anliegen dieser Arbeit besteht darin, sich angesichts der Schutzkonzepterstellung einer Grundspannung zwischen normativem (Partizipations-)Anspruch einerseits und Vollzügen der Implementierungspraxis in den Gemeinden und Pfarreien auszusetzen und diese analysierend in den Blick zu nehmen. Ein Spannungsfeld, innerhalb dessen – so der Vorschlag der vorliegenden Arbeit – ‚Praktiken des Umbauens' zwischen Anspruch und Praxis vollzogen werden. Dazu zwei beispielhafte Schlaglichter als Ausgangspunkte:

Für Einrichtungen der katholischen Kirche sind erstens die Vorgaben der ‚Rahmenordnung Prävention' der Deutschen Bischofskonferenz (DBK) bindend. Darin heißt es zur Anforderung an die Präventionsarbeit:

„Die Entwicklung und Verwirklichung von Maßnahmen zur Prävention erfolgen partizipativ in Zusammenarbeit mit allen hierfür relevanten Personen und Gruppen. Dazu gehören insbesondere auch die Kinder, Jugendlichen und schutz- oder hilfebedürftigen Erwachsenen selbst. Die Erfahrungen von Betroffenen werden dabei besonders berücksichtigt.“[19]

Partizipation wird damit als ein Grundelement der Erarbeitung und Umsetzung von Präventionsmaßnahmen durch normative Vorgaben ins Spiel gebracht (vgl. hierzu auch Kapitel 6.1.3). Versucht man etwas über die Umsetzung der Erstellung der Schutzkonzepte in Gemeinden und Pfarreien herauszufinden, verkünden viele Pressemeldungen über die Grenzen der Bistümer hinweg das Voranschreiten in der Ausarbeitung von Schutzkonzepten. Man stößt auf Fotos, auf denen Gruppen von Haupt- und Ehrenamtlichen vor ‚ihrem‘ Kirchturm oder andernorts stehend in die Kamera strahlen und ein gedrucktes Manuskript ‚ihres‘ Schutzkonzeptes präsentieren.[20]

In der Reflexion dieser Praxis aus fachlicher Perspektive stößt man hier zweitens auch auf die Beobachtung, dass die Konzepterstellung in der Praxis viel weniger partizipativ vorangetrieben wird als gefordert. Die in der Einleitung zitierte Beurteilung von Ursula Enders markiert dies in aller Deutlichkeit. Sie sieht das institutionelle Interesse der Kirche faktisch den Interessen der Kinder und Jugendlichen vorgeordnet sowie die Partizipation von Kindern und Jugendlichen „bei der Entwicklung von institutionellen Kinderrechte/Schutzkonzepten meist mehr als weniger vernachlässigt.“[21] Verhandelt wird damit die Frage, wessen Interessen im Rahmen der Schutzkonzepterstellung und Präventionsarbeit eigentlich zum Ausdruck kommen und sich Gehör verschaffen (können).

Angesichts dieser ersten Wahrnehmung der Situation, inmitten der sich hier abzeichnenden Spannung zwischen Anspruch und Wirklichkeit, möchte diese Arbeit ansetzen. Die konkret damit verbundene Fragestellung hat sich im Laufe der Auseinandersetzung mit den Inhalten sowie angesichts der vielen damit in Verbindung zu bringenden kirchenpolitischen Ereignisse der letzten Monate und Jahre entwickelt. Sie ist gewachsen, geschrumpft und hat sich in Ober- und Unterfragen aufteilen lassen, was diese Arbeit schließlich in die Form führte, in der sie vorliegt. Die erkenntnisleitende Oberfrage der Arbeit lautet: Wie können die Konstruktionen von Kinderpartizipation im Zusammenhang mit der Erstellung Institutioneller Schutzkonzepte sowie den darin formulierten Maßnahmen in der Gemeindepastoral exploriert werden?

Im Verlauf der Arbeit werden die mit dieser Fragestellung verbundenen unterschiedlichen Bereiche, schrittweise erschlossen. Ziel dieser Arbeit ist es, den

19 Sekretariat der Deutschen Bischofskonferenz, Rahmenordnung 2020, 4.

20 Vgl. z. B. *https://www.bistum-muenster.de/startseite_aktuelles/newsuebersicht/news_detail/institutionelles_schutzkonzept_im_kreisdekanat_wesel_veroeffentlicht/* [Stand: 08.12.2021].

21 Enders, Traurige Bilanz der Aufarbeitung sexuellen Missbrauchs in der katholischen Kirche – ein persönliches Statement von Ursula Enders, 7.

sich entlang der eben formulierten Fragestellung eröffnenden Raum in einem explorativen Zugang erkenntnisgenerierend zu erschließen. Dabei erhebt diese Arbeit keinen Anspruch auf Abgeschlossenheit der Entdeckungen, sondern möchte vielmehr einen ersten Zugang zu einem bisher religionspädagogisch weitgehend unerschlossenen Bereich ermöglichen.

2.2 Literaturbasierte und empirische Zugänge

Für das Vorgehen der vorliegenden Arbeit wurde ein qualitativer Zugang auf Basis der explorativ angelegten Fragestellung gewählt. Die Arbeit verschränkt dazu literaturbasierte Zugänge mit empirischer Datenerhebung und -analyse. Erstere Zugänge dienen damit nicht dazu, Hypothesen zu generieren, die in empirischen Erhebungen geprüft werden. Sie sind aber auch mehr als eine Quelle von „Kontextwissen […] [die dabei hilft; R.B.] die Aussagen und Beobachtungen im Feld besser einordnen zu können“[22]. Die beiden Zugänge stehen im Rahmen dieser Arbeit als gleichberechtigte Erkenntnisquellen nebeneinander und dienen damit dem explorativen Ansatz für die religionspädagogisch-theologische Forschung. Sie sind miteinander verschränkt und nicht als voneinander getrennte Einheiten zu verstehen.

Die getroffene Entscheidung für eine Kombination aus gleichberechtigten literaturbasierten und empirischen Zugängen spiegelt sich im Forschungsprozess, der weniger als lineares, sondern vielmehr als zirkuläres Vorgehen beschrieben werden kann. Zirkulär meint dabei keinesfalls eine Kreisbewegung, bei der man am Ende wieder dort ankommt, wo man anfangs gestartet ist. Sondern es geht vielmehr um eine spiralförmige Bewegung im Sinne einer Rekursion.[23] Literaturbasierte Erkenntnisgenerierung und Phasen der Datenerhebung und -analyse wurden dabei nicht strikt getrennt. Es wurde ein eng verschränkter Prozess von Datenerhebung, -analyse und Theoriebildung betrieben. Die Forscherin kehrte zu diesem Zweck auch zu mehren Zeitpunkten ins Feld zurück („Yo-yo-Feldforschung“[24]). Die über beide Zugänge gewonnenen Erkenntnisse wurden prozessual miteinander verschränkt. Dem gegenüber wäre man bei einem linearen Forschungsablauf so vorgegangen, dass man die verschiedenen Phasen des Forschungsprozesses klarer voneinander getrennt hätte. Die untersuchte Situation von Schutzkonzepten und Kinderpartizipation gab sich im Spannungsfeld

22 FLICK, Uwe: Qualitative Sozialforschung. Eine Einführung. Reinbeck bei Hamburg [5]2012, 74.

23 Vgl. HUMME, Mark: Eine Diskursanalytik sozialpädagogischer Praxis. Wiesbaden 2015, 8.

24 HALBMEYER, Ernst (2019): Der zirkuläre theorieentwickelnde Forschungsablauf. Online unter *https://www.univie.ac.at/ksa/elearning/cp/ksamethoden/ksamethoden-74.html* [Stand: 08.12.2021].

zwischen Theorie und Empirie zunehmend als ein ‚Gegenstand' auf, der im Rahmen der Kapazitäten eines Dissertationsprojektes nur beschränkten Zugriff auf sich über empirische Erhebungen realisieren ließ (siehe dazu ausführlich Kapitel 2.4.1).

Die Entscheidung für die Auseinandersetzung mit den theoretischen Konzeptionen bzw. normativen Vorgaben zur Schutzkonzepterstellung und zur Partizipation kann gegenstandsbezogen begründet werden. Sie ergab sich aus der wachsenden Kenntnis des Forschungsfeldes, der Praxisberichte sowie der Konzeptanalysen. Die grundlegende Anlage dieser Arbeit kann also in Rückbindung an das Interesse an Institutionellen Schutzkonzepten und Kinderpartizipation in ihrer konkreten Situierung in der Praxis begründet werden (vgl. Kapitel 2.4.2 für die daraus folgenden methodischen Entscheidungen für die empirischen Erhebungen).

Stephanie Klein benennt zwei unterscheidbare, wenn auch miteinander eng verbundene, Aufgabenbereiche der Praktischen Theologie: „zum einen die Erhebung, Analyse und theologische Reflexion der Praxis und der Wirklichkeitsbereiche, die der Kirche eine besondere Aufgabe sind, und zum anderen die Entwicklung von Konzeptionen zur Unterstützung der Praxis der Kirche."[25] Mit dem Analysefokus auf die Praxis der Schutzkonzepterstellung in der Gemeindepastoral kann man diese Arbeit dem ersten Aufgabenbereich zuordnen. Auf der Ebene der Ergebniserarbeitung werden hier theorie- und literaturbasierte sowie empirische Entdeckungen zusammengetragen. Erstere Entdeckungen dienen dabei nicht nur als Analyseschema für Letztere. Produktiv ins Gespräch gebracht werden können beide Elemente im Sinne des zweiten von Stephanie Klein benannten Bereichs in dem Sinne, dass die Ergebnisse auch als Konstruktionshilfen oder Reflexionsfolien für die Praxis der Schutzkonzepterstellung gelesen werden können (Kapitel 9).

Mit Blick auf die Praxisreflexion (erster Bereich bei Klein), die hier vorgenommen wird, hilft es darüber hinaus, sich eine weitere Unterscheidung vor Augen zu führen: die Unterscheidung zwischen Konzeption einerseits und Praktiken andererseits. Konkret meint dies: Die Schutzkonzepte sind Teil von (kirchlicher) Praxis, sie sind jedoch keine Praktiken, sondern können als ‚Handlungsprogrammatiken', als Konzeptionen für die Akteure und Akteursgruppen erachtet werden. Mit dieser Arbeit wird sich den mit Schutzkonzepten und Kinderpartizipation verbundenen Handlungsprogrammatiken gewidmet. Dies geschieht über die Empirie durch Expert*inneninterviews mit den Fachkräften der Präventionsstelle (Kapitel 4) und eine Analyse der verschriftlichten Schutzkonzepte (Kapitel 8). Erste Ansätze zur Untersuchung der Praktiken finden sich in den

25 Klein, Stephanie: Überlegungen zu einer empirisch fundierten Praktischen Theologie. In: Pastoraltheologische Informationen. 35/2 (2015), 61.

ergänzenden Perspektiven (Kindergruppengespräch und Beobachtungen, Kapitel 8). Diese Arbeit nimmt insofern vor allem Analysen von Konzeptionen von Praxis vor.[26]

2.3 Aufbau und Gliederung

Entsprechend des eben beschriebenen Prozesses erfolgte die Entdeckung der für diese Ausarbeitung relevanten Phänomene im Wechsel zwischen Theorie und Empirie. Die Darstellung der Erkenntnisse erfolgt in dieser Arbeit zugunsten der Lesbarkeit jedoch getrennt und nacheinander. In der Struktur des Textes dieser Arbeit wird der „Begründungszusammenhang vor dem Entdeckungszusammenhang"[27] dargelegt. Die Struktur dieser Arbeit veranschaulicht also nicht den Ablauf des Erkenntnisprozesses, sondern steckt den Rahmen, innerhalb dessen nach und nach erklärende Konzepte für die im Mittelpunkt stehende ‚komplexe Situation' von Schutzkonzepten und Kinderpartizipation präsentiert werden.

Für die Präsentation der Analysen im Rahmen dieser Arbeit sei daher folgendes grundstrukturgebendes Bild angeboten: Ein Koordinatensystem mit drei Achsen. Mit Hilfe eines solchen Systems eröffnet sich ein Raum, in dem Positionen von Punkten und Objekten (die ihrerseits aus mehreren (Koordinaten-)Punkten bestehen) bestimmt werden können. Im Mittelpunkt dieser Arbeit steht – weiter mit dem Bild gesprochen – der gesamte Raum (die Gesamtsituation) zwischen den gewählten Achsen: die Situation der Kinderpartizipation im Zusammenhang mit der Erstellung Institutioneller Schutzkonzepte.

Die Darstellung der Position von Punkten und Objekten hängt maßgeblich zusammen mit den Merkmalen der Achsen (z. B. mit den auf ihnen abbildbaren Werten). Von ihnen ist abhängig, wie Objekte und Punkte lokalisiert werden können und wahrgenommen werden. Um jetzt mit dem Bild (das natürlich auch viele Grenzen aufweist und lediglich als Hilfestellung und nicht zur Überinterpretation dienen soll) wieder in die Struktur zu springen: Die vorliegende Arbeit präsentiert drei Perspektiven (Achsen), die in ihrem Zusammenspiel eine Situation (den Zwischenraum) beschreibbar machen und den Blick auf einige darin befindliche Ergebnisse (Punkte oder Objekte) freigeben. Die Achsen können schlagwortartig überschrieben werden mit ‚Schutzkonzepten' (Kapitel 5), ‚Kinderpartizipation' (Kapitel 6) und ‚Theologische Perspektiven' (Kapitel 7). Das

26 Damit ist zugleich ein weiterführendes Forschungsdesiderat markiert: Für die Untersuchung von Schutzkonzepten und Kinderpartizipation wäre es gewinnbringend und nötig, wenn an anderer Stelle Untersuchungen in praxistheoretischer Perspektive angeschlossen würden.

27 HUMME, Eine Diskursanalytik sozialpädagogischer Praxis, 9.

Abschreiten der Perspektiven und der daraus sichtbar werdenden Ergebnisse dienen der Exploration der Forschungsfrage und stellen eine mögliche Konstruktion dar, sich mit ihr auseinanderzusetzen. Die gewählte Darstellung verweist darauf, dass mit der Suche nach einer Antwort für die Fragestellung eine Situation im Blick ist, die an sich schon vor die Herausforderung stellt, dass sie ausschließlich fragmentarisch in den Blick genommen werden kann und vom jeweiligen Standpunkt der Betrachtung abhängt. Der Entstehungsprozess der Arbeit ist davon geprägt gewesen, diejenigen Elemente herauszukristallisieren, die „theoretische Relevanz"[28] aufweisen – sowohl literaturbasiert und mit Blick auf bereits vorhandene Forschungsergebnisse als auch innerhalb der Auswertung der Erkenntnisse aus dem empirischen Material. Insgesamt ist die Arbeit daher wie folgt aufgebaut:

Nach Einleitung (Kapitel 1) und Darlegung des Vorgehens und der Grundstruktur dieser Arbeit (Kapitel 2) folgen Ausführungen zu sexualisierter Gewalt, ihrer Prävention sowie institutionellen Dimensionen (Kapitel 3). Auf der inhaltlichen Ebene zielt dieses Kapitel darauf, sich der Beschreibung dessen zu widmen, was im Rahmen der Schutzkonzepte präventiv bearbeitet werden soll: sexualisierte Gewalt. In diesem ersten Teil geht es zunächst darum, auf sexualisierte Gewalt und ihre institutionellen Ursachen bzw. Faktoren zu schauen. Dieser Einstieg zeigt bereits, dass die Theologie aus sich heraus erstmal „nichts über Sexualphänomene und insbesondere Aspekte, welche Institutionen anfällig machen für Missbrauch"[29], zu sagen hat. Daher ist sie unbedingt angewiesen auf die Erkenntnisse sozial-, geistes-, rechtswissenschaftlicher oder auch medizinischer Bezugsdisziplinen. Diese Arbeit baut daher zentral auf Erkenntnissen und Ergebnissen der Forschung dieser Bereiche, vor allem der Sozialwissenschaften, auf. Zur empirischen Feldexploration wurden zu Beginn des Forschungsprozesses Interviews mit Mitarbeiter*innen der diözesanen Präventionsstelle[30] eines NRW-

28 Strauss, Anselm/Corbin, Juliet: Grounded Theory: Grundlagen Qualitativer Sozialforschung. Weinheim 1996, 149.

29 Striet, Magnus/Werden, Rita: Vorwort. In: Striet, Magnus/Werden, Rita (Hg.): Unheilige Theologie! Analysen angesichts sexueller Gewalt gegen Minderjährige durch Priester (Katholizismus im Umbruch). Freiburg/ Basel/ Wien 2019, 8.

30 Die Bezeichnungen der Stellen, in denen die diözesane Präventionsarbeit koordiniert wird, sind unterschiedlich (z. B. Stabstelle oder Fachstelle). Dies hängt mit der Organisation der Abteilungen und weiteren Faktoren innerhalb der Organisation der Bistümer zusammen. Die korrekte Bezeichnung der Stelle, die das Bistum selbst nutzt, wird aus Anonymisierungsgründen nicht genannt. Es wird der Begriff ‚Präventionsstelle' genutzt. Die damit gemeinte Stelle, ist die gemäß der Rahmenordnung (2014) einzurichtende Koordinierungsstelle. Vgl. hierzu: Sekretariat der Deutschen Bischofskonferenz: Rahmenordnung – Prävention gegen sexualisierte Gewalt an Minderjährigen und schutz- und hilfebedürftigen Erwachsenen im Bereich der Deutschen Bischofskonferenz. In: Sekretariat der Deutschen Bischofskonferenz (Hg.): Aufklärung und Vorbeugung – Dokumente zum Umgang mit sexuellem Missbrauch im Bereich der Deutschen Bischofskonferenz. (Arbeitshilfe 246). Bonn [3]2014, 34-43 [Nachfolgend auch: Rahmenordnung 2014].

Bistums geführt. Die Analyseergebnisse werden vorgestellt und liefern ein zweites Element innerhalb dieses ersten Teils der Arbeit, der in die für die Beschäftigung mit der Fragestellung relevanten Elemente auf Basis der Analyseergebnisse der Expert*inneninterviews einführt (Kapitel 4). Im nächsten Schritt stehen die Institutionellen Schutzkonzepte im Mittelpunkt, zunächst allgemein als nicht kirchenspezifisches institutionelles Maßnahmenpaket, dann mit Blick auf die Erstellung im Rahmen der katholischen Kirche und hier insbesondere ihrer gemeindepastoralen Einrichtungen (Pfarreien und Gemeinden) (Kapitel 5). Partizipation wird als ‚Querschnittsanforderung' der Schutzkonzepterstellung herausgearbeitet. Das folgende Kapitel (Kapitel 6) geht speziell auf Kinderpartizipation ein. Zentrale Ansatzpunkte sind a) die Schutzkonzepte, b) die normativen Dokumente der DBK zur Prävention, c) die UN-Kinderrechtskonvention (UN-KRK) sowie d) Modelle für Kinderpartizipation. Wie theologische Perspektiven für die Arbeit mit Schutzkonzepten anschlussfähig und theologische Perspektiven auf Kind(er) und Kindheit(en) hilfreiche Referenzpunkte sein können, wird daraufﬁolgend eingebracht (Kapitel 7). Es werden ausgewählte theologische Konzeptionen vorgestellt mit dem Ziel, Anschlussperspektiven für die Situation der Schutzkonzepte und Kinderpartizipation zu eröffnen. Die Ergebnispräsentation der Konzept-analysen (sowie der ergänzenden Perspektiven, Kapitel 8) liefern einen letzten wichtigen Baustein im Erarbeitungsprozess. Hier wird der Blick freigegeben auf die Partizipationsprozesse wie sie in den schriftlichen Konzepten der Pfarreien produziert und festgelegt wurden. Die Gesamterträge der Arbeit werden anschließend gebündelt und einige Schlüsse für den religionspädagogischen Diskurs und die gemeindepastorale Praxis zusammenfassend fruchtbar gemacht (Kapitel 9). Damit ergibt sich eine Struktur, in der die empirischen Erhebungen eine Art ‚Klammer' um die literaturbasierten Kapitel bilden.

Die Rahmenordnung wurde im Verlauf der Erstellung dieser Arbeit überarbeitet. Die zum Zeitpunkt der Einreichung dieser Arbeit aktuelle Version wurde vom Ständigen Rat der Deutschen Bischofskonferenz am 18.11.2019 beschlossen und trat zum 01.01.2020 in Kraft. Sekretariat der Deutschen Bischofskonferenz (Hg.): Rahmenordnung – Prävention gegen sexualisierte Gewalt an Minderjährigen und schutz- und hilfebedürftigen Erwachsenen im Bereich der Deutschen Bischofskonferenz. 2020. Online unter *https://www.dbk.de/fileadmin/redaktion/diverse_downloads/dossiers_2019/2019-207b-Rahmenordnung-Praevention.pdf* [Stand: 08.12.2021; Nachfolgend auch: Sekretariat der Deutschen Bischofskonferenz, Rahmenordnung 2020].

Tab.1: Aufbau der Arbeit

1	Einleitung
2	Vorgehen und Grundstruktur der Arbeit
3	Vorklärungen: Sexualisierte Gewalt und ihre Prävention im Bereich der katholischen Kirche
4	Feldexploration: Partizipationserwartungen und die Nicht-Einhaltung der Partizipationserwartungen
5	Schutzkonzepte erstellen
6	Kinder partizipieren
7	Theologische Perspektiven auf Kinder und ihre Partizipation
8	Konzeptanalysen: Kinderpartizipation und Schutzkonzepte in der Gemeindepastoral
9	Ergebnisse: Kinderpartizipation und Schutzkonzepte in der Gemeindepastoral

Eigene Darstellung

‚Zwischenresümees' am Ende von Kapiteln (z. B. Kapitel 4.9 oder 5.4) dienen dazu, wichtige Ergebnisse und Schlussfolgerungen aus den Ausführungen im jeweiligen Kapitel zusammenzubringen. ‚Zwischenreflexionen' am Ende von Unterkapiteln (z. B. Kapitel 6.1.4 oder 6.4.4) dienen ebenfalls der Sicherung wichtiger Ergebnisse, leiten aber auch in das nächste Unterkapitel über.

2.4 Empirische Datenerhebung und Auswertung

Im Folgenden werden die verwendeten empirischen Zugänge und Auswertungsstrategien beschrieben. Die empirische Herangehensweise folgt dabei einer „theorieentdeckenden Forschungslogik"[31], die neben den literaturbasierten Zugängen weitere Perspektiven auf die Exploration des Forschungsthemas freigibt. In diesem Sinne ist das folgende Grundanliegen richtungsweisend für die empirischen Erhebungen: „Empirische Forschung zielt darauf, Theorie zu generieren, und Theorie wiederum wird nicht ‚von oben her' entfaltet, sondern soll in eben dieser Forschung begründet sein."[32] Die für diese Arbeit durchgeführten empirischen Erhebungen sind qualitativ angelegt. Die Erhebungen zielen darauf, eine aus verschiedenen Perspektiven gespeiste Theorie zu entwickeln. Es wurde angestrebt, diese Perspektivenvielfalt über verschiedene Erhebungsformen

31 DÖRING, Nicola/BORTZ, Jürgen: Forschungsmethoden und Evaluation in den Sozial- und Humanwissenschaften (Springer-Lehrbuch). Berlin/Heidelberg ⁵2016, 26.

32 PRZYBORSKI, Aglaja/WOHLRAB-SAHR, Monika: Qualitative Sozialforschung. München ⁴2014, 192.

aufzugreifen. Die Forscherin nutzte für die Arbeit einige im Forschungsstil der Grounded Theory Methodology (GTM) angelegte „Einzeltechniken“[33], um sich einer datenbasierten Theoriebildung anzunähern. Der Forschungsprozess als ganzer ist nicht gemäß der GTM durchkonzeptioniert, weshalb das Vorgehen (Kapitel 2.4.1) und der Umgang mit dem Datenmaterial (Kapitel 2.4.2) jeweils einzeln erläutert werden. Die Forscherin entwickelte einen gegenstandsangemessenen Umgang mit dem Datenmaterial, der dem Zweck, die literaturbasierten Ausführungen dieser Arbeit zu ergänzen, gerecht zu werden versucht. Die Ergebnisse der empirischen Daten erheben damit keinen Anspruch auf eine vollständige Theoriebildung, können jedoch im bescheidenen Umfang ihren Teil zu einer möglichst innovativen und überraschenden „discovery“[34] beitragen.

2.4.1 Feldzugang und Datenerhebungen: von gescheiterten und erfolgreichen Feldkontakten

Aglaja Przyborski und Monika Wohlrab-Sahr beschreiben qualitative Forschung als Feldforschung, wobei das Feld – im Gegensatz zum Labor, in dem geforscht wird – nicht als „klar umrissenes Territorium mit einer Reihe kontrollierbarer Variablen“[35] zu verstehen ist. Die Erschließung des Feldes wird als fortschreitender Prozess beschrieben, der viel mit der Datenerhebung zu tun hat, aber auch von ihr zu unterscheiden ist: „Vor der Erhebung im engeren Sinne gilt es, sich mit den Bedingungen des Forschungsfeldes vertraut zu machen. Die Felderschließung – d. h. die Reflexion über die Bedingungen des Forschungsfeldes und über dessen Ausdehnung – kann unter Umständen den gesamten Forschungsprozess begleiten.“[36] Dabei ist das, was das Feld ist, nicht starr festgelegt, sondern zeigt sich vielmehr in Form von „Erweiterungen und Neubestimmungen […] im Laufe der Forschung“.[37]

Für die vorliegende Arbeit waren die Gemeinden und Pfarreien und die Schutzkonzepterstellung dort der erste Ansatzpunkt für den Feldeinstieg. In Vorbereitung darauf wurde aus der Anlage der Erstellung der Konzepte schnell klar, dass weitere Bereiche hineinspielen: Laut DBK obliegt die „Verantwortung für die Prävention gegen sexualisierte Gewalt […] dem (Erz-)Bischof als Teil seiner Hirtensorge.“[38] Die jeweiligen „Rechtsträger [tragen wiederum, R.B.] die

33 Strauss/Corbin, Grounded Theory: Grundlagen Qualitativer Sozialforschung, ohne Seitenangabe Vorwort zur deutschen Ausgabe.
34 Przyborski/Wohlrab-Sahr, Qualitative Sozialforschung, 192.
35 Ebd., 39.
36 Ebd., 40.
37 Ebd., 42.
38 Sekretariat der Deutschen Bischofskonferenz, Rahmenordnung 2020, 1.

Verantwortung für die Entwicklung von institutionellen Schutzkonzepten“[39]. Dabei werden sie unterstützt von der sogenannten ‚diözesanen Koordinationsstelle‘ des jeweiligen (Erz-)Bistums. Rahmend involviert sind also normative Vorgaben seitens der DBK sowie die Diözesanleitung und die bei ihr angesiedelte Stelle, die die Rechtsträger begleiten bei der Entwicklung der Schutzkonzepte. Zum Zeitpunkt des Feldeinstiegs (Mitte 2018) zeigte sich die Umsetzung präventiver Maßnahmen im Vergleich der deutschen Bistümer sehr unterschiedlich.[40] Daher hat die Forscherin für diese Arbeit entschieden, sich auf den Prozess in einem Bistum zu konzentrieren. Die empirischen Daten wurden so komplett in einem NRW-Bistum erhoben.[41]

Der fortschreitende Prozess der Erstellung der Schutzkonzepte machte, wie die Entwicklung und Umsetzung der präventiven Maßnahmen insgesamt, die Entwicklung im Feld sehr dynamisch und in mehrerlei Hinsicht unübersichtlich. Bei einigen Rechtsträgern, von denen die Pfarreien auch nur eine ‚Form‘ darstellen, waren Konzepte bereits entwickelt worden. Andere begannen gerade erst. Einzelne Maßnahmen (wie z. B. die Einrichtung der diözesanen Koordinationsstellen, das Einholen erweiterter Führungszeugnisse oder die Entwicklung von Fort- und Weiterbildungsangeboten) wurden eingeführt, die Entwicklung der Schutzkonzepte vielerorts aber flächendeckend erst später angegangen.[42] Hinzu kamen weitere Aspekte wie z. B. die Tatsache, dass die Pfarreien teilweise mehrere Rechtsträger unter ihrem Dach vereinen (z. B. Verbände oder Kitas), die je eigene Schutzkonzepte erstellen. In dem NRW-Bistum wurden zu Beginn des Feldeinstiegs in vielen Pfarreien gerade Schutzkonzepte erstellt. Es wurde jedoch nicht nur an der Erstellung gearbeitet. Während der Erhebungsphase (2018-

39 Ebd. 4.

40 Vgl. DREẞING u.a., MHG-Studie, 193.

41 Die 2014 erlassene und in Kraft getretene Präventionsordnung (PrävO) gilt gleichlautend für alle NRW-Bistümer. Vgl. (ERZ-)DIÖZESEN IN NRW (BISTUM AACHEN, BISTUM ESSEN, ERZBISTUM KÖLN, BISTUM MÜNSTER, ERZBISTUM PADERBORN): Ordnung zur Prävention gegen sexualisierte Gewalt an Minderjährigen und schutz- oder hilfebedürftigen Erwachsenen (Präventionsordnung PrävO). 2014. Online unter *https://praevention-bildung.dbk.de/grundlagen-praevention/* [Stand: 08.12.2021].

42 2016 wurde so noch mit dem Unabhängigen Beauftragten für Fragen des sexuellen Kindesmissbrauchs (UBSKM) vereinbart: „Der Beauftragte der Deutschen Bischofskonferenz für Fragen des sexuellen Missbrauchs Minderjähriger im kirchlichen Bereich wird darauf hinwirken, dass bis Ende 2018 bei den kirchlichen Rechtsträgern und in den Einrichtungen der jeweiligen (Erz-)Diözesen der Schutz vor sexualisierter Gewalt im Leitbild verankert, Notfallpläne implementiert und die Mitarbeiterinnen und Mitarbeiter spezifisch fortgebildet werden.“ UNABHÄNGIGER BEAUFTRAGTER FÜR FRAGEN DES SEXUELLEN KINDESMISSBRAUCH/DEUTSCHE BISCHOFSKONFERENZ: Vereinbarung zwischen dem Beauftragten der Deutschen Bischofskonferenz für Fragen des sexuellen Missbrauchs Minderjähriger im kirchlichen Bereich und dem Unabhängigen Beauftragten für Fragen des sexuellen Kindesmissbrauchs (UBSKM). 2016, 10.

2020) wurden von einigen Pfarreien des Bistums auch Schutzkonzepte fertiggestellt – ein nächster Schritt in der Dynamik, die das Forschungsfeld sehr beweglich machte.[43]

Der Einstieg ins Forschungsfeld erfolgte über einen Kontakt mit der diözesanen Präventionsstelle. Die starke institutionelle Rahmung der Prozesse und die diözesane Perspektive wurden so zu Beginn über den Kontakt mit den Gatekeeper*innen dieser Prozesse eingeholt. Weiterhin wurde mit dem Vorgehen intendiert, eine mit der Präventionsstelle abgesprochene und transparente Kontaktanbahnung mit den gemeindepastoralen Akteuren vor Ort zu ermöglichen.

Über Mitarbeiter*innen der Präventionsstelle des Bistums wurde der Forscherin die Teilnahme an drei Treffen auf Dekanatsebene ermöglicht, die zur Begleitung der Pfarreien in der Phase der Erstellung der Schutzkonzepte dienen. Teilnehmer*innen waren Vertreter*innen der jeweiligen sogenannten ‚Steuerungsgruppen', die vor Ort (zumeist auf Ebene der Pfarrei) für die Erstellung der Schutzkonzepte verantwortlich sind. Die Steuerungsgruppe wurde in dieser Phase des Zugangs zum Feld als ein besonderes Netzwerk des Austausches über Kinderschutzfragen in Pfarreien identifiziert. Hier werden die grundlegenden Fragen zur Etablierung eines Schutzkonzeptes und von Prävention angesprochen und es wird versucht, gute Lösungen für die jeweilige Pfarrei zu finden.

Die Erhebung des empirischen Materials erwies sich durch Kontaktabbrüche und Zugangshürden als besondere Herausforderung. Die Forscherin hat Kontakte zu vier Pfarreien geknüpft, die aus unterschiedlichen Gründen aber über den Forschungsprozess hinweg schwer zu halten waren. Kontaktpersonen in drei Pfarreien waren Pastoralreferent*innen und in einer Pfarrei ein Pastoralassistent. Sie alle waren Mitglieder der jeweiligen Steuerungsgruppe. Diese Kontakte liefen gut an, die Personen willigten in Absprache mit den Pastoralteams ein, das Forschungsanliegen zu unterstützen. Kommunikation und Anbahnung weiterer Erhebungen nahmen jedoch einige Monate in Anspruch, weil die Kontaktpersonen – wie sie gegenüber der Forscherin mehrfach markierten – an ihre jeweiligen Belastungsgrenzen kamen im Rahmen ihrer beruflichen Tätigkeit. So schrieb z. B. eine Kontaktperson per Email:

> „Hi Rebekka, entschuldige, dass ich mich bisher noch nicht gemeldet habe. War doch sehr viel los und ich habe es schlicht aus den Augen verloren…"

(Zitat aus der Mailkorrespondenz mit einer Kontaktperson in einer Pfarrei)

Über die Pastoralreferent*innen bzw. den Pastoralassistenten vor Ort vermittelte Kontakte zu Ehrenamtlichen wurden zum Teil nicht erwidert. Es war in allen Fällen möglich, erste Treffen zur Besprechung des Forschungsanliegens mit den

43 Vgl. zur Beweglichkeit des Forschungsfeldes auch: PRZYBORSKI/WOHLRAB-SAHR, Qualitative Sozialforschung, 41.

Steuerungsgruppen zu realisieren. Die darüber hinaus gehenden Anfragen scheiterten. In drei Pfarreien waren schließlich jeweils unterschiedliche Erhebungen möglich (siehe Abb.1), die für diese Arbeit verwendet werden konnten.

Zum von der Forscherin gesetzten Stichtag (12.03.2020) liegt nur ein fertiggestelltes Schutzkonzept der bisher kontaktierten vier Pfarreien vor (Pfarrei C). Da die Vertreter*innen der Steuerungsgruppen an den Dekanatstreffen teilnahmen, die im Zeitraum von November 2018 bis Januar 2019 angeboten wurden, liegt der Schluss nahe, dass die Gruppen auch seit 2018 an den Schutzkonzepten arbeiteten. Die Schutzkonzepte von zwei weiteren der vier kontaktierten Pfarreien wurden später als der Stichtag fertiggestellt (Pfarrei A und Pfarrei D) und im Nachhinein in die Analyse aufgenommen. Das Konzept der Pfarrei B konnte bis heute nicht eingesehen werden, hier liegt lediglich eine Arbeitsversion vor. Insgesamt lagen damit 18 Schutzkonzepte zur Analyse vor.

Abb. 1: Felderschließung und Prozess der Datenerhebung

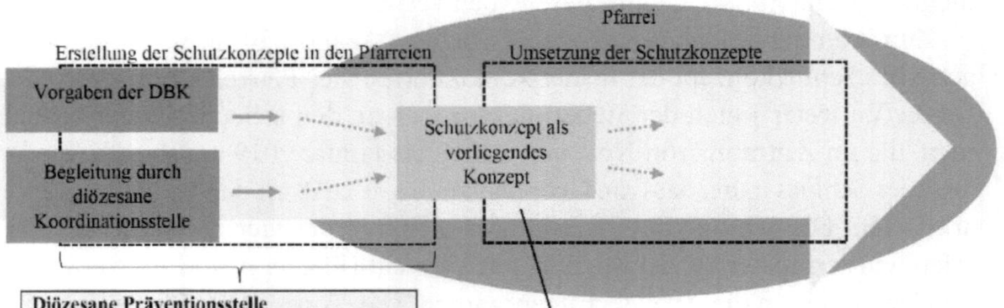

Diözesane Präventionsstelle	
Erster Kontakt zur Präventionsstelle (07/2018)	
Teilnahme an einer Werkstatt zum Thema Schutzkonzepte mit Haupt- und Ehrenamtlichen des Bistums (8/2018)	
Interviews mit drei Mitarbeiter*innen der Präventionsstelle (11/2018 bis 01/2019)	
Pfarreien	
Teilnahme an drei Dekanatstreffen mit Vertreter*innen der Steuerungsgruppen zur Erstellung der Schutzkonzepte in den Pfarreien (begleitet durch Mitarbeitende der diözesanen Präventionsstelle) (11/2018 bis 02/2019)	
Vertreter*innen der Steuerungsgruppen (aus Dekanatstreffen)	**Schutzkonzepte (insgesamt 18)**
	14 Schutzkonzepte aus verschiedenen Pfarreien des Bistums (Alle Konzepte Zeitraum 09/18 bis 10/19 verabschiedet und abgerufen zum Stichtag 12.03.2020.)
Pfarrei A **Interview** mit Steuerungsgruppenmitglied (03/2019, wurde nicht ausgewertet) weitere Erhebungen gescheitert	Schutzkonzept liegt vor (Fertigstellung nach dem Stichtag, genauer Zeitpunkt der Veröffentlichung unbekannt)
Pfarrei B Gespräche und Besuch in Steuerungsgruppe vor Ort, Erhebungen gescheitert, Kontaktaufbau nicht mehr möglich	Schutzkonzept liegt in vorläufiger Form als Arbeitsdokument, jedoch nicht als final veröffentlichte Version vor.
Pfarrei C **Zwei Beobachtungen** in Leitungsrunden mit Jugendlichen und jungen Erwachsenen, die das Schutzkonzept diskutieren (05/19 und 07/2019), **eine Beobachtung** in einem interkulturellen Angebot für Kinder und Familien (06/2019).	Schutzkonzept liegt vor.
Pfarrei D **Gespräch mit einer Kindergruppe** Erstkommunionkinder (06/2019),weitere Erhebungen gescheitert	Schutzkonzept liegt vor (Fertigstellung nach dem Stichtag im Juni 2020).
Erhebungszeitraum: 07/2018 bis 06/2019	Schutzkonzepte verabschiedet im Zeitraum 09/2018 bis 10/2019, abgerufen zum Stichtag 12.03.2020

Eigene Darstellung

Die Datenerhebung wurde während des Feldaufenthalts zu der Form entwickelt, in der sie hier nun dargestellt wird. Sie ist eine Möglichkeit, Strukturen des Feldes sichtbar werden zu lassen und ist maßgeblich von Schwierigkeiten und Hürden geprägt, aber auch vom Versuch, theoretisches Sampling vorzunehmen. Die Triangulation der verschiedenen Erhebungsdaten ermöglicht Einblicke in komplementäre Feldbereiche (Präventionsstellenmitarbeiter*innen – Schutzkonzepterstellung vor Ort, Erwachsene – Kinder, Hauptamtliche – Ehrenamtliche). Das Wechselspiel von Kodierprozess der erhobenen Daten und Bildung des Samplings wurde gerade in der ersten Zeit der Datenerhebung im Feld intensiv versucht. Beim theoretischen Sampling geht es nicht nur um die Auswahl des Datenmaterials. Theoretisches Sampling kann als der Versuch verstanden werden, „Ereignisse und Vorfälle, die Indikatoren für theoretisch relevante Konzepte sind“[44] zu sampeln. Das empirische Material stellt dabei „lediglich die Mittel dar, diese Daten zu erhalten“.[45] In der Abfolge der Erhebungen wurde versucht, Spezifizierungen der bisher erfahrenen und erschlossenen Perspektiven zu erschließen.[46]

Damit lässt sich der Prozess wie folgt zusammenfassen: Über die Felderschließung hat sich gezeigt, dass die untersuchte Situation (Kinderpartizipation im Rahmen der Schutzkonzepterstellung) wesentlich geprägt ist von einem Entwicklungsprozess der Konzepte, der bei der Erstellung der Konzepte beginnt und die Pfarreien dann in eine Situation hineinführt, in der die schriftlichen Konzepte erstellt sind. Da zum Zeitpunkt der Erhebungen die Pfarreien des Bistums zumeist noch im Erstellungsprozess befindlich waren, wurde dieser als Ansatzpunkt gewählt. Im Anschluss an die ersten Interviews und deren Kodierung führte die Suche nach weiteren Entdeckungen, im Sinne einer Suche nach Spezifizierung auf die Forschungsfrage hin, zu weiteren Erhebungen (Beobachtungen und ein Kindergruppengespräch). Über die veröffentlichten Schutzkonzepte der Pfarreien des Bistums gelang ein pfarreiübergreifender Zugriff auf Daten, die unabhängig vom Forschungsprozess dieser Arbeit erstellt wurden (vgl. dazu Kapitel 2.4.2.3).

2.4.2 Methoden zur Datenerhebung und -analyse

Ausgehend von dieser Beschreibung der Beweglichkeit des Feldes, erfolgt nun ein Überblick über die angewendeten Methoden in ihrer konkreten Ausgestaltung im Rahmen des Forschungsprozesses dieser Arbeit.

44 Strauss/Corbin, Grounded Theory: Grundlagen Qualitativer Sozialforschung, 164.
45 Ebd. 165.
46 Vgl. ebd., 161.

2.4.2.1 Expert*inneninterviews

Die Interviews wurden als narrative, leitfadengestützte Expert*inneninterviews geführt. Leitfadengestützte Expert*inneninterviews ermöglichen „die Verzahnung von Strukturierung bzw. Fokussierung und Offenheit“[47] sowie eine bessere Vergleichbarkeit zwischen den Interviews. Mit dieser Form wurde versucht zu gewährleisten, dass die „Situationsdefinition des Experten, seine Strukturierung des Gegenstandes und seine Bewertung“[48] möglichst gut erfasst werden konnte. Entgegen einer „Leitfadenbürokratie“[49] dienten die Leitfäden vielmehr als „Gerüst“[50] und nicht als einengendes Mauerwerk. Das Expert*-inneninterview wurde bewusst narrativ angelegt, ohne dass es dadurch zum narrativen Interview wurde, was eine durchaus gängige Umsetzung dieser Interviewform darstellt.[51]

Der Umgang mit Expert*innenwissen kann nun je nach Anlage des Untersuchungsdesigns einer Arbeit unterschiedlich ausfallen und hat Konsequenzen für die Auswertung der Interviews sowie für ihre Funktion im Forschungsprozess und -design. Michael Meuser und Ulrike Nagel unterscheiden hier hinsichtlich Stellung und Funktion der Erkenntnisse aus den Expert*innen-interviews zwischen a) Betriebswissen und b) Kontextwissen.[52] Die vorliegende Arbeit arbeitet mit den aus den Expert*inneninterviews gewonnenen Erkenntnissen in Form des Kontextwissens (nach Meuser/Nagel). Das bedeutet, dass die Interviews „zur Bestimmung des Sachverhalts bei[tragen] und sind nicht dazu geeignet, die Gültigkeit theoretischer Behauptungen über den Sachverhalt zu prüfen.“[53] Die Auswertung von Betriebswissen wird

> „von theoretisch-analytischen Kategorien angeleitet […]. Demgegenüber wird bei der Erforschung von Kontextwissen von der Betrachtung eines überbetrieblichen sozialen Systems ausgegangen, dessen Funktionieren durch die ExpertInnen mitbedingt ist. Die heuristischen Annahmen beziehen sich auf das Vorhandensein von wechselseitigen Beziehungsmustern innerhalb dieses Systems, dessen Bestimmung jedoch in Beobachtungskategorien erfolgt und nicht im Rahmen theoretischer Erklärungsansätze. Die Perspektive

47 KRUSE, Jan u.a.: Qualitative Interviewforschung. Ein integrativer Ansatz (Grundlagentexte Methoden). Weinheim/Basel ²2015, 224.

48 Lewis Anthony Dexter zitiert nach: MEUSER, Michael/NAGEL, Ulrike: Expert-Inneninterviews - vielfach erprobt, wenig bedacht. Ein Beitrag zur qualitativen Methodendiskussion. In: BOGNER, Alexander/LITTIG, Beate/MENZ, Wolfgang (Hg.): Das Experteninterview. Wiesbaden 2002, 72.

49 FRIEBERTSHÄUSER, Barbara/LANGER, Antje: Interviewformen und Interviewpraxis. In: FRIEBERTSHÄUSER, Barbara/LANGER, Antje/PRENGEL, Annedore (Hg.): Handbuch qualitative Forschungsmethoden in der Erziehungswissenschaft. Weinheim/ Basel ⁴2013, 440.

50 Ebd., 439.

51 Vgl. KRUSE u.a., Qualitative Interviewforschung, 149.

52 MEUSER/NAGEL, ExpertInneninterviews – vielfach erprobt, wenig bedacht, 75f.

53 Ebd., 76.

auf das Kontextwissen der ExpertInnen resultiert aus dem Interesse an der empirischen Bestimmung der Beobachtungskategorien. Die thematischen Schwerpunkte des Leitfadens stellen Beobachtungsdimensionen dar, die bei der Auswertung im Zentrum der Aufmerksamkeit stehen."[54]

Die Interviews haben eröffnenden Charakter und die Funktion, Strukturen, Merkmale, Eigenschaften usw. der Situation von Kinderpartizipation und Schutzkonzepterstellung „aufzuschließen".[55] Anders als bei Meuser/Nagel soll in dieser Arbeit die Trennung zwischen Haupt- und Nebenuntersuchung nicht so stark gemacht werden. Damit sind die Expert*inneninterviews hier auch mehr als nur ein „Meilenstein auf dem Weg zur Hauptuntersuchung"[56]. Sie stehen mit Blick auf die Funktion der Erkenntnisgenerierung neben den Konzeptanalysen, vom Ablauf des Forschungsprojekts her wurden sie vor den Konzeptanalysen durchgeführt.

Die Interviewpartner*innen arbeiten zum Zeitpunkt der Interviews in der diözesanen Präventionsstelle des Bistums. Die Perspektive des ersten Feldzugangs eröffnet damit den Blick auf die Schutzkonzepterstellung aus der Perspektive derjenigen Vertreter*innen des Bistums, die für die strukturelle Implementierung der Konzepte im Bistum zuständig sind. Die Interview-partner*innen bilden damit eine zur Schutzkonzepterstellung vor Ort in den Pfarreien, „komplementäre Handlungseinheit, und die Interviews haben die Aufgabe, Informationen über die Kontextbedingungen"[57] zu liefern. Die Interviewpartner*innen sind zum Zeitpunkt der Interviews hauptberuflich tätig für das Bistum und für unterschiedliche Tätigkeitsbereiche der Präventionsstellenarbeit zuständig. Eine Person war zum Erhebungszeitpunkt (November 2018) als Präventionsbeauftragte*r tätig. Präventionsbeauftragte verantworten die Leitung der Präventionsstelle, zu deren Aufgaben u. a. auch die „Beratung und Abstimmung bei der Entwicklung und Umsetzung von institutionellen Schutzkonzepten"[58] gehört. Die beiden anderen Interviewpartner*innen (Interviewzeitpunkte: Dezember 2018 und Januar 2019) begleiten und beraten die Pfarreien des Bistums bei der Erstellung der Schutzkonzepte. Teil des Beratungsangebots sind auch Netzwerktreffen auf Dekanatsebene, bei denen sich Vertreter*innen der Steuerungsgruppen aus verschiedenen Pfarreien mit den Fachstellenmitarbeiter*innen treffen und sich über die Prozesse vor Ort austauschen.

Die Gespräche wurden transkribiert und mit der Software MAXQDA offen kodiert. Dieser Kodiervorgang ergab erste vorläufige Konzepte.

54 Ebd. 82.
55 Ebd., 76.
56 Ebd., 77.
57 Ebd., 75. Hervorhebung im Original.
58 Sekretariat der Deutschen Bischofskonferenz, Rahmenordnung 2014, 42.

„Konzepte sind die grundlegenden Bausteine einer Theorie. Offenes Kodieren stellt in der Grounded Theory den analytischen Prozeß dar, durch den Konzepte identifiziert und in Bezug auf ihre Eigenschaften und Dimensionen entwickelt werden. [...] Ähnliche Ereignisse und Vorfälle werden benannt und zu Kategorien gruppiert."[59]

Im darauffolgenden erneuten Interpretationsdurchgang durch diese Konzepte wurde versucht, Sinnzusammenhänge zu explorieren, die von verschiedenen Dimensionen der Konzepte her aus dem Material heraus aufscheinen. Dabei wurde die Kategorienbildung durch die vorherige theoretische Sensibilisierung der Forscherin unterstützt.[60] Die aus dem Material her aufscheinenden Zusammenhänge wurden dann zu Kategorien zusammengeführt. In Anlehnung an das Konzept zur Auswertung von Expert*inneninterviews von Meuser/Nagel, wurde die Analyse der Interviews in der vorliegenden Arbeit (in ihrer Funktion als auf Kontextwissen zielend) nicht bis zur Etappe der theoretischen Generalisierung vorangetrieben, sondern an der Schwelle zur Konzeptualisierung abgeschlossen.[61]

2.4.2.2 Kartografische Ansätze aus der ‚Situationsanalyse' (Adele Clarke)

Das kodierte Material der Expert*inneninterviews wurde ebenfalls mittels zwei der drei kartografischen Ansätze der Situationsanalyse nach Adele Clarke[62] bearbeitet. Die traditionelle Grounded Theory wird in der Theorie von Clarke, verankert im symbolischen Interaktionismus und in der Analytik Michel Foucaults, erweitert um einen situationszentrierten Ansatz. „Die Situation an sich wird zum ultimativen Forschungsgegenstand, und das Verständnis ihrer Elemente und ihrer Beziehungen zum primären Ziel der Untersuchung."[63] Es geht dabei nicht mehr nur darum, Handlungen zu erforschen. Vielmehr werden soziale Situationen (inkl. aller sie konstituierenden Subjekte und Objekte/Materialitäten sowie der sie umgebenden Diskurse) wahrgenommen und analysiert. Dadurch sollen Komplexitäten postmoderner Forschungsfelder sowie ihrer Theorien besser erfasst und dargestellt werden. Die Erstellung einer ‚Situationsmap' sowie einer ‚Map der Sozialen Welten/Arenen' helfen dabei, Schutzkonzepterstellung und Kinderpartizipation als soziale Situation gerade auch angesichts der scheinbar zahlreichen ‚Kontextbedingungen' in den Blick zu nehmen. Clarke geht jedoch davon aus, dass es das, was klassisch als ‚Kontext' bezeichnet wurde, nicht gibt.

59 STRAUSS/CORBIN, Grounded Theory: Grundlagen Qualitativer Sozialforschung, 54f.

60 Vgl.: PRZYBORSKI/WOHLRAB-SAHR, Qualitative Sozialforschung, 195; 202f.

61 Vgl. MEUSER/NAGEL, ExpertInneninterviews - vielfach erprobt, wenig bedacht, 77.

62 Vgl. CLARKE, Adele/KELLER, Reiner: Situationsanalyse. Grounded theory nach dem Postmodern Turn (Interdisziplinäre Diskursforschung). Wiesbaden 2012.

63 Ebd., 24. Hervorhebung im Original.

„Die Bedingungen der Situation sind in der Situation enthalten. […] Die bedingten Elemente der Situation müssen in der Analyse der Situation selbst spezifiziert werden, da sie für diese konstitutiv sind und sie nicht etwa nur umgeben, umrahmen oder etwas zur Situation beitragen. Sie sind die Situation.“[64]

Clarke führt das Modell der „infrastrukturellen Inversion“ [65] an und überträgt es auf die Wirkung der Situationsmaps und -analysen. In der infrastrukturellen Inversion geht es darum, die sonst versteckten und für die Infrastruktur notwendigen Elemente von etwas, nicht wie sonst nach innen versteckt zu halten, sondern nach außen zur Schau zur stellen.[66] Mit der Situationsanalyse und durch die Situationsmaps geschieht etwas Ähnliches, nämlich „soziale Inversion“.[67]

„[I]ndem sie die normalerweise unsichtbaren, unbestimmten sozialen Merkmale der Situation sichtbar machen: nämlich alle Schlüsselelemente, die in der Situation enthalten sind und ihre wechselseitigen Beziehungen; die Sozialen Welten und Arenen, in denen die Forschungsgegenstände eingebettet sind; die diskursiven Positionen, die von Akteuren (menschlichen und nichtmenschlichen) in Bezug auf die wichtigsten Fragen eingenommen und nicht eingenommen werden; und die Diskurse selbst als konstitutiv für die Situation.“[68]

Es gibt ganze Arbeiten, die als Ganze als Situationsanalysen angelegt sind.[69] Entsprechend fragmentarisch ist die Nutzung der Mappingstrategien im Rahmen dieser Arbeit zu verstehen. Sie legen eine hilfreiche Spur für die komplexe Situation der Kinderpartizipation im Rahmen der Schutzkonzepterstellung (Kapitel 4.9) und eröffnen das Feld für die daran anschließenden literaturbasierten Ausführungen (Kapitel 5,6 und 7) sowie die Konzeptanalysen (Kapitel 8).

64 Ebd., 112. Hervorhebungen im Original.

65 Ebd., 38 unter Verweis auf BOWKER, Geoffrey/STAR, Susan: Sorting Things Out: Classification and Its Consequences. Cambridge, MA.

66 Ein Beispiel aus dem Bereich der Architektur vermag die Grundidee beispielhaft zu veranschaulichen: Das Centre Georges-Pompidou (auch Centre Pompidou) in Paris. Das staatliche Zentrum für Kunst und Kultur ist ein architektonisches Beispiel dafür, genau die Gebäudeelemente, die für gewöhnlich hinter Wänden verborgen bleiben, bewusst nach außen zu legen und sichtbar zu machen. So verlaufen bspw. Rohrleitungen und Kanäle farbig inszeniert an den Außenwänden des Gebäudes.

67 Ebd., 39.

68 Ebd., 39.

69 Vgl. z. B. GASTERSTÄDT, Julia: Der Komplexität Begegnen und Inklusion Steuern. Eine Situationsanalyse Zur Umsetzung Von Artikel 24 der UN-BRK in Deutschland (Rekonstruktive Bildungsforschung 28). Wiesbaden 2019.

2.4.2.3 Analyse der Schutzkonzepte als Dokumentenanalyse

Die Schutzkonzepte stellen die verschriftlichte Grundlage für die Präventionsarbeit in den Pfarreien dar. In dieser Arbeit kommen die Schutzkonzepte als verschriftlichte Texte und Ergebnisse eines gemeinsamen Prozesses verschiedener Personen in den Blick, die das Konzept stellvertretend für ihre Pfarrei erarbeiten. Die Konzepte werden damit einerseits hervorgebracht und bringen andererseits Prävention und auch Partizipation hervor. Sie sind damit nicht nur „Informationscontainer"[70], sondern werden zu „soziale[n] Akteure[n]"[71], die über die Prozesse in den Pfarreien Auskunft geben und auch vor dem Hintergrund der jeweiligen „Entstehungs- und Verwendungszusammenhänge[n]"[72] interpretiert werden können. Jürgen Bortz und Nicola Döring liefern zur wissenschaftlichen Dokumentenanalyse die folgende Definition:

> „Unter einer wissenschaftlichen Dokumentenanalyse („scientific document analysis") als Datenerhebungsmethode verstehen wir die zielgerichtete, systematische und regelgeleitete Sammlung und Archivierung von vorhandenen (d.h. unabhängig vom Forschungsprozess produzierten) Dokumenten als Manifestation menschlichen Erlebens und Verhaltens."[73]

Analysiert wurden für diese Arbeit – als vorhandene bzw. vorgefundene Dokumente[74] – 18 Schutzkonzepte aus einem NRW-Bistum. Es wurden nur Konzepte ausgewählt, die online öffentlich zugänglich sind, i. d. R. über die Homepages der Pfarreien. Die Suche nach fertiggestellten und veröffentlichten Konzepten wurde über die Pressemeldungen auf der Homepage der diözesanen Präventionsstelle geleitet. Hier wurde und wird bekanntgegeben, wenn eine Pfarrei ein Schutzkonzept fertiggestellt hatte. Der von der Forscherin gewählte Stichtag für die Auswahl war der 12.03.2020. Die Stichprobe beinhaltet alle bis zu diesem Stichtag auf der Homepage bekanntgegebenen Konzepte. Die Konzepte bezeugen den fortschreitenden Erstellungsprozess und dessen bistumsweite Kommunikation, sind jedoch nicht als repräsentativ für die Gesamtzahl an bisher erstellten Schutzkonzepten im Bistum anzusehen.[75] Bei 14 Konzepten konnte festgestellt werden, wann sie durch Pfarreirat und/oder Kirchenvorstand verabschiedet wurden. Die Konzepte wurden im Zeitraum von September 2018 bis Oktober 2019

70 DÖRING/BORTZ, Forschungsmethoden und Evaluation in den Sozial- und Humanwissenschaften, 534.

71 Ebd.

72 Ebd.

73 Ebd., 537. Hervorhebung im Original.

74 Ebd., 533.

75 Offizielle Angaben und Zahlen wurden bei der Präventionsstelle des untersuchten Bistums angefragt. Die Information wurde der Autorin nie vorgelegt.

verabschiedet, insgesamt fünf Konzepte 2018 und acht Konzepte 2019. Ein weiteres Konzept wurde im Juni 2020 verabschiedet. Die tatsächlich online bis zum Stichtag vorgefundenen Konzepte und Pressemeldungen ergaben eine Auswahl aus 16 Schutzkonzepten (plus die zwei später hinzugefügten Konzepte, vgl. Kapitel 2.4.1, Abb.1), mit denen fast alle Dekanate des Bistums abgedeckt werden können. Die Konzepte werden anonymisiert zitiert (vgl. Kapitel 8).

Die Konzeptanalyse erfolgte als qualitative und fallübergreifende, kategorienbildende Dokumentenanalyse. Die Kodierung der Schutzkonzepte wurde mittels eines deduktiv-induktiven Zugangs durchgeführt. Bortz/Döring beschreiben, dass ein eher datengesteuertes, induktives Vorgehen korrespondierend mit einer explorativen und offenen Fragestellung typisch für qualitative Dokumentenanalysen ist.[76] Entsprechend zielen Kodierprozess und Kategorienbildung auf die Exploration und Erklärung der in den Schutzkonzepte vorfindlichen Prozesse und Phänomene und erfolgte angelehnt and die Kodiermethode der Grounded-Theory-Methodology.[77] Dabei stellte sich jedoch die Herausforderung bzgl. des Umgangs mit der starken Vorstrukturierung der Schutzkonzepte (Bausteinstruktur, Kapitel 5.1 und 5.2), die als eine besondere Eigenart des Datenmaterials beschrieben werden kann. Ein Teil der Analyse besteht so aus einem deduktiv und durch die entsprechenden Bausteine der Konzepte vorstrukturierten Teil zu Partizipationsprozessen. In diesem Teil wurden die in den Schutzkonzepten dokumentierten Partizipationsmöglichkeiten von Kindern bausteinspezifisch kodiert.

Abb. 2: Beispielkodierung

Kinder und Jugendliche werden bei der Festlegung von Gruppenregeln und deren Befolgung integriert und bestimmen mit.
Code: Bausteine\Verhaltenskodex
Schutzkonzept_D Position: 9: 209 - 9: 328

Eigene Darstellung

Im Kodier- und Auswertungsprozess nutzt die Forscherin damit die vorgegebene Struktur der Schutzkonzepte und kodiert die jeweiligen pfarreispezifischen Lösungen, um die fallspezifischen Charakteristika herausarbeiten zu können. Die Aufmerksamkeit für die Spezifika der jeweiligen Konzepte erzeugt die Möglichkeit zur Kontrastierung verschiedener Umsetzungsvarianten.

Ein weiterer Teil der Analyse folgt stärker dem Paradigma des theoretischen Kodierens und dient der nochmals stärker geöffneten Exploration der Partizipationsprozesse. Selbstverständlich ist sie nicht losgelöst vom vorherigen Zugang zu denken. Im Unterschied zu diesem, wurden die Kodierungen aber hier bau-

76 DÖRING/BORTZ, Forschungsmethoden und Evaluation, 540. Hervorhebungen im Original.
77 Vgl. ebd., 545-547; STRAUSS/CORBIN, Grounded Theory: Grundlagen Qualitativer Sozialforschung.

steinunabhängig zu Kategorien zusammengeführt. Dieses Vorgehen weicht vom in der GTM als Offenes Kodieren[78] bezeichneten Konzept ab, da ihr bereits der eben erläuterte Schritt der bausteinspezifischen Kodierung vorangegangen ist. Es nimmt aber das Anliegen einer „intensive[n], möglichst offene[n], mikroanalytischen Bearbeitung des Materials“[79] sowie das Ziel „Daten und Phänomene in Begriffe zu fassen“[80] auf. Insofern orientiert sich das Kodierverfahren an den ‚klassischen' Schritten der GTM, versteht diese allerdings – wie auch von Anselm Strauss selbst deklariert – als „Verfahrenshilfen“ und modifiziert sie.[81] Dazu wurden die Schutzkonzepte einem Kodiervorgang mit MAXQDA unterzogen, aus dem sich Konzepte ergaben, die provisorisch gebündelt und zu neuen Kategorien zusammengeführt wurde. So wurden beispielsweise die Kategorie Anwaltschaft mit mehreren Unterkategorien entwickelt:

Tab. 2: Code ‚Anwaltschaft'

Anwaltschaft: Konzeptpassagen, die Aufschluss darüber geben, dass und inwiefern verschiedene Akteure die Anwaltschaft für verschiedenen Perspektiven übernehmen.
Anwaltschaft → Erwachsene als Anwälte für ihre eigene Kindheit
Anwaltschaft → Erwachsene bringen erwachsene Perspektiven ein
In den Kindergärten der Pfarre wurden die Eltern über das Entstehen des ISK informiert und durch einen Fragebogen (s. Anlage) aufgefordert, ihre Anmerkungen und Anregungen zu äußern. Der Rücklauf war sehr zurückhaltend. Es wurden alltägliche Befürchtungen geäußert, über die Höhe von Klettergerüsten oder Stufen. Code: Anwaltschaft/Erwachsene bringen erw. Perspektiven ein, Schutzkonzept_E Position: 4: 1033 - 4: 1357
Anwaltschaft → als Stellvertreter/Kontaktpersonen
Anwaltschaft → als Stellvertreter/Kontaktpersonen → Jugendliche
Anwaltschaft → als Stellvertreter/Kontaktpersonen → Erwachsene
Anwaltschaft →Kinder bringen kindliche Perspektiven ein Im Kindergarten [Name des Kindergartens] merkten die Kinder an, dass sich einige vor dem Gartenhäuschen gruseln. Code: Anwaltschaft/Kinder bringen ihre Perspektiven ein, Schutzkonzept_E Position: 4: 935 - 4: 1033

Eigene Darstellung

78 Vgl. STRAUSS/CORBIN, Grounded Theory: Grundlagen Qualitativer Sozialforschung, 43-55.
79 AGHAMIRI, Kathrin: Das Sozialpädagogische als Spektakel. Eine Fallstudie sozialpädagogischer Gruppenarbeit in der Grundschule, Dissertation. Opladen/Berlin/Toronto 2016, 128.
80 FLICK, Qualitative Sozialforschung, 388.
81 Vgl. PRZYBORSKI/WOHLRAB-SAHR, Qualitative Sozialforschung, 201.

In einem weiteren Kodiervorgang ging es darum, das Datenmaterial in einer neuen Systematisierung zusammenzusetzen und Kodes neu in Beziehung zu setzen (axiales Kodieren in der GTM). „Offenes Kodieren […] bricht die Daten auf und erlaubt es, einige Kategorien, deren Eigenschaften und dimensionale Ausprägungen zu identifizieren. Axiales Kodieren fügt diese Daten auf neue Art wieder zusammen, indem Verbindungen zwischen einer Kategorie und ihren Subkategorien ermittelt werden."[82] Die Kategorienbildung wurde dabei folglich ebenfalls durch die vorherige theoretische Sensibilisierung geleitet. Die Daten wurden so verdichtet und in ihrer Prozesshaftigkeit exploriert, die beiden Kodiervorgänge gingen ineinander über. Während des ganzen Prozesses erstellte die Forscherin Memos mit Ideen, Dokumentationsbemerkungen, Irritationen etc., die zur Kategorien- und Auswertungsentwicklung beitrugen. Die Forscherin folgte dabei ihrem „Gespür für theoretisch relevante Aspekte in den Daten"[83] auf Basis der zuvor erfolgten Auswertung der Interviews mit den Mitarbeiter*innen der Präventionsstelle sowie ihrer theoretischen Auseinandersetzung mit den Inhalten. Es wurde versucht, eine möglichst gegenstandsangemessene Analysetechnik für die Konzeptanalysen der Schutzkonzepte zu entwickeln. Die Analyse verfolgte das Ziel der Exploration der Forschungsfrage im Sinne einer Offenheit für die vom Material her aufscheinenden Phänomene, sie wurde geleitet durch die theoretische Sensibilität der Forscherin und ist wesentlich beeinflusst durch Struktur und Eigenheiten der Schutzkonzepte als Dokumente.

2.3.2.4 Gruppendiskussion mit Kindern

Gruppendiskussionen mit Kindern blicken auf eine jüngere Erfahrungsgeschichte in der Forschung zurück als z. B. Gruppendiskussionen mit Jugendlichen oder Erwachsenen.[84] Es geht in Gruppendiskussionen nicht nur darum zu diskutieren, sondern auch um gegenseitiges Erzählen, um Austausch, um Nachfragen, gegenseitige Erinnerungen und vieles mehr: „Während bei herkömmli-

82 STRAUSS/CORBIN, Grounded Theory: Grundlagen Qualitativer Sozialforschung, 76. Hervorhebungen im Original.

83 HUBER, Christina/LEHMANN, Lukas: Auswertung Qualitativer Daten. In: AEPPLI, Jürg u.a. (Hg.): Empirisches wissenschaftliches Arbeiten. Ein Studienbuch für die Bildungswissenschaften (utb-studi-e-book 4201). Bad Heilbrunn [4]2016, 236.

84 Vgl. PRZYBORSKI/WOHLRAB-SAHR, Qualitative Sozialforschung, 102. Vgl. zu Gruppendiskussionsverfahren in der Kindheitsforschung z. B. auch: BRENNEKE, Bettina/TERVOOREN, Anja: Gruppendiskussionen mit Kindern am Übergang vom Elementar- zum Primarbereich. Methodologische Diskussionen und forschungspraktische Überlegungen. In: HARTNACK, Forian (Hg.): Qualitative Forschung mit Kindern. Herausforderungen, Methoden, Konzepte. Wiesbaden 2019, 193–235.

chen individualisierten Verfahren vorwiegend Einzelmeinungen erhoben werden, stehen bei Gruppendiskussionen kollektive Phänomene im Mittelpunkt. Das Charakteristische ist die Interaktion der Teilnehmer untereinander."[85] Damit liefern Gruppendiskussionen nicht nur einen Einblick in die kindlichen Perspektivwelten, sondern erzeugen selbst soziale Aushandlungssituationen zwischen Peers und Forscher*innen.

Insbesondere von Erwachsenen initiierte und durchgeführte Interviews oder Diskussionen stellen dabei „spezifische Interaktionsformen" sowie „eben nicht alltägliche Kommunikationsformen"[86] dar. Allein durch die Anbahnung der Gesprächssituation liegt es schon auf der Hand: Asymmetrien zwischen Kindern und Erwachsenen können nicht umgangen werden, daher kann es in Gruppendiskussionen nicht darum gehen, dass Gleichheit suggeriert würde. Vielmehr gilt es eine erhöhte Gestaltungsmacht und Steuerung in der Situation auf Seiten der Befragten herzustellen. Diese wird durch die Erwachsenen z. B. anhand der Rahmung der Gesprächssituation und des Settings oder auch der Tatsache, dass die Kinder in der Überzahl sind, aktiv hergestellt.[87] In diesen Gesprächen mit Kindern geht es einerseits darum, die kindlichen Fähigkeiten und andererseits die Anforderungen des Erhebungsverfahrens im Blick zu halten und aufeinander abzustimmen.[88]

Diese Arbeit wird aus der Perspektive einer erwachsenen Forscherin verfasst und sie setzt bei der Erstellung der Schutzkonzepte aus institutioneller Perspektive an (Expert*inneninterviews). Zu dieser Perspektive hinzugelegt wird die Wahrnehmung der sich aus den Konzeptanalysen ergebenden Erkenntnisse. Die durchgeführte Gruppendiskussion sowie die Teilnehmenden Beobachtungen (siehe Kapitel 2.4.2.5) ergänzen und kontrastieren diese Einblicke als weitere Datenquellen im Rahmen dieser Arbeit.

In einer der kontaktierten Pfarreien konnte eine Gruppendiskussion mit einer Gruppe von acht Kindern (drei Jungen, fünf Mädchen) aus einer Gemeinde realisiert werden. Die Kinder befanden sich zum Zeitpunkt der Diskussion (Juni 2019) in der Erstkommunionvorbereitung und kannten sich dadurch bereits vor der Diskussion. In der Diskussion ging es um die Erfahrungen der Kinder mit der Erstkommunionvorbereitung sowie den verschiedenen Orten und Gebäuden der Gemeinde in diesem Zusammenhang. Hierzu wurden einerseits Absprachen mit den Katecht*innen und Eltern getroffen und Einverständnisse von allen – auch von den Kindern – eingeholt. Es erfolgte auch eine Absprache mit dem

85 VOGL, Susanne: Interviews mit Kindern führen. Eine praxisorientierte Einführung (Grundlagentexte Methoden). Weinheim/Basel 2015, 61. Hervorhebung im Original.

86 Ebd., 15.

87 Vgl. ebd., 55f.

88 Ebd., 15f.

Pastoralreferenten (Mitglied der Steuerungsgruppe). Die Diskussionsergebnisse wurden im Einverständnis aller Parteien den Verantwortlichen für die Erstkommunionvorbereitung der Pfarrei sowie der Steuerungsgruppe für ihre Risikoanalyse[89] zur Verfügung gestellt. Den Kindern wurde auch dies zu Anfang des Gesprächs erklärt, der Pastoralreferent, an den die Ergebnisse gingen, mit Namen genannt und erläutert, dass er diese zusammen mit weiteren Erwachsenen nutzen würde im Rahmen der Schutzkonzepterstellung. Dass noch unklar sei, inwiefern die Ergebnisse Einfluss hätten, wurde auch erklärt. Da sich die Arbeit der Steuerungsgruppe noch am Anfang befand, ließ sich hier leider keine genauere Klärung mit den Akteuren herbeiführen. Da zwar alle Einverständnisse zur Diskussion, nicht aber zur Aufzeichnung dieser mit einem Audiogerät positiv eingeholt werden konnten, wurde die Diskussion schriftlich dokumentiert. Um die Dokumentation zu erleichtern, wurde eine Lösung gefunden, wie diese in Teilen mit der Methodik der Diskussion und den visuellen Stimuli[90] für die Kinder verbunden werden konnte: In der Mitte des Tisches, um den die Kinder mit der Forscherin saßen, wurden auf Papier Fotos mit Orten und Gebäuden der Gemeinde ausgelegt. Ein erster Diskussionsteil drehte sich darum, ob alle die Orte kennen, wer etwas dazu sagen, sie beschreiben könnte usw. Danach verteilten die Kinder grüne und rote Klebepunkte an den Fotos (rot = hier bin ich nicht gerne; grün = hier bin ich gerne). Über das ‚Bepunkten' entstand ein zweiter Diskussionsteil, während dessen die Forscherin Stichpunkte auf dem Papier bei den jeweiligen Voten notierte. Die Beiträge führten dazu, dass sich die Kinder gegenseitig „Anknüpfungspunkte für das Erinnern" lieferten sowie „gegenseitig zu Beiträgen anreg[t]en"[91]. Die Kinder haben an einigen Stellen des Gesprächs eingefordert, Daumenvoten geben zu dürfen. Z. B. fragte die Forscherin, wer den Friedhof kennt. Ein Mädchen schlug daraufhin vor, dass alle den Daumen hoch oder runter machen könnten. Im Laufe der Diskussion wurde von den Kindern auch noch die Antwortoption ‚Daumen Mitte' eingeführt.

89 Gemeint ist die Risiko-/Situationsanalyse im Rahmen der Schutzkonzepterstellung. Vgl. hierzu auch Kapitel 5.2 bzw. zur Partizipation von Kindern bei der Risiko-/Situationsanalyse Kapitel 6.2.1.

90 Ebd., 37: „Schulkinder können zwar die Perspektiven anderer einbeziehen, logisch denken und schlussfolgern, aber sind noch an konkrete Operationen und bildhafte Denken gebunden. Deshalb können visuelle Stimuli im Befragungsprozess besonders wichtig sein."

91 HEINZEL, Friederike: Gruppendiskussion und Kreisgespräch. In: HEINZEL, Friederike (Hg.): Methoden der Kindheitsforschung. Ein Überblick über Forschungszugänge zur kindlichen Perspektive (Kindheiten). Weinheim ^{2}2012, 107.

2.4.2.5 Teilnehmende Beobachtungen

Im Rahmen der vorliegenden Arbeit hat sich die Forscherin außerdem für punktuelle Feldbeobachtungen, die ergänzend und vertiefend zu den Konzeptanalysen in einer Pfarrei realisiert wurden, entschieden. Durch Beobachtungen können „konkrete Handlungsweisen in sozialen Situationen erfasst werden“[92]. Uwe Flick nennt als Kennzeichen einer Teilnehmenden Beobachtung, 1. das Eintauchen der forschenden Person in das Forschungsfeld, 2. die von der forschenden Person getätigte Beobachtung aus der Teilnehmendenrolle heraus und 3. den Einfluss der forschenden Person auf die Beobachtung durch ihre bzw. seine Teilnahme.[93] Allgemein gibt es jedoch wohl nicht die Teilnehmende Beobachtung als Methode, sondern vielmehr unterschiedliche Umsetzungsformen und Ansätze.[94] Teilnehmende Beobachtungen führen nicht zu „echteren oder wahreren Einsichten“[95] als andere Erhebungsmethoden (wie z. B. das Interview). Sie liefern andere Einsichten: „Die Teilnehmende Beobachtung beobachtet die Bedeutung von Handlungen zwischen den handelnden Personen für diese Personen.“[96] Genau diese anderen Einsichten sollten ebenfalls eingebunden im Rahmen des explorativen Vorgehens dieser Arbeit.

Dabei stehen die forschenden Personen grundsätzlich vor den Herausforderung, dass eine Situation nie in Gänze fassbar wird. Außerdem sind „nicht alle Phänomene in Situationen beobachtbar“[97]. Oder wie Gerold Scholz es auf den Punkt bringt: „Alle Alltagssituationen sind gewissermaßen überkomplex.“[98] In seinen Ausführungen richtet er sich außerdem „gegen ein Verständnis von Teilnehmender Beobachtung, in dem implizite Authentizitätsannahmen mitspielen“.[99] Als Forscherin verändere man das Beobachtungssetting per se („Die leibliche Teilnahme ist Teilnahme an der Situation“[100]), was Teilnehmende Beobachtungen als „theoriehaltige Beschreibungen [‚die] […] nicht mehr eindeutig zwischen Beobachtung und Interpretation“[101] unterscheiden, markiert. Die

92 LÖTSCHER, Hanni: Beobachtung. In: AEPPLI, Jürg u.a. (Hg.): Empirisches wissenschaftliches Arbeiten. Ein Studienbuch für die Bildungswissenschaften (utb-studi-e-book 4201). Bad Heilbrunn [4]2016, 192.

93 FLICK, Qualitative Sozialforschung, 287.

94 Vgl. SCHOLZ, Gerold: Teilnehmende Beobachtung. In: HEINZEL, Friederike (Hg.): Methoden der Kindheitsforschung. Ein Überblick über Forschungszugänge zur kindlichen Perspektive (Kindheiten). Weinheim [2]2012, 215.

95 Scholz, Teilnehmende Beobachtung, 117.

96 Ebd.

97 FLICK, Qualitative Sozialforschung, 295.

98 SCHOLZ, Teilnehmende Beobachtung, 119.

99 Ebd., 117.

100 Ebd., 131.

101 Ebd., 121.

„Sinnstiftungen des Autors“[102] sind so konstitutiv für das, was am Ende als Daten herauskommt.

Zur Umsetzung im Rahmen dieser Arbeit ist daher zunächst festzuhalten, dass die Forscherin nicht – wie dies etwa in anderen beobachtenden und/oder ethnografischen Settings gut hätte der Fall sein können – über einen längeren Zeitraum ‚abgetaucht‘ ist ins Feld. Es ging vielmehr um die Möglichkeit der weiteren Exploration der Ergebnisse der Konzeptanalysen. Es ging darum, auch einmal Teil von Situationen in der Pfarrei sein zu können, um aus dieser Perspektive aufmerksam dafür werden zu können, wie kinderschützende Praktiken und Kinderpartizipation verhandelt werden und vorkommen mit Blick auf die institutionelle Rahmung, auf die sich die Schutzkonzepte beziehen. Dieser Fokus strukturierte die ansonsten offene Beobachtung. Für die Beobachtung leitend waren also einerseits die theoretische Offenheit für sich zeigende Phänomene und andererseits die bereits geschaffenen Voraussetzungen, durch die im Laufe des Forschungsprozesses entwickelten theoretischen Konzepte.[103] Im Rahmen dieser Arbeit konnten drei Gelegenheiten zur Teilnahme an natürlichen Situationen einer Pfarrei realisiert werden:

- Ein Treffen einer Messdiener*innenleiterrunde (Mai 2019) (ca. 2 Stunden)
- Ein Nachmittag in einem von Ehrenamtlichen geleiteten, interkulturellen Begegnungsangebot für Kinder und ihre Familien mit Hausaufgabenbetreuung (Juni 2019) (ca. 3 Stunden)
- Ein Treffen einiger Zeltlagerleiter*innen zum Thema ‚Umsetzung des Schutzkonzepts‘ (Juli 2019) (ca. 2,5 Stunden)

Die Situationen unterscheiden sich in den sich zeigenden Praktiken insofern, als dass in der zweiten Beobachtung Ehrenamtliche und Kinder in ihrer Interaktion miteinander wahrgenommen werden konnten. In der ersten und dritten Beobachtung waren jugendliche und erwachsene Ehrenamtliche in Leitungsfunktionen anwesend und mit Planung und Konzeption pfarrlicher Aktionen und Angebote beschäftigt. Bei beiden Treffen war außerdem die Pastoralreferentin anwesend, die in der Situation drei auch die Moderation und Gestaltung des Treffens übernahm. Die Beobachtungen verbindet, dass jeweils die Arbeit mit Kindern im Mittelpunkt steht. Während im Treffen der Zeltlagerleitungen (Situation 3) das Schutzkonzept explizit zum Thema gemacht wird, liegt in der Beobachtung des Messdiener*innenleitertreffens (Situation 1) der Fokus eher darauf, wie Kinderschutz- und Präventionsthemen in den Gesprächen der Anwesenden

102 Amann, Klaus/Hirschauer, Stefan: Die Befremdung der eigenen Kultur. Ein Programm. In: Hirschauer, Stefan/Amann, Klaus (Hg.): Die Befremdung der eigenen Kultur. Zur ethnographischen Herausforderung soziologischer Empirie. Frankfurt am Main 1997, 31. Hervorhebung im Original.

103 Vgl. Döring/Bortz, Forschungsmethoden und Evaluation in den Sozial- und Humanwissenschaften, 335–337.

vorkommen, wenn diese nicht explizit auf der Tagesordnung stehen. Über die Beobachtungen im Begegnungsangebot (Situation 2) konnte ein Einblick in ein regelmäßig stattfindendes und fest installiertes Angebot der Pfarrei gewonnen werden, das auch in der Situationsanalyse der Pfarrei für die Erarbeitung des Schutzkonzeptes berücksichtigt wurde. Damit sind Beobachtungsfeld und Beobachtungseinheit als zwei von vier Elementen für die Planung und Durchführung von Beobachtungen beschrieben.[104] Die Treffen wurden jeweils in ihrer natürlichen Dauer begleitet. Der Beobachterinnenstatus der Forscherin kann als passiv-teilnehmend[105] im Rahmen dieser offenen (nicht verdeckten) Form der Beobachtung beschrieben werden, wobei die Anteile von Teilnahme und Beobachtung in den drei Beobachtungssettings unterschiedlich und situationsspezifisch ausgestaltet wurden. Während der Beobachtung fertigte die Autorin Beobachtungsnotizen an, die sie zeitnah nach dem Feldaufenthalt zu Beobachtungsprotokollen verarbeitete (Beobachtungsinstrument). Diese sind in zwei Teilen aufgebaut: Sie enthalten die Beschreibungen der Situation in einer „chronologisch sequenzierten Darstellung"[106] sowie einen Teil mit Informationen zur Rahmung der Beobachtungssituation (z. B. Ankunft und Begrüßung, Ausstieg aus der Beobachtung), Ort und Datum der Beobachtung sowie die Schilderung der vorausgegangenen Kontaktanbahnung.

Es wurden nur Beobachtungsgelegenheiten wahrgenommen, die sich mit Unterstützung der Gatekeeperin (in diesem Fall der Pastoralreferentin) realisieren ließen.[107] Sie sind zu verstehen als Situationen, zu denen die Pastoralreferentin Zugang hat (Situation 1 und 3) bzw. zu der sie der Forscherin Zugang verschaffen konnte (Situation 2). Sie gewähren damit Einblick in einzelne Momentaufnahmen der gemeindepastoralen Arbeit in der Pfarrei. Es zeigt sich in ihnen in unterschiedlicher Ausprägung die alltägliche Verhandlung kinderschützender und partizipativer Praktiken (Beobachtung 2 direkt im Umgang zwischen Ehrenamtlichen und Kindern, Beobachtung 1 als Planungstreffen von Ehrenamtlichen ohne Fokus aufs Schutzkonzept und Beobachtung 3 als Treffen, das extra zur Implementierung des Schutzkonzeptes angedacht ist). Es konnte in der Auswertung eine unterschiedliche Ausprägung der Präsenz des Akteurs Schutzkonzept ausgemacht werden, wenngleich die Aushandlung von Kinderschutz und Partizipation in den Handlungen und der Kommunikation der Akteure in allen Situationen erkannt werden kann. Der Untersuchungsgegenstand wurde so auf

104 Peter Atteslander beschreibt als die vier Bestandteile der Beobachtung: Beobachtungsfeld, Beobachtungseinheiten, Beobachter und Beobachtete. Vgl. ATTESLANDER, Peter: Methoden der empirischen Sozialforschung (ESV Basics). Berlin [11]2006, 73–78.

105 Vgl. zu unterschiedlichen Varianten des ‚Beobachterstatus' LÖTSCHER, Beobachtung, 195.

106 PRZYBORSKI/WOHLRAB-SAHR, Qualitative Sozialforschung, 51.

107 Vgl. zu Ergreifung von Gelegenheiten und zur Rolle der Gatekeeper z. B. DÖRING/BORTZ, Forschungsmethoden und Evaluation in den Sozial- und Humanwissenschaften, 340.

unterschiedliche Weise ‚sichtbar' in den drei Situationen.[108] In der Auswertung (Kapitel 8) werden diese Beobachtungsprotokolle – wie auch die Kindergruppendiskussion – ergänzend zur Analyse der Schutzkonzepte hinzugezogen.

2.4.3 Die Perspektive der Forscherin

Die Forscherin nähert sich dem Thema sowie der Fragestellung innerhalb dieser Arbeit aus der Perspektive einer weiblichen Erwachsenen und die Arbeit sowie die damit verbundenen Erkenntnisse und Prozesse konstituieren sich damit aus einer erwachsenenzentrierten Perspektive. Aus der Unterschiedlichkeit kindlicher und erwachsener Perspektiven ergeben sich theoretische und methodische Herausforderungen für die Forschung.[109] Dies zeigt sich gerade auch im Bereich der Kindheitsforschung:

> „Wenn die Forschung auf die Rekonstruktion subjektiver Lebenserfahrung von Kindern gerichtet ist und Kinder als Akteure zum Thema von Forschungsarbeiten werden, muss im Forschungsprozess Offenheit für die Sinn- und Regelsysteme der Kinder hergestellt werden, um diese in ‚natürlichen Situationen' mit interpretativen Mitteln erschließen zu können."[110]

Die durchgeführte Gruppendiskussion ist eine Erhebungsform, in der die involvierten Kinder die von ihnen „erlebte und entworfene Wirklichkeit"[111] begleitet und angeleitet durch die Forscherin ins Wort bringen. Grundsätzlich gilt es zu beachten, dass „jede Kindheitsforschung, die sich auf die Perspektive von Kindern beruft, Erfahrungen und Interessen von Kindern nur stellvertretend artikulieren kann. Es kann nicht von der Wiedergabe einer ‚Perspektive der Kinder'

108 Vgl. Flick, Qualitative Sozialforschung, 289f.

109 Es gibt eine große Vielfalt forschungstheoretische und -methodischer Ausführungen zur Forschung mit Kindern- und Jugendlichen. Dazu zählt der Bereich der partizipativen Forschung (auch Action Research). Vgl. z. B. Cameron, Helen u.a.: Talking about God in Practice: Theological Action Research and Practical Theology. London 2010; Wöhrer, Veronika: Partizipative Aktionsforschung mit Kindern und Jugendlichen. Von Schulsprachen, Liebesorten und anderen Forschungsdingen. Wiesbaden 2017; Jarg, Bergold/Stefan, Thomas: Partizipative Forschungsmethoden: ein methodischer Ansatz in Bewegung. In: Forum qualitative Sozialforschung. 13/1 (2012), ohne Seiten.

110 Heinzel, Friederike: Qualitative Methoden in der Kindheitsforschung. Ein Überblick. In: Heinzel, Friederike (Hg.): Methoden der Kindheitsforschung. Ein Überblick über Forschungszugänge zur kindlichen Perspektive (Kindheiten). Weinheim ²2012, 22.

111 Heinzel, Friederike: Zugänge zur kindlichen Perspektive - Methoden der Kindheitsforschung. In: Friebertshäuser, Barbara/Langer, Antje/Prengel, Annedore (Hg.): Handbuch qualitative Forschungsmethoden in der Erziehungswissenschaft. Weinheim/ Basel ⁴2013, 707.

gesprochen werden, nur weil die Beforschten selbst zu Wort kommen.“[112] Das gilt explizit auch hier. Innerhalb dieser Arbeit stellt die Gruppendiskussion ein Element zur Perspektivweitung dar. Mit ihrer Hilfe soll markiert werden, dass die Äußerungen der Kinder selbst uneinholbaren Wert haben und, dass der Rest der Arbeit nicht aus dieser Perspektive heraus formuliert ist. Sie zeigt eine Lücke auf und verfolgt die Absicht, diese bewusst nicht zu kaschieren. Es soll damit nicht so getan werden, als habe man ‚jetzt auch noch‘ die Perspektive der Kinder gehört und damit einen blinden Fleck erleuchtet. Stattdessen geht es darum aufzuzeigen, dass dies unbedingt erfolgen müsste im Rahmen weiterer Forschung. In dieser Arbeit kann die kindliche Perspektive auf diese oder eine andere Art nicht ausführlicher eingebracht werden, was maßgeblich mit dem Feldzugang sowie dem in der Einleitung beschriebenen Balanceakt im Rahmen des durchgeführten Forschungsvorhabens zusammenhängt (vgl. Kapitel 2.4.1 sowie Kapitel 1).

112 Heinzel, Qualitative Methoden in der Kindheitsforschung, 23f.

3. Sexualisierte Gewalt und ihre Prävention in der katholischen Kirche

Da, wie Magnus Striet und Rita Werden sehr richtig betonen, die Theologie aus sich heraus erstmal nichts zu sagen hat „über Sexualphänomene und insbesondere Aspekte, welche Institutionen anfällig machen für Missbrauch“[113], geht es an keiner Stelle dieses Kapitels darum, theologische ‚Sonderdefinitionen‘ vorzunehmen. Vielmehr sollen einige Grundverständigungen mit Blick auf sexualisierte Gewalt, ihre Prävention und institutionelle Faktoren aus dem Bezugsraum der Sozial- und Erziehungswissenschaften zur Verfügung gestellt werden.

In den letzten Jahren ist das sozialwissenschaftliche Forschungsfeld zu sexualisierter Gewalt und zu deren Prävention sowie dabei auch zu Institutionellen Schutzkonzepten (ISK) bzw. Schutzkonzepten[114] stark angewachsen. Die öffentliche Wahrnehmung auf diesen Forschungsbereich ist auch verstärkt worden. Kirchlich wie außerkirchlich reklamieren die Themen höchste Relevanz. Man kann sagen, dass zwar 2010 als derjenige Zeitpunkt gelten kann, ab dem das Thema Missbrauch in Institutionen sehr stark öffentlich diskutiert wurde.[115] Publikationen, Forschungen und auch die praktischen Bemühungen für einen besseren Umgang mit Betroffenen bzw. Überlebenden sexualisierter Gewalt in Institutionen gehen jedoch weiter zurück.[116] Der wechselseitige Bezug von Forschung und Praxis spielt dabei eine wichtige Rolle. Dies spiegeln auch die Vielfalt an

113 STRIET/WERDEN, Vorwort, 8.

114 Vgl. hierzu z. B. die vom Bundesministerium für Bildung und Forschung initiierte Förderlinie „Sexuelle Gewalt gegen Kinder und Jugendliche in pädagogischen Kontexten“. Nähere Informationen online unter: https://www.bmbf.de/bmbf/shareddocs/bekanntmachungen/de/2020/09/3166_bekanntmachung.html [Stand: 08.12.2021].

115 Vgl. für einen aufschlussreichen Überblick über die „Frontlinien und Ausblendungen“ der Mediendebatte des Jahres 2010 in diesem Zusammenhang: BEHNISCH, Michael/ROSE, Lotte: Frontlinien und Ausblendungen. Eine Analyse der Mediendebatte um den Missbrauch in pädagogischen und kirchlichen Institutionen des Jahres 2010. In: ANDRESEN, Sabine/HEITMEYER, Wilhelm (Hg.): Zerstörerische Vorgänge. Missachtung und sexuelle Gewalt gegen Kinder und Jugendliche in Institutionen. Weinheim/ Basel 2012, 308–328.

116 Vgl. für eine kurze und präzise Übersicht hierzu FEGERT, Jörg/Wolff, Mechthild: Eine neue Qualität der Debatte um Schutz vor Missbrauch in Institutionen. In: FEGERT, Jörg (Hg.): Kompendium "Sexueller Missbrauch in Institutionen". Entstehungsbedingungen, Prävention und Intervention. Weinheim 2015, 15-18; oder auch ENDERS, Ursula (Hg.): Zart war ich, bitter war's. Handbuch gegen sexuellen Missbrauch (KiWi 785). Köln [6]2019.

entwickelten Handreichungen, Arbeits- und Praxishilfen einerseits[117] sowie die Praxisbezogenheit der diesbezüglichen Forschung[118]. Kinderschutz, Kindeswohl und Kinderpartizipation sind hier zentrale Themen, seltener werden sie aber in ihren Bezügen zum Christentum reflektiert.[119] Bisher gibt es wenige Studien und wenig wissenschaftliche Literatur speziell mit dem Fokus auf Pfarreien oder Gemeinden.

3.1 Sexualisierte Gewalt

In wissenschaftlichen Untersuchungen und Statistiken lassen sich variierende Aussagen über Häufigkeiten sexueller Gewalt finden. Zum einen hängt dies wohl mit den unterschiedlichen Definitionen zusammen: Entweder können sie „entlang einer möglichst genauen Beschreibung der erlebten Übergriffe" gefasst werden „oder anhand der meist enger gefassten Kriterien des Strafrechts".[120] Die Zahlen betroffener Kinder und Jugendlicher gehen entsprechend in die Höhe, wenn auch nicht strafrechtlich relevante, grenzüberschreitende Handlungen berücksichtigt werden. Zum anderen sind Forschungsdesign und Methodik häufig unterschiedlich. Hinzu kommt, dass die Fallzahlen immer als Hellfeld betrachtet werden müssen[121] und das Dunkelfeld vielfach größer anzunehmen ist. Aus der polizeilichen Kriminalstatistik kann für das Jahr 2020 die folgenden Zahl

117 Vgl. z. B. EICHER, Elisabeth/HESSE, Sabine/ZIMMER, Andreas [Im Auftrag der Bundeskonferenz der diözesanen Präventionsbeauftragten]: "Kinder haben Rechte". Der Europäische Tag zum Schutz von Kindern vor sexueller Ausbeutung und sexuellem Missbrauch am 18. November, Hintergrundinformationen und erste Anregungen für pastorale Arbeitsfelder. 2016; KATHOLISCHE LANDESARBEITSGEMEINSCHAFT KINDER- UND JUGENDSCHUTZ NW E.V. (Hg.): Arbeitshilfe Institutionelles Schutzkonzept für die Arbeit mit Kindern und Jugendlichen. Münster 2015; ERZBISTUM PADERBORN/KOORDINATIONSSTELLE PRÄVENTION SEXUALISIERTER GEWALT IM ERZBISTUM PADERBORN (Hg.): Entwicklung institutioneller Schutzkonzepte. Konkrete Schritte und Empfehlungen aus der Praxis. Paderborn 2017.

118 Vgl. hierzu z. B. die vom Bundesministerium für Bildung und Forschung initiierte Förderlinie „Sexuelle Gewalt gegen Kinder und Jugendliche in pädagogischen Kontexten". Nähere Informationen online unter https://www.bmbf.de/bmbf/shareddocs/bekanntmachungen/de/2020/09/3166_bekanntmachung.html [Stand: 08.12.2021].

119 Vgl. z. B. LUTTERBACH, Hubertus: Sexuelle Gewalt gegen Kinder - eine Verletzung des christlich begründeten Kinderschutzes. In: Concilium. 40/3 (2004), 298–307.

120 KINDLER, Heinz/DERR, Regine: Sexueller Missbrauch im Forschungsfokus. In: DJI Impulse. 2 (2017), 4.

121 Vgl. u.a. auch zum Anzeigeverhalten Betroffener bzw. Überlebender TREIBEL, Annika/DÖLLING, Dieter/HERMANN, Dieter: Das Anzeigeverhalten Betroffener sexueller Übergriffe. In: WAZLAWIK, Martin u.a. (Hg.): Sexuelle Gewalt in pädagogischen Kontexten. Aktuelle Forschungen und Reflexionen (Sexuelle Gewalt und Pädagogik 3). Wiesbaden 2019, 125–136.

entnommen werden: 14.594 Fälle von zur Anzeige gebrachtem sexuellem Kindesmissbrauch, was einen Anstieg von 6,8% (in absoluten Zahlen 924 Fällen) im Vergleich zum Vorjahr bedeutet.[122] Es kann weiterhin festhalten werden, dass Kinder mehrheitlich in der Familie bzw. im sozialen Nahraum von sexueller Gewalt betroffen sind.[123]

Spätestens seit 2010 sind öffentliche und kirchliche Einrichtungen und Institutionen als Tat- und Ermöglichungsorte sexueller Grenzverletzungen und sexuellen Missbrauchs stärker denn je im Fokus der öffentlichen Wahrnehmung. Eine repräsentative Bevölkerungsstudie eines Teams der Universitätsklinik Ulm kommt zu dem Ergebnis, dass insgesamt 3,1% der befragten Erwachsenen und 6,6% der befragten Jugendlichen von sexuellem Missbrauch in Institutionen berichtet. Frauen seien dabei häufiger betroffen als Männer und die betroffenen Personen berichteten häufig zusätzlich zur sexuellen Form von weiteren Formen der Gewalt.[124] Im Rahmen der Ergebnisveröffentlichung der MHG-Studie wurden im September 2018 folgende Zahlen für den Bereich der Deutschen Bischofskonferenz veröffentlicht: „Den 1.670 beschuldigten Klerikern konnten nach den Personal- und Handakten insgesamt 3.677 Kinder und Jugendliche als von sexuellem Missbrauch betroffen zugeordnet werden."[125] Dies betrifft den Zeitraum von 1946 bis 2014. Beim ersten sexuellen Missbrauch waren über die Hälfte der Personen (51,6%) maximal 13 Jahre alt. Im Mittel lag das Alter dieser Personen bei 12 bzw. 10,6 Jahren.[126]

Für die Vergangenheit wie auch für gegenwärtige Taten und Dynamiken gilt, dass sexuell gewalttätige Handlungen zumeist als geplante Taten verübt werden und sich „in Organisationen auf einer Skala zwischen grenzüber-schreitenden Umgangsweisen bzw. Interventionen, Übergriffen und straf-rechtlich relevanten Gewalthandlungen"[127] bewegen. Sexualisierte Formen dieser Handlungen

122 Vgl. Bundesministerium des Innern, für Bau und Heimat: Polizeiliche Kriminalstatistik 2020. Ausgewählte Zahlen im Überblick. 2021, 14.

123 Vgl. Kindler/Derr, Sexueller Missbrauch im Forschungsfokus, 4.

124 Vgl. Witt, Andreas u.a.: Die Prävalenz von sexuellem Missbrauch in Institutionen. Ergebnisse einer repräsentativen Bevölkerungsstudie, Präsentation zum Vortrag auf dem DGKJP-Kongress im März 2017 in Ulm. Online unter *https://www.uniklinik-ulm.de/fileadmin/default/Kliniken/Kinder-Jugendpsychiatrie/Praesentationen/prevalence_sexual_abuse_institutions_DGKJP_2017.pdf* [Stand: 08.12. 2021].

125 Dreßing u.a., MHG-Studie, 5.

126 Vgl. ebd., 6. Unterschiedliche Teilprojekte der Studie nehmen jeweils unterschiedliche Quellen bzw. unterschiedliches Material als Grundlage. So kommt es zur (relativ großen) Differenz der Ergebnisse hier.

127 Fegert, Jörg/Schröer, Wolfgang/Wolff, Mechthild: Persönliche Rechte von Kindern und Jugendlichen. Schutzkonzepte als organisationale Herausforderungen. In: Wolff, Mechthild/Schröer, Wolfgang/Fegert, Jörg (Hg.): Schutzkonzepte in Theorie und Praxis. Ein beteiligungsorientiertes Werkbuch. Weinheim/ Basel 2017, 20. Unter Verweis auf Enders,

können im größeren Kontext von Vernachlässigung, Gewalt und Missbrauch angesiedelt werden und stellen eine ‚Unterform' dar, die nicht isoliert werden kann. Sexuelle und nicht-sexuelle grenzverletzende und gewaltvolle Handlungen können miteinander einhergehen und sich auseinander entwickeln. Nicht jede Form der Gewalt ist sexuell oder sexualisiert, aber sexualisierte Gewalt und sexueller Missbrauch stellen (wie auch die anderen Formen) immer gewaltvolles Handeln und die Ausnutzung von Machtpositionen und -verhältnissen gegenüber den Betroffenen bzw. Überlebenden dar.[128] Es gibt Taten, die von Erwachsenen verübt werden und es gibt auch Gewalt unter Kindern und Jugendlichen (Peer-Gewalt). „[A]uch Gleichaltrige [können; R.B.] körperliche, psychische und kognitive Überlegenheit ausnutzen, um ihrem Gegenüber sexuelle Handlungen aufzuzwingen. Die Schwelle zwischen Konsens und Übergriff ist bei Gleichaltrigen manchmal nur schwer festzulegen"[129].

Der Begriff der *Grenzverletzung* kann als übergeordneter Schlüsselbegriff erachtet werden. Ursula Enders und Yücel Kossatz verdeutlichen, dass sich sexualisierte Gewalt überall dort zeigt, wo „[s]exuelle, psychische und körperliche [...] *Grenzen zwischen einzelnen Personen, zwischen Generationen und/oder Geschlechtern*"[130] verletzt werden. Sie weisen weiterhin darauf hin, dass es sowohl unabsichtlich verübte Grenzverletzungen geben kann, wie auch solche, die aus fachlichen bzw. persönlichen Unzulänglichkeiten oder aus einer grenzverletzenden Kultur resultieren. Grundsätzlich kann nicht vermieden werden, dass es in Institutionen und Einrichtungen zu Grenzverletzungen kommt: Fachkräfte oder Ehrenamtliche können durchaus Grenzen der Kinder und Jugendlichen

Ursula (Hg.): Grenzen achten. Schutz vor sexuellem Missbrauch in Institutionen. Ein Handbuch für die Praxis (KiWi Paperback 1230). Köln ²2017.

128 Wipplinger und Amann klassifizieren eine umfassende Anzahl an Definitionen der u.a. oben aufgezählten Begriffe mit Blick auf ihren Bedeutungsumfang. Sie unterscheiden hierbei z. B. enge von weiten Definitionen sexuellen Missbrauchs. Vgl. WIPPLINGER, Rudolf/AMANN, Gabriele: Sexueller Missbrauch: Begriffe und Definitionen. In: AMANN, Gabriele/WIPPLINGER, Rudolf (Hg.): Sexueller Missbrauch. Überblick zu Forschung, Beratung und Therapie, Ein Handbuch. Tübingen ³2005, 17–43. Enge Definitionen zielten darauf, „Missbrauch gegenüber anderen Handlungen streng abzugrenzen" (25) und fokussierten den körperlichen Kontakt als Merkmal. Weite Definitionen hingegen beschränkten sexuellen Missbrauch nicht auf körperlichen Kontakt und forderten weitere Kriterien ein. (vgl. 28)

129 JUD, Andreas: Sexueller Kindesmissbrauch - Begriffe, Definitionen und Häufigkeiten. In: FEGERT, Jörg (Hg.): Sexueller Missbrauch von Kindern und Jugendlichen. Ein Handbuch zur Prävention und Intervention für Fachkräfte im medizinischen, psycho-therapeutischen und pädagogischen Bereich, Mit 22 Tabellen. Berlin 2015, 43.

130 ENDERS, Ursula/KOSSATZ, Yücel: Grenzverletzung, sexueller Übergriff oder sexueller Missbrauch. In: ENDERS, Ursula (Hg.): Grenzen achten. Schutz vor sexuellem Missbrauch in Institutionen, Ein Handbuch für die Praxis (KiWi Paperback 1230). Köln ²2017, 30. Hervorhebungen im Original.

verletzen, ohne dies zu beabsichtigen und/oder, dass ihnen dies bewusst ist. Kommt es zu einer solchen Situation, ist der Umgang der Fachkraft und/oder der Einrichtung hinsichtlich einer Verhaltenskorrektur entscheidend sowie die Möglichkeiten für Kinder und Jugendlichen die Geschehnisse zu kommunizieren.[131] Grenzverletzungen, die aus persönlichen oder fachlichen Unzulänglichkeiten oder einer ‚Kultur der Grenzverletzungen' resultieren sind laut Enders/Kossatz z. B. die Nutzung verletzender Spitznamen, die Missachtung des Rechts auf Intimsphäre, das Tragen grenzverletzender Kleidung, die Missachtung des Rechts am eigenen Bild sowie grenzverletzende Einrichtungskonzeptionen oder Gespräche.[132] Diese Formen der Grenzverletzungen werden von Enders/Kossatz dann als sexuelle Übergriffe eingestuft, wenn sie an Massivität und Häufigkeit zunehmen:

> „Sie geschehen nicht zufällig, sondern sind Ausdruck grundlegender fachlicher und/oder persönlicher Defizite. Sicherlich sind nicht alle übergriffigen Handlungen im Detail geplant, doch entwickeln sich übergriffige Verhaltensmuster in Institutionen nur, wenn erwachsene oder jugendliche Betreuungspersonen sich über allgemeingültige Normen, institutionelle Regeln, die Kritik von Dritten und den Widerstand der Opfer hinwegsetzen."[133]

Im Deutschen ist der Begriff *sexueller Missbrauch*[134] zunächst einmal der juristische Terminus, unter welchem Straftaten gegen die sexuelle Selbstbestimmung von Kindern, Jugendlichen und Schutzbefohlenen im Strafgesetzbuch (StGB) gefasst werden.[135] *Sexueller Missbrauch* als Begriff verdeutlicht den Straftatbestand und die damit einhergehende Verletzung des Rechtes auf sexuelle Selbstbestimmung der betroffenen und überlebenden Personen. Das StGB stellt dabei seit 2004 auch den sexuellen Missbrauch ohne Körperkontakt unter Strafe. Die Strafmündigkeitsgrenze liegt in Deutschland bei 14 Jahren, das bedeutet, dass nicht nur Erwachsene, sondern auch Jugendliche, wenn sie zu Täter*innen werden, strafrechtlich verfolgt werden können. Es kann festgehalten werden, dass der

131 Vgl. ebd., 33.
132 Vgl. ebd., 32-41.
133 Ebd., 42.
134 Vgl. zu weiteren Ausführungen zum Begriff: JUD, Sexueller Kindesmissbrauch - Begriffe, Definitionen und Häufigkeiten; BANGE, Dirk: Definitionen und Begriffe. In: BANGE, Dirk/Körner, Wilhelm (Hg.): Handwörterbuch sexueller Missbrauch. Göttingen 2002, 47–52.
135 Für eine „Übersicht über die Straftaten gegen die sexuelle Selbstbestimmung (StGB)" vgl. FEGERT, Jörg u.a.: Sexueller Kindesmissbrauch - Zeugnisse, Botschaften, Konsequenzen. Ergebnisse der Begleitforschung für die Anlaufstelle der Unabhängigen Beauftragten der Bundesregierung zur Aufarbeitung des sexuellen Kindesmissbrauchs, Frau Dr. Christine Bergmann. Weinheim 2013, 27.

Begriff sich darüber hinaus „in der (Fach)-Öffentlichkeit durchgesetzt“[136] hat und z. B. auch vom Unabhängigen Beauftragten zu Fragen des sexuellen Kindesmissbrauchs (UBSKM) der Bundesregierung genutzt wird. Die wohl bekannteste und international anerkannte Definition von sexuellem Missbrauch ist die der Word Health Organization (WHO). Hier wird wie folgt definiert:

> „Sexueller Missbrauch liegt dann vor, wenn Kinder in sexuelle Aktivitäten einbezogen werden die sie nicht vollständig verstehen, zu denen sie keine informierte Einwilligung geben können oder für die das Kind aufgrund seiner Entwicklung nicht bereit ist und daher kein Einverständnis erteilen kann, oder die Gesetze oder gesellschaftliche Tabus verletzen. Sexueller Missbrauch von Kindern ist definiert durch dieser Art der Aktivitäten zwischen einem Kind und einem Erwachsenen oder einem anderen Kind, das aufgrund des Alters oder seiner Entwicklung in einem Verantwortungs-, Vertrauens- oder Abhängigkeitsverhältnis steht, sofern diese Aktivität dazu dient, die Bedürfnisse der anderen Person zu befriedigen. Dazu gehören unter anderem: die Überredung oder Nötigung eines Kindes, sich an strafbaren sexuellen Aktivitäten zu beteiligen, die Ausbeutung von Kindern in Prostitution oder andere strafbare Sexualdelikte sowie die Ausbeutung von Kindern in pornografischen Darstellungen und Materialien.“[137]

Für die WHO gilt als Kind, wer unter 18 Jahre alt ist. Das betroffene Kind steht in einem „Verantwortungs-, Vertrauens- oder Abhängigkeitsverhältnis“ mit der tatbegehenden Person, was bedeutet, dass diese Person erwachsen sein kann, aber auch selbst noch Kind oder Jugendliche*r sein kann.[138] Entscheidend ist das Machtgefälle, das in vielen Gestalten präsent sein kann und zugunsten des Ziels, die Bedürfnisse der tatbegehenden Person zu befriedigen, ausgenutzt wird. Damit wird auch deutlich, dass Betroffene bzw. Überlebende keine Mitschuld oder Verantwortung für den sexuellen Missbrauch tragen.[139] Was zum Erreichen der sexuellen Handlungen von den Täter*innen eingesetzt wird, sind „sehr subtile Taktiken“[140], die mitunter über das, was unter dem Begriff der *Gewalt* gefasst wird, hinausgehen. Die Nutzung des Begriffs *Gewalt* macht allgemein darauf aufmerksam, dass die sexuelle Form eine von vielen möglichen Formen der Gewalt ist, die physische Formen annehmen kann, aber nicht muss.

136 BANGE, Definitionen und Begriffe, 47.

137 WORLD HEALTH ORGANIZATION (WHO) zit. in deutscher Übersetzung nach: FEGERT u.a., Sexueller Kindesmissbrauch – Zeugnisse, Botschaften, Konsequenzen, 28.

138 Vgl. FEGERT u.a., Sexueller Kindesmissbrauch - Zeugnisse, Botschaften, Konsequenzen, 29.

139 In diesem Zusammenhang kann auch auf eine Problematisierung der Nutzung des Begriffs ‚Miss-brauch‘ hingewiesen werden, da er darauf schließen lassen kann, dass es auch einen zulässigen und legitimen ‚Gebrauch‘ von Kindern geben könnte. Vgl. hierzu z. B.: JUD, Sexueller Kindesmissbrauch - Begriffe, Definitionen und Häufigkeiten, 43.

140 FEGERT u.a., Sexueller Kindesmissbrauch - Zeugnisse, Botschaften, Konsequenzen, 29.

Sexualisierte Gewalt schließt die als strafrechtlich relevant definierten Handlungen gegen die Selbstbestimmung von Minderjährigen und Schutzbefohlenen im Begriffsverständnis ein, geht aber unter Berücksichtigung der Definitionshoheit der betroffenen Personen für das Erlebte noch weiter. Von sexualisierter Gewalt zu sprechen, bedeutet daher bei den erlebten Grenzüberschreitungen der Betroffenen bzw. Überlebenden anzusetzen:

> „Ob Verhaltensweisen Grenzverletzungen darstellen oder nicht, hängt nicht nur von den jeweiligen Handlungen oder Formulierungen ab, sondern vor allem davon, wie Mädchen oder Jungen, Frauen oder Männer diese erleben. Auch von Dritten als vermeintlich ‚objektiv belanglos' eingeschätzte subtile Grenzüberschreitungen können zutiefst verletzend sein."[141]

Auch in den Dokumenten der katholischen Kirche im deutschsprachigen Raum wird der Begriff *sexualisierte Gewalt* z. B. in der ‚Rahmenordnung – Prävention gegen sexualisierte Gewalt an Minderjährigen und erwachsenen Schutz-befohlenen im Bereich der Deutschen Bischofskonferenz' genutzt und erläutert. Es geht anhand der Nutzung des Begriffs explizit darum einzubegreifen, was von den betroffenen und überlebenden Personen als übergriffig und sexualisiert-gewaltvoll empfunden wird. Laut UBSKM geht dieser Begriff „noch einen Schritt weiter und verdeutlicht, dass bei den Taten Sexualität funktionalisiert, also benutzt wird, um Gewalt auszuüben."[142] „Gewalt in vielen Varianten ist eine für jeden Mann und jede Frau jederzeit verfügbare Ressource, um Macht zu demonstrieren."[143] Gerade in Abhängigkeitsverhältnissen und sog. ‚asymmetrischen' Beziehungen, spielt der sensible Umgang mit Macht eine Rolle: das betrifft Lehrer*innen in ihrem Verhältnis zu Schüler*innen, Katechet*innen in ihrem Verhältnis zu Erstkommunionkindern genauso wie Hochschullehrer*innen im Verhältnis zu ihren

141 ENDERS/KOSSATZ, Grenzverletzung, sexueller Übergriff oder sexueller Missbrauch, 32. Prinzipiell wird in dieser Arbeit von der Autorin selbst ‚sexualisierte Gewalt' als Begriffs- und Verständniskonstrukt genutzt werden, um die beschriebenen Zusammenhänge zu verdeutlichen. Die Autorin versteht die Bezugsgröße wie in diesem Kapitel ausgeführt als sexualisiert und gewaltvoll vollzogene Taten an Menschen, die die in ihrem Erleben (selbstbewusstseinsgebende) Grenzen überschreiten. Andere Begriffe, wie z. B. ‚sexueller Missbrauch' werden auch vorkommen, ihre Nutzung begründet sich dann unter Rückgriff auf dieses Kapitel sowie über den Kontext, in dem sie Verwendung finden, bspw. innerhalb eines Zitats.

142 UNABHÄNGIGER BEAUFTRAGTER FÜR FRAGEN DES SEXUELLEN KINDESMISSBRAUCHS: Definition von sexuellem Kindesmissbrauch. Online unter *https://beauftragter-missbrauch.de/praevention/was-ist-sexueller-missbrauch/definition-von-sexuellem-missbrauch/* [Stand: 08.12.2021].

143 HEITMEYER, Wilhelm: Sozialer Tod. Sexuelle Gewalt in Institutionen: Mechanismen und System. In: ANDRESEN, Sabine/HEITMEYER, Wilhelm (Hg.): Zerstörerische Vorgänge. Missachtung und sexuelle Gewalt gegen Kinder und Jugendliche in Institutionen. Weinheim/ Basel 2012, 25.

Studierenden oder Mütter und Väter im Verhältnis zu ihren Kindern. Wilhelm Heitmeyer konstatiert: „Sie [die Gewalt; R.B.] richtet sich gegen die individuelle Anerkennung und gegen zwei basale Rechte von Menschen, ob klein oder groß, jung oder alt, behindert der nicht behindert. Da ist das Recht auf *Gleichwertigkeit* und das Recht auf psychische und physische *Unversehrtheit.*“[144]

Damit führen die Begriffsklärungen zu sexuellem Missbrauch und sexualisierter Gewalt zwangsläufig mitten hinein in das Feld der sich vollziehenden Dynamiken, die auch wichtig sind, um Partizipation im Zusammenhang dieser Arbeit zu verstehen: Es geht bei sexualisierter Gewalt und ihrer Prävention um Fragen von Nähe und Distanz, um Frage der Machtausübung, nach Vertrauen und Autorität, um die Frage nach Sprachfähigkeit oder Tabuisierung von Sexualität, um die Frage danach, wie Täter*innen Strukturen, Institutionen und ihre Dynamiken ausnutzen können. Schließlich geht es auch um die Frage, wie Menschen nicht nur Adressat*innen sein können, sondern Einfluss auf die Maßnahmen zum Schutz vor sexualisierter Gewalt ausüben können.

3.2 Institutionelle Faktoren sexualisierter Gewalt

Wilhelm Heitmeyer fasst Bedeutung und Merkmale von Institutionen im Zusammenhang mit sexualisierter Gewalt wie folgt zusammen: „Institutionen bilden die Gelegenheitsstrukturen, gewissermaßen den Handlungsrahmen“[145]. Er bezieht sich sowohl auf konstruktive als auch auf destruktive Potentiale für die soziale Ordnung und für Individuen. Institutionen wirken normativ, „sie definieren Pflichten, sie definieren Erwartungen“[146], was sowohl entlastend als auch zerstörerisch oder gar überwältigend wirken kann: „Institutionen können also die Unterdrückung, Ausbeutung, Diskriminierung und Entfremdung von Gruppen und Individuen bewirken oder aber ihre Autonomie, Emanzipation und Integration befördern.“[147] Jörg Fegert und Heinz Kindler verweisen insgesamt auf vier Wortsinne von *Institution* in der Forschung zu sexualisierter Gewalt:

1. Institutionen im Sinne „lokalisierbarer Orte, an denen etwas geschehen kann und die bestimmte räumliche Merkmale aufweisen, welche wiederum Verhalten und Sicherheit beeinflussen“[148];

144 Ebd. Hervorhebungen im Original.

145 Ebd., 24.

146 Ebd., 26.

147 Ebd.

148 KINDLER, Heinz/FEGERT, Jörg: Missbrauch in Institutionen. Empirische Befunde zur grundlegenden Orientierung. In: FEGERT, Jörg (Hg.): Kompendium "Sexueller Missbrauch in Institutionen". Entstehungsbedingungen, Prävention und Intervention. Weinheim 2015, 167. Hervorhebungen durch R.B.

2. Institutionen als Orte, an denen sich Beziehung und Begegnung ereignet und an denen Nähe und Distanz sowie „das Beziehungsverhalten und die Beziehungsfähigkeit von Erwachsenen wie Kindern“[149] verhandelt werden und sich Raum nehmen;
3. Institutionen als soziale Akteure, „die zwangsläufig Nähe, Sexualität, Vertrauen, Macht und Aggression regulieren und sich hierzu verhalten“[150], indem sie sich sowohl nach innen als auch nach außen wirkend kollektiv formieren, Merkmale ausbilden und Abläufe setzen;
4. Institutionen als System in weiteren Systemen, die durch „übergeordnete Einflüsse zum Beispiel seitens der Träger, des Rechts, der Verwaltung und der gesellschaftlichen Entwicklung“[151] geprägt sind.

Wenn von institutionellen Faktoren oder Ursachen gesprochen wird, so geschieht dies mit Blick auf die Unterscheidung dieser zu personenbezogenen Faktoren oder Ursachen für sexualisierte Gewalt. Mechthild Wolff beschreibt eine sog. „Täter-Opfer-Institutionen-Dynamik“[152], in der personenbezogene und institutionsbezogene Faktoren in ihrem miteinandereinhergehenden Zusammenwirken erklärt werden. Es geht nicht darum, Machtmissbrauch ausschließlich auf der Ebene von Einzelpersonen vorzubeugen. Sondern darum, die Zusammenhänge zwischen personen- und struktur-/systembezogenen Faktoren zu erkennen. Wolff verdeutlicht diesen Zusammenhang mit Hilfe der Fehlertheorie: „Festzuhalten ist, dass Fehler somit in Systemen auftreten und die Risiken, die dazu führen, in den Systemen und in den organisationalen Regeln verankert sind, die Menschen sich geben.“[153] Werden auch bereits schwache Signale, die auf Fehler hinweisen, „im Rahmen einer Früherkennung identifiziert, können schwerwiegende Fehler vermieden werden. Zentral erscheint es, dass alle Organisationsmitglieder eine solche Sensibilität für mögliche Fehlerquellen entwickeln und damit fehleroffen sein müssen.“[154]

Institutionelle Risikofaktoren für sexualisierte Gewalt sind eng mit möglichen daraus abzuleitenden Schutzfaktoren verbunden. „Institutionen können

149 Ebd., 168.

150 Ebd.

151 Ebd.

152 Wolff, Mechthild: Missbrauch von Kindern und Jugendlichen durch Professionelle in Institutionen. Perspektiven der Prävention durch Schutzkonzepte. In: Böllert, Karin/Wazlawik, Martin (Hg.): Sexualisierte Gewalt. Institutionelle und professionelle Herausforderungen. Wiesbaden 2014, 99.

153 Wolff, Mechthild: Organisationsanalysen als Ausgangspunkt der Entwicklung eines besseren KlientInnenschutzes. In: Crone, Gerburg/Liebhardt, Hubert (Hg.): Institutioneller Schutz vor sexuellem Missbrauch. Achtsam und verantwortlich handeln in Einrichtungen der Caritas (Studien und Praxishilfen zum Kinderschutz). Weinheim u.a. 2015, 43

154 Ebd.

Strukturen schaffen, die Tätern (Täterinnen) die sexuelle Ausbeutung erschweren."[155] Diese Taten können mit Sicherheit nicht präventiv unmöglich gemacht werden. Aber es kann der Versuch unternommen werden, Schutz vor sexualisierter Gewalt nicht dem Zufall zu überlassen. Die institutionellen Risikofaktoren unterteilt Dirk Bange in drei Ebenen: die Träger- und Einrichtungsebene, die Ebene der Mitarbeiter*innen und die Ebene des pädagogischen Konzepts.[156] Auf Träger- und Einrichtungsebene werden z. B. rigide und autoritäre Leitungsstrukturen benannt, die fehlende Existenz eines Beschwerdemanagements, unangemessene Arbeitsplatzgestaltung (z. B. mit Blick auf das Fehlen getrennter Toiletten von Erwachsenen und Kinder) oder das Fehlen eines standardisierten Ablaufplans für den Umgang mit Verdachtsfällen. Auf Ebene der Mitarbeitenden werden z. B. private Kontakte zwischen Kindern und Betreuer*innen, Mobbing unter Kolleg*innen sowie eine fehlende Streit- und Reflexionskultur benannt. Auf Ebene des pädagogischen Konzepts können beispielhaft eine fehlende und/oder rigide Sexualerziehung, die Orientierung an traditionellen Geschlechterrollen, das Fehlen von Präventionsarbeit und die Vernachlässigung der Mitbestimmungs- und Beschwerderechte der Kinder und Jugendlichen genannt werden.[157] All diese und weitere Risikofaktoren auf den drei Ebenen kommen in institutionellen Kontexten potenziell zusammen.

Marie-Luise Conen liefert eine weitere hilfreiche Unterscheidung. Sie unterscheidet *überstrukturierte von unterstrukturierten Einrichtungen*. Unter überstrukturierten Einrichtungen versteht sie Einrichtungen mit autoritären Leitungsstrukturen, die sich darin zeigen, dass Entscheidungen wenig berechenbar und deren Kriterien intransparent sind. Es herrscht eine Kultur der „Anweisungen und Anordnungen". Mitarbeiter*innen werden nicht wertgeschätzt und erfahren kaum Anerkennung für ihr Tun. Ihre Wünsche, Entlastung, Weiterqualifizierung usw. werden nicht berücksichtigt, es werden vielmehr „Kritik und

155 ENDERS, Zart war ich, bitter war's, 387.

156 Vgl. BANGE, Dirk: Gefährdungslagen und Schutzfaktoren im familiären und institutionellen Umfeld in Bezug auf sexuellen Kindesmissbrauch. In: FEGERT, Jörg (Hg.): Sexueller Missbrauch von Kindern und Jugendlichen. Ein Handbuch zur Prävention und Intervention für Fachkräfte im medizinischen, psychotherapeutischen und pädagogischen Bereich, Mit 22 Tabellen. Berlin 2015, 138–141. Vgl. z. B. für weitere Risiko- und Schutzfaktoren, wie z. B. kindliche oder familiäre Faktoren: BANGE, Dirk: Gefährdungslagen und Schutzfaktoren bei Kindern und Jugendlichen in Bezug auf sexuellen Kindesmissbrauch. In: FEGERT, Jörg (Hg.): Sexueller Missbrauch von Kindern und Jugendlichen. Ein Handbuch zur Prävention und Intervention für Fachkräfte im medizinischen, psychotherapeutischen und pädagogischen Bereich, Mit 22 Tabellen. Berlin 2015, 103–106.

157 Vgl. für weitere Faktoren: BANGE, Gefährdungslagen und Schutzfaktoren im familiären und institutionellen Umfeld in Bezug auf sexuellen Kindesmissbrauch, 139.

Fehlersuche" betrieben.[158] Mit Ursula Enders lässt sich hier ergänzen, dass Täter*innen in überstrukturierten Einrichtungen weniger Gefahr laufen, entdeckt zu werden, da sie „fachliche und persönliche Abhängigkeiten zum eigenen Vorteil nutzen können" sowie „leicht ‚Seilschaften' aufbauen".[159] Unterstrukturierte Einrichtungen hingegen kennzeichnet entweder eine schwache Leitung oder eine Leitung, die von der Mitarbeiter*innenschaft abgelehnt wird. Im ersten Fall agieren die Mitarbeiter*innen sozusagen ‚auf eigene Faust', gehen Projekte an, ohne die Leitung mit ins Boot zu holen oder warten dauerhaft ab, ob und wann sich die Leitung einbringt. Im zweiten Fall sind die Mitarbeiter*innen zumeist sehr kompetent, bekommen allerdings weder Anerkennung noch Kritik rückgespiegelt und es entstehen verdeckt Kämpfe um nicht-öffentliche Leitungspositionen. Es kommt weiterhin dazu, dass Mitarbeiter*innen Aufträge ausführen und Verantwortung übernehmen, „obwohl diese sie überfordern kann oder ihnen auch per definiertem Arbeitsauftrag nicht zusteht."[160] Klare Leitungsstrukturen, „fachliche Kontrolle und Kooperation [hingegen; R.B.] bieten Raum für Konfliktklärung und gemeinsame Entscheidungen"[161] und erschweren es Täter*innen in der Institution zu agieren.[162] Ergänzend zu den Einrichtungstypen und ergänzend zur Gliederung von Risikofaktoren in Bezug auf die Leitungs- und Trägerebene, die Ebene der Mitarbeiter*innen und die Ebene des pädagogischen Konzepts, können weitere Institutionsdynamiken zunächst benannt und dann erläutert werden:

- Täterstrategie Berufswahl und Nutzung der Strukturen,
- Falsche Loyalitäten und Konfliktunfähigkeit,
- Sprachlosigkeit,
- Nähe und Distanz und
- Normalitätskonstruktionen.

Täterstrategie Berufswahl und Nutzung der Strukturen: Täter*innen, die in Institutionen tätig sind, finden damit Strukturen vor, die ihnen zur Sicherung

158 Vgl. für den Absatz bis hierher: Conen, Marie-Luise: Institutionen und sexueller Missbrauch. In: Bange, Dirk/Körner, Wilhelm (Hg.): Handwörterbuch sexueller Missbrauch. Göttingen 2002, 198.

159 Enders, Zart war ich, bitter war's, 388.

160 Vgl. für diesen gesamten Abschnitt: Conen, Institutionen und sexueller Missbrauch, 196–201.

161 Enders, Zart war ich, bitter war's, 388.

162 Eine weitere Einrichtungsform, deren Profil verstärkt in den letzten Jahren durch die Forschung geschärft wurde, ist die der weitgehend geschlossenen Einrichtung (Beispiel Odenwaldschule). Sie kennzeichnet eine hohe Nähe zwischen Erwachsenen und Schutzbefohlenen, Familienähnlichkeit, deutliche Abgrenzungsprozesse von der Außenwelt sowie charismatische Anführer, die die Kinder und Jugendlichen zu Loyalität verpflichten. Vgl. Bange, Gefährdungslagen und Schutzfaktoren im familiären und institutionellen Umfeld in Bezug auf sexuellen Kindesmissbrauch, 138.

langfristiger Kontakte und dem dauerhaften Zugriff auf Kinder, Jugendliche und erwachsene Schutzbefohlene verhelfen. Viele wählen bewusst eine berufliche Tätigkeit im pädagogischen, medizinischen, seelsorgerischen oder therapeutischen Bereich, achten bei der Auswahl ihres Arbeitsplatzes auf Leitungsstrukturen, die Erziehungsstile und pädagogischen Konzepte. Es steht fest, dass Täter*innen dabei zielgerichtet nach Möglichkeiten und Strukturen suchen, in denen die Wahrscheinlichkeit höher ist, dass ihre Missbrauchshandlungen unerkannt bleiben.[163] Es lassen sich viele Mechanismen ausmachen, die die Täter in Institutionen schützen, so z. B.: Versetzung und Wiedereinstellung, Schuldverschiebungen, Prominenz, Hierarchie und mächtiges Schutzumfeld, Überidentifikation mit der Institution, Organisierter Gedächtnisverlust, die Vernichtung von Akten oder die Herstellung von rechts- und kontrollfreien Räumen.[164]

Falsche Loyalitäten und Konfliktunfähigkeit: Es können Beziehungen, Loyalitäten und Seilschaften in den Institutionen entstehen, „die nicht einer öffnenden Kommunikation dienen, sondern einer zunehmenden Verhaftung im Innensystem."[165] Diese werden auch als ‚Ingroup-Bias' bezeichnet. Durch sie wird die Aufklärung und Aufdeckung von Übergriffen maßgeblich behindert, bspw., weil die Atmosphäre keine kritischen Äußerungen am Handeln von Kolleg*innen zulässt oder der Spagat zwischen Freundschaft und Kolleg*innensein nicht gelingt und damit verbunden auch der Raum für Hinweise auf Fehlverhalten nicht genutzt werden kann. Damit einher geht auch die Konfliktfähigkeit der Akteur*innen und die Frage danach, ob Konfliktkompetenzen und Fähigkeiten, sexualisierte Gewalt wahrzunehmen, anzusprechen und ihr entgegenzuwirken, in den jeweiligen Ausbildungen grundgelegt werden.[166] Dies gilt besonders für „Institutionen, die Identifikation einfordern oder in Berufsgruppen, die ein moralisch aufgeladenes berufliches Selbstbild nahelegen."[167]

163 Vgl.: ENDERS, Ursula: Das geplante Verbrechen. Sexuelle Ausbeutung durch Mitarbeitende aus Institutionen. In: ULONSKA, Herbert/RAINER, Michael (Hg.): Sexualisierte Gewalt im Schutz von Kirchenmauern. Anstösse zur differenzierten (Selbst-)Wahrnehmung (Theologie: Forschung und Wissenschaft Bd. 6). Münster ^{2}2007, 31

164 Vgl. HEITMEYER, Sozialer Tod, 31.

165 HELMING, Elisabeth/MAYER, Marina: „Also über gute Sexualität zu reden, aber auch über die Risiken, das ist auch eine ganz große Herausforderung.". Einige ausgewählte Aspekte zum Umgang mit Sexualität und sexueller Gewalt in institutionellen Kontexten, die mit Kindern und Jugendlichen arbeiten. In: ANDRESEN, Sabine/HEITMEYER, Wilhelm (Hg.): Zerstörerische Vorgänge. Missachtung und sexuelle Gewalt gegen Kinder und Jugendliche in Institutionen. Weinheim/ Basel 2012, 55.

166 Vgl. HEITMEYER, Sozialer Tod, 28f.

167 DEUTSCHES JUGENDINSTITUT E.V. (Hg.): Sexuelle Gewalt gegen Mädchen und Jungen in Institutionen. Abschlussbericht des DJI-Projekts im Auftrag der Unabhängigen Beauftragten zur Aufarbeitung des sexuellen Kindesmissbrauchs, Dr. Christine Bergmann. München 2011, 245.

Sprachlosigkeit: Wiederholt findet sich in der Literatur auch das Thema der Sprachlosigkeit bzw. Sprachunfähigkeit. Nicht nur mit Blick auf sexualisierte Gewalt, auch im Hinblick auf weitere Bereiche und Kommunikationsmuster, die in Institutionen herrschen. „Tabuisierung der Auseinandersetzung mit Sexualität und sexueller Gewalt hat in den verschiedenen institutionellen Kontexten jeweils spezifische Färbungen."[168] Sie wird in jedem Fall durch ein moralisches und idealisiertes Selbstbild und -verständnis der Institutionen katalysiert:

> „Das betrifft ebenso ein Internat wie die Odenwaldschule, deren Selbstverständnis darauf beruht, jedes Kind nach dessen Bedürfnissen zu fördern oder kirchliche Kontexte, die per se von sich überzeugt sind, Werte zu verkörpern, aber auch stationäre Einrichtungen, die sich als Kinderschutzinstitutionen verstehen. Gerade der moralische Anspruch verhindert, dass sexuelle Gewalt aufgedeckt wird, zur Sprache kommt, weil es dem eigenen Selbstbild so sehr widerspricht."[169]

Nähe und Distanz: Im Hinblick auf einen professionellen Umgang mit Nähe und Distanz zeugen viele Studien davon, dass körperliche Nähe in der Praxis zweigeteilt wahrgenommen wird. Es tut sich die Problematik auf, dass es zwar einerseits normal scheint, Kindern, Jugendlichen und erwachsenen Schutzbefohlenen Nähe zuzustehen. Andererseits bietet diese Nähe ein gefährliches Ausbeutungspotential, erst recht, da man immer mehr für sexualisierte Gewalt sensibilisiert würde. Wo genau „die Grenze und die Verletzung der Grenze"[170] verlaufen, bleibt häufig unklar, Grenzüberschreitungen undefiniert. Die professionelle Aufgabe von Erwachsenen ist es, Nähe und Distanz in einem je angemessenen Verhältnis herzustellen. Werden Probleme mit Nähe und Distanz, hingegen Kindern und Jugendlichen bzw. erwachsenen Schutzbefohlenen zugeschrieben, dient dies dem Täter*innen-schutz. Werner Helsper und Sabine Reh halten fest, dass Lehrkräfte Schüler*innen stets auch aufgrund ihrer eigenen Anerkennungsgeschichte begegnen. Die Vermutung liegt nahe, dass dies bspw. auch auf pastorale Mitarbeiter*innen übertragen werden kann. Wozu es nicht kommen darf, ist eine im Hinblick auf die professionelle Beziehung entgrenztes Verhalten „als Ausdruck der eigenen Bedürftigkeit" und/oder in Folge von „ungenügender reflexiver Distanz".[171] Nähe und Distanz sind prägend für Opportunitätsstrukturen sexualisierter Gewalt. Am Beispiel von Schulen machen Helsper/Reh deutlich, dass sich

168 Helming/Mayer, „Also über gute Sexualität zu reden, aber auch über die Risiken, das ist auch eine ganz große Herausforderung.", 53.

169 Ebd., 54.

170 Ebd., 57f.

171 Helsper, Werner/Reh, Sabine: Nähe, Diffusität und Asymmetrie in pädagogischen Interaktionen. In: Thole, Werner u.a. (Hg.): Sexualisierte Gewalt, Macht und Pädagogik (Vorstandsreihe der Deutschen Gesellschaft für Erziehungswissenschaft). Leverkusen 2012, 273.

Möglichkeitsräume sexualisierter Gewalt in Schulräumen mit ganz unterschiedlichen Nähe- und Distanzkulturen ausprägen können. Auch wenn es zu kurz greifen würde, die Möglichkeit sexualisierter Gewalt in einem dieser Möglichkeitsfelder, die sie sehr anschaulich visualisieren, zu verorten, lässt sich dennoch als Ergebnis festhalten:

> „Je geringer die dominanzhafte Hierarchie in den schulkulturellen Ordnungen institutionalisiert ist und je spezifisch begrenzter und diffus abstinenter die Lehrer-Schüler-Beziehungen ausgestaltet sind, umso geringer sind die Möglichkeitsräume für sexuelle Übergriffe zu veranschlagen."[172]

Normalitätskonstruktionen: Institutionen laufen Gefahr, nur noch selbstreferentiell zu agieren, sich abzuschotten nach außen hin, gewissermaßen ihre Identität nur noch in Abgrenzung zu anderen Systemen und Akteuren aufzubauen. So aufgebaute Normalisierungen sind als gefährlich zu erachten, wenn Problematisierungen dieser Normen und Korrektive (z. B. durch andere Öffentlichkeiten) ausbleiben.[173] Auch das Entstehen eines ‚institutionellen Schweigepanzers' gehört zu den Prozessen in diesem Bereich. Täter*innen wirken aktiv darauf ein, einen solchen Panzer im sie umgebenden Raum herzustellen, ebenso wie weitere Akteure der Institutionen wie z. B. Lehrer*innen, Priester und Eltern durch ihr Handeln, ihr Glauben- oder Unglauben-Schenken, ihre „Angst, Konfliktunfähigkeit, Verantwortungs-losigkeit oder Verantwortungsverweigerung zum System"[174] beitragen.

Kommt es zu sexualisierter Gewalt stehen die Einrichtungen und ihre Akteure angesichts institutioneller Faktoren sexualisierter Gewalt vor besonderen Herausforderungen. Als besondere Herausforderungen mit Blick auf diese institutionellen Faktoren benennen Uwe Eglau u. a. beispielhaft die mögliche Befangenheit der Leitung, sowie die Notwendigkeit, Transparenz herzustellen und vor allem die Zentrierung auf betroffene bzw. überlebende Personen in den Mittelpunkt des Prozesses zu stellen.[175] Ein weiterer besonderer Punkt ist der Umgang mit Schuld, bei dem Institutionen selbst in einer Doppelrolle stecken: Sie können sich selbst als ‚Opfer' der Geschehnisse wahrnehmen und repräsentieren doch zugleich auch das System, indem den Betroffenen bzw. Überlebenden Leid zugefügt wurde. „Dass Täter ihr Verhalten einsehen und bereuen, ist zwar zu hoffen, [...] aber kaum zu erwarten."[176] Von Institutionen hingegen erwarten Betroffene bzw. Überlebende zurecht Einsicht und Reue. Mit Blick auf die Kirche liegt für

172 Für diese und weitere Ausführungen zu dem Bereich vgl. ebd., 277–283.

173 Vgl. HEITMEYER, Sozialer Tod, 28.

174 Ebd., 30.

175 Vgl. EGLAU, Uwe u. a.: Sexueller Missbrauch in Organisationen. Erkennen, Verstehen, Handeln. Wien 2011, 73–83.

176 Ebd., 87.

Eglau u. a. eine bemerkenswerte Besonderheit darin, dass sich das ganze System leicht selbst als Opfer fühlt, entweder gemeinsam mit den Überlebenden als Opfer der Täter oder als Opfer der Aufklärung und damit als Opfer der Opfer.[177]

3.3 Sexualisierte Gewalt und ihre Prävention in der katholischen Kirche

Für den Bereich der katholischen Kirche werden mit Blick in die Vergangenheit zumeist drei Tatorte identifiziert: Heime, Internate und Gemeinden. Bettina Janssen verweist dabei im Rückbezug auf den Abschlussbericht zur ‚Hotline Sexueller Missbrauch' der deutschen Bischofskonferenz auf eine Verschiebung der Tatorte hin zur Pfarrei ab den 70er Jahren.[178] Hier wurden (öffentlich-funktionale und private) kirchliche Räume zu Tatorten. Die MHG- Studie kommt zu dem Ergebnis, dass drei Viertel aller betroffenen bzw. überlebenden Personen „mit den Beschuldigten in einer kirchlichen oder seelsorgerischen Beziehung (z. B. Ministrant*innendienst, Religionsunterricht, Erstkommunions- oder Firmvorbereitung, Katechese, allgemeine Seelsorge)"[179] standen. Die Taten wurden in „Privat- oder Dienstwohnungen des Beschuldigten" oder in „kirchlichen oder schulischen Räumlichkeiten bzw. in organisierten Zelt- oder Ferienlagern" begangen.[180] Damit kommt die Pfarrei als Tatort gleich doppelt in den Blick: Mit Blick auf ihr Gelände und ihre Räumlichkeiten, aber auch mit Blick auf ihre Aktionen, Angebote und Gruppenerlebnisse.

Es gibt keine Institution, die nicht Ort von sexualisierter Gewalt werden kann. Es gilt für den Bereich der katholischen Kirche sowohl allgemeine wie auch spezifisch kirchliche Aspekte zu berücksichtigen.[181] Es reicht damit nicht aus, auf Strategien aus anderen gesellschaftlichen Bereichen zurückzugreifen. Die MHG-Studie fordert in ihrer Zusammenfassung der Ergebnispräsentation u. a. eine „Spezifizierung bereits etablierter Präventionsmaßnahmen und Strukturen auf die Belange von Priestern" und auf den „Umgang mit klerikaler Macht".[182] Im Teilprojekt 4 der MHG-Studie, in welchem die Auswertung von an die Präventionsbeauftragten adressierten Fragebögen präsentiert wird, wird deutlich, dass die

177 Ebd., 87–90.

178 Vgl. Janssen, Bettina: Sexueller Missbrauch in der katholischen Kirche - Tatorte und Aspekte der Täter-Opfer-Institutionen-Dynamik. In: Fegert, Jörg (Hg.): Kompendium "Sexueller Missbrauch in Institutionen". Entstehungsbedingungen, Prävention und Intervention. Weinheim 2015, 210.

179 Dreßing u.a., MHG-Studie, 7.

180 Ebd., 8.

181 Vgl. ebd., 17.

182 Ebd., 17f.

Schaffung einer institutionellen Kultur des achtsamen Miteinanders nur schleppend vorangeht. Für rund die Hälfte der hierzu befragten Präventionsbeauftragten „besteht das Wesen der neuen Kultur in einer Sensibilisierung im Umgang miteinander und einer Reflexionsfähigkeit bezüglich grenzverletzenden Verhaltens."[183] Konkret wurden die folgenden vier Punkte als Strukturmerkmale einer solchen Kultur festgemacht:

- „Transparenz und Partizipation,
- echter Respekt der Berufsgruppen voreinander und im Umgang miteinander,
- Einbezug von Personen entsprechend ihrer Kompetenz (im Unterschied zur hierarchischen Position im System),
- Gleichheit von Klerikern und Nicht-Klerikern (Überwindung von offenem oder verdecktem Klerikalismus)."[184]

Als hinderlich wurden mit Blick auf die Kultur der Achtsamkeit und die Entwicklung der Präventionsarbeit von den Präventionsbeauftragten aufgeführt:

- „Sprachlosigkeit hinsichtlich sexueller Themen und generelle Tabuisierung des Themas Sexualität,
- fehlende Bereitschaft, der Prävention die angemessene Bedeutung zu geben,
- genereller hierarchischer und auf Weiheämter ausgerichteter Führungsstil, für Nicht-Kleriker unzugängliche klerikale Netzwerke,
- Reaktanz bei Priestern hinsichtlich der Teilnahme an Präventionsschulungen."[185]

Die benannten Aspekte geben einen ausschnitthaften und konkreten Einblick in die institutionellen Faktoren im kirchlichen Bereich. Sie lassen auch Verwobenheit und Zusammenwirken verschiedener Faktoren verschiedener Bereiche erahnen, die im vorangegangenen Kapitel herausgestellt wurden, hier konkret für die Einschätzung der Präventionsarbeit als Schaffung einer Kultur des achtsamen Miteinanders. Die MHG-Studie führt insgesamt zahlreiche institutionelle, kirchenspezifische Risiken und Ursachen vor Augen. Klerikalismus bzw. klerikale Machtstrukturen können als spezifisches Strukturmerkmal und wichtige institutionelle Ursache sexualisierter Gewalt angesehen werden. Weiterhin wird die Aus- und Weiterbildung von Priestern, der Umgang mit ihrer Sexualität, Erotik, Persönlichkeitsbildung sowie der Umgang mit Sexualität und die katholische Sexualmoral insgesamt benannt.[186]

183 Ebd., 200.
184 Ebd., 200.
185 Ebd., 199.
186 Vgl. ebd., 13–18.

Für den Bereich der DBK kann nicht von *der* Präventionsarbeit der Kirche, sondern vielmehr von „unterschiedlichen Ansätzen“[187] der Präventionsarbeit gesprochen werden, wenngleich es eine einheitliche Basis für Präventionsarbeit aller Diözesen gibt (die Rahmenordnung). Schutzkonzepte bilden einen Teil der Präventionsarbeit auch der katholischen Kirche im Bereich der DBK. In dieser Arbeit wird folglich ein ganz spezifischer Teil institutioneller bzw. organisationaler Präventionsarbeit in den Blick genommen.

„Im Kontext von Schutzkonzepten ist Prävention als gezielte Anstrengung zu verstehen, um die jeweilige Organisation zu einem möglichst sicheren Ort für Kinder und Jugendliche zu machen bzw. sie vor den möglichen Gefahren durch sexualisierte Gewalt oder massive unprofessionelle Erziehungspraktiken in ihrer Organisation zu schützen.“[188]

Prävention kann dabei niemals ganz verhindern, dass sexualisierte Gewalt, Grenzüberschreitungen oder Machtmissbrauch vorkommen, „einen hundertprozentigen Schutz gibt es nicht. Umso wichtiger ist es, dass Prävention zu einem selbstverständlichen Bestandteil des professionellen Alltags in Organisationen wird und nicht als Sonderveranstaltung stattfindet.“[189] Im Anschluss an die institutionellen Faktoren sexualisierter Gewalt ist es logisch, dass auch Präventionsmaßnahmen auf mehreren Ebenen ausgemacht werden können. Martin Wazlawik und Gesa Bertels unterscheiden z. B. 1. die Ebene der Mitarbeiter*innen, der einzelnen Personen, 2. die Ebene der Teilnehmer*innen, der Adressat*innen und 3. die Ebene der Organisation/Institution.[190] Heinz Kindler unterscheidet ebenfalls drei Perspektiven für das Anstoßen verschiedener Präventionsprozesse: 1. Kinder und Jugendliche, 2. Eltern, 3. Fachkräfte, Ehrenamtliche und gesamte Einrichtung.[191] Mit den Schutzkonzepten, als einer Form einer solchen Präventionsstrategie auf organisationaler und institutioneller Ebene, wird sich im Rahmen dieser Arbeit beschäftigt. Das prägt auch die Partizipationsprozesse vor, über die hier geschrieben wird.

„Eine Herausforderung von Präventionsarbeit liegt darin, Kinder, Jugendliche und Erwachsene zu sensibilisieren, ohne dabei Ängste zu erzeugen, die handlungsunfähig machen. Dabei ist auch eine Art Balancierung unterschiedlicher Perspektiven nötig, denn Kinder und Jugendliche sind aufgrund ihrer Angewiesenheit auf Zuwendung und Fürsorge verletzlich, aber zugleich haben sie ein Recht auf Entscheidungs- und

187 Ebd., 193.

188 OEFFLING, Yvonne/WINTER, Veronika/WOLFF, Mechthild: Prävention als organisationales Bildungskonzept. In: OPPERMANN, Carolin (Hg.): Lehrbuch Schutzkonzepte in pädagogischen Organisationen (Studienmodule Soziale Arbeit). Weinheim 2018, 204.

189 Ebd., 205.

190 BERTELS, Gesa/WAZLAWIK, Martin: Jugendliche und Kinder stärken. Für das Kindeswohl und gegen sexualisierte Gewalt (Kompass). Düsseldorf 2013, 46f.

191 Vgl. OEFFLING/WINTER/WOLFF, Prävention als organisationales Bildungskonzept, 206f.

Handlungsmöglichkeiten. Beides, das Maß ihrer Verletzlichkeit ebenso wie das Ausmaß ihrer Spielräume hängt von den strukturellen Rahmenbedingungen des Aufwachsens, von einem sensiblen Umgang mit Macht im Generationenverhältnis und damit insgesamt von Haltungen und Fähigkeiten der Erwachsenen ab.“[192]

Für Pfarreien und Gemeinden werden Unterscheidungen von Institutions- und Organisationslogiken noch in den Fokus genommen (Kapitel 5.3.1). Auf Basis dieser Vorklärungen zu sexualisierter Gewalt und ihrer Prävention geht es im Folgenden nun mitten hinein in den Bereich der Schutzkonzepterstellung im untersuchten Bistum. Dazu werden zunächst die Ergebnisse der Interviews mit den Mitarbeiter*innen der Präventionsstelle präsentiert. Sie stecken erste, grundlegende Konzepte in der Auseinandersetzung mit der Fragestellung dieser Arbeit ab, die in den danach folgenden Kapiteln weiter vertieft werden.

192 ANDRESEN, Sabine/TIPPELT, Rudolf (Hg.): Sexuelle Gewalt in Kindheit und Jugend. Theoretische, empirische und konzeptionelle Erkenntnisse und Herausforderungen erziehungswissenschaftlicher Forschung (64 Beiheft). Weinheim, Basel 2018, 14f.

4. Partizipationserwartungen und die Nicht-Einhaltung von Partizipationserwartungen

Die Interviews mit den Mitarbeiter*innen der Präventionsstelle und die Auswertung der Ergebnisse dienen der Feldexploration im Bereich des Bistums. Die Situation, in welche die Forscherin hineingenommen wurde, ist die der Schutzkonzepterstellung in den Pfarreien. Damit verbunden kommt auch Kinderpartizipation in den Blick. Die Interviews eröffnen damit einen Blick auf die Konzepterstellung aus der Perspektive der erwachsenen Expert*innen, die über bistumsweite Entwicklungen und Steuerungsprozesse als Teil ihres Perspektivenrepertoires verfügen. Im Folgenden werden die verdichteten Ergebnisse der Interviewauswertung präsentiert. Sie liefern die Anknüpfungspunkte für die weiteren Ausführungen dieser Arbeit. Daher wird auf Basis der aus den Interviews herausgearbeiteten Ergebnisse eine Situationsanalyse als Zwischenresümee gezogen.

4.1 Prävention als Entwicklung vom „Sonderthema" zur „Gesamthaltung"

Die Interviewpartner*innen schildern, dass es ihr erklärtes Ziel sei, Prävention weg von einem „Sonderthema" hin zu einer „Gesamthaltung" zu entwickeln:

> „Also, dass das Thema, ähm, Prävention sexualisierter Gewalt, ähm, mehr zu einem, ja zu einer Gesamthaltung, in pädagogischem Umgang mit Kindern und Jugendlichen und auch im seelsorgerischen Umgang mit Kindern und Jugendlichen, wird. Also, dass das nicht mehr so sehr ein Sonderthema ist […]."[193]

Davon scheint die Bistumsarbeit jedoch noch entfernt und der Transfer in den Alltag gestalte sich schwierig. Die Interviewpartner*innen nehmen von verschiedenen Akteuren kirchlicher Praxis Äußerungen zu Diskrepanzen wahr: z. B. zwischen Schulungen zum Thema Prävention und dem „was ohnehin getan wird"[194]

193 Interview A_Präventionsbeauftragte*r, 12.
Alle Nachweise zu Zitaten aus den Interviews werden unter Angabe der Absätze des zugehörigen Transkripts angegeben (hier Absatz 12). Die Zuweisung der Nummerierungen erfolgte über die zur Kodierung und Auswertung genutzte Software MAXQDA.

194 Ebd.

bzw. dem „Alltagshandeln“[195]. Dies stehe der Entwicklung einer Gesamthandlung im Wege. Für die/den Präventionsbeauftragte/n ist es daher noch „Zukunftsmusik“[196], dass eine entsprechend sensible Haltung „selbstverständlicher Bestandteil der Arbeit [...] und immer mehr verzahnt mit dem Alltag“[197] wird.

Der derzeit von den Interviewpartner*innen wahrgenommene Sonderstatus des Themas Prävention habe aber nicht nur negative Seiten: Aktuell bedürfe es ihrer Meinung nach einer besonders hohen Aufmerksamkeit für das Thema, damit Präventionsbemühungen auch überhaupt allerorts umgesetzt werden im Alltag der Pfarreien. Man befände sich in einem Lernprozess:

„Das ist ein gemeinsamer Lernprozess, wo Veränderungen natürlich zu Beginn einer größeren Aufmerksamkeit bedürfen und auch immer wieder einer Achtsamkeit "aha, ja das Thema Prävention ist da". Was aber irgendwann wie selbstverständlich passiert und, dass man sich dann gar nicht mehr ne so die Präventionsbrille aufsetzen muss, um zu sehen: "Aha". Sondern, dass das halt ein integraler Bestandteil der Pfarrei wird. Und das ist und das braucht anfangs Arbeit. Aber das würd ich mir für die Pfarreien wünschen, dass das langfristig gelingt und das ist ja auch ein Teil, wo viele Menschen immer wieder involviert sind.“[198]

Hier wird eine Form der geforderten Verinnerlichung von Präventionsmaßnahmen in Gestalt eines andauernden Lernprozesses angedeutet. Gewissermaßen zeitlich vorgeschaltet benötigt es dazu eine Lernhilfe, nämlich die „Präventionsbrille“. Als lernendes Subjekt wird hier die Pfarrei gefasst. An anderer Stelle wird deutlich, dass sich die angestrebte Gesamthaltung vor allem in einem grundlegenden und verinnerlichten ‚Präventions-Tun‘ äußere, das sich von einem punktuellen Mitberücksichtigen von Präventionsaspekten unterscheide:

„[A]lso so das Bild von einem Zopf, dass man flechtet. Da muss man anfangs auch üben und, dass Prävention nicht so ist, man macht unten noch ein nettes Schleifchen dran so. Man hat mal kurz am Ende dran gedacht, ob man jetzt bei einer Ferienfreizeit, beim Konzept einer Kita oder wo auch immer Prävention mitgedacht hat. Oder auch die sexuellen Rechte von Kindern (lacht) und Jugendlichen. Sondern, dass man das wie selbstverständlich tut.“[199]

Prävention als Gesamthaltung kommt sowohl bzgl. der Weiterentwicklung von Pfarrei als auch bzgl. der konkreten Handlungen der jeweils agierenden Akteure in den Fokus. Angestrebt wird scheinbar ein organisationaler und ein je individueller Lernprozess, der dann das Handeln der Akteure im System beeinflusst. Wie genau der Übersprung von Schutzkonzepterstellung hin zum Lernprozess

195 Ebd.
196 Ebd.
197 Interview A_Präventionsbeauftragte*r, 12.
198 Interview B_Mitarbeiter*in 1 Präventionsstelle, 58.
199 Interview B_Mitarbeiter*in 1 Präventionsstelle, 58.

gelingt, bleibt unklar. Für die Konzepterstellung gelte, dass sie nicht nur als Pflicht, sondern auch als Prozess, der Freude bereitet, wahrgenommen werden solle. In der Erstellung ginge es darum, eine Dynamik herzustellen, in der es auch „Spaß" machen kann, sich mit dem Thema Prävention auseinanderzusetzen und am Schutzkonzept zu arbeiten.[200] Insgesamt könne und sollte jede*r „Teil von Prävention"[201] sein.

Sexualisierte Gewalt durch Erwachsene wird als spezifische Gewaltform zwischen weiteren „Vernachlässigungs- und Misshandlungsformen"[202] wahrgenommen. Es bedürfe aufgrund der hohen Tabuisierung und der hohen Relevanz in Kirche besonderer Aufmerksamkeit. Den Fokus in der Präventionsarbeit auf weitere Formen von Gewalt zu richten, wird von der*dem Präventionsbeauftragten als schwer erachtet. Beispielsweise macht sie darauf aufmerksam, dass der Fokus auf (sexualisierte) Peergewalt in der kirchlichen Arbeit aktuell nicht vorgesehen sei.[203] Es scheint notwendig, Prioritäten zu setzen in der Fokussierung der Gewaltform: Es geht um Gewalt von Erwachsenen an Kindern und dabei um sexualisierte Formen. Man sei von der Berücksichtigung weiterer Formen der Grenzüberschreitungen durch die Vorgaben der Präventionsordnung einfach erstmal nicht „berührt"[204]. Aus der Strukturlogik der Umsetzung der Präventionsordnung sowie der darin von den Interviewpartner*innen wahrgenommenen Vorgaben zeigen sich hier Eingrenzungen. Diese stehen im Kontrast zu vielen Aussagen der Interviewpartnerinnen, die zeigen, dass es bei der Schutzkonzepterstellung der Pfarreien ihrer Erfahrung nach faktisch nur zur Entwicklung einer „Gesamthaltung" käme, wenn „grundlegende Themen einer Pfarrei"[205] angegangen würden wie z. B. Kommunikationsprozesse und grundlegende Umgangs- und Sprachformen.

Die Struktur von „Sonderthema" und „Gesamthaltung" kann neben den bisherigen Ausführungen auch auf Ebene der Struktur der Präventionsstelle und ihrer Mitarbeiter*innen selbst ausgemacht werden: Alle drei Interviewpartner*innen beschreiben rückblickend auf die letzten Jahre einen Entwicklungsprozess der Stellung der Koordinierungsstelle für Präventionsfragen im Bistum. Diese ging mit einer Umstrukturierung und Umbenennung einher. Beides bringt in den Augen der*des Präventionsbeauftragten die Bedeutsamkeit der Präventionsarbeit im Bistum stärker zum Ausdruck und ermöglicht durch die neue Ansiedlung „dicht an der Bistumsleitung"[206] eine besonders große „Aktionsfläche quasi

200 Vgl. ebd., 60.
201 Ebd.
202 Interview A_Präventionsbeauftragte*r, 32.
203 Vgl. ebd., 20.
204 Ebd.
205 Interview B_Mitarbeiter*in 1 Präventionsstelle, 18.
206 Interview A_Präventionsbeauftragte*r, 2.

ins ganze Bistum und in alle Abteilungen hinein."[207] Diese, in der institutionell-hierarchischen Struktur des Bistums weit ‚oben' angesiedelte Stellung der Präventionsstelle stellt für die Interviewpartnerin einerseits eine Form der Wertschätzung und Aufwertung der Stelle dar. Sie wirft aber andererseits auch die Frage danach auf, ob die ‚Anwältinnen' des Themas Prävention ihre Aktivität in Kirche nur aus dieser Position heraus überhaupt wirkungsvoll ausführen können. Weiterhin lässt sich fragen, welche Kontroll- und Rückbindungsmechanismen eigentlich mit einer solchen Stellung durch die Bistumsleitung verbunden und welche Freiheiten möglich sind.[208]

4.2 Erst das theoretische Konzept erstellen und dann praktischen Kinderschutz leben

Zum Zeitpunkt der Interviews (Ende 2018/Anfang 2019) liegen der Präventionsstelle erst wenige fertiggestellte Schutzkonzepte vor. Die meisten Pfarreien des Bistums befinden sich noch in der Erstellungsphase.[209] Insgesamt gibt es in den Pfarreien folglich bisher kaum Erfahrung mit der dauerhaften Implementierung, Umsetzung und Aktualisierungen von Schutzkonzepten. Die Ausarbeitung des Schutzkonzeptes stelle in den Pfarreien, so die Interviewpartnerinnen einstimmig, idealerweise lediglich einen „ersten Schritt"[210] im Findungsprozess einer „gemeinsame[n] Linie"[211] in Kinderschutzfragen dar. Es gehe darum, dass Kinderschutz zum „integrale[n] Bestandteil"[212] der Arbeit der Pfarrei werde. Die Konzepte sollen alle fünf Jahre überarbeitet werden. Der „Text an sich"[213] sei keinesfalls zu unterschätzen. Er erfülle gleich mehrere Funktionen: Die Pfarreien werden an das Thema herangeführt, halten verbindlich fest, was entscheidende

207 Ebd.

208 Diese hier in aller (aufgrund von Anonymisierung) gebotenen Abstraktheit geschilderten Veränderungen im Zusammenhang mit der Restrukturierung der Präventionsstelle spiegeln nicht den aktuellen Stand. Inzwischen hat sich die Ansiedlung der Präventionsstelle innerhalb der Strukturen des Generalvikariats und dessen Organisationsstruktur nochmals verändert.

209 Der Forscherin wurde von den Interviewpartner*innen mitgeteilt, dass es eine von der Präventionsstelle geführte Statistik gibt, die Auskunft darüber gibt, wie viele Pfarreien bereits ein Schutzkonzept erstellt haben. Trotz Zusage der Bereitstellung der Statistik zur Verwendung für diese Arbeit und mehrfacher An- und Nachfrage durch die Forscherin, blieb die Rückmeldung und Zusendung der Statistik aus, sodass die Zahlen hier nicht verwendet werden können.

210 Interview C_Mitarbeiter*in 2 Präventionsstelle, 6.

211 Ebd.

212 Interview B_Mitarbeiter*in 1 Präventionsstelle, 58.

213 Interview C_Mitarbeiter*in 2 Präventionsstelle, 55.

Maßnahmen sind und für alle Menschen der Pfarrei besteht jederzeit die Möglichkeit, das Konzept nachzulesen.[214] Wie „schön formuliert“[215] das Konzept ist, sei weniger wichtig. Für den*die Mitarbeiter*in zeugen gute Schutzkonzepte vielmehr davon, dass sich ein „Verständnis […] in die richtige Richtung in der Pfarrei“[216] entwickelt habe. Es ist Aufgabe der Präventionsfachkräfte, die fertigen Konzepte zu prüfen. Was erarbeitet wurde, muss vor Veröffentlichung bei der Präventionsstelle vorgelegt werden. Für die Pfarreien besteht dann die Möglichkeit, Rückmeldung zu ihren Konzepten zu bekommen. Unklar ist, was passiert, wenn ein Konzept in den Augen der*des Präventionsbeauftragten nicht ausreicht.

Beginnen die Pfarreien mit der Erstellung, bemüht sich die Präventionsstelle um die Begleitung der Pfarreien. Es ginge vor allem darum zu vermitteln, dass während man die schriftliche Version irgendwann als „erste Ideen“[217] entwickelt habe, das Thema an sich nie „fertig“[218] sei. Entscheidend sei die Umsetzung des Schutzkonzepts in der alltäglichen Praxis. Ziel sei demnach eigentlich das Thema Prävention „lebbar“[219] in den Alltag zu bringen. Es geht demnach nicht darum, einen „Papiertiger“[220] zu erstellen. Ein *theoretisches Konzept* zu erstellen und dieses *im Alltag der Pfarrei umzusetzen*, ist folglich der durch die Präventionsordnung und seitens der Präventionsstelle angestrebte *Balanceakt*. Die Vorschrift beschränkt sich dabei auf die Erstellung der Konzepte, deren zeitnahe Fertigstellung in allen Pfarreien aktuell Priorität hat.[221] In den Interviews scheint es so, als hoffe man darauf, dass die restliche Entwicklung dann angestoßen dadurch automatisch folgt. Denn das (theoretische) Schutzkonzept wird in den Interviews als Anlass für (praktische) Handlungsänderungen konstruiert. Für alle Menschen gelte es zu begreifen, dass dieses Konzept nur die Grundlage für die weitere Arbeit darstellt und die Auseinandersetzung mit dem Thema Prävention bestehen bleibt, auch wenn das Konzept abgetippt ist. Es wird deutlich, dass seitens der Präventionsstelle das Risiko wahrgenommen wird, dass die Pfarreien ausschließlich die Erstellung des Konzepts im Blick haben. So gäbe es häufig und gerade zu Beginn den Gedanken, dass nach der Erstellung des Konzepts alles erledigt sei.

214 Vgl. ebd.
215 Ebd.
216 Vgl. ebd.
217 Vgl. ebd., 6.
218 Ebd.
219 Interview B_Mitarbeiter*in 1 Präventionsstelle, 4.
220 Ebd.
221 Die Ausführungsbestimmungen zur Präventionsordnung des NRW-Bistums sahen ursprünglich eine Frist bis zum 30.06.2016 vor. Bis zu diesem Zeitpunkt sollten alle Rechtsträger ein Schutzkonzept erstellt haben. Seitdem wurden die Fristen wiederholt verschoben [Stand 08.12.2021].

Die Erwartungen an die Pfarreien gehen damit faktisch über die Vorschriften zur Konzepterstellung hinaus und umfassen einen wesentlich komplexeren Prozess des institutionellen Wandels hin zur Entwicklung „eine[r] neue[n] Kultur des achtsamen Miteinanders“[222].

4.3 Pfarreien sind konzeptionelles Arbeiten nicht gewöhnt

Für „das System Pfarrei“[223] gibt ein*e Interviewpartner*in zu bedenken, dass konzeptionelles Arbeiten in „so konzentrierter Form“[224], trotz einiger erster Erfahrungen mit der Pastoralplanerstellung, noch neu und ungewohnt sei. Dies unterscheide Pfarreien auch von anderen Institutionen wie z. B. Schulen. Hinzu komme, dass die einheitlich für alle Pfarreien vorgegebenen Bausteine inhaltlich mit konkretem ortsspezifischem Bezug zur einzelnen Pfarrei angepasst werden müssen. Da die Gruppen und Akteure der Pfarreien wechseln und sich Strukturen (z. B. durch Fusionsprozesse) entwickeln, stelle die regelmäßige Überarbeitung entsprechend der Veränderungen der Pfarrei eine weitere große Herausforderung dar.[225] Es lässt sich folglich fragen, inwiefern Pfarreien überhaupt fähig und bereit sind, sich für die Konzepterstellung und die damit verbundenen Lernprozesse zu öffnen sowie, ob und wenn ja, inwiefern den ständigen Veränderungen der Pfarreien Rechnung getragen werden kann. Von Akteuren aus den Pfarreien geäußerte Bedenken bzgl. mangelnder Kapazitäten und Ressourcen für die Konzepterstellung führen auch regelmäßig zu „viele[n] Vorbehalte[n]“ gegenüber den Konzepten in den Pfarreien, auch wenn „im Prozess nachher dann schon auch mehr und mehr der Mehrwert dieses Schutzkonzeptes gesehen wird“.[226] Es kann offenbar zu einer Wandlung der Einstellung zum Thema durch die Erarbeitung kommen – wodurch genau dies katalysiert wird, bleibt ungesagt in den Interviews.

In den Pfarreien käme häufig das Gefühl auf, dass den Beteiligten zur Schutzkonzepterstellung „im gewissen Rahmen die Hände gebunden“[227] seien. Als konkretes Beispiel dafür nennt ein*e Mitarbeiter*in das vorherrschende Gefühl, man würde immer wieder „die gleichen Ehrenamtlichen“ für Engagement ansprechen, beispielsweise auch für die Mitarbeit am Schutzkonzept: „Da ergibt sich halt eine Müdigkeit, die gar nicht unbedingt für das, durch das Thema kommt, sondern generell, weil es schon wieder ein neues Thema ist, wofür wir sie wieder

222 Sekretariat der Deutschen Bischofskonferenz, Rahmenordnung 2014, 35.
223 Interview A_Präventionsbeauftragte*r, 24.
224 Ebd.
225 Vgl. Interview C_Mitarbeiter*in 2 Präventionsstelle, 6.
226 Interview C_Mitarbeiter*in 2 Präventionsstelle, 22.
227 Ebd., 75.

fragen und die haben doch schon so wenige."[228] Hinzu komme „Arbeitsbelastung, Arbeitsüberlastung, das Gefühl von fehlender Kompetenz im Umgang damit"[229]. Ausreichend zeitliche bzw. personelle Ressourcen und Kapazitäten vonseiten der Haupt- und Ehrenamtlichen seien essenziell. „Nicht unbedingt an erster Stelle", aber doch „an manchen Stellen"[230] seien auch finanzielle Ressourcen nötig, um z. B. bauliche Situationen verändern zu können. Die normativen Anforderungen mit Blick auf die Selbstorganisation der Pfarrei einerseits und die Schilderung von wahrgenommenen großen Herausforderungen und Bedenken in den Pfarreien bilden ein Spannungsfeld. Es zeichnet sich die Frage ab, ob die bereits beschriebenen Erwartungen, die mit der Schutzkonzepterstellung einhergehen, von den Ressourcen und Rahmenbedingungen her gedacht überhaupt bearbeitbar sind für die Pfarreien.

4.4 Pfarreien als besondere Orte der Schutzkonzepterstellung

Die Interviewpartner*innen nennen neben der Tatsache, dass Pfarreien konzeptionelles Arbeiten nicht gewöhnt seien, weitere Merkmale dieses Präventionsortes. Mit diesen Merkmalen scheint sich mal mehr und mal weniger auseinandergesetzt zu werden. Die folgenden Aspekte zeichnen Pfarreien für die Interviewpartnerinnen aus.

Ein*e Mitarbeiter*in nimmt die Pfarrei als „fluides System"[231] wahr. Anders als z. B. in der Schule sei es in der Pfarrei ganz unterschiedlich, wie verpflichtend Angebote seien und mit welcher Regelmäßigkeit Kinder und Jugendliche diese wahrnehmen. Zusätzlich setze sich die Pfarrei aus unterschiedlichen Rechtsträgern zusammen. Dies wirkt sich in verschiedenen Fällen auf Kinderschutz aus, bspw. wenn ein Ferienlager von einem Verband durchgeführt, aber als Ferienfreizeit der Pfarrei angeboten wird. Für eine der interviewten Personen besteht dann die Herausforderung für die Präventionsarbeit darin, mit „vielen Playern [...] gute Absprachen zu treffen"[232] und auch „Synergien zu nutzen"[233]. Auch wenn unterschiedliche Rechtsträger, die unter dem Dach der Pfarrei zusammenkommen, jeweils für sich Schutzkonzepte schreiben, müsse gewährleistet und transportiert werden, dass „alle gemeinsam [...] die Verantwortung"[234] haben und die Pfarrei aber gleichzeitig nicht für alle ein Schutzkonzept schreiben könne.

228 Ebd.
229 Interview B_Mitarbeiter*in 1 Präventionsstelle, 12.
230 Ebd., 14.
231 Ebd., 24.
232 Ebd.
233 Ebd.
234 Ebd.

Auch hier müsse ein Prozess in Gang kommen, in dem diese Besonderheiten reflektiert würden. Im „Großen und Ganzen" seien zwar alle Pfarreien „vom Aufbau her" ähnlich, aber es gäbe „ja doch immer noch individuelle Unterschiede", die sich dann z. B. in Form von Schwerpunkten ausmachen ließen.[235] Zum Beispiel könne es sein, dass einige Pfarreien einen Schwerpunkt auf Kinder- und Jugendarbeit haben und andere wiederum überhaupt nicht.[236] Insgesamt werden die Pfarreien als in „permanenten Entwicklungsprozessen"[237] eingebunden beschrieben. Es gibt bei den Interviewpartner*innen offenbar ein großes Bewusstsein für die Merkmale von Pfarreien und die sich auch mit Blick auf Präventionsarbeit auswirken. Pfarrei scheint sich – so oder so – zu verändern, aber mit Blick auf gesteuerte Organisationsentwicklung (bzw. in diesem Fall die Etablierung von Präventionsarbeit) tauchen konkrete Schwierigkeiten auf.

Die Erstellung der Schutzkonzepte bringe die Pfarreien immer wieder an „grundlegende Fragen"[238], die über die Prävention sexualisierter Gewalt hinaus gingen.

> „Da gehts ja auch viel ums, wie gehen wir miteinander um? Also wie ist das mit der Kommunikation grundlegend? Wie ist es mit der Wertschätzung? Wie ist es mit der Verteilung von Hierarchie? Von Zuständigkeiten? Also die bearbeiten, sag ich mal, am Beispiel vom ISK tauchen natürlich grundlegende Themen einer Pfarrei auf und das merken die ja auch ziemlich schnell, dass sie auch darin dann manchmal so einen Zugewinn sehen (…) Das heißt, es taucht auf Frage von Aufgabenverteilung, von Strukturen auf (räuspert sich) und ähm natürlich auch grundsätzlich darum, Kompetenzen zu gehen, zu sehen, auch Wertschätzung zu vermitteln, also wie ist es auch im Umgang zwischen haupt- und ehrenamtlich Tätigen? Wie ist es mit dem Thema Gleichberechtigung und Wertschätzung? Ne? Fühlen sich alle gleichermaßen gesehen? Wie kriegen wir das gut hin? Wo gibts grundlegende Beschwerdewege, die schon laufen?"[239]

Man könnte an dieser Schilderung festmachen, dass Präventionsarbeit es offenbar erlaubt, Veränderungen an diesen grundlegenden Bausteinen des Gemeindelebens vorzunehmen. Umgekehrt stellt sich jedoch auch die Frage, was passiert, wenn man hier auf Grenzen stößt, weil sich gewisse Strukturen zum Beispiel nicht verändern lassen? Beispielsweise weil Partizipation in Pfarrei nicht losgelöst von vorhandenen „Strukturhierarchien"[240] praktiziert werden kann? Hier zeichnet sich ab, dass zwischen Gestaltungsmöglichkeiten und der Suggestion von sich

235 Vgl. Interview C_Mitarbeiter*in 2 Präventionsstelle, 6.
236 Vgl. ebd. 71.
237 Interview B_Mitarbeiter*in 1 Präventionsstelle, 26.
238 Ebd., 18.
239 Ebd.
240 Interview C_Mitarbeiter*in 2 Präventionsstelle, 69.

nahelegenden Veränderungen, die sich aber faktisch nicht realisieren lassen, ein schmaler Grad zu bestehen scheint.

Kennzeichnend für Pfarreien sei weiterhin, dass sich dort eine „Mischung aus Ehrenamtlichkeit und Hauptberuflichkeit“[241] und auch ein „Generationenmix [sowie; R.B.] Professionenmix“[242] versammeln würden, was in der Wahrnehmung der*des Präventionsbeauftragten tendenziell vor Herausforderungen stellt. Auch die Motivationen der in der Pfarrei aktiven Akteure fließen in die Systembeschreibung mit ein. So gäbe es Menschen in den Pfarreien, die motiviert sind und bereits sensibel und gebildet in dieser Hinsicht, z. B. wenn sie beruflich oder in anderen Kontexten: „durch ihr tägliches Umgehen mit den Kindern“[243] schneller anknüpfen könnten an Präventionsthemen und an deren Relevanz. Ein*e Mitarbeiter*in äußert sich ähnlich: „Ich glaube ich kanns, also (…) Menschen, die mit Kindern und Jugendlichen arbeiten, die haben das schon oft auch auf dem Schirm. Also so je näher die dran sind desto eher ja, ja, deswegen ist das wichtig"[244]. Jedoch sei die Motivation bei einigen auch weniger hoch, zum Beispiel bei Gruppen, die sich nur kurz engagieren und nur punktuell Berührungspunkte mit der Pfarrei haben.[245] Es stellt sich die Frage, was es bedeutet, ein Konzept zu erstellen, das diese Ausgangslage als Basis nimmt; ob Organisationsentwicklungsprozesse in Gang gesetzt werden können, indem man einfach das Postulat der Notwendigkeit von Präventionsarbeit als Argument anführt.

4.5 „[V]iele Menschen gut mit ins Boot […] holen“

Die Interviewpartner*innen berichten, dass für die allermeisten Menschen, die in den Pfarreien mit der Schutzkonzepterstellung betraut sind, besonders „die ersten Schritte“[246] oft „theoretisch“[247] seien und die beteiligten Akteure das Schutzkonzept noch nicht „richtig greifen“[248] können. „[A]ber je länger sie dabei [sind; R.B.] und je mehr sich das auch rumspricht, desto mehr gibts irgendwie auch Menschen, die sagen, ‚das hört sich vielleicht komisch an, aber das fängt an, uns richtig Spaß zu machen‘“.[249] Mit Hilfe kontinuierlicher Auseinandersetzung, genügend Zeit und der Verbreitung der Kenntnis über den Erstellungsprozess in

241 Interview A_Präventionsbeauftragte*r, 38.
242 Ebd.
243 Interview A_Präventionsbeauftragte*r, 42.
244 Interview B_Mitarbeiter*in 1 Präventionsstelle, 30.
245 Interview A_Präventionsbeauftragte*r, 6.
246 Interview B_Mitarbeiter*in 1 Präventionsstelle, 12.
247 Ebd.
248 Ebd.
249 Ebd.

der Pfarrei könne sich der „Sinn und Zweck“[250] hinter der zunächst einmal theoretisch anmutenden Konzeption den Akteuren mehr und mehr erschließen. Es wird auch deutlich: Der Prozess muss und soll bereits in der Erstellung über die Grenzen der Erstellungsgruppe hinweg in die Pfarrei herausgetragen werden. Möglichst viele Menschen sollen zum Mitmachen eingeladen werden. Ziel dabei sei es, dass „jede und jeder auch so seinen Beitrag darin sieht, das im Alltag umzusetzen.“[251]

Die Interviewpartner*innen schildern, es sei der Anspruch der Präventionsarbeit in den Pfarreien, „viele Menschen gut mit ins Boot zu holen“[252]. Dafür ist bei den Interviewpartner*innen die Annahme leitend, dass dadurch „die Gesamtsache besser“[253] werde. An mehreren Stellen finden sich in den Interviews Hinweise darauf, dass das Gelingen von Präventionsbemühungen und die Beteiligung möglichst vieler Menschen in der Pfarrei in einem Zusammenhang stehen. Dazu sei wiederum die persönliche Haltung zu Partizipationsprozessen der ausschlaggebende Faktor: „[I]ch muss wirklich die Haltung haben, dass, dass es besser wird, also das die Gesamtsache besser wird, wenn ich möglichst viele verschiedene Menschen, die davon betroffen sind, auch beteilige.“ Möglichst viele Menschen zu beteiligen habe den Hintergrund, den angestrebten Kulturwandel der Pfarreien bereits in der Erstellung der Schutzkonzepte für alle sichtbar zu leben. Insgesamt könne und sollte jede*r erleben, dass sie*er nicht nur Teil von Prävention sein kann, sondern muss. Es geht um die geforderte Partizipation *aller* an der Erstellung und Umsetzung. Partizipation wird in der Schutzkonzepterstellung strukturell und konzeptionell erwartetet und dazu sei es schlicht nötig, bereits eine Haltung mitzubringen, dass die Partizipation Vieler Prävention besser mache.

Gleichzeitig geht es für die Interviewpartner*innen auch darum jede*n einzelne*n gut, *im Sinne der für sie oder ihn angemessenen Art und Weise,* mit ins Boot zu holen. Wiederholt werden drei Stufen erwähnt: Menschen können in der Pfarrei 1) federführend an der Erstellung des Konzepts mitarbeiten (in der sog. „Steuerungsgruppe“), sie können 2) im Zuge der Risikoanalyse befragt werden oder auch 3) informiert werden über dessen Erstellung und Veröffentlichung. Grundsätzlich gehe der angestrebte und mit der Schutzkonzepterstellung einhergehende Lernprozess jedes Einzelnen aber gleichlautend wie folgt: Von „‚ich muss das machen, weil es eben halt die Vorschrift“ ist in Richtung „ja, es macht aber auch Sinn das zu machen“[254]. Hier stoßen Erwartungen von

250 Ebd., 12.
251 Ebd., 28.
252 Ebd., 24.
253 Interview A_Präventionsbeauftragte*r, 64.
254 Interview C_Mitarbeiter*in 2 Präventionsstelle, 22.

Partizipationsprozessen jedoch wiederum auf die faktisch von Akteuren gelebten Möglichkeiten und Bereitschaften. Denn häufig scheitere Partizipation nach Auskunft der Interviewpartner*innen in der Praxis an den oben angesprochenen Kapazitätsfragen. Teilweise bekäme man zu dem Thema in den Gruppen der Pfarreien „wenig bis gar keine Rückmeldung".[255] Partizipation nimmt ein*e Interviewpartner*in dabei als einen Aspekt wahr, der zusätzlich an immer mehr Stellen des Gemeindelebens gefordert würde. Sie sieht klar diejenigen, „die in leitender Position sind" in der Verantwortung, „die Menschen mitzunehmen".[256] Scheinbar kann es auch wichtig sein, dass z. B. Personen aus dem Kirchenvorstand mit in der Steuerungsgruppe aktiv und beteiligt sind und „so den Prozess mitkriegen"[257]. Es brauche auf jeden Fall eine „Projektleitung, die den Hut aufsetzt"[258]. Ebenso werden Menschen in leitender Position in der Pfarrei von derselben interviewten Person als klar verantwortlich gesehen, die Menschen mitzunehmen im Hinblick auf das Thema. Weiterhin sei es „hilfreich", wenn sich der „leitende Pfarrer" motivierend zeigt und das Folgende verdeutlicht: „Klar, auf der einen Seite muss es gemacht werden, aber es macht doch Sinn und wir wollen das auch umsetzen und wir finden das wichtig. Und da auch dahinterstehen hinter dem Thema, das merke ich immer, dass das nochmal fördert, wenn man so jemanden auch als leitenden Pfarrer mit in der Gruppe hat und der das nochmal (...) nochmal wiederholt auch an manchen Stellen."[259] Es fällt dabei auf, dass die beschriebenen Partizipationsprozesse immer in der top-down Erwartungsdynamik der Umsetzung der Schutzkonzepte strukturiert sind. Auch in der Zusammenschau mit der angestrebten Haltungsentwicklung gewinnt man den Eindruck, dass (aus der Logik der Konzepterstellung heraus) die Menschen in den Pfarreien aus diesen Erwartungsdynamiken von selbst Beteiligungsinitiativen sowie -motivation entwickeln sollen.

4.6 Schutzkonzepte ohne Kinder erstellen, aber nicht ohne sie leben

Die „Wirksamkeit von Prävention"[260] wird der Meinung der/des Präventionsbeauftragten nach stark von der Partizipation von Kindern und Jugendlichen an der Erstellung der Konzepte beeinflusst: Es wird schlichtweg „fachlich besser [...], wo man die mitnimmt."[261] Ein Schutzkonzept würde zum theoretischen

255 Interview C_Mitarbeiter*in 2 Präventionsstelle, 85.
256 Interview B_Mitarbeiter*in 1 Präventionsstelle, 28.
257 Interview C_Mitarbeiter*in 2 Präventionsstelle, 37.
258 Interview B_Mitarbeiter*in 1 Präventionsstelle. 14.
259 Ebd., 35.
260 Interview A_Präventionsbeauftragte*r, 14.
261 Ebd., 20.

„Papiertiger", wenn Kinder und Jugendliche das Gefühl haben, was die Erwachsenen geschrieben haben sei „Mumpitz"[262]. Es sei essenziell, dass die Erwachsenen nicht „so ein Paralleluniversum"[263] aufbauen und deutlich wird, dass die Anliegen des Konzeptes ernst gemeint sind und dies auch an Kinder und Jugendliche kommuniziert wird. Partizipation von Kindern und Jugendlichen an der Erstellung des Konzepts scheint für sie mit dem Erfolg der Umsetzung zusammenzuhängen. Andererseits wird deutlich, dass allgemein in der Pfarrei, aber auch in der Präventionsarbeit dort eben genau nicht selbstverständlich ist, dass Kinder, Jugendliche und Schutzbefohlene (und Betroffene bzw. Überlebende!) ihre Perspektive einbringen können. So werde die gemeinsame Arbeit mit Kindern, Jugendlichen oder auch Betroffenen bzw. Überlebenden sexualisierter Gewalt häufig als „mühsamer oder anstrengender" [264] wahrgenommen: „dann fluppt das auch nicht immer so, wie ich mir das gerade so schön ausgedacht habe."[265] Es wirkt fast so als sei die Idee des Perspektivwechsels und der Tatsache, dass Kinder und Jugendliche gerade auch in sie betreffenden Angelegenheiten wie Kinderschutz, uneinholbare eigene Perspektiven einbringen, geradezu außerhalb des Denkhorizonts selbst vieler Erwachsene, die mit und für die Zielgruppe arbeiten. Für die*den Präventionsbeauftragte*n war „der Heilige Geist persönlich am Werk"[266] als sie*er gemeinsam mit Kolleg*innen darauf gekommen ist, Jugendliche an einem Konzept für sexuelle Bildung mitdenken zu lassen.

Diese Ambivalenz zwischen Konzeption und Kapazitäten zeigt sich auch darin, dass es offenbar völlig akzeptiert ist, normative Vorgaben für die Konzepterstellung sowie Ideale guter Präventionsarbeit zu haben, in denen die Partizipation von Kindern und Jugendlichen gefordert wird und gleichzeitig die Nichteinhaltung dieser Vorgaben in den Pfarreien gängige und akzeptierte Praxis zu sein scheint. Ein*e Mitarbeiter*in stellt fest, dass die Partizipation von Kindern und Jugendlichen „manchmal auch erst im zweiten Schritt entwickelt"[267] würde und damit erst dann ins Spiel käme, wenn die Erstellung des Schutzkonzeptes abgeschlossen sei und dann auch „lebenslang"[268] zu gestalten sei. Hierin offenbart sich wieder das Grundmuster, nach dem unterschieden wird zwischen der *Erstellung* auf der einen und dem *Leben des Schutzes* auf der anderen Seite. Es drängt sich die Frage nach den Konsequenzen eines solchen Grundmusters von Präventionsarbeit auf und die Frage danach, ob Kapazitätsgrenzen sich nur – wie hier

262 Interview B_Mitarbeiter*in 1 Präventionsstelle, 42.
263 Ebd.
264 Interview A_Präventionsbeauftragte*r, 66.
265 Ebd.
266 Ebd., 64.
267 Interview B_Mitarbeiter*in 1 Präventionsstelle, 42.
268 Ebd., 26.

suggeriert – auf die Konzepterstellung beziehen und für spätere Partizipationsdynamiken keine Rolle spielen.

4.7 Partizipation und Partizipationsformen

Die Interviewpartner*innen schildern für Kinder und Jugendliche unterschiedliche Partizipationsprozesse. Mit Partizipation im Zusammenhang mit den Schutzkonzepten sind offenbar viele Möglichkeiten verbunden. Teilweise ist deshalb aber auch nicht ganz klar, was genau damit gemeint ist. Ausgangslage ist dabei, dass die Initiative für Beteiligung von Kindern und Jugendlichen aus dem Schutzauftrag heraus immer bei den Erwachsenen liegt. Spricht man von Partizipation und Schutz muss diese Grundkonstante immer mitgedacht werden. Sie scheint auch dafür zu sorgen, dass teilweise die Angst herrsche, Kinderpartizipation „könnte vielleicht überfordernd wirken".[269] Schwerpunktmäßig würde in den Pfarreien die „Erarbeitung unter den Multiplikatoren haupt- und ehrenamtlich"[270] im Fokus stehen. Grundsätzlich sei die „Fokussierung"[271] auf Kinder und das Einbinden ihrer Perspektiven die Ausnahme. Ein*e Mitarbeiter*in erlebt sie als „[s]chon eher etwas rudimentärer"[272]. Scheinbar ist auch die Vorstellung präsent, dass es nicht so sehr darauf ankäme, Kinder und Jugendliche selbst zu Wort kommen zu lassen, sondern es für die Schutzkonzepterstellung wichtig sei, als Erwachsener den Blickwinkel von Kindern und Jugendlichen einzunehmen.[273] Des Weiteren scheint es am ehesten Thema in den Pfarreien zu sein, wie man Kindern das Konzept auf angemessene Weise kommunizieren kann. Es ginge dann etwa darum, Kinder auf ihre Rechte und auf Beschwerdewege aufmerksam zu machen und sie im Einfordern ihrer Recht zu bestärken.[274] Die Interviewpartner*innen benennen auch konkrete Bausteine der Schutzkonzepte für deren Erstellung Perspektiven von Kindern, Jugendlichen und Schutzbefohlenen wichtig seien: Risikoanalyse[275], Verhaltenskodex[276], Maßnahmen zur Stärkung[277] sowie Gestaltung der Beschwerdewege[278]. Grundsätzlich sehen sie bei allen Bausteinen die Möglichkeit, Kinderpartizipation so zu realisieren, in dem man

269 Interview C_Mitarbeiter*in 2 Präventionsstelle, 59.
270 Interview A_Präventionsbeauftragte*r, 34.
271 Interview B_Mitarbeiter*in 1 Präventionsstelle, 34.
272 Ebd.
273 Ebd., 44.
274 Ebd.
275 Interview A_Präventionsbeauftragte*r, 20.
276 Ebd.
277 Interview B_Mitarbeiter*in 1 Präventionsstelle, 34.
278 Interview A_Präventionsbeauftragte*r, 20.

Kinder befragt bzw. mit ihnen gemeinsam nach Lösungen sucht und Problemschilderungen aus ihren Perspektiven zum Ausgangspunkt nimmt.

Ein*e Mitarbeiter*in bringt als Impuls aus der konkreten Praxis ins Gespräch, dass Rückmeldungen von Kindern und Jugendlichen, die in Alltagssituationen (Morgenrunden, Messdienerstunden usw.) geäußert werden, mehr Bedeutung zukommen kann. Es wird deutlich, dass ihr wichtig ist, dass nicht nur in Form einer „extra Runde unter dem Thema Schutzkonzept“[279] Rückmeldungen von Kindern und Jugendlichen eingeholt werden. Sondern es auch wünschenswert ist, dass Ehren- und Hauptamtliche in ihren bestehenden Runden und Kommunikationswege regelmäßig aufhorchen, welche Rückmeldungen, Wünsche und Kritikpunkte geäußert werden, um die Präventionsarbeit vor Ort beständig weiterzuentwickeln. Während die Interviewpartner*innen sich bei Prozessen wie z. B. *Rückmeldungen einholen* auf die Erfahrung mit den Pfarreien berufen, skizzieren sie die Mitwirkung an den Bausteinen lediglich als Potentiale.

Neben diesen konkreten Formen, die Partizipation dadurch ermöglichen, dass Kinderperspektiven in die Schutzkonzepterstellung miteingebracht werden, liefert die*der Präventionsbeauftragte ein weiteres Modell von Kinderschutz und -partizipation. Dieses Modell besteht aus vier Elementen: Es bräuchte demnach erstens

> „aufmerksame Erwachsene […] die Wissen haben, darüber, dass es so etwas wie sexualisierte Gewalt gibt, dass es so etwas wie Täter und Täterstrategien gibt, die sich damit beschäftigt haben und die mit einer Haltung unterwegs sind, die ihnen den Mut verleiht, die Augen aufzumachen und hinzuschauen und aufmerksam zu sein.“[280]

Zweitens bräuchte es „Strukturen, die dafür sorgen, dass ich da quasi zu gezwungen werde, das zu tun. Ne, also Strukturen, die das absichern […].“[281] Drittens könnten dann Kinderstärkungsinitiativen angegangen werden. Diese seien ergänzend zu den beiden vorherigen Elementen zu verstehen und funktionieren niemals alleinstehend:

> „Also, die würden alleine niemals gehen, also ganz im Gegenteil, womöglich das Schlimme bewirken, dass die Kinder denken ‚Naja, jetzt habe ich doch an dem Kurs teilgenommen, wenn ich mich jetzt nicht wehre, dann bin ich wirklich selber schuld und dann darf ich ganz bestimmt nichts mehr sagen, weil ich habe ja an dem tollen Kurs teilgenommen. Dann habe ich es offensichtlich nicht kapiert oder ich habe es doch gewollt‘ oder was auch immer für Verwirrungen dann auftreten, ne.“ [282]

Viertens sollte sodann ergänzend noch die Elternarbeit mitgedacht werden:

279 Interview C_Mitarbeiter*in 2 Präventionsstelle, 61.
280 Interview A_Präventionsbeauftragte*r, 28.
281 Ebd., 30.
282 Ebd.

„Ähm, also wir wissen ja, das sind emotional sehr bedürftige Kinder, die in vielerlei Hinsicht zu kurz kommen im Leben, woher und warum auch immer. Dass die deutlich anfälliger sind, Opfer zu werden von sexualisierter Gewalt [...]. Also was kann man dafür tun, dass Erwachsene, oder das Eltern so aufgestellt sind, so in der Lage sind ihren Kindern das zu geben, was sie brauchen. Dass die Kinder nicht zu solchen bedürftigen Kindern werden."[283]

4.8 Prinzipien zur Gestaltung von Partizipationsprozessen

Es lassen sich abschließend einige Grundprinzipien ausmachen, die den Partizipationsprozessen für die Interviewpartner*innen zu Grunde liegen. Insgesamt ginge es vor allem darum, dass die Erwachsenen „nicht so ein Paralleluniversum"[284] aufbauen und dies auch fortwährend signalisieren und in ihren Handlungen ausdrücken: Kinder können nur an Präventionsarbeit partizipieren, weil Erwachsene das möglich machen. Als Prinzipen benennt die*der Präventionsbeauftragte dann weiterhin drei Aspekte:

1. Zunächst sollten die Partizipationsformen, die gefunden werden, *altersangemessen* sein. Die Person macht deutlich, dass es ihr nicht darum geht, ein Alter zu bestimmen, ab dem Partizipation möglich ist. Es komme vielmehr darauf an, die Formen auf das entsprechende Alter abzustimmen: „Und ich glaube, wenn das jeweils gegeben ist, dann wüsste ich nicht, warum man nicht auch mit Kindergartenkindern und ganz bestimmt mit Grundschulkindern Formen von Partizipation wahrnehmen könnte oder einüben könnte."[285]
2. Zweitens sollte der Bereich, auf den sich die Partizipation jeweils bezieht, *überschaubar* sein. Damit ist gemeint: „Also ich muss irgendwie eine Chance haben, dass ich das überblicken kann, worüber ich da mitbestimmen soll, ähm, man muss sehr ehrlich sein, wo die Mitbestimmung anfängt und wo sie auch aufhört. Also über was kann ich jetzt eigentlich mitbestimmen? Und worüber auch nicht?"[286]
3. Drittens müsse der Bereich sogleich als relevant erachtet werden: „Also es muss auch um etwas gehen, ich muss das Gefühl haben, dass das ernst ist damit."[287]

283 Ebd.
284 Interview B_Mitarbeiter*in 1 Präventionsstelle, 42.
285 Interview A_Präventionsbeauftragte*r, 50–54.
286 Ebd.
287 Ebd.

Wiederholt fällt in den Interviews auch in diesem Zusammenhang das Stichwort der Haltung Erwachsener. Es ginge darum, sich als Erwachsener klar zu machen, ob Kinder als Adressat*innen oder Akteure der sie betreffenden Präventionsarbeit erachtet würden.[288] Sie würden stärker in die Rolle der Akteure kommen, wenn Erwachsene eine Haltung an den Tag legten, der zur Folge Kinder und Jugendliche ein Expert*innenwissen haben, über das Erwachsene eben nicht verfügten, weil sie keine Kinder seien: „Und wo alle Maßnahmen und alle Dinge, die ich mir für die ausdenke, notwendigerweise an die Grenze kommen, dass ich aber keine Jugendliche bin, oder kein Kind bin."[289] Im Umgang der Erwachsenen mit Kindern ginge es darum, dass Erwachsene Kindern „aufmerksam zuhören" und sich bewusst machen, dass sie von Kindern „auch extrem viel […] lernen können". Es ginge darum, dass man Kinder ernst nimmt und ihnen auch „eine Rückmeldung gibt […], was ich damit mache"[290]. Im Interview mit einem*einer Mitarbeiter*in wird aber auch deutlich, dass dieses Prinzip damit kollidieren kann, dass Veränderungen manchmal nur sehr langsam initiiert und umgesetzt werden.[291] Dann kann es schwierig werden, Kindern auch mit Handlungen zu verdeutlichen, dass ihre Perspektiven und Wünsche Konsequenzen für das Gemeinde- bzw. Pfarreileben haben. Wichtig sei weiterhin, sie als „gleichberechtigter Teil" der Gesellschaft zu sehen und „mit den gleichen Rechten wie Erwachsene" ausgestattet.[292] Je mehr Kinder „um ihre Kinderrechte wissen, desto besser können sie die auch einfordern, wenn die Erwachsenen das möglich machen"[293].

Ein letztes grundlegendes Prinzip berührt die Frage nach Macht. Macht zu teilen und abzugeben sei ein Grundthema, das Handlungen in kirchlichen Kontexten im Sinne erfolgreicher Prävention leiten solle: „Wenn, wenn es da nicht überzeugendere Modelle davon gibt, dass Macht geteilt wird, dann wird das nichts, mit der ganzen Aufarbeitung."[294] Im Blick auf Kinder spiegele sich dieses Thema auch in der Überlegung wie ihre Ermächtigung in kirchlichen Kontexten weiter vorangetrieben werden könnte: „Genau, das ist, das geht nur mit abgeben, oder auch loslassen von so einer Deutungshoheit und von einer, von Wissen, glauben was gut ist für Kinder."[295] Auch in Bereichen, in denen der Schutzauftrag der Erwachsenen als Aufgabe bestehen bleibt, stelle sich diese Frage mit Nachdruck, wenn man der Perspektive der Präventionsstellenmitarbeiter*innen weiter folgt. Z. B. indem eine erwachsene Person reflektieren sollte, was sie leitet,

288 Interview B_Mitarbeiter*in 1 Präventionsstelle, 40.
289 Interview A_Präventionsbeauftragte*r, 64.
290 Ebd., 42.
291 Interview B_Mitarbeiter*in 1 Präventionsstelle, 14.
292 Interview A_Präventionsbeauftragte*r, 42.
293 Ebd.
294 Ebd., 66.
295 Ebd., 64.

„wenn ich den Grad der Beteiligung festlege oder bestimme, als die Mächtigere im Prozess. Geht es mir tatsächlich darum, dass ich die Kinder jetzt schützen will vor Überforderung oder davor, dass sie irgendwie, irgendwas entscheiden, was sie, wo sie die Konsequenzen nicht absehen können oder so etwas, das mag ja sein. Oder ist es mir schlichtweg zu unbequem."[296]

4.9 Zwischenresümee und Situationsanalyse

Es folgt eine Bündelung der Eindrücke und Ergebnisse aus den Expert*inneninterviews. Dabei wird auf die geordnete Situationsmap sowie die Map der Sozialen Arenen der Situationsanalyse nach Adele Clarke zurückgegriffen. Die Situationsmaps verdeutlichen Elemente (Materialitäten, Diskurse, Objekte) einer Situation und deren Beziehung. Es handelt sich dabei um „menschliche, nichtmenschliche, diskursive, historische, symbolische, kulturelle, politische und andere Elemente der Forschungssituation"[297]. Die geordnete Situationsmap stellt dabei eine geordnete Aufstellung dieser (aus den Analysen der Interviews zusammengetragenen) Elemente zur Verfügung. „Nach Mead sind die Fragen hier: Wer und was befindet sich in dieser Situation? Wer und was zählt in dieser Situation? Welche Elemente sind in dieser Situation von ‚ausschlaggebender Bedeutung'?"[298]

Tab. 3: Geordnete Situationsanalyse Schutzkonzepte und Kinderpartizipation

*Individuelle menschliche Elemente/ Akteur*innen*	*Nichtmenschliche Elemente/ Aktanten*
Haupt- und ehrenamtliche Erwachsene, der leitende Pfarrer, Leitung der Steuerungsgruppe, Kinder, Jugendliche (Präventionsbeauftragte*r, Mitarbeiter*innen der Präventionsstelle)	Institutionelle Schutzkonzepte, Präventionsordnung(en) von DBK und Bistum, Bausteine der Schutzkonzepte, Erwartungen, Ressourcen (Zeit, Motivation, Personen)
Kollektive menschliche Elemente/ Akteure	*Implizierte/Stumme Akteure/ Aktanten*
Bistum, Pfarreien, Pfarreirat und KV, Unterschiedliche weitere Rechtsträger (Verbände, Vereine, Kitas usw.), ISK-Steuerungsgruppe	Eltern, Betroffene bzw. Überlebende sexualisierter Gewalt, Kinder, Jugendliche, schutzbedürftige Erwachsene, Reflexion über die Themen: Macht und Hierarchieverhältnisse (und Ermächtigung) in Pfarreien, Gründe für Abwehr gegenüber dem Thema, Traditionen (z. B. von Beteiligung in Pfarrei), Kinderrechte, Zugehörigkeiten

296 Ebd., 58.
297 Clarke/Keller, Situationsanalyse, 38.
298 Ebd., 124.

	und Zugänge, Haltungen, verschiedene Professionen
Diskursive Konstruktionen individueller und/oder kollektiver menschlicher Akteure	*Diskursive Konstruktionen nicht-menschlicher Aktanten*
Pfarrei als diejenige, die Partizipationserwartungen nicht erfüllen kann. Die Pfarrei als einerseits eigenständiger Verwaltungsbereich und andererseits aber auch sehr abhängige Organisationseinheit von Bestimmungen von oben. Pfarrei verfügt über besondere Merkmale, die sich auf die Schutzkonzepterstellung auswirken. Kinderschutz als Angelegenheit, für die alle Erwachsenen sowie die Pfarrei als Ganze Verantwortung tragen. Die Mitbestimmungs-/Gestaltungsmacht in Pfarreien liegt bei den Erwachsenen. Die Leitung der Steuerungsgruppe hat besondere Verantwortung dafür, Partizipation anzuregen. Erwachsene sind gegenüber Kindern die „Mächtigere[n]“ im Prozess. Kinder und Jugendliche als Objekte von Fürsorge sowie der pfarrlichen Angebote. Erwachsene als diejenigen, die dazu tendieren, ein „Paralleluniversum“ gegenüber Kindern und Jugendlichen herzustellen.	Prävention *als Thema*. Prävention funktioniert einerseits stark hierarchisch durchorganisiert (Vorgaben) und fordert andererseits bottom-up sehr viel Engagement (Erwartungen). Anfertigung der Konzepte ist alternativlos (Outputorientierung). Schutzkonzept ist nutzlos, wenn es zum „Papiertiger“ wird. Das Schutzkonzept zu „leben“ ist wichtiger, als nur den Text zu produzieren. Prävention soll vom „Sonderthema“ zur „Gesamthaltung“ werden. Je mehr Menschen an Erstellung beteiligt sind, umso besser wird das Konzept. Schutzkonzepte können ohne Kinder und Jugendliche geschrieben werden. Prozesse sind mit mehr Beteiligung „auch mühsamer oder anstrengender“ und bergen auch die Gefahr, dass es nicht so „fluppt“. Kinderpartizipation nicht als Frage des „ob“, sondern eine Frage des „wie“ (Methoden, Altersangemessenheit, verschiedene Möglichkeiten bei verschiedenen Bausteinen usw.)
Politische/ Wirtschaftliche Elemente	*Soziokulturelle/ Symbolische Elemente*
Kapazitäts- und Ressourcengrenzen in den Pfarreien Schutzauftrag der Erwachsenen Rechte der Kinder auf Schutz, Beteiligung und Förderung (UN-KRK)	Fertiges Konzept als Aushängeschild Kinderschutz(auftrag)
Zeitliche Elemente	*Räumliche Elemente*
Erst mit der Zeit und durch den Prozess wird der Mehrwert der Konzepterstellung gesehen. Zeitliches Nacheinander von Konzepterstellung und Kinderpartizipation Zeitliche Kapazitäten für die Erstellung	Pfarreifusionen „Kinderorte“ in Pfarreien

notwendig bei gleichzeitigem zeitlichen Druck für die Pfarreien, ein Konzept zu erstellen? Unklarheit darüber, was mit dem Konzept passiert, wenn es fertig ist	
Hauptthemen	*Verwandte Diskurse (historische, narrative und/oder visuelle)*
Partizipationserwartung und Nicht-Einhaltung dieser Erwartung Qualität und Quantität mit Blick auf Partizipation: „diese vielen, vielen Menschen gut mit ins Boot zu holen“ (IB_MA1, 24), ISK – von der theoretischen Konzepterstellung zum praktischen Kinderschutz. Erlernbarkeit von Kinderschutz, Aneignungsmöglichkeiten mit Blick auf Haltungen. Outputorientierung einerseits und prozessorientierte Erstellung mit möglichst viel Beteiligung andererseits; ISK wird „fachlich besser, wo man die mitnimmt.“ vs. ISK können ohne Kinder und Jugendliche geschrieben werden.	Partizipation in Kirche; Organisationsentwicklung; Theorie-Praxis-Transfer; Konzepte vs. Praktiken Normen und ihre Einhaltung/Inkonsequenz von Vorgaben und Einhaltungen Kinder als Objekte von Fürsorge
Sprachliche Elemente	*Andere wichtige Elemente*
„Weil man keinen Zehn-Liter Eimer, wenn mans mal übertragen sieht (lacht), permanent mit 15 Litern vollmachen“ (IB_MA1, 14); „und die Herausforderung, find ich, ist auch da, diese vielen, vielen Menschen gut mit ins Boot zu holen“ (IB_MA1, 24); „Also, dass die von Anfang an halt nicht so ein Papiertiger erstellen“ (IB_MA1, 4); „zu sich nehmen das Thema“ (IC_MA2, 6); Prävention „lebbar“ (IB_MA1, 4) in die Praxis bringen	„Aha-Momente“ als Wendepunkt in der Arbeit mit den Pfarreien

Eigene Darstellung in Orientierung an CLARKE/KELLER, Situationsanalyse, 128.

Die vorfindliche Situation der *Schutzkonzepte und Kinderpartizipation*, wie sie sich aus den Interviews mit den Mitarbeiter*innen der Präventionsstelle eröffnet, zeigt sich als hoch komplex und aus vielen Elementen bestehend– so viel veranschaulicht bereits die geordnete Situationsmap. Die in ihr angeordneten

Elemente wurden noch weiterverarbeitet. Mit Hilfe der nachfolgenden Map der Arena *Schutzkonzepterstellung und Kinderpartizipation* konnte zusammenfassend der Fokus auf zwei diskursive Konstruktionen herausgearbeitet werden: Partizipationserwartungen und die Nicht-Einhaltung dieser Partizipationserwartungen. Dies gelang über die Bestimmung der sozialen Welten der Situation: „*Die wichtigsten Sozialen Welten zu bestimmen, ist die analytische Hauptaufgabe dieser Map.*“[299] Maps von sozialen Welten bzw. Arenen verdeutlichen so „alle *kollektiven* Akteure, wichtigen nichtmenschlichen Elemente und die Arenen ihres Wirkens, in denen sie in fortgesetzte Aushandlungen und Diskurse eingebunden sind.“[300] Dabei ist die Annahme leitend, dass in Sozialen Welten „Individuen wieder und wieder zu sozialen Wesen werden – durch Akte der Verpflichtung („commitment“) gegenüber Sozialen Welten sowie ihre Teilnahme an Aktivitäten dieser Welten, indem sie Diskurse produzieren und zugleich durch Diskurse konstituiert werden.“[301] Die Map der Arena *Schutzkonzepte und Kinderpartizipation* kann nicht alles abbilden, was sich aus den Interviews an Erzählsträngen ergeben hat. Im Sinne der Erzählung der „Big News“[302] versucht die Map eine mögliche Form zu finden, in der einige für die Situation wichtige soziale Welten bestimmt werden können. Die zentrale und daraus abzuleitende Kernkonstruktion (Partizipationserwartungen und die Nicht-Einhaltung dieser Partizipationserwartungen) wird nachfolgend näher erläutert.

299 Ebd., 150. Hervorhebung im Original.
300 Ebd., 38. Hervorhebung im Original.
301 Ebd., 148.
302 Ebd., 150.

Abb. 3: Map der Sozialen Welten/Arenen Schutzkonzepte und Kinderpartizipation

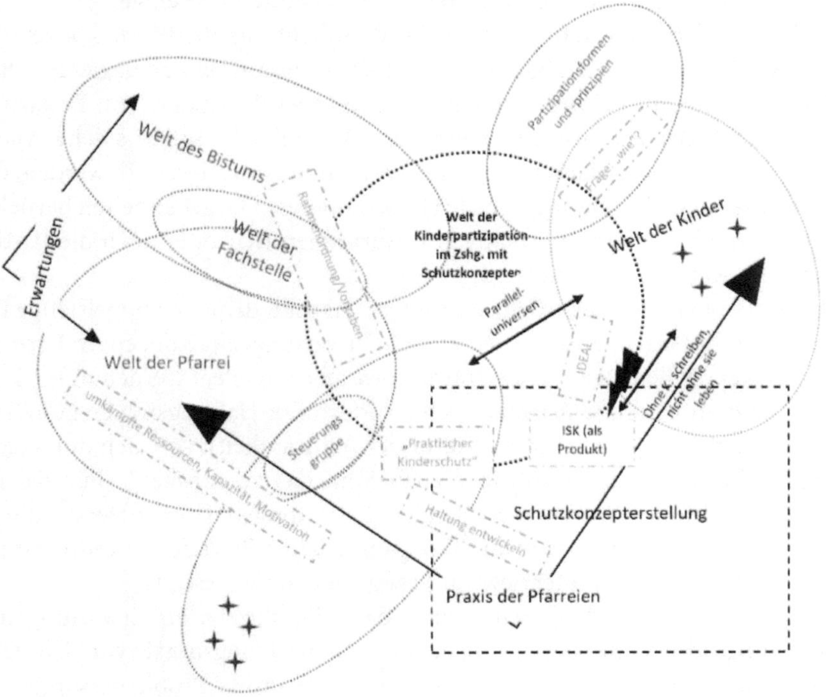

Eigene Darstellung

Im Prozess der Erstellung der Map wurde der Forscherin klar, dass die Ergebnisse der Interviews bereits in Form ganz unterschiedlicher „Geschichten"[303] erzählt werden können. Der nachfolgende Text ist als eine mögliche Spur, als eine mögliche Erzählung dieser Geschichten zu verstehen.

In der Arena *Schutzkonzepte und Kinderpartizipation* werden im Kern zwei diskursive Konstruktionen verhandelt: zum einen die Partizipationserwartungen und zum anderen die Nicht-Einhaltung der Partizipationserwartungen. Der Prozess der Schutzkonzepterstellung sowie die Beteiligung aller in der Pfarrei vorfindlichen Akteure am Kinderschutz wird in der Präventionsarbeit der katholischen Kirche *top-down* (entsprechend der deutschlandweiten und von den Bistümern zur Umsetzung adaptierten Vorgaben) von allen Institutionen und Einrichtungen als verbindliche Maßnahme eingefordert und die Erstellung als Auftrag und verpflichtende Maßnahme delegiert. Die adressierten Akteursgruppen sind die haupt- und ehrenamtlichen Erwachsenen der Pfarreien, die wiederum

303 Ebd.

die Aufgabe übertragen bekommen, Kinder, Jugendliche und erwachsene Schutzbefohlene sowie Betroffene bzw. Überlebende zu beteiligen.

In der Pfarrei entsteht dadurch die Verpflichtung, die Schutzkonzepterstellung sowie den damit verbundenen Partizipationsauftrag auszuagieren. Die Initiative liegt damit bei der Kirchenleitung und wird flankiert von Erwartungen hinsichtlich der erwünschten *bottom-up*-Dynamik: Es sollen solche Analysen durchgeführt sowie Maßnahmen und Veränderungen angestrebt werden, die jeweils orts- und einrichtungsspezifisch die jeweiligen Gegebenheiten berücksichtigen und alle weiteren normativen Erwartungen (darunter auch die Partizipation aller Akteure) dazu nutzen.

Es offenbart sich außerdem ein weiterer Aspekt, der eine doppelseitige Dynamik zeigt: Es besteht zunächst einmal die Erwartung, ein Konzept in Form eines Textes zu erstellen, der bei der Präventionsstelle vorgelegt werden muss. Parallel dazu läuft zu leistende Aufgabe, sich als Pfarrei in Haltungsfragen zum Thema weiterzuentwickeln (Stichwort: Kultur der Achtsamkeit): von „ich muss das machen" hin zu „ja, es macht aber auch Sinn das zu machen". Für die Interviewpartner*innen laufen diese beiden Erwartungen (Konzepterstellung und Haltungsentwicklung) sowie ihre Delegation an die Pfarreien unmittelbar parallel und werden in den Interviews in Bezug zueinander gesetzt.

Die Interviews offenbaren ferner, dass die skizzierten Erwartungen und Handlungsadressierungen mit Blick auf die Umsetzungspraxis von Schutz- und Partizipationsmaßnahmen in den Pfarreien für große Probleme sorgen (können). Es kommt zu *Prozessabbrüchen bzw. -verkürzungen.* Dies zeigt sich vor allem im Ausagieren und Umsetzen von Kinderpartizipation. Hier wird sich auf die Position zurückgezogen, dass man Schutzkonzepte ohne Kinder schreiben, aber nicht ohne sie leben könne. Das *Wie* der Überwindung dieses Spannungsfeldes bleibt ungeklärt, ja unproblematisiert. Dass Perspektiven kindlicher Akteure Einfluss nehmen auf die Schutzkonzepterstellung, erscheint aus der Perspektive der Interviewpartner*innen heraus als wünschenswertes, optionales Element, welches Kinderschutz nachhaltiger mache. Dem gegenüber stehen Kapazitäts- und Motivationsfragen, die als Kernherausforderung der Pfarreien erkannt werden. Die daraus folgende Konsequenz ist die Vertagung der Partizipation von Kindern, Jugendlichen und Schutzbefohlenen auf den Zeitpunkt, zu dem das Schutzkonzept „gelebt" wird, sprich auf die Zeit *nach* der Entwicklung und Verabschiedung. Spannend ist: Hier wird die Nicht-Erfüllung der Erwartung der klaren Vorgaben seitens der Präventionsstelle akzeptiert und zugunsten eines nachgelagerten Entwicklungsprozesses vor Ort verschoben. Die zügige und formale Konzepterstellung (produktorientiert) wird partizipationsorientierten Maßnahmen vorgezogen. Es bleibt zu fragen, in welchem Verhältnis hierzu potenziell haltungsreflektierende und -bildende Maßnahmen stehen. In den

Interviews deutet sich über die Reflexion von Partizipation an, dass Involviertheit in den Erstellungs- und Umsetzungsprozess ein wichtiger Faktor im Zusammenspiel dieser Aspekte zu sein scheint.

Man könnte nun argumentieren (und die Interviews zeigen, dass dies durchaus ein vorhandenes und in der Praxis akzeptiertes Narrativ zu sein scheint), dass Gemeindepastoral gerade, wenn sie so ist wie in den Interviews dargestellt (Stichwort: Kapazitätsgrenzen), schon genug Herausforderungen zu meistern hat und gerade deshalb Kinderpartizipation guten Gewissens zu vernachlässigen sei. In Rückschau auf die getätigten Ausführungen könnte jedoch auch genau umgekehrt argumentiert werden: Gerade *weil* der Selbstanspruch und die Pflicht der Institution Schutzkonzepte zu erstellen besteht und gerade, weil Gemeindepastoral von den Interviewpartner*innen als besonderer Ort (im Verlauf der Arbeit wird hier von komplexen Netzwerken gesprochen werden) beschrieben wird, kann man im Grunde nicht anders, als eben jene Orte auch in ihrer Komplexität zu problematisieren, um die gewünschte Veränderung in den Praktiken herbeizuführen. Im Laufe der nächsten Kapitel wird hieran angeknüpft werden (z. B. Kapitel 5.3.1).

Die Pfarreien reagieren in den Augen der Präventionsstellenmitarbeiter*innen auf die institutionelle Vorgabe und Erwartung zur Organisationsentwicklung in Kinderschutzfragen (konkret der Schutzkonzepterstellung) also mit kapazitätskonformer Prozessbegrenzung und scheinen an Partizipationsprozessen zum Teil „zu sparen", da diese als ressourcenraubend angesehen werden. Der Auftrag der Etablierung von „praktischem Kinderschutz" scheint dabei weiterhin auf grundlegendere organisationale Überforderungssituationen zurückzuwerfen, die auch in anderen Bereichen hervortreten (z. B. Pfarrei ist Konzepterstellung nicht gewöhnt).

Es kommt außerdem ein zeitlicher Aspekt hinzu: Erst auf die theoretische Konzepterstellung scheint praktischer Kinderschutz folgen zu können, der dann auch mit möglicher Partizipation assoziiert wird. Worauf sich praktischer Kinderschutz in Pfarreien stützt, wie vorhandene Praktiken reflektiert und dies wirksam aufgenommen werden kann in den Prozess der Texterstellung oder wie es gelingen kann, Konzepte und Alltagspraxis zusammenzuführen, bleibt hier offen. Zurück bleibt die diffuse Erwartung, man solle von Anfang an praktischen Kinderschutz „generieren", bei gleichzeitiger Fokussierung auf die outputorientierte Erstellung des Textes. Damit liegt insgesamt mehr als ein Bruch zwischen Theorie und Praxis vor. Über das Kernelement *Partizipationserwartungen und die Nicht-Einhaltung von Partizipationserwartungen* konnten unterschiedliche Logiken von Prozess- und Produktorientierung mit Blick auf das Schutzkonzept sowie unterschiedliche Logiken mit Blick auf den damit zusammenhängenden Organisationsentwicklungsprozess anfanghaft freigelegt werden. Diese ersten empirischen Erkundungen bilden den Ausgangspunkt für die nun folgenden Ausführungen. Diese knüpfen an die diversen Fragmente des hier vorgenommenen Versuchs einer möglichen Situationsanalyse an. Im nächsten Schritt stehen die Schutzkonzepte und ihre Erstellung im Fokus (Kapitel 5).

5. Die delegierte Anforderung: Schutzkonzepte erstellen

Um Prävention sexualisierter Gewalt zu realisieren und Kinder und Jugendliche besser zu schützen, wird in Deutschland insbesondere auf (Institutionelle) Schutzkonzepte (ISK) zurückgegriffen. Laut Johannes-Wilhelm Rörig, dem Unabhängigen Beauftragten für Fragen des sexuellen Kindesmissbrauchs (UBSKM) der Bundesregierung, geht es für Einrichtungen, Organisationen und Institutionen vor allem darum, sich zu „Kompetenzorten [zu entwickeln,] an denen Mädchen und Jungen Hilfe“[304] und Ansprechpersonen finden. Nicht nur für den Fall, dass sich Übergriffe ereignen, sondern auch dann, wenn Kinder und Jugendliche „sexuelle Gewalt außerhalb der Kita, der Schule, des Sportvereins oder der Kirchengemeinde erleiden“[305]. Die Entwicklungen in den verschiedenen staatlichen, kirchlichen und sonstigen Einrichtungen für Kinder und Jugendliche schreiten vielerorts und deutschlandweit flächendeckend voran und neben einer gewachsenen Sensibilität für Fragen sexualisierter Gewalt in Institutionen werden auch immer mehr Schutzkonzepte erarbeitet. Dennoch spricht der UBSKM Johannes-Wilhelm Rörig mit Blick auf Kitas, Schulen, Sportvereine oder Kirchengemeinden 2017 noch davon, dass das Vorhandensein von Schutzkonzepten insgesamt „die Ausnahme“ darstelle.[306] Dies wurde für die territoriale Seelsorge auch durch die MHG-Studie noch bestätigt. Dort heißt es wörtlich: „Die Einrichtung und Umsetzung von Schutzkonzepten erscheint insbesondere in der territorialen Seelsorge bisher mangelhaft. Dies ist bemerkenswert, da dies der Bereich ist, in dem Missbrauchshandlungen durch Kleriker gehäuft auftraten.“[307]

304 RÖRIG, Johannes-Wilhelm: Was muss geschehen, damit nichts geschieht? Prävention sexualisierter Gewalt und die Bedeutung von institutionellen Schutzkonzepten. In: Thema Jugend. 3 (2016), 3f.

305 Ebd., 3.

306 Vgl. RÖRIG, Johannes-Wilhelm: "Sexuelle Gewalt gegen Kinder und Jugendliche verändert sich durch digitale Medien fundamental". In: DJI Impulse. 2 (2017), 10.

307 DREẞING u.a., MHG-Studie, 208. Der Schutz von Kindern und Jugendlichen und die Bewährungsprobe der angestrebten Kompetenzorte kann auch auf den digitalen Bereich ausgeweitet betrachtet werden. Auch hier bedarf es effektiver Strategien, um sexualisierter Gewalt gegen Kinder und Jugendliche vorzubeugen. Durch Zuhilfenahme digitaler Medien verändern und verlagern sich Strategien potenzieller Täter*innen und digitale Medien werden mitunter genutzt, „um Übergriffe an Minderjährigen strategisch vorzubereiten“ (RÖRIG 2017, 10). Demnach bedarf es auch in diesem Bereich Präventionsstrategien, wie z. B. der Förderung von Medienkompetenzen (der Kinder, Jugendlichen, Fachkräfte

Schutzkonzepte stellen für die vorliegende Arbeit einen zentralen Bezugspunkt dar. Im Folgenden werden zunächst Erklärungen und Bestimmungen zu Schutzkonzepten weiter ausgeführt (Kapitel 5.1). In einem zweiten Schritt steht dann die Schutzkonzepterstellung in der katholischen Kirche (Kapitel 5.2) und hier insbesondere im Bereich der Gemeinden und Pfarreien, der Gemeindepastoral, im Fokus (Kapitel 5.3).

5.1 Schutzkonzepte als institutionelle und organisationale Entwicklungsprozesse

Am 24.03.2010 wurde Dr. Christiane Bergmann als die Unabhängige Beauftragte zur Aufarbeitung des sexuellen Kindesmissbrauchs (UBASK) sowie der Runde Tisch ‚Sexueller Kindesmissbrauch in Abhängigkeits- und Machtverhältnissen in privaten und öffentlichen Einrichtungen und im familiären Bereich' (RTKM, teils auch: Runder Tisch ‚Sexueller Kindesmissbrauch') durch Beschluss der Bundesregierung eingesetzt. Die Aufgaben der beiden Einrichtungen wurden wie folgt beschrieben:

- UBASK: „Ansprechpartnerin und zentrale Anlaufstelle für Betroffene sowie Aufarbeitung der Problematik in privaten und öffentlichen Einrichtungen und im familiären Bereich"[308]
- RTKM: „Verbesserung der Prävention, Opferschutz, Aufklärung und Aufdeckung sowie Gewährleistung der effektiven Strafverfolgung, Hilfen für Betroffene, Initiierung von Forschung und Evaluation"[309]

Der RTKM setzte sich aus ca. 60 Expert*innen aus Politik, Praxis und Wissenschaft zusammen[310] und bildete drei Arbeitsgruppen mit einigen

und Eltern), der Bereitstellung von Hilfs- und Beschwerdeangeboten im Netz sowie eines strategischen politischen Angangs an das Thema (vgl. ebd.).

308 Bundesministerium für Justiz/Bundesministerium für Familie, Senioren, Frauen und Jugend/Bundesministerium für Bildung und Forschung: Abschlussbericht Runder Tisch Sexueller Kindesmissbrauch in Abhängigkeits- und Machtverhältnissen in privaten und öffentlichen Einrichtungen und im familiären Bereich. 2011. Online unter *http://www.bmjv.de/SharedDocs/Downloads/DE/Fachinformationen/Abschlussbericht_RTKM.pdf?__blob=publicationFile* [Stand: 08.12.2021], 7.

309 Ebd.

310 Genauer hin kamen die Vertreter*innen aus den folgenden Bereichen: Medizin, Psychotherapie, Wissenschaft, Sozialarbeit und Justiz, von Beratungsstellen, Kinderschutzorganisationen und Opferschutzverbänden, Bundesinitiative Betroffener, Schulen, Internate, beide großen christlichen Kirchen, Sportbünde, freie Wohlfahrtspflege, Bundestags, Länder und Kommunen. (vgl. ebd., 6).

Unterarbeitsgruppen.[311] Die Stelle der UBASK wurde dann verstetigt und umgewandelt zur Einrichtung des ‚Unabhängigen Beauftragten für Fragen des sexuellen Kindesmissbrauchs' (UBSKM), derzeit besetzt durch Kerstin Claus[312]. Im Abschlussbericht des RTKM werden ‚Leitlinien zur Prävention, zur Intervention sowie zur Aufarbeitung und zukunftsgerichteten Veränderungen' formuliert, die sich an alle „Institutionen des Bildungs-, Gesundheits- und Sozialsektors, die mit Kindern und Jugendlichen arbeiten"[313] richten. Vom RTKM wurde erstmals die Forderung nach Schutzkonzepten ausgesprochen sowie Mindeststandards hierfür festgeschrieben. „Schutzkonzepte waren gedacht als einrichtungsspezifische Maßnahmen und Prozesse, die der Analyse von Gefährdungssituationen dienen und die Prävention, Intervention und Aufarbeitung von möglichen Unsicherheiten oder Vorfällen verstärken sollten"[314]. Dies spiegelt sich auch in den Änderungen des Bundeskinderschutzgesetzes (BKiSchG), die 2012 zum Inkrafttreten des aktuellen BKiSchG führten. Hierfür dienten u. a. Ergebnisse aus den Arbeiten der beiden Runden Tische ‚Heimerziehung in den 50er und 60er Jahren' sowie ‚Sexueller Kindesmissbrauch' als Grundlage. Für alle Einrichtungen der Kinder- und Jugendhilfe wurden so „nachprüfbare Beteiligungs- und Beschwerdemöglichkeiten der Kinder und Jugendlichen in den Einrichtungen"[315] verbindlich zur Umsetzung eingeführt. Dementsprechend findet man nun in § 45 Abs. 2 Nr. 3 SGB VIII die einzurichtenden „geeignete[n] Verfahren der Beteiligung sowie der Möglichkeit der Beschwerde in persönlichen Angelegenheiten" als Voraussetzung für die Betriebserlaubnis der Einrichtung durch die übergeordnete Aufsichtsbehörde. Darüber hinaus sind durch die Änderungen alle in der Kinder- und Jugendhilfe tätigen Personen zur Vorlage von Führungszeugnissen verpflichtet worden.[316] Diese Bausteine bilden jedoch nur einen Teil der Schutzkonzepte. Keinesfalls geht es bei der Schutzkonzepterstellung um einen

311 Für eine detaillierte Übersicht der Arbeitsgruppen und Unterarbeitsgruppen vgl. ebd., 9.

312 Während der Erstellung dieser Arbeit hatte Johannes-Wilhelm Rörig die Stelle inne (2011-2022), weshalb er hier wiederholt zitiert wird.

313 Ebd., 21.

314 ALLROGGEN, Marc u.a.: Einleitung: Schutzkonzepte zur Verbesserung des Kinderschutzes in Organisationen. In: WOLFF, Mechthild/SCHRÖER, Wolfgang/FEGERT, Jörg (Hg.): Schutzkonzepte in Theorie und Praxis. Ein beteiligungsorientiertes Werkbuch. Weinheim/ Basel 2017, 10.

315 Vgl. z. B. DIAKONIE RHEINLAND-WESTFALEN-LIPPE E.V.: Das Bundeskinderschutzgesetz. Hinweise zur Umsetzung in Einrichtungen und Diensten der Kinder- und Jugendhilfe. 2013, 17.

316 Vgl. § 45 Abs. 3 Nr. 2 SGB VIII; Vgl. für eine übersichtliche Zusammenstellung dieser und weiterer politischer Reaktionen: BERGMANN, Christine: Sexualisierte Gewalt - politische Reaktionen. In: BÖLLERT, Karin/WAZLAWIK, Martin (Hg.): Sexualisierte Gewalt. Institutionelle und professionelle Herausforderungen. Wiesbaden 2014, 127–138.

„technokratischen Prozess der Implementierung von vorgegebenen Einzelmaßnahmen“[317]. Vielmehr um einen genauen Blick auf die jeweils individuellen Besonderheiten jeder einzelnen Organisation sowie um die Entwicklung von schützenden und präventionsorientierten Kulturen und Haltungen, die in alltäglichen Schutzprozessen praktiziert werden. Schutzkonzepte stellen daher einen Organisationsentwicklungs*prozess* dar, der den Kinderschutz verbessern soll.

Dieses Prozessverständnis setzt sich ab von dem möglicherweise in die Irre führenden landläufigen Verständnis eines Konzepts, das einmal festgeschrieben und damit gewissermaßen in Stein gemeißelt ist. In der gegenwärtigen Forschung ist das Verständnis der Schutzkonzepte im Rahmen einer weitreichenden Prozesslogik allgemein anerkannt.[318] Das *Konzept als Textprodukt,* ist damit eingebettet einerseits in einen Texterstellungsprozess, der wiederum Teil eines fortwährenden Entwicklungsprozesses im Hinblick auf Kultur und Haltung und die entsprechenden Praktiken ist. In diesem Prozess stehen vor allem partizipativ-dialogische Prozesse über die eigene Arbeit, Profession und Einrichtung im Vordergrund. Um dabei ‚blinde Flecken‘ aus der ‚Innenperspektive‘ heraus nicht zu übersehen, wird zu einer Begleitung des Konzepterstellungsprozesses von einer unabhängigen, spezialisierten Fachberatungsstelle geraten.[319]

Abb. 4: Das Schutzkonzept als Textprodukt und als Entwicklungsprozess

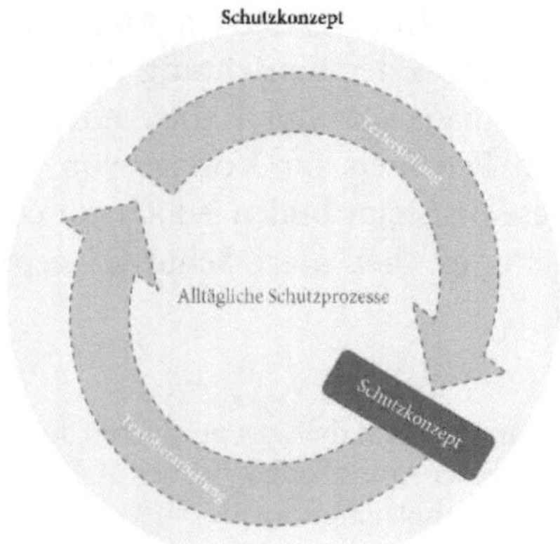

Eigene Darstellung

317 ALLROGGEN u.a., Einleitung: Schutzkonzepte zur Verbesserung des Kinderschutzes in Organisationen, 12.

318 Vgl. OPPERMANN, Carolin (Hg.): Lehrbuch Schutzkonzepte in pädagogischen Organisationen (Studienmodule Soziale Arbeit). Weinheim 2018.

319 Vgl. z.B. UNABHÄNGIGER BEAUFTRAGTER FÜR FRAGEN DES SEXUELLEN KINDESMISSBRAUCHS: Schutzkonzepte. Online unter *https://beauftragter-missbrauch.de/praevention/schutzkonzepte/* [Stand: 08.12.2021].

Die Pflicht und Verantwortung zur Entwicklung und Umsetzung der Schutzkonzepte liegt dabei bei der Leitung der Einrichtung bzw. Institution.[320] Dem korrespondiert wiederum das Recht von Kindern, Jugendlichen und allen anderen beteiligten Akteuren auf ein Schutzkonzept. Zu Beginn eines jeden Erstellungsprozesses steht eine Risikoanalyse bzw. eine Analyse der „organisationalen Grenzkonstellationen“[321], durch die Wissen über die eigene Organisation geschaffen und eine „organisationale Achtsamkeit gegenüber ‚schwachen Situationen‘“[322] der Einrichtung gefördert werden soll. Es geht dabei um eine strukturierte und umfassende Analyse der Einrichtung hinsichtlich aller ihrer Besonderheiten, ihrer Geschichte, ihrer Stärken und Schwächen, ihrer Abläufe, Strukturen, ihrer Einstellungsverfahren, ihrer räumlichen Bedingungen usw. mit Blick auf das Potential, möglicherweise Täter*innen die Anbahnung und Ausübung sexualisierter Gewalt zu ermöglichen.

> „Spezifische Prävention beginnt mit der Analyse der strukturellen und arbeitsfeldspezifischen Risiken der Träger und ihrer Handlungseinheiten, die zu dem jeweiligen Verantwortungsbereich gehören. In Abhängigkeit davon sind Aussagen zur Haltung des Trägers und spezifische Informationen zum Vorgehen in den bekannten Risikobereichen zu treffen. Die Präventionsmaßnahmen können in allgemeine (…) und spezifische Maßnahmen (…) unterschieden werden.“[323]

Schutzkonzepte bestehen daher insgesamt laut UBSKM aus den folgenden Bestandteilen[324]:

- Leitbild: Prävention wird im Leitbild, der Satzung oder der Ethikrichtlinie der Institution verankert.
- Verhaltenskodex: Ein Verhaltenskodex ist spezifisch für die Einrichtung/das Arbeitsfeld zu erstellen und „formuliert Regelungen für Situationen, die für sexuelle Gewalt leicht ausgenutzt werden können“. Er schützt Kinder und Jugendliche (vor Übergriffen) und Mitarbeiter*innen (vor falschem Verdacht). Mitarbeiter*innen sind außerdem zur Unterschrift einer Selbstverpflichtungserklärung verpflichtet.

320 Vgl. MAUCHER, Katharina: Leitungsverantwortung und Leitungsaufgaben in Institutionen. In: FEGERT, Jörg (Hg.): Kompendium "Sexueller Missbrauch in Institutionen". Entstehungsbedingungen, Prävention und Intervention. Weinheim 2015, 455–472.

321 WOLFF/SCHRÖER/FEGERT, Persönliche Rechte von Kindern und Jugendlichen, 20.

322 Ebd.

323 Bundesministerium für Justiz/Bundesministerium für Familie, Senioren, Frauen und Jugend/Bundesministerium für Bildung und Forschung: Abschlussbericht Runder Tisch Sexueller Kindesmissbrauch, 127.

324 Vgl. für die gesamte Aufzählung inkl. der darin verwendeten Direktzitate UNABHÄNGIGER BEAUFTRAGTER FÜR FRAGEN DES SEXUELLEN KINDESMISSBRAUCHS: Schutzkonzepte. Online unter *https://beauftragter-missbrauch.de/praevention/schutzkonzepte/* [Stand: 08.12.2021].

- Fortbildungen: Fortbildungen für haupt- und ehrenamtliche Mitarbeiter*innen, die für die Relevanz des Themas sensibilisieren sowie unterstützen mit Blick auf die aktive Mitarbeit bei der Schutzkonzepterstellung.
- Erweitertes Führungszeugnis: Die Vorlage eines erweiterten Führungszeugnisses ist verpflichtend für alle Mitarbeiter*innen in der öffentlichen und freien Jugendhilfe (§ 72a Absatz 1-2 SGB VIII).
- Partizipation: „Die Entscheidung für die systematische Beteiligung von Kindern und Jugendlichen an Entscheidungen, die sie betreffen, stärkt deren Position und verringert das Machtgefälle zwischen Erwachsenen und Kindern."
- Präventionsangebote: Regelmäßig sollten konkrete Präventionsangebote für Mädchen und Jungen sowie sexualpädagogische Konzepte entwickelt werden.
- Informationsveranstaltungen: Hier wird insbesondere die Zielgruppe der Eltern angesprochen, für die es auch entsprechende Angebote geben muss.
- Beschwerdeverfahren: Beschwerdeverfahren sind einzurichten und Ansprechpersonen innerhalb und außerhalb der Einrichtung zu benennen.
- Notfallplan: Das Vorgehen im Fall eines Verdachts auf sexuellen Missbrauch sollte schriftlich festgehalten werden. Hierin enthalten ist auch ein Rehabilitationsverfahren, wenn es zu falschen Verdächtigungen kommt.
- Kooperation: Bei Verdachtsfällen sexueller Gewalt wird eine Fachberatungsstelle hinzugezogen.

Aus diesen Bestandteilen ergeben sich verschiedene Anforderungen in den Bereichen der Prävention und der Intervention. Genau genommen kann das Schutzkonzept „als zirkulärer Prozess von Analyse, Prävention, Intervention und Aufarbeitung"[325] beschrieben werden. In der Praxis zeigt sich nicht selten, dass ein solcher Prozess Einrichtungen auch überfordern kann.[326] Zumal es ja nicht nur um die Entwicklung des Textes (also um den Textprozess), sondern um einen fortwährenden Prozess (Organisationsentwicklungsprozess) geht, der auf Basis der bisherigen Ausführungen auf mindestens drei Ebenen angesiedelt werden kann: a) auf Ebene der alltäglichen Praktiken, b) auf Ebene der fortwährenden Überarbeitung und Anpassung des Konzepts als Textprodukt sowie c) auf Ebene

325 Schröer, Wolfgang/Wolff, Mechthild: Schutzkonzepte und Gefährdungsanalysen - eine Grundverständigung. In: Oppermann, Carolin (Hg.): Lehrbuch Schutzkonzepte in pädagogischen Organisationen (Studienmodule Soziale Arbeit). Weinheim 2018, 28.

326 Vgl. z. B. Wolff/Schröer/Fegert, Persönliche Rechte von Kindern und Jugendlichen, 22.

der Entwicklung von Kultur und Haltungen. Alle Ebenen sind nicht voneinander trennbar, ihre Unterscheidung kann aber helfen, die differenzierte und anspruchsvolle Erwartung zu greifen, die mit der Schutzkonzepterstellung verbunden ist. Hinzu kommt, dass eine Übertragung von Erfahrungen mit Schutzkonzepten und Prävention von einem „System“ auf das andere (z. B. vom Bereich Kinder- und Jugendhilfe auf den Bereich Schule oder auf Gemeinde) unklare Folgen haben kann.[327] Daniel Schwerdt und Martin Wazlawik verweisen aber darauf, dass im Bereich der Kinder- und Jugendhilfe als „Nebenfolgen“ der Schutzkonzepterstellung eine „tendenzielle Verkürzung des Sicherheits- und Schutzgedankens und einer eher technokratischen Perspektive“[328] festzustellen sei; ebenso sei das Engagement der Akteure vor Ort sowie Partizipation von Kindern und Jugendlichen unabdingbare Gelingensbedingung.

Carolin Schloz, Marc Allroggen und Jörg Fegert beschreiben fünf zentrale Faktoren einer gelingenden Implementierung von Schutzkonzepten abgeleitet aus dem Bericht des UBSKM sowie Praxiserfahrungen von Einrichtungen.[329] *Erstens* sind Kultur und Haltung der Einrichtung ausschlaggebend. Im Kern geht es darum, Einrichtungen als lernende Organisationen zu begreifen und die Bedeutsamkeit der Leitungsebene für diesen Prozess anzuerkennen. „Traditionen, Glaubenssätze und Werte gleichermaßen wie konkrete Regeln und Vorgehensweisen“[330] sind geschichtlich gewachsen und erlernt, können aber auch begünstigt durch eine klare Haltung der Leitungsebene und einen entsprechenden Führungsstil verändert werden. Ein

> „wertschätzender, transparenter, offener, fehlerfreundlicher, partizipativer und lernender Führungsstil [leistet; R.B.] quasi einen doppelten präventiven Beitrag: Rr [sic!] stellt für sich genommen bereits einen Schutzfaktor dar und ermöglicht die Erarbeitung und Implementierung eines Schutzkonzepts unter möglichst idealen Bedingungen“[331].

327 Schwerdt, Daniel/Wazlawik, Martin: Institutionelle Schutzkonzepte in der Schule. In: KJuG. 62 (2017), 66.

328 Ebd.

329 Vgl. Schloz, Carolin/Allroggen, Marc/Fegert, Jörg: Forschungsstand zur Umsetzung von Schutzkonzepten und Faktoren einer gelingenden Implementierung. In: Wolff, Mechthild/Schröer, Wolfgang/Fegert, Jörg (Hg.): Schutzkonzepte in Theorie und Praxis. Ein beteiligungsorientiertes Werkbuch. Weinheim/ Basel 2017, 25–32.
Unabhängiger Beauftragter für Fragen des sexuellen Kindesmissbrauchs: Handbuch Schutzkonzepte sexueller Missbrauch. Befragung zum Umsetzungsstand der Empfehlungen des Runden Tisches "Sexueller Kindesmissbrauch", Bericht mit Praxisbeispielen zum Monitoring 2012-2013. 2013. Online unter *https://beauftragter-missbrauch.de/fileadmin/Content/pdf/Presse_Service/Publikationen/UBSKM_Handbuch_Schutzkonzepte.pdf* [Stand: 08.12.2021].

330 Schloz/Allroggen/ Fegert, Forschungsstand zur Umsetzung von Schutzkonzepten und Faktoren einer gelingenden Implementierung, 27.

331 Ebd., 27f.

Zweitens sind finanzielle, materielle, persönliche sowie zeitliche Ressourcen unabdingbar. „Fehlende Ressourcen wie Personalmangel, fehlendes Fachpersonal, hohe Arbeitsbelastung und hohe Fluktuation von Mitarbeitenden konnten bei den teilnehmenden Einrichtungen dabei als hinderliche Faktoren identifiziert werden genauso wie fehlende Möglichkeiten zur Fortbildung und Supervision“[332].

Drittens kommen Qualifizierung und Unterstützung des Personals in den Blick, die vielerorts als selbstverständlich vorausgesetzt und dann doch als ins Hintertreffen geraten beschrieben werden. „Insbesondere die Regelmäßigkeit von Angeboten (einerseits für neue Mitarbeitende, andererseits auch für schon länger Beschäftigte), die Spezifität der behandelten Inhalte für die teilnehmenden Zielgruppen und die Öffnung beziehungsweise Bewerbung der Angebote für Ehrenamtliche stellen dabei zentrale Stellschrauben dar.“[333]

Viertens folgt für die Autor*innen die Aufklärung aller Personen und Gruppen der Einrichtung über die Themen Sexualität und sexualisierte Gewalt sowie über die Tatsache, welche Maßnahmen und Konzepte zur Prävention in der Einrichtung vorliegen, dass Ansprechpartner*innen zur Verfügung stehen usw. Insbesondere das „alters- und entwicklungsbedingte Wissensdefizit in der Auseinandersetzung mit den Themen Sexualität und sexuelle Gewalt“[334] bei Kindern und Jugendlichen nimmt die Erwachsenen in die Pflicht. Sie sollen „Defizite nicht ausnutzen oder verstärken, sondern Verantwortung übernehmen und Orientierung bieten“.[335] Eine wichtige Gruppe stellen hier auch die Erziehungsberechtigten dar, die in diese Aufklärungs- und Informationsprozesse explizit miteinbezogen werden sollen. Das Thema sexualisierte Gewalt ist im Sinne der Förderung sexueller Sprachfähigkeit wie einer „selbstbewussten sexuellen Identität“[336] in ein umfassendes sexualpädagogisches Gesamtkonzept einzubetten.

Als *fünfter* Faktor wird schließlich von den Autor*innen benannt, dass Partizipation und Sensibilisierung aller Akteure zu gewährleisten sind Partizipation bedeutet dabei für sie nicht, „dass alle AdressatInnen bei jedem Arbeitsschritt vollumfänglich beteiligt sein müssen, sondern der Prozess so gestaltet sein muss,

332 Ebd., 28. Unter Verweis auf EBERHARDT, Bernd/NAASNER, Annegret/NITSCH, Matthias: Bundesweite Fortbildungsoffensive von 2010 bis 2014 zur Implementierung präventiver Schutzkonzepte. In: FEGERT, Jörg (Hg.): Kompendium "Sexueller Missbrauch in Institutionen". Entstehungsbedingungen, Prävention und Intervention. Weinheim 2015, 622–635.

333 SCHLOZ/ALLROGGEN/ FEGERT, Forschungsstand zur Umsetzung von Schutzkonzepten und Faktoren einer gelingenden Implementierung, 29.

334 Ebd.

335 Ebd. unter Verweis auf: UNABHÄNGIGER BEAUFTRAGTER FÜR FRAGEN DES SEXUELLEN KINDESMISSBRAUCHS, Handbuch Schutzkonzepte sexueller Missbrauch.

336 SCHLOZ/ALLROGGEN/FEGERT, Forschungsstand zur Umsetzung von Schutzkonzepten und Faktoren einer gelingenden Implementierung, 30.

dass Anliegen, Perspektive und Erfahrungshintergrund aller Beteiligten jederzeit eingebracht werden können".[337] Auf diesen Aspekt wird in den nachfolgenden Kapiteln noch weiter eingegangen werden. Schon jetzt wird deutlich, dass Partizipation hier als einer von mehreren Faktoren und Gelingensbedingungen explizit genannt wird und zugleich über alle Faktoren hinweg partizipative Prozesse deutlich werden, mit allen weiteren Faktoren untrennbar verwoben sind und Partizipation sich als Querschnittsanforderung abzeichnet. So sind z. B. Aufklärung und Information wie auch die Ausführungen zur Leitungshaltung unverzichtbare Teile des Partizipationsverständnisses. Hierzu abschließend noch ein Aspekt, den Schloz/ Allroggen/Fegert mit Blick auf Kinder und Jugendliche und die Information über ihre Rechte nennen.

„Es geht insgesamt bei der Information der Kinder und Jugendlichen nicht darum, jedes Detail bestehender Handlungspläne oder Schutzkonzepte darzustellen, sondern das Gefühl zu vermitteln, dass man sich als Mitarbeitende/r und als Einrichtung bewusst ist, dass solche Dinge geschehen können, dass Äußerungen und Offenbarungen von Kindern und Jugendlichen ernst genommen werden und dass es klare Regeln für den Umgang damit gibt".[338]

Über die angestrebte *Vermittlung des Gefühls* wird deutlich, dass hier eine Übersetzungsleistung impliziert wird. Es müssen also Praktiken gefunden werden mit Hilfe derer Kindern und Jugendlichen *auf angemessene Art und Weise* adressiert werden. Die Intentionen der Erwachsenen bedürfen einer Übersetzung in Praktiken bzw. bestehende Praktiken bedürfen einer Überprüfung auf ihre Intention hin. Mit Blick auf die Schutzkonzepte kann ein Verständnis von Partizipation nur unter diesen Vorzeichen ausgeschärft werden: Es geht um die Verantwortung der Erwachsenen für diese *Übersetzungsleistungen* im Rahmen der Verwirklichung des Schutzauftrags und angesichts des Bewusstseins für die Rechte der Kinder auf Partizipation. Damit wird auf zwei Aspekte scharf gestellt, die im Teil zur Kinderpartizipation (Kapitel 6), insbesondere im Teil zur UN-KRK (Kapitel 6.3), noch besser in den Blick kommen: 1) auf die Verantwortung der Erwachsenen für die Ausgestaltung jeweils passender Partizipationsmöglichkeiten sowie 2) auf die Tatsache, dass Kinder von je her partizipieren.

337 Ebd., 31. unter Verweis auf Unabhängiger Beauftragter für Fragen des sexuellen Kindesmissbrauchs, Handbuch Schutzkonzepte sexueller Missbrauch.

338 Ebd. 30.

5.2 Schutzkonzepterstellung in der katholischen Kirche

Schutzkonzepte sind auch in allen Organisationen und Einrichtungen der katholischen Kirche in Deutschland, die mit Kindern- und Jugendlichen bzw. schutz- und hilfebedürftigen Erwachsenen (erwachsene Schutzbefohlene) arbeiten, zu entwickeln und zu etablieren. Das durch die Deutsche Bischofskonferenz selbstgesetzte Gesamtziel der Präventionsarbeit ist dabei der „Aufbau einer ‚Kultur der Achtsamkeit'"[339], die von einem bewussten und aktiven gesamten Umdenken geprägt ist und dabei nicht in der Umsetzung von Einzelmaßnahmen aufgeht. Im Folgenden wird herausgearbeitet, was unter Schutzkonzepten im katholisch-kirchlichen Kontext gefasst und verstanden wird. Zunächst jedoch ist eine Außenwahrnehmung der Präventionsarbeit und Schutzkonzepterstellung, eine Irritation des aktuellen Status Quo, wichtig:

> „[I]nsgesamt gibt es jedoch im Rahmen der kirchlichen Präventionsarbeit noch sehr viel Luft nach oben. Zwar verpflichtet die katholische Kirche alle haupt- und ehrenamtlichen Mitarbeiter*innen zur Teilnahme an Veranstaltungen, doch kann man daraus keinesfalls Schlussfolgerungen auf eine fachlich fundierte Qualität der Präventionsschulungen und die praktische Arbeit ziehen. Die Präventionsarbeit der meisten Bistümer orientieren [sic!] sich vielmehr bis heute vorrangig an dem Interesse der Institution Kirche und nicht an denen [sic!] von Kindern und Jugendlichen. Das durch Missbrauchsskandale ramponierte Image soll wieder aufpoliert, die Institution vor weiteren erwachsenen Tätern/Täterinnen in den eigenen Reihen geschützt werden. Dementsprechend wird der Problembereich sexualisierte Peergewalt und die Partizipation von Kindern und Jugendlichen bei der Entwicklung von institutionellen Kinderrechte-/Schutzkonzepten meist mehr als weniger vernachlässigt. Da wundert es nicht, wie häufig Zartbitter Köln kirchliche Fachkräfte, die bereits an Präventionsschulungen teilgenommen haben, nachschulen muss – zum Beispiel hinsichtlich unzureichender Handlungskompetenzen im Umgang mit sexuellen Übergriffen durch Kinder im Vorschulalter. Auch in anderen Bistümern ist zu beobachten, dass die als Aushängeschilder zur Schau gestellten institutionellen Schutzkonzepte nicht nur in Einzelfällen als Mogelpackungen zu bewerten sind. Irritierend ist in diesem Kontext das Lob des UBSKM bezüglich der von der katholischen Kirche Deutschlands geleisteten Präventionsarbeit: Wenn Quantität statt Qualität das Kriterium der Bewertung sein sollte, dann wäre dieses tatsächlich angemessen."[340]

339 Sekretariat der Deutschen Bischofskonferenz: Handreichung zur Rahmenordnung – Prävention gegen sexualisierte Gewalt an Minderjährigen und erwachsenen Schutzbefohlenen im Bereich der Deutschen Bischofskonferenz. In: Sekretariat der Deutschen Bischofskonferenz (Hg.): Aufklärung und Vorbeugung - Dokumente zum Umgang mit sexuellem Missbrauch im Bereich der Deutschen Bischofskonferenz. (Arbeitshilfe 246). Bonn [3]2014, 46. [Nachfolgend auch: Handreichung zur Rahmenordnung 2014]

340 Enders, Traurige Bilanz der Aufarbeitung sexuellen Missbrauchs in der katholischen Kirche - ein persönliches Statement von Ursula Enders, 7.

Das Statement von Ursula Enders führt vor Augen, dass die Konzeption der Schutzkonzepterstellung in Form einer modellhaften und flächendeckenden Strategie keinesfalls gleichzusetzen ist mit den Praktiken der Umsetzung der Schutzkonzepte. Flächendeckende Ordnungen, Regularien usw. allein garantieren keinesfalls eine wirkungsvolle Umsetzung und Überführung der geforderten Normen in Alltagshandeln; das Vorhandensein eines Konzepts verweist so nicht zwangsläufig auf wirksame alltägliche, kinderschützende Praktiken oder sensibilisierte und geschulte Akteure. Ein Konzept kann Aushängeschild oder Mogelpackung sein. Prüfstein ist für Ursula Enders die Frage danach, ob das Schutzkonzept den Interessen der Institution Kirche oder den Interessen der Kinder und Jugendlichen dient. Dies kann mit den im vorherigen Kapitel herausgearbeiteten verschiedenen Verständnissen von Schutzkonzepten sowie der Organisationsentwicklungslogik der Konzepterstellung in Verbindung gebracht werden. Schutzkonzepte können als Textprodukte (bzw. mit Blick auf den Erstellungsprozess auf das Produkt hin) im Blick sein. Etwas anderes ist es, sie in dem Anspruch wahrzunehmen, zum Organisationsentwicklungsprozess bzw. Schutzprozess auf mehreren Ebenen zu werden, in dem der Text als Akteur *eine* Rolle spielt. Diese grundlegende Sondierung wird in diesem Kapitel im Blick behalten.[341] Nun werden zunächst die normativen Rahmenbedingungen zur Schutzkonzepterstellung im Bereich der katholischen Kirche beschrieben.

2016 wurde eine Vereinbarung zwischen dem Beauftragten der Deutschen Bischofskonferenz für Fragen des sexuellen Missbrauchs Minderjähriger im kirchlichen Bereich (Bischof Dr. Stephan Ackermann) und dem Unabhängigen Beauftragten für Fragen des sexuellen Kindesmissbrauchs (Johannes-Wilhelm Rörig) geschlossen.[342] In dieser Vereinbarung findet sich insbesondere eine Verständigung über das gemeinsame Verständnis von Schutzkonzepten:

„Schutzkonzepte sind ein Zusammenspiel aus institutionellen und pädagogischen Maßnahmen sowie einer Kultur des Respekts und der Wertschätzung gegenüber Kindern und Jugendlichen. Sie umfassen Handlungspläne sowie konzeptionelle Elemente und basieren auf einem partizipativ und prozessorientierten Grundverständnis von Prävention und Intervention. Schutzkonzepte gehen damit über einzelne und isolierte Präventionsmaßnahmen hinaus und nehmen die Einrichtung sowohl als ‚Schutzraum' (kein

341 Vgl. für zusammenfassende Ausführungen zu dieser Perspektive insb. Das Zwischenresümee am Ende dieses Kapitel (Kapitel 5.4).

342 Diese wurde 2020 aktualisiert. Vgl. hierzu: Unabhängiger Beauftragter für Fragen des sexuellen Kindesmissbrauch/Deutsche Bischofskonferenz: Vereinbarung zwischen dem Beauftragten der Deutschen Bischofskonferenz für Fragen des sexuellen Missbrauchs Minderjähriger im kirchlichen Bereich und dem Unabhängigen Beauftragten für Fragen des sexuellen Kindesmissbrauchs (UBSKM). 2020. Online unter *https://www.dbk.de/fileadmin/redaktion/diverse_downloads/presse_2020/2020-074a-Gemeinsame-Erklaerung-UBSKM-Dt.-Bischofskonferenz.pdf* [Stand: 08.12.2021].

Tatort werden) als auch als ‚Kompetenzort', an dem Kinder Hilfe erhalten, die an anderer Stelle sexualisierte Gewalt erfahren, in den Blick."[343]

Die Erstellung von Institutionellen Schutzkonzepten ist festgeschrieben in der ‚Rahmenordnung – Prävention gegen sexualisierte Gewalt an Minderjährigen und erwachsenen Schutzbefohlenen im Bereich der deutschen Bischofskonferenz'[344]. Die Rahmenordnung und die Erstellung der Schutzkonzepte stellen dabei einen grundlegenden Teil der Maßnahmen dar, die die Deutsche Bischofskonferenz mit den Diözesen und Ordensgemeinschaften zur Aufarbeitung und Prävention sexueller Gewalt ergriffen hat.[345] Die Rahmenordnung dient weiterhin zur Grundlage für die jeweiligen Diözesan-Präventionsordnungen und -regelungen, die von den jeweiligen Diözesanbischöfen erlassen wurden.[346] Für die Schutzkonzepterstellung gilt der Rahmenordnung zur Folge deutschlandweit:

„Die Strukturen und Prozesse zur Prävention gegen sexualisierte Gewalt in den Diözesen, Ordensgemeinschaften, kirchlichen Institutionen und Verbänden müssen transparent, nachvollziehbar, kontrollierbar und evaluierbar sein. Die Entwicklung und Verwirklichung von Maßnahmen zur Prävention erfolgen partizipativ in Zusammenarbeit mit allen hierfür relevanten Personen und Gruppen. Dazu gehören auch die Kinder und Jugendlichen und erwachsenen Schutzbefohlenen selbst. Der Träger von Einrichtungen und Diensten erstellt im Hinblick auf den jeweiligen Arbeitsbereich ein institutionelles

343 Unabhängiger Beauftragter für Fragen des sexuellen Kindesmissbrauch/Deutsche Bischofskonferenz: Vereinbarung zwischen dem Beauftragten der Deutschen Bischofskonferenz für Fragen des sexuellen Missbrauchs Minderjähriger im kirchlichen Bereich und dem Unabhängigen Beauftragten für Fragen des sexuellen Kindesmissbrauchs (UBSKM). 2016, 5.

344 Die Rahmenordnung wurde im Verlauf der Erstellung dieser Arbeit überarbeitet. Die aktuelle Version wurde vom Ständigen Rat der Deutschen Bischofskonferenz am 18.11.2019 beschlossen und trat zum 01.01.2020 in Kraft. Vgl.: SEKRETARIAT DER DEUTSCHEN BISCHOFSKONFERENZ, Rahmenordnung 2020 sowie SEKRETARIAT DER DEUTSCHEN BISCHOFSKONFERENZ, Rahmenordnung 2014.

345 Vgl. für eine aktuelle Übersicht der Maßnahmen: Zentrale Maßnahmen der deutschen katholischen Kirche im Zusammenhang mit sexuellem Missbrauch an Minderjährigen im kirchlichen Bereich seit Januar 2010. Pressemitteilung der Deutschen Bischofskonferenz. Online unter *https://www.dbk.de/fileadmin/redaktion/diverse_downloads/presse_2015/2015-009a-Massnahmen-Missbrauch-2010-2015.pdf* [Stand: 08.12.2021].

346 Präventionsordnungen sind in allen (Erz-)Bistümern vorhanden, teilweise in Orientierung an, teilweise in expliziter Kooperation mit anderen Bistümern. Die NRW-Bistümer haben so z. B. eine gemeinsame Präventionsordnung. Zu beachten sind die jeweiligen des Inkrafttretens, die von 2011 bis 2015 variieren. Viele (Erz-)Bistümer haben dazu Ausführungsbestimmungen erlassen (i. d. R. Generalvikar), in denen teilweise auch Bestimmungen zur Umsetzung von Schutzkonzepten zu finden sind. Dennoch scheinen sich die Stände der unterschiedlichen (Erz-)Bistümer sehr stark voneinander zu unterscheiden. Bei einer ersten Internetrecherche auf den Homepages der (Er-)Bistümer bzw. deren Präventionsstellen findet man nicht bei allen überhaupt Informationen zu Schutzkonzepten und deren Umsetzung vor Ort.

Schutzkonzept. Die Ausgestaltung eines solchen Schutzkonzeptes erfolgt in Abstimmung mit der diözesanen Koordinationsstelle (siehe II.).“[347]

Dies stellt den Selbstanspruch der Entwicklung und Implementierung von Präventionsmaßnahmen dar. Es folgt eine Festlegung und Erläuterung von sechs Elementen (auch Bausteine genannt), die vorgeschriebene Bestandteile der Schutzkonzepte sind. Diese sind als „eine Orientierungshilfe im Sinne eines Rasters für Elemente von Schutzkonzepten“[348] zu lesen:

- Personalauswahl und -entwicklung: Thematisierung der Prävention sexueller Gewalt in Auswahl- und weiteren Mitarbeiter*innengesprächen. Sexuelle Gewalt ist ein Pflichtthema in den Aus- und Fortbildungen. Alle Mitarbeiter*innen müssen ein erweitertes Führungszeugnis vorlegen. Dies gilt auch für ehrenamtliche Mitarbeiter*innen. Weiterhin muss eine Selbstauskunftserklärung (Straffreiheitserklärung) eingeholt und vorgelegt werden.[349]
- Verhaltenskodex und Verpflichtungserklärung: Aufstellen klarer Verhaltensregeln gegenüber Kindern, Jugendlichen und erwachsenen Schutzbefohlenen (adäquates Nähe-Distanz-Verhältnis, respektvoller Umgang, offene Kommunikationskultur). Ein Verhaltenskodex ist partizipativ zu erstellen und allen Mitarbeiter*innen und Ehrenamtlichen ebenso wie die Selbstverpflichtungserklärung zur Unterzeichnung vorzulegen. Die Unterzeichnung stellt eine verbindliche Voraussetzung für die Weiterbeschäftigung dar. Die Selbstverpflichtungserklärung dient zur Umsetzung des Verhaltenskodex.[350]
- Beratungs- und Beschwerdewege: Beschreiben von internen und externen Beschwerdewegen für alle Akteure der Einrichtung.[351]
- Nachhaltige Aufarbeitung: Für den Fall des Auftretens eines (Verdacht-)Falls sexueller Gewalt, sollen Hilfen zur Aufarbeitung für Einzelne und Gruppen beschrieben werden (tertiäre Prävention).[352]

347 Sekretariat der Deutschen Bischofskonferenz, Rahmenordnung, 37f.

348 Kappler, Selina u.a.: So können Schutzkonzepte in Freizeiteinrichtungen für Kinder und Jugendliche gelingen. Erkenntnisse der qualitativen Studie des Monitorings (2015–2018) zum Stand der Prävention sexualisierter Gewalt an Kindern und Jugendlichen in Deutschland in evangelischen Gemeinden, katholischen Pfarreien, muslimischen und jüdischen Gemeinden, in der organisierten sportlichen, verbandlichen und kulturellen Kinder- und Jugendarbeit sowie bei Anbietern von Kinder- und Jugendreisen und in Austauschorganisationen, Teilbericht 4. 2018, 39.

349 Vgl. für weitere Ausführungen: Sekretariat der Deutschen Bischofskonferenz, Handreichung zur Rahmenordnung 2014, 58–61.

350 Vgl. für weitere Ausführungen: Ebd., 61–65.

351 Vgl. für weitere Ausführungen: Ebd., 65.

352 Vgl. für weitere Ausführungen: Ebd., 66.

- Qualitätsmanagement: Der Träger hat die Verantwortung zur Qualitätsüberprüfung der entwickelten Konzepte. Zu benennen ist in jeder Einrichtung bzw. in jedem Zusammenschluss von Einrichtungen „eine für Präventionsfragen geschulte Person" (Präventionsfachkraft).[353]
- Aus- und Fortbildung: Alle Mitarbeiter*innnen und Ehrenamtliche werden nach Art, Dauer und Intensität im Umgang mit Kindern und Jugendlichen in der Einrichtung geschult bzw. informiert. Auch mit Eltern bzw. Personenberechtigten wird das Thema Prävention besprochen.[354]

Weiterhin ist dort der Bereich Dienstanweisungen und hausinterne Regelungen benannt, die vom Träger über den Verhaltenskodex hinaus erlassen werden können.[355] Für das im Rahmen dieser Arbeit untersuchte NRW-Bistum liegt eine Arbeitshilfe vor, die allen Pfarreien bei der Erstellung der Schutzkonzepte zur Verfügung steht. Sie umfasst die genannten Bausteine, die dort als „integraler Bestandteil"[356] der Schutzkonzepte bezeichnet werden. Weiterhin werden die Bausteine wie folgt beschrieben: „Diese Bausteine dienen in ihrem Zusammenspiel der Prävention von grenzverletzendem Verhalten und von sexualisierter Gewalt."[357] Ausgangspunkt für die Erarbeitung der Konzepte in Form dieser Bausteine ist die Risiko-/Situationsanalyse.

Seit 2010 wurden in allen 27 Diözesen ‚Präventionsbeauftragte' eingesetzt. Präventionsbeauftragte sind gemäß der Rahmenordnung in allen Diözesen einzustellen.[358] Aktuell sind 34 Personen als Präventionsbeauftragte tätig.[359] Ihre Aufgaben sind die Leitung der einzurichtenden diözesanen Koordinationsstelle, die die „Unterstützung, Vernetzung und Steuerung"[360] der diözesanen Präventionsaktivitäten übernimmt. Laut MHG-Studie variieren die für Präventionsbeauftragte vorgehaltenen Stellenkontingente stark und belaufen sich in der mittleren wöchentlichen Stundenzahl auf 26,4 Stunden Arbeitszeit zur Koordination der

353 Vgl. für weitere Ausführungen: Ebd., 66f.

354 Vgl. für weitere Ausführungen: Ebd., 67.

355 Vgl. ebd., 39.

356 Die Arbeitshilfe wird aus Anonymisierungsgründen nachfolgend wie folgt zitiert: NRW-Bistum, Arbeitshilfe für Pfarreien zur Erstellung eines Institutionellen Schutzkonzeptes. Nachweis zum Zitat: NRW-Bistum, Arbeitshilfe für Pfarreien zur Erstellung eines Institutionellen Schutzkonzeptes, 10.

357 Ebd.

358 Vgl. Sekretariat der Deutschen Bischofskonferenz, Rahmenordnung 2014, 42f.

359 Zu unterscheiden sind ‚Präventionsbeauftragte' von ‚Missbrauchsbeauftragten', „die als Ansprechpersonen für die Prüfung von Verdachtsfällen sexueller Gewalt aber auch für die Entgegennahme von Anträgen auf Leistungen in Anerkennung des Leids von Betroffenen fungieren". Kappler u.a., So können Schutzkonzepte in Freizeiteinrichtungen für Kinder und Jugendliche gelingen, 39.

360 Ebd., 42.

gesamt-diözesanen Präventionsarbeit.[361] Weiterhin sieht die Rahmenordnung vor, dass für jede Institution und für jeden Verband der Diözese eine in Präventionsfragen geschulte Fachkraft („Präventionsfachkraft") zur Verfügung stehen und ausgebildet werden muss.[362] Wie viele Präventionsfachkräfte es in den Diözesen gibt, variiert laut MHG-Studie stark: „In zwölf Diözesen (44,4 %) gab es Ende des Jahres 2014 noch keine geschulten Präventionsfachkräfte. In anderen Diözesen bewegte sich die Zahl im niedrigen zweistelligen Bereich. In zwei Diözesen gab es mehr als 100 Präventionsfachkräfte"[363]. Anzunehmen ist jedoch, dass die Ausbildung der Fachkräfte seit 2014 weiter vorangeschritten und die Anzahl tendenziell gewachsen ist.

Auch für die Erstellung der Schutzkonzepte im Bereich der katholischen Kirche gilt, dass ein erster Schritt auf dem Weg der Erstellung eines Schutzkonzeptes die Risikoanalyse darstellt. Sie ist eine „Analyse der Gefährdungsrisiken, die in den verschiedenen Arbeitsfeldern einer kirchlichen Einrichtung auftreten können"[364]. Dabei geht es um eine Thematisierung und Klärung von Risiken hinsichtlich der folgenden Bereiche: Leitungs- und Teamstruktur, Regeln zum Umgang mit Nähe und Distanz, interne und externe Kooperationsstruktur, Transparenz der Beratungs- und Beschwerdewege, Interventionskonzept, Partizipationskonzept, Raumkonzept, sexualpädagogisches Konzept, Mädchen- und Jungenbilder/Menschenbild sowie das Gefährdungspotential digitaler Medien.[365] Es wird auch vorgesehen, dass eine sexualpädagogische Begleitung „ein offenes Gespräch über Sexualität und Gefühle" und die „Vermittlung von Normen und Werten, die auf Personalität, Partnerschaftlichkeit und gegenseitigem Respekt basieren", ermöglicht.[366] Die Vernetzung stellt einen weiteren Bereich für die Präventionsarbeit dar und obliegt auf diözesaner Ebene vor allem den Präventionsbeauftragten. Aber auch jede Einrichtung ist angehalten, sich um Vernetzung in verschiedene Bereiche inner- und vor allem auch außerhalb der eigenen Einrichtung zu bemühen und des Weiteren die entsprechenden Kontaktdaten zusammenzustellen. Es werden die folgenden Kommunikationspartner*innen benannt, die ein solches Vernetzungsverzeichnis beinhalten sollte: Erfahrene Fachkräfte nach § 8a SGB VIII in der Region, Beratungsstellen in der Region, Allgemeiner Sozialer Dienst des kommunalen Jugendamtes, Polizei, Kommissariat, Kriminalprävention/Opferschutz, diözesane Ansprechpersonen für Hinweise auf

361 Dreßing u.a., MHG-Studie, 192.
362 Vgl. Sekretariat der Deutschen Bischofskonferenz, Rahmenordnung 2014, 40.
363 Dreßing u.a., MHG-Studie, 192.
364 Sekretariat der Deutschen Bischofskonferenz, Handreichung zur Rahmenordnung 2014, 55.
365 Vgl. ebd., 56.
366 Ebd., 54f.

sexualisierte Gewalt, diözesane Beauftragte im Bereich des (Erz-)Bistums, externe Fachberatungsstellen.[367]

Explizit empfohlen wird Partizipation „als zentrales Prinzip der Entwicklung und Umsetzung institutioneller Schutzkonzepte".[368] Genauer: die Partizipation von Fachleuten, die „angemessene Beteiligung"[369] Kindern, Jugendlichen und erwachsenen Schutzbefohlenen und von Eltern bzw. Personensorgeberechtigten. Der Beitrag, den diese Gruppen für das Schutzkonzept leisten können, wird als „wesentlich[er Beitrag; RB] zu praxistauglichen Konzepten"[370] beschrieben. Als Praxisbeispiel der ‚Handreichung zur Rahmenordnung' wird lediglich Partizipation im Rahmen der Risikoanalyse als Beispiel benannt[371] (vgl. dazu ausführlich das Kapitel 6.2).

Die Ergebnisse der MHG-Studie konstatieren insgesamt einen heterogenen Entwicklungsstand der Schutzkonzepterstellung im Bereich der Deutschen Bischofskonferenz. Mit Blick auf die Entwicklung der Präventionsarbeit allgemein war dies bereits deutlich geworden. Das ‚Teilprojekt 4' der MHG-Studie verdeutlicht den Stand der Schutzkonzepterstellung: Schutzkonzepte wurden vor allem in Schulen katholischer Trägerschaft, Kitas und im Bereich der Jugendhilfeeinrichtungen erstellt. Die hierzu befragten Präventionsbeauftragten der Diözesen schätzen, dass 2016 in diesem Bereich mehr als die Hälfte der Einrichtungen ein Schutzkonzept vorlegen konnten. Es wird ebenfalls darauf verwiesen, dass dies die Einrichtungen sind, für die das Bundeskinderschutzgesetz von 2012 die Erstellung von Schutzkonzepten fordert und/oder die Einrichtungen, in denen es Vorfälle gegeben hat.[372] Mit Blick auf den Bereich der Gemeindepastoral sieht es anders aus, wie nachfolgend ausgeführt wird.

5.3 Schutzkonzepterstellung in der Gemeindepastoral

Die Schutzkonzepterstellung im Bereich der katholischen Gemeinden und Pfarreien in Deutschland stellt sich zunächst und zumeist vor allem so dar, dass zwar die benannte Rahmenordnung eingesetzt und verabschiedet ist, ihre Umsetzung in den 27 Diözesen jedoch bisher sehr unterschiedlich ausfällt. Für die Erstellung der Schutzkonzepte bilden die Rahmenordnung sowie die jeweilige Präventionsordnung des (Erz-)Bistums und weitere diözesane Ausführungsbestimmungen die Grundlage. Gemeindepastorale Einheiten wie z. B. Pfarreien, die

367 Vgl. ebd., 68.
368 Ebd., 47.
369 Ebd.
370 Ebd.
371 Vgl. ebd., 47f.
372 Vgl. DREßING u.a., MHG-Studie, 206.

großräumige und komplexe organisationale Gebilde darstellen, erfordern orts- und kontextbezogene, sozusagen passgenaue Schutzkonzepte. Darin liegt eine große Herausforderung. An der Vielgestaltigkeit und nur differenziert wahrnehmbaren Situation der je konkret zu betrachtenden Pfarrei, Gemeinde etc. vor Ort wird deutlich, dass es nicht darum gehen kann, Texte zu entwickeln, sondern Prozesse zu initiieren (Kapitel 5.1). Aus der MHG-Studie lassen sich aktuelle Einschätzungen zur Implementierung von Schutzkonzepten entnehmen. Laut Einschätzungen der anonym befragten Präventionsbeauftragten der Diözesen wurden in mehr als der Hälfte der Schulen in katholischer Trägerschaft, Kitas und im Bereich der Jugendhilfe institutionelle Schutzkonzepte erstellt.[373] Die Autor*innen machen dem gegenüber dezidiert auf einen Mangel an Schutzkonzepten in der territorialen Seelsorge aufmerksam: „Dies ist bemerkenswert, da dies der Bereich ist, in dem Missbrauchshandlungen durch Kleriker gehäuft auftraten".[374] So wird der Stand der Umsetzung der Schutzkonzepte für die territoriale Seelsorge mit max. 40% angegeben. Die Umsetzung fiel laut Autor*innen in anderen Einrichtungen, wie z. B. Schulen, leichter, da sie – im Unterschied zur kategorialen und territorialen Pastoral – „über Erfahrung mit konzeptioneller Arbeit verfügten"[375]. Blickt man auf einzelne Bestandteile der Schutzkonzepte, so lässt sich jedoch festhalten, dass 26 von 27 Diözesen angaben, standardisierte Beschwerde- und Meldeverfahren etabliert zu haben und 23 von 27 Diözesen gaben an, über „Selbstverpflichtungserklärungen" zu verfügen.[376]

Die Autor*innen der MHG-Studie nutzen den Begriff der ‚territorialen Seelsorge'. In dieser Arbeit wird der Begriff ‚Gemeindepastoral' genutzt, um verschiedene Vollzüge von Gemeinde und Pfarrei zu kennzeichnen. Pfarrei und Gemeinde sind hier die Bezugssysteme für die Schutzkonzepterstellung. Die Analysen des empirischen Materials werden zeigen, dass die untersuchten Schutzkonzepte allesamt auf Ebene der Pfarrei erstellt wurden. Die Unterscheidung von Pfarrei und Gemeinde sorgt allerdings nicht nur für Klarheit, sondern birgt in sich auch Probleme für diese Arbeit. Um hier gegenstandsangemessen fortfahren zu können, nutzt diese Arbeit den Begriff ‚Gemeindepastoral'. Dies wird im Folgenden weiter ausgeführt.

373 Vgl. ebd.
374 Ebd., 208.
375 Ebd., 206.
376 Vgl. ebd., 207.

5.3.1 Pfarreien und Gemeinden: Mit Hilfe von Institutions- und Organisationslogiken die Eigenlogiken im Kontrast zum Zentralprogramm entdecken

Beschäftigt man sich mit Verständnissen von Pfarrei und Gemeinde und versucht diese als Institutionen oder Organisationen zu beschreiben, wird es sehr schnell komplex. Mindestens zwei Dimensionen dieser Komplexität können schon aus den bisherigen Ausführungen hergeleitet werden: Man kann Überlegungen dazu anstellen, inwiefern Pfarrei und Gemeinde, ja auch Kirche, (religions-)soziologisch als Institutionen oder Organisationen verstanden werden können. Des Weiteren können institutionelle bzw. organisationale Merkmale oder Faktoren von sexualisierter Gewalt und ihrer Prävention auf Ebene der Orte in den Blick kommen, an denen die Schutzkonzepte erstellt werden. Angestrebt ist hier keine kleinteilige organisationssoziologische Unterscheidung von Pfarrei und Gemeinde. Vielmehr sollen ihre institutions- bzw. organisationslogischen Merkmale mit Hilfe der Expertise der Präventionsforschung aus anderen Bereichen kenntlich gemacht werden.

Institutionen können als „gesellschaftlich geschaffene Regelsysteme“[377] verstanden werden. Sie können zum Ordnungs- und Regelsystem werden, das Gruppen und Individuen in ihrem Handeln lenkt. Man denke in diesem Verständnis an die Familie, die Ehe, die Schule oder auch die Kirche als Institution. Es entstehen Bilder von formalen, vorstrukturierten Konzepten, die als *institutionell* betitelt werden können.[378] Organisationen können dann als unterschiedliche „Ausgestaltungen von Institutionen“[379] bezeichnet werden.

> „Organisationen [können; R.B.] als soziale Wirklichkeitskonstruktionen verschiedener AkteurInnen betrachtet [werden; R.B.]. Organisationen stellen demnach keineswegs eine etwaige objektive Realität oder Wahrheit dar bzw. sind etwas ‚Naturgegebenes‘, sondern sie sind von Menschen gemacht und werden gestaltet sowie von interessengeleiteten AkteurInnen alltäglich ausgehandelt. Organisationen sind damit das Ergebnis alltäglicher kollektiver und individueller Wahrnehmungen, Interpretationen, Kommunikations- und Handlungssequenzen – eine fortwährende gemeinsame Hervorbringung (Strodtholz/Kühl 2002; Froschauer 2002).“[380]

377 Oppermann, Carolin/Schröer, Wolfgang: Organisationen. In: Oppermann, Carolin (Hg.): Lehrbuch Schutzkonzepte in pädagogischen Organisationen (Studienmodule Soziale Arbeit). Weinheim 2018, 111.

378 Vgl. Tyrell, Hartmann: Religion - Organisationen und Institutionen. In: Schäfers, Bernhard/Stagl (Hg.): Kultur und Religion, Institutionen und Charisma im Zivilisationsprozess. Festschrift für Wolfgang Lipp (Konstanzer Schriften zur Sozialwissenschaft 65). Konstanz 2005, 26–28.

379 Oppermann/Schröer, Organisationen, 110.

380 Ebd., 101.

Nach Carolin Oppermann und Wolfgang Schröer sind Organisationen so *erstens* durch Mitgliedschaften gekennzeichnet. Mitgliedschaften werden entschieden, kennzeichnen Zugehörigkeit und sind teils einfach, teils auch weniger einfach überhaupt zu definieren. Sie können auch von Organisationen desselben Typus unterschiedlich bestimmt werden.[381] Organisationen sind *zweitens* gekennzeichnet von Hierarchien und Macht: „Organisationen sind immer auf den Aspekt von Macht begründet. Zwar können sich Formen von Hierarchien unterscheiden (z. B. flache vs. steile Hierarchien), letztlich sind sie aber Organisationen in irgendeiner Form inhärent."[382] *Drittens* verfolgen Organisationen bestimmte Ziele und Zwecke (Plural!), die die in ihnen agierenden Akteure einerseits gemeinsam verbinden, andererseits können sich diese Ziele aber durchaus auch widersprechen. Ziele werden auch ausgehandelt zwischen verschiedenen Personen oder Gruppen, was die Organisationen zu „Zweck-Arenen" macht.[383] Organisationen bestimmen sich *viertens* über ihre Grenzen. Ohne Grenzen wäre die Organisation nicht als solche erkennbar, ein stetiges Labilhalten und Vernetzungs- und Öffnungsaktivitäten kennzeichnen sie aber ebenso.[384] Und schließlich sind Organisationen *fünftens* auf Dauer angelegt. Neben diese ‚formalen' Kriterien treten sodann auch Strukturen, die auf die unterschiedlichen Perspektiven auf die Organisation durch die Brille der jeweiligen beteiligten Gruppen und Akteur*innen verweisen: Formale und informelle Strukturen, Organisationskultur, Materialisierungen sowie Grenzen der Organisation.[385]

Entsprechend können Organisationen verstanden werden als „die Ausgestaltungen von Institutionen, die aber, […] ganz unterschiedlich sein können."[386] Wenn man Kirche, im Sinne eines Ordnungs- und Regelsystems als Institution versteht, können Pfarreien und Gemeinden als Organisationen im Sinne der Ausgestaltungen eben dieser Institution in den Fokus kommen. Sodann gilt es, die „*segmentäre* Struktur der Kirchenorganisation"[387] näher zu beschreiben: „Gemeint ist damit das Nebeneinander von immer gleichartigen

381 Vgl. ebd., 99.

382 Ebd., 99 unter Verweis auf: STRODTHOLZ, Petra/KÜHL, Stefan: Qualitative Methoden in der Organisationsforschung – ein Überblick. In: KÜHL, Stefan/STRODTHOLZ, Petra (Hg.): Methoden der Organisationsforschung. Ein Handbuch. Reinbeck bei Hamburg 2002, 11–29 sowie Wolff, Stephan: Sozialwissenschaftliche Grundlagen des Organisierens. Online-Modul. Hildesheim 2002.

383 Vgl. ebd., 100.

384 Vgl. ebd.

385 Vgl. ebd., 101f.

386 Ebd.

387 TYRELL, Hartmann: Religion und Organisation: Sechs kirchensoziologische Anmerkungen. In: Hermelink, Jan/Wegner, Gerhard (Hg.): Paradoxien kirchlicher Organisation. Niklas Luhmanns frühe Kirchensoziologie und die aktuelle Reform der evangelischen Kirche (Religion in der Gesellschaft 24). 2008, 197. Hervorhebungen im Original.

Parochialgemeinden: Pfarrgemeinde (‚Kirche im Dorf') neben Pfarrgemeinde neben Pfarrgemeinde, immer neu das jeweils gleiche."[388] Die folgenden Ausführungen werden zeigen, dass diese Logik dort an ihre Grenzen stößt, wo man diese gemeindepastoralen Orte als Akteurnetzwerke begreift, die von den Akteuren vor Ort jeweils immer neu hergestellt werden. Damit sind diese Netzwerke zwar nicht unabhängig von übergeordneten institutionellen Strukturen, aber sie sind gekennzeichnet durch Gestaltung, durch Handlungen, durch das je konkrete ‚In-Beziehung-sein' und folgen damit auch je individuellen Logiken.[389] Organisationen sind in einem solchen Verständnis zudem – gegenüber dem üblichen Gebrauch des Institutionsbegriffs – geprägt von der „*Änderbarkeit* der Strukturen und Verhaltensnormen: der Änderbarkeit durch *Entscheidung*".[390] Dabei ist wichtig, dass es Organisationen des gleichen Typus geben mag (z. B. Gemeinden oder Pfarreien), in der die gleichen „Logiken und Handlungsmuster [...] sofort deutlich machen, in welcher Organisation man sich befindet"[391], dennoch jede Organisation an sich als einzigartig zu bezeichnen ist, „weil sie letztlich ihre eigenen Strukturen, Regeln, Routinen, Kulturen, Geschichten, Gedächtnisse, Mythen oder Vergegenständlichung aufweist."[392] Gemeinde ist damit nicht gleich Gemeinde, Pfarrei nicht gleich Pfarrei. Die Durchführung eines Zeltlagers mag auch an verschiedenen Orten im Grunde einer Logik entsprechen und sich in Praktiken vollziehen, wie sie auch andernorts anzutreffen sind. Aber im je konkreten ‚Vor-Ort' kann wahrgenommen werden, dass es die *eine* Logik von Zeltlager, dann doch nicht gibt. Zudem können ein und dieselben Praktiken auf verschiedene Motivationen, Vorerfahrungen, Logiken verweisen. Um dem eine kohärente Sprachgestalt zu geben, wird in dieser Arbeit von ‚Gemeindepastoral' gesprochen.

Schaut man sich nach Beschreibungen von Gemeinde und Pfarrei um, so ist das territoriale Merkmal immer noch zentral. Die Pfarrei (oder auch Pfarrgemeinde) bildet die kleinste Einheit der kirchlichen Organisationsformen. Teils wird der Begriff mittlerweile aufgrund der weitreichenden Strukturveränderungen zu Gunsten anderer Begriffe (wie z. B. dem des Pastoralen Raums oder des Pfarreien- bzw. Pfarrverbunds) aufgelöst.[393] Damit wird der Bereich der Pfarrseelsorge neu strukturiert. Bundesweit gibt es dazu in den Bistümern unterschiedliche Konzepte. Die Pfarrei umfasst alle Katholik*innen, die in einem bestimmten Gebiet wohnen. Sie ist die kirchenrechtliche Bezugsgröße, wird vom

388 Ebd. Hervorhebung im Original.
389 Vgl. Oppermann/Schröer, Organisationen, 101.
390 Tyrell, Religion und Organisation, 195. Hervorhebungen im Original.
391 Oppermann/Schröer, Organisationen, 100.
392 Ebd.
393 Vgl. Sekretariat der Deutschen Bischofskonferenz: Zahlen und Fakten (Arbeitshilfen 306). 2018/19. 2019, 57.

Bischof auf Dauer eingerichtet und von einem Pfarrer geleitet (§374; §515 CIC). Die Gemeinde hingegen bezeichnet die kleinere Einheit der Pfarrei und bezieht sich strukturanalog auch auf einen territorialen Raum, der Teile des Gebiets der Pfarrei umfasst. Seit dem Zweiten Vatikanischen Konzil wird die Gemeinde auch als Kirche am Ort bestimmt. Norbert Mette verweist darauf, dass dieser „gemeindliche Aufbruch […] insbesondere für die kirchliche Praxis ‚vor Ort' erhebliche Veränderungen mit sich gebracht hat."[394] Es gab Vorstöße, die Pfarrei und Gemeinde wie folgt unterschieden: Pfarrei als „kirchlicher Verwaltungsbezirk" und Gemeinde als Sozialform, als „Gruppe von Menschen, […] die an Jesus Christus glauben und versuchen, ihr individuelles und gemeindliches Leben an der Botschaft des Neuen Testaments auszurichten"[395]. Dieses gemeindliche Prinzip steht so gedacht in starkem Kontrast zu einem „strikt-hierarchischen Prinzip, das dem Klerus die maßgebliche Verantwortung für das kirchliche Wirken vorbehält".[396]

Martina Blasberg-Kuhnke und Peter Bubmann arbeiten den Gemeindebegriff als Schillernden heraus und verweisen auf vier unterschiedliche Bedeutungsaspekte[397]:

1. Lokale bzw. räumliche Aspekte: Gemeinde als „begrenzender Raum" (im Sinne eines bestimmten Territoriums und/oder eines rechtlich geordneten Raumes), Gemeinde als „entgrenzender Raum" (die in größere Netzwerke eingebunden ist, auf Gemeinwesen bezogen ist und sich auch bis in den Cyberspace ausdehnt) und Gemeinde als „nicht organisierter Raum […] der subjektiven Gottesbeziehung.
2. Personale Aspekte: Gemeinde als Versammlung und „spezifische Sozialgestalt" bzgl. derer man eher auf den Versammlungsaspekt der Gläubigen oder den prozessualen Charakter der Glaubenskommunikation abheben kann.
3. Strukturelle Aspekte: Gemeinde als rechtlich verfasstes Konstrukt und als in bestimmten institutionellen und organisationalen Formen vergemeinschaftet.
4. Zeitliche Aspekte: Gemeinden als auf Dauer bzw. als „auf Zeit" angelegt.

394 METTE, Norbert: Gemeinde - eine Wiederentdeckung des Zweiten Vatikanischen Konzils. In: SELLMANN, Matthias (Hg.): Gemeinde ohne Zukunft? Theologische Debatte und praktische Modelle (Theologie kontrovers). Freiburg im Breisgau 2013, 95.

395 Ebd., 93.

396 Ebd., 94.

397 Vgl. für die vier Aspekte inkl. der darin aufgeführten Direktzitate BLASBERG-KUHNKE, Martina/BUBMANN, Peter: Gemeinde/Gemeindepädagogik. In: WiReLEx. Das Wissenschaftlich-Religionspädagogische Lexikon im Internet vom Februar 2016. Online unter *https://www.bibelwissenschaft.de/stichwort/100210/* [Stand: 08.12. 2021].

Hieraus ergibt sich eine für die Erstellung der Schutzkonzepte spannende Perspektive: Ein theologisch vielschichtiges Verständnis von Gemeinde, dass sich nicht in der rechtlichen Strukturlogik der Gliederung der Institution Kirche erschöpft, existiert parallel zu weiterhin verfolgten territorialen Unterteilungen und Gliederungen von kirchlichem Leben ‚vor Ort'. Diese übereinanderliegenden Strukturen im Selbstverständnis sind bemerkenswert, da sie eine, wenn man so will, mindestens doppelschichtige Ansicht der Gemeinde eröffnen: Nach *territorialen bzw. geografischen* oder anderen verobjektivierbar beschreibbaren Parametern *strukturell* beschreibbare Netzwerke einerseits und andererseits von den *Handlungen* einzelner Menschen und Gruppen ausgehende Netzwerke, die die Grenzen der vorhergenannten Strukturen mitunter durchkreuzen oder über- oder unterschreiten.

Hinzu kommt, dass Pfarreien, auch in ihrer formal-strukturellen Anlage allein, komplexe Gebilde darstellen: Teil sind nicht selten z. B. auch Kitas, Seniorenheime, Jugendverbände, Einrichtungen der Kinder- und Jugendhilfe, Einrichtungen des Gesundheitswesens usw. „[A]ndere Träger kirchlichen Lebens, wie etwa geistliche Gemeinschaften, Orden, Vereine und kirchliche Schulen, mehr in den Alltag der Pfarreien"[398] einzubeziehen, ist eine gängige Praxis. Dies hat Konsequenzen für die Schutzkonzepterstellung. Es muss mit Blick auf Kinderschutzanliegen geklärt werden, welcher Rechtsträger für welchen Bereich des kirchlichen Lebens verantwortlich ist. Konkret z. B.: Wird das Ferienlager vom Jugendverband oder von der Gemeinde organisiert? In wessen Verantwortung liegt der Kinder- und Jugendschutz für das Ferienlager? Wie wird Vernetzung und Kommunikation der verschiedenen Einrichtungen und Aktionen sichergestellt?

Die Schutzkonzepterstellung orientiert sich formal an der territorialen Struktur der Seelsorgeeinheiten, d. h. die Schutzkonzepte werden i. d. R. auf Ebene der Pfarrei erstellt, denn es „trägt der Rechtsträger die Verantwortung für die Entwicklung von institutionellen Schutzkonzepten innerhalb seines Zuständigkeitsbereichs."[399] In dieser Logik der Schutzkonzepterstellung wird die Pfarrei als kleinste organisationale kirchenrechtliche Einheit für die Ebene der Schutzkonzepterstellung als auf das *Textprodukt zielenden Prozess* gesetzt. Auf Ebene der Schutzkonzepterstellung verstanden als weiterreichende institutionelle *Entwicklungsprozesse* ließe sich aber im Anschluss an die obigen Ausführungen zur mehrschichtigen Netzwerkstruktur fragen, ob die Pluralität der gemeindlichen Prozesslogiken so ausreichend in den Blick kommen kann. Gelingt ein Zugriff auf gemeindliche Strukturen und Netzwerke, die sich nicht über die territorial-geografische Ebene ausbuchstabieren lassen und gerade in diesem schillernden Gemeindeverständnis erst in den Blick kommen? Diese Frage kann auch auf die

398 Sekretariat der Deutschen Bischofskonferenz, Zahlen und Fakten, 76.
399 Sekretariat der Deutschen Bischofskonferenz, Rahmenordnung 2020, 4.

Unterscheidung zwischen Konzepten einerseits und Praktiken andererseits ausbuchstabiert werden: Über das Schutzkonzept als Textprodukt wird hier auf die Pfarreien zugegriffen, mit Blick auf Kinderschutzpraktiken ist jedoch die Gemeinde unabdingbar. Mit Blick auf Partizipation stellt sich hier konkret die Frage: Ist es möglich, partizipativ im Sinne prozessgestaltender Praktiken zu handeln, ohne auf Ebene dieser kleineren Einheit anzusetzen? Im Rückgriff auf die von Oppermann/Schröer definierten Merkmale von Organisationen lässt sich diese Anfrage für drei Merkmale konkretisiert auf gemeindepastorale Kontexte hin beispielhaft ausbuchstabieren:

- Mitgliedschaft: Das Kriterium der Mitgliedschaft wird in Gemeindepastoral zunächst einmal territorial in Kombination mit dem Kriterium der Taufe verschränkt: Alle getauften Katholik*innen im Einzugsgebiet gehören dazu. ‚Zugehörig-Sein' und ‚Sich-Zugehörig-Fühlen' vollzieht sich real jedoch komplexer als in dieser Modelllogik: die wenigsten der getauften Mitglieder kommen z. B. zu Veranstaltungen, praktizieren Zugehörigkeit, Menschen fühlen sich vielleicht zu ausgewählten Gruppen oder Aktionen (z. B. Jugendgruppen oder Verbänden) zugehörig, praktizieren Engagement phasenweise bzw. punktuell (z. B. Eltern als Kommunionkatechet*innen). Für die Schutzkonzepte lässt sich die Frage stellen: Wer und was ist eigentlich (faktisch) Teil unseres Akteurnetzwerks und bei uns ‚unterwegs'?
- Hierarchien: Entscheidungen und Entscheidungsbefugnisse sind an die hierarchischen Strukturen gebunden. Letztlich entscheidet in den meisten Fällen der Pfarrer und Zugänge zu Mitbestimmung, Leitung und Entscheidungsfindung hängen auch an Rollen der Akteur*innen, konkret z. B. daran, ob man hauptamtlich oder ehrenamtlich tätig ist, ob man Mann oder Frau, Priester oder Laie, Erwachsener oder Kind ist. Darüber hinaus sind auch gemeindepastorale Kontexte gekennzeichnet durch formelle und informelle Strukturen „mit eigenen Kommunikationswegen, Hierarchien und Sanktionssystemen."[400] Für die Schutzkonzepte lässt sich die Frage stellen: Welche Hierarchien und Strukturen (informell und formell) existieren bis auf die kleinste Einheit der Organisation hin ausgelesen?
- Grenzbestimmungen: Grenzen gemeindepastoraler Strukturen hängen immer mit der Perspektive der Beschreibung dieser Strukturen zusammen. Grenzen gemeindepastoraler Strukturen können einerseits als stabil und andererseits als in ständiger Veränderung beschrieben werden. „Die Organisationsmitglieder entscheiden und handeln stets aus, was ‚innen' und was ‚außen' ist, was und wer zur Organisation

400 Oppermann/Schröer, Organisationen, 102.

dazugehört oder eben nicht, wie die Umwelt interpretiert wird und welches Bild von ihr gezeichnet wird."[401] Für die Schutzkonzepte lässt sich fragen: Wie werden die Grenzziehungen der gemeindepastoralen Netzwerke hergestellt und wen oder was stellen diese Grenzziehungen her?

Die Abgleiche der aufgeführten Beispiele zeigen, dass die Schutzkonzepterstellung, wenn sie ausschließlich von Kategorien wie z. B. des Gebiets oder der kirchenrechtlichen Gliederung der Verwaltungseinheiten gedacht wird, deduktiven Überformungen anheim fällt und sich von Praktiken und konkreten Handlungsmustern der Akteure vor Ort entfernt. Dies wirkt sich auch auf Partizipationsprozesse aus.

Um es nochmals besser herauszuarbeiten: Es ist bemerkenswert und nicht unwichtig festzuhalten, dass Schutzkonzepte i. d. R. auf Pfarreiebene und nicht auf Gemeindeebene erstellt werden. Und im Anschluss an theologische Verständnisse von Gemeinde sowie auch immer großräumiger gefasste territoriale Strukturen lässt sich anfragen, warum das eigentlich so ist. Unter den Aspekten der Verantwortung der Leitung sowie eines institutionellen Rahmens, der sich klare präventive Rahmenkonzeptionen gibt, ist dies logisch und folgerichtig. Die Schutzkonzepterstellung der katholischen Kirche folgt hier einer Logik, die auch in anderen Bereichen identifizierbar ist. Konkret im Beispiel: der freie Träger von Kindertagesstätten gibt sich ein Schutzkonzept und die jeweiligen konkreten Einrichtungen dieses Trägers arbeiten für ihren konkreten Standort ein Konzept innerhalb dieser Rahmengebung aus, passen Dinge an etc. Es geht dabei nicht darum, einzelne Präventionsmaßnahmen aneinander zu reihen, sondern vielmehr darum, passgenaue Lösungen für konkrete Einrichtungen zu entwickeln.[402] Die entwickelten Schutzkonzepte zielen also auf eine organisationale bzw. einrichtungsbezogene, sozusagen *kleinste Ebene des Trägers*. In der Gemeindepastoral kommt es offenbar auf der Ebene der Schutzkonzepterstellung als Textprodukt nicht mehr zu dieser Unterscheidung der Ebenen. Unterhalb der rechtlich kleinsten Verwaltungseinheit Pfarrei wird auf Ebene der Textproduktion nicht nochmals weiter unterteilt. Daher bleibt auf Ebene der Schutzkonzepterstellung als Organisationsentwicklungsprozess die Frage offen, ob die personale Ebene der Gemeinde, der prozessuale Charakter, das Verständnis von Gemeinde als konkrete, teilweise auch sehr punktuell versammelte, Gemeinde nicht stärker berücksichtigt werden müsste, um Prävention auf Ebene der Organisationsentwicklungsprozesse sowie alltäglichen Praktiken konkreter Akteure zu etablieren. Wird die Pfarrei hier faktisch unter der Hand zur Institution, deren Ausgestaltung die ‚Organisation Gemeinde' ist, die aber auf Textebene der Konzepte nicht

401 Ebd., 104.

402 Vgl. WOLFF, Organisationsanalysen als Ausgangspunkt der Entwicklung eines besseren KlientInnenschutzes.

mehr in den Blick kommt? Und was bedeutet dies für den Organisationsentwicklungsprozess? Diese hier nochmals als Fragen formulierten Entdeckungen dieses Kapitels können in Verbindung mit der Ergebnisauswertung des empirischen Materials erneut fruchtbar gemacht werden (vgl. dazu Kapitel 9).

Hinzu kommt nun ein zweiter Teil dieses Kapitels: Das selbstgegebene Ziel in der Rahmenordnung Prävention ist die Entwicklung der angestrebten Kultur der Achtsamkeit. Auf diese Weise geweitet, wird das Verständnis von Gemeinde und Pfarrei in diesem Zusammenhang nochmals komplexer für die Schutzkonzepterstellung und es zeigt sich, dass hier zwei Angänge Pfarrei und Gemeinde zu begreifen aufeinandertreffen. Die Delegation der Schutzkonzepterstellung an die Pfarreien durch den Bischof bzw. die DBK, sorgt dafür, dass das Gebiet der Pfarrei „abgedeckt" ist mit einem Konzept. Es greift eine top-down-Versorgungslogik, die der kirchlichen Struktur entspricht. Die Delegation beinhaltet aber auch die Entwicklung einer ‚Kultur der Achtsamkeit'. Letztere kann sich nicht in der Ausgestaltung territorialer Strukturen erschöpfen. Weshalb die Delegation der Erstellung von Schutzkonzepten in dieser doppelten Anforderungsstruktur höchst voraussetzungsvoll und in der praktischen Umsetzung nicht selten problematisch werden kann.

Um dies weiter zu untermauern, hilft eine weiterführende Auseinandersetzung mit der inhaltlichen Füllung einer ‚Kultur der Achtsamkeit' im Anschluss an wissenschaftliche Erkenntnisse zu Schutzkonzepten z. B. in Bereichen der Kinder- und Jugendhilfe. Dort werden die entsprechenden Organisationen organisationstheoretisch als „lernende Organisationen" oder auch häufig als „high reliability organizations" (HRO) gerahmt[403] für die die „Wahrnehmung und Bearbeitung schwacher und starker Signale aller Organisationsmitglieder"[404] bedeutsam ist. In diesem Sinne besteht die Herausforderung der Schutzkonzepte nicht nur darin, Zuverlässigkeit „durch formale Sicherheit und ein stabiles Regelwerk"[405] herzustellen, sondern auch das zu ermöglichen, was Michael Böwer und Fabian Brückner als „Management des Unerwarteten"[406] beschreiben. Das, was in den HRO gepflegt wird, wird als Kultur der Achtsamkeit beschrieben. In einem solchen Organisationsverständnis wird davon ausgegangen, dass auch bereits

403 Vgl. z. B. BÖWER, Michael: Wenn Zivilgesellschaft High Reliability stiftet. In: SCHRÖER, Andreas u.a. (Hg.): Organisation und Zivilgesellschaft: Beiträge der Kommission Organisationspädagogik. Wiesbaden 2020, 75–84. Oder auch: DOMANN, Sophie/ESSER, Florian/RUSACK, Tanja: Jugendliche und ihre Co-Produktion bei Schutzkonzepten. In: KJuG. 62 (2017), 56–60.

404 DOMANN/ESSER/RUSACK, Jugendliche und ihre Co-Produktion bei Schutzkonzepten, 58.

405 Ebd.

406 BÖWER, Michael/BRÜCKNER, Fabian: Das Mindset achtsames organisieren. Ein Methodenkoffer für das Einüben von Achtsamkeit im Kinderschutz und in der Kinder- und Jugendhilfe des Rauhen Hauses Hamburg. In: Sozialmagazing. 40/5/6 (2015), 16.

schwache Signale oder kleine Fehler auf einen großen Folgeschaden hindeuten können und in diesem Sinn verstehen sich die Akteure der HRO gewissermaßen als ‚Detektiv*innen' für diese kleinen bzw. schwachen Faktoren. Sie haben eine hohe Aufmerksamkeit dafür entwickelt,

„was richtig laufen muss, sowie eine klare Vorstellung von den Faktoren, die signalisieren könnten, dass sich irgendwo Ärger zusammenbraut. Weil Mitarbeiter und Führungskräfte in HROs in diesem Bewusstsein vereint sind, sind alle auf der Hut und achtsam auf unvorhergesehene Möglichkeiten. Deshalb erkennen sie unvorhergesehene Ereignisse schneller und in einem relativ frühen Stadium, in dem Abweichungen und Unregelmäßigkeiten leichter zu korrigieren sind."[407]

Organisationen, die eine Kultur der Achtsamkeit pflegen, sind „geradezu besessen von Fehlern"[408]. Fehler werden nicht negativ verstanden, es geht nicht darum, ausschließlich individuelles Fehlverhalten nachzuweisen und entsprechende Schuldzuweisungen auszusprechen, sondern es geht darum Fehler als Lernanlässe für die Organisation insgesamt zu begreifen und aufzugreifen.

„Dazu gehört aber auch, eine Transparenz in der Organisation darüber zu schaffen, wo die Grenzen zwischen einem akzeptablen und einem unakzeptablen Verhalten gezogen werden. Denn erst wenn die Mitarbeiterinnen Klarheit darüber haben, welche Fehler welche Strafen nach sich ziehen, werden sie freier mit Fehlern umgehen, die in die Kategorie des akzeptablen Verhaltens fallen."[409]

Zu einem solchen Fehlerverständnis gehört im Übrigen auch, es nicht als Erfolg zu verstehen, wenn etwas trotz unzureichender Handlungssicherheit trotzdem gerade noch gut gegangen ist.[410]

Eine Kultur der Achtsamkeit ist wesentlich geprägt durch Partizipation. „In einer achtsamen Kultur wird Wert darauf gelegt, dass alle Beteiligten ihre Organisation gut kennen"[411] und sich mit ihr beschäftigen und auseinandersetzen können, sie kritisieren dürfen und sich in ihrem Alltag als gestalterisch zu erleben. Dem Wissen über und dem Vertrautsein mit der Organisation korrespondiert mit Blick auf Kinder und Jugendliche die Konsequenz, dass ein „Erleben des

407 Weick, Karl E./Sutcliffe, Kathleen M.: Das Unerwartete managen. Wie Unternehmen aus Extremsituationen lernen. Stuttgart 2010, 92.

408 Oppermann, Carolin u.a.: Kultur der Achtsamkeit als wesentlicher Aspekt eines Schutzkonzeptes. In: Oppermann, Carolin (Hg.): Lehrbuch Schutzkonzepte in pädagogischen Organisationen (Studienmodule Soziale Arbeit). Weinheim 2018, 43.

409 Ebd., 43f. unter Verweis auf Weick/Sutcliffe, Das Unerwartete managen.

410 Ein eindrückliches Beispiel aus dem Kontext einer Wohngruppe findet sich dazu hier: Ebd., 44f.

411 Ebd., 46.

Ausgeliefertseins“ nicht toleriert wird, sondern „Selbstbewusstsein und [...] Selbstwirksamkeitsüberzeugungen“ gestärkt werden.[412]

Um nun wieder den Bogen zurückzuschlagen zum Selbstanspruch der normativen Präventionsdokumente im Bereich der Deutschen Bischofskonferenz: Hineingestellt in ein solches Organisationsverständnis inkl. des Anspruchs der Entwicklung einer Kultur der Achtsamkeit, findet man sich im Bereich der katholischen Kirche durchaus in einer konflikthaften, ja schizophrenen Situation wieder: „Werden unsere MitarbeiterInnen dazu motiviert, Fragen zu stellen? Werden alle Standpunkte, so unterschiedlich sie auch sein mögen, als wichtig erachtet? Hat man in der Organisation mit Nachteilen zu rechnen, wenn man Aspekte zu Tage fördert, die den alltäglichen Betrieb stören?“[413] Allein diese Fragen verdeutlichen, dass das aktuelle Alltagsleben in Gemeindepastoral hier eine solche Entwicklung vielerorts sicher sehr stark begrenzt. Man findet sich in einer Situation, in der seitens kirchlicher Autoritäten eine Entwicklung u. a. von Gemeinden und Pfarreien zu Orten der Achtsamkeit angestrebt wird, man aber gleichzeitig in einem institutionellen Erbe steht, das einer inneren Strukturlogik sowie eingeübter Praxis folgt, nach denen es Nachteile für die Einzelnen mit sich bringt, wenn sie den Betriebsablauf stören. Anspruch und Wirklichkeit werden unverhandelt nebeneinander stehengelassen. Um hierauf weiter einzugehen, bräuchte es vertiefende Forschung, die diese Arbeit nicht leisten kann. Diese Arbeit nimmt sich aber die Freiheit, den hier entwickelten Entwurf zur Gestaltung von Kinderschutzpraxis mit Blick auf die konkrete Gestaltung vor Ort zu fokussieren. Dies kann gewiss nur als erster Ansatzpunkt durchgehen und wird der komplexen Gemengelage der verschiedenen Bezugsgrößen für die Gestaltung von gemeindlicher Praxis („Wir regeln das vor Ort nach unseren Vorstellungen“ vs. „Wir wollen die kirchlichen Normen ausgestalten“), die in fast allen Bereichen des kirchlichen Lebens verhandelt werden, auf keinen Fall gerecht. Für diese Arbeit soll Präventions- und Partizipationspraxis von den kleinen Einheiten des sozialen Miteinanders sowie der Akteurnetzwerke in der Gemeindepastoral aus gedacht werden und eben jene gemeindepastoralen Orte als Akteure der Schutzkonzepterstellung auf Ebene der Textproduktion wie *auch* der Prozessgestaltung begreifen. Es wurde gezeigt, dass die Textproduktion des Schutzkonzepts und die angestrebten Organisationsentwicklungsprozess gespiegelt auf die Organisationsstruktur von Gemeinde und Pfarrei nicht automatisch als synchronisierte Prozesse zu begreifen und gemeindepastorale Kontexte komplexe Gebilde sind.

412 Ebd.

413 Oppermann, u.a.: Kultur der Achtsamkeit als wesentlicher Aspekt eines Schutzkonzeptes, 49 unter Verweis auf Weick/Sutcliffe, Das Unerwartete managen, 102.

5.3.2 Kinder und Jugendliche als Akteure der Gemeindepastoral

Organisationen werden als Herstellungsleistungen hervorgebracht und sollen unter Hilfe der Schutzkonzepte zu einer Kultur der Achtsamkeit entwickelt werden sollen. Nun folgt eine Auseinandersetzung mit der Rolle von Kindern und Jugendlichen, deren Partizipation mit Blick auf die Schutzkonzepte ja zentraler Analysepunkt der vorliegenden Arbeit ist.

Ein solches Organisationsverständnis hat Konsequenzen für die Wahrnehmung von Kindern und Jugendlichen. Dies kann über die Komponente der Angebotslogik gemeindepastoraler Kontexte in zwei Perspektiven durchgespielt werden. Zum einen können Kinder und Jugendliche in Folge des eben Beschriebenen und im Anschluss an den partizipativen Anspruch der Schutzkonzepterstellung als Konstrukteure von Gemeindepastoral verstanden werden. Zum anderen kann über eine Angebotslogik auch eine Adressat*innenlogik greifen, bei der es möglich ist, dass eine solche Perspektive das Handeln der Kinder und Jugendlichen – und damit ihren Einfluss an der Organisation – verstellt. Kinder als Akteure in Folge eines Organisationsverständnisses als Herstellungsleistung zu begreifen, kann also potentiell konfligieren mit einer Adressat*innenlogik. Die Schutzkonzepterstellung kann hier gelesen werden als Impuls, sich dem reflexiv zu stellen. Reale gemeindepastorale Praxis legt die beiden Perspektiven in ihrer Reinform wohl selten frei. Vielmehr changiert Praxis diesbezüglich.

Um zunächst ein paar Grundlagen der Kinder- und Jugendarbeit präsent zu rufen: Seit der Würzburger Synode (1976) gilt bis heute, dass Kinder- und Jugendarbeit als Angebot verstanden werden kann.

> „Dem menschlichen Bemühen um bessere Lebensformen kommt das Heilsangebot Gottes als Verheißung, Erfüllung und Maßstab entgegen. Dieses Heilsangebot wird durch die Kirche, die selber sichtbares Zeichen dieses Heilsangebots ist, den verschiedenen Menschen, Schichten und Altersstufen in unterschiedlicher Weise übermittelt."[414]

Im Kern stehen das personale Angebot und das Sachangebot. Kinder- und Jugendarbeit in der Gemeindepastoral lebt vom personalen Angebot und damit von einer unverzichtbaren Beziehungsarbeit:

> „Herz der kirchlichen Kinder- und Jugendarbeit ist das personale Angebot – engagierte Menschen und Gruppen (insbesondere von Gleichaltrigen), die einen Zugang zu Kirche und Glauben durch ihr Zeugnis möglich machen, die die Bereitschaft zum Gespräch und zur Teilnahme am Leben der jungen Menschen mitbringen. Das Sachangebot, wozu z.

414 Gemeinsame Synode der Bistümer in der Bundesrepublik Deutschland, Beschluss Ziele und Aufgaben kirchlicher Jugendarbeit, OG I, 298.

B. Räumlichkeiten, Programme und Veranstaltungen gehören, ist dem nachgeordnet und darf nicht vom personalen Angebot gelöst werden."[415]

Wie aus der Aufarbeitung sexualisierter Gewalt bekannt ist, kann gerade diese „zentrale Beziehungsarbeit [...] auch als Deckmantel für potentielle Täter/-innen dienen, die intensiveren Kontakt zu Kindern und Jugendlichen suchen, um diesen dann als Basis für Gewalttaten auszunutzen."[416] Dennoch ist für Gesa Bertels und Martin Wazlawik das personale Angebot und die Beziehungsarbeit im Rahmen der kirchlichen Arbeit mit Kindern und Jugendlichen unverzichtbar. Als Grundform des personalen Angebots beschreibt der Synodenbeschluss die Gruppe der Gleichaltrigen. Kinder- und Jugendarbeit ist zumeist in Gruppen von Gleichaltrigen organisiert. Die Begleitung und Anleitung dieser zumeist in der Struktur der Gleichaltrigen organisierten Gruppen kommt Jugendleiter*innen sowie haupt- und ehrenamtlichen Erwachsenen zu.[417] Gerade auch Jugendliche sind als Leiter*innen in z. B. die Messdiener*innenarbeit, die Firmkatechese oder Ferienlager involviert. Eine Mitarbeit durch Jugendliche an den Angeboten wird bereits im Synodenbeschluss empfohlen:

> „An der Planung, Durchführung und Kontrolle der Angebote der Jugendarbeit wirken Erwachsene und Jugendliche als Partner zusammen. Die Angebote der Gemeinde sollen nach Möglichkeit in der Zusammenarbeit von Erwachsenen und Jugendlichen entwickelt werden und den Jugendlichen offenstehen. Formen des Gesprächs, der Geselligkeit, der gemeinsamen Bildung und Aktion sollen gesucht werden, die darauf angelegt sind, partnerschaftliches Verhalten zwischen Erwachsenen und Jugendlichen einzuüben."[418]

Angebote strukturieren die Arbeit mit Kindern und Jugendlichen in katholischer Kirche: Vom Familien- bzw. Kinder- und Jugendgottesdienst, über die Ministrant*innenenarbeit, die Erstkommunion- und Firmkatechesen, verschiedene Kindergruppen, Chöre bis hin zu Zeltlagern und Pfarrfesten. Wie viele Kinder und Jugendliche insgesamt an Angeboten der katholischen Pfarreien und Gemeinden teilnehmen, kann nicht mit Zahlen belegt werden. Im Jahr 2018 wurden deutschlandweit insgesamt 171.336 Kommunionkinder und 132.941 jugendliche Firmlinge gezählt, die zuvor in Gruppenangeboten in den Pfarreien katechetisch darauf vorbereitet werden und sich im Rahmen dessen in der Pfarrei bewegen.[419] Rund 360.000 Kinder, Jugendliche und junge Erwachsene sind als Messdiener*innen aktiv.[420]

415 BERTELS/WAZLAWIK, Jugendliche und Kinder stärken, 29.
416 Ebd., 30.
417 GEMEINSAME SYNODE DER BISTÜMER IN DER BUNDESREPUBLIK DEUTSCHLAND, Beschluss Ziele und Aufgaben kirchlicher Jugendarbeit, OG I, 299.
418 Ebd., 304.
419 Vgl. SEKRETARIAT DER DEUTSCHEN BISCHOFSKONFERENZ, Zahlen und Fakten, 70.
420 Vgl. ebd., 14.

Eine Angebotslogik kann solche Formen annehmen, dass Kinder im Grunde genommen „als Adressat/-innen, für die bestimmte Dienstleistungen angeboten werden“[421], im Blick sind. Sie kann aber genauso Kinder als schöpferische „Sinn-Konstrukteure“[422] ihrer Alltags- und Lebenswelt ins Zentrum rücken. „Die offene und verbandliche Jugendarbeit sind die Handlungsfelder der Kinder- und Jugendhilfe, in denen traditionell die Beteiligung von Kindern und Jugendlichen an Entscheidungen über und an der Gestaltung von Angeboten eine große Rolle spielt (Stichwort Selbstorganisation).“[423] Hinzu kommt jedoch: Gerade im Bereich der Gemeindepastoral wird aktuell noch selbstverständlich von ‚katechetischem Handeln‘, von ‚Katechese als Angebotsform‘ gesprochen. Die Bedingungen und Herausforderungen werden als Veränderte rezipiert und wahrgenommen[424], die Grundstruktur jedoch bleibt gleich: Der sog. ‚Normalfall‘ der Katechese ist seit den 1980ern die Erstkommunion- und Firmkatechese.[425] Die Gemeinde gilt als der „primäre Ort und Träger von Lernprozessen, die auf den Empfang der Sakramente vorbereiten und den Glaubenslernprozess vertiefen.“[426] Katechetische Angebote können gewiss auch weiter gefasst werden, müssen nicht immer auf Sakramente vorbereiten, aber gemein ist ihnen, dass es um „jene Lernprozesse im christlichen Glauben [geht; R.B.], die bewusst initiiert, partnerschaftlich strukturiert, biografieorientiert und zeitlich begrenzt sind und die in gemeindlicher Trägerschaft unter Einbezug ehrenamtlicher Katechetinnen und Katechten organisiert werden.“[427] Das Mindset der damit verbunden Angebote funktioniert über einen grundlegend adressierenden Modus. Hier funktioniert die Angebotslogik gerade, wenn sie angenommen wird und sie Kinder- und Jugendliche zu Adressat*innen machen kann.[428]

421 DOMANN/ESSER/RUSACK, Jugendliche und ihre Co-Produktion bei Schutzkonzepten, 58.

422 GEMEINSAME SYNODE DER BISTÜMER IN DER BUNDESREPUBLIK DEUTSCHLAND, Beschluss Ziele und Aufgaben kirchlicher Jugendarbeit, OG I, 478.

423 PLUTO, Liane: Partizipation in den Hilfen zur Erziehung. Eine empirische Studie. München 2007, 11.

424 Vgl. hierzu z. B. KAUPP, Angela: Gemeindekatechese. Eine Relecture angesichts veränderter Bedingungen. In: ALTMEYER, Stefan/BITTER, Gottfried/BOSCHKI, Reinhold (Hg.): Christliche Katechese unter den Bedingungen der "flüchtigen Moderne" (Praktische Theologie heute 142). Stuttgart 2016, 161–170.

425 Vgl. LUTZ, Bernd: Katechese in der Gemeinde. In: BITTER, Gottfried (Hg.): Neues Handbuch religionspädagogischer Grundbegriffe. München [2]2009, 305.

426. SCHEIDLER, Monika: Katechese/Katechetik. In: WiReLex. Das Wissenschaftlich-Religionspädagogische Lexikon im Internet, Januar 2015. Online unter: https://www.bibelwissenschaft.de/stichwort/100103/ [Stand 09.10.2021].

427 LUTZ, Katechese in der Gemeinde, 305.

428 Vgl. SURALL, Frank: "Für" und "von" im Streit der Präpositionen. Beobachtungen zur Subjektwahrnehmung von Kindern in Kirche und Theologie. In: HEIMBACH-STEINS, Marianne/RIEDL, Anna M. (Hg.): Kindeswohl zwischen Anspruch und Wirklichkeit. Theorie und Praxis im Gespräch (Gesellschaft, Ethik, Religion Band 10). Paderborn 2017, 169.

Diana Günter führt am Beispiel der Sternsingeraktion aus, dass Kinder in katholischer Gemeindearbeit zu Akteuren würden. „Die Sternsinger übernehmen Verantwortung für das Evangelium: Sie verkünden es und helfen mit an seiner Verwirklichung zum Aufbau einer humanen Welt. Sie erfüllen damit eine wichtige Aufgabe der Kirche: den Apostolat.“[429] Ihre Analyse führt auf die Spur zu fragen, was Kinder hier zu Akteuren macht. Die Tatsache, dass sie sich in einer Aktion engagieren, die „von Kindern für Kinder“ angelegt ist? Sicherlich greift diese Antwort zu kurz. Die Tatsache, dass Kinder partizipieren, sagt nichts darüber aus, ob dies in einem Mindset der Adressat*innen- oder Akteurslogik geschieht. Aber was festgehalten werden kann, ist, dass Partizipation und die Perspektive auf Kinder und Jugendliche vorgeprägt wird durch das Organisationsverständnis. In der Akteursperspektive geht es dann um die Frage, wie Kinder partizipieren. In der Adressat*innenperspektive ausbuchstabiert, stellt sich die Frage, wie Partizipation ermöglicht wird. Diese Doppelstruktur von Partizipation, die auf Basis dieser beiden Logiken vorgedacht werden kann, wird weiter unten noch ausgeführt (z. B. im Partizipationsmodell von Gaby Straßburger und Judith Rieger, Kapitel 6.4.3). Partizipation korrespondiert in diesem Sinn unmittelbar mit den Haltungen und Handlungen Erwachsener. Der Grad der Eigenständigkeit oder Fremdbestimmtheit im Zusammenschluss von Kindern und Jugendlichen oder der Realisierung von Eigeninitiative von Kindern und Jugendlichen im Rahmen gemeindepastoraler Kontexte ist in der Tat abhängig von den konkreten Rahmenbedingungen und diese sind Ergebnis der gemeinsamen Herstellungsleistung.
Um an dieser Stelle zusammenzufassen: Was eine Lesart der vielen Aktionen, Angebote usw. von, mit und für Kinder im Sinne einer Adressat*innenlogik potentiell verstellen kann, ist die Perspektive darauf, dass Kinder und Jugendliche selbst durch ihr Dasein, durch ihr Wirken, durch ihr Sprechen, ihr Handeln usw. Gemeindepastoral hervorbringen und damit aktive Produzent*en und Konstrukteur*innen dieser Organisation sind. Stellt man sich dieser ergänzenden Gegenblende zur Adressat*innenperspektive, so kann festgehalten werden, dass Gemeindepastoral auch als Herstellungsleistung von Kindern und Jugendlichen zu beschreiben ist.

429 GÜNTER, Diana: Arbeit mit Kindern in der römisch-katholischen Kirche. In: SPENN, Matthias (Hg.): Handbuch Arbeit mit Kindern - evangelische Perspektiven. Gütersloh 2007, 480.

5.3.3 Kinder – eine Annäherung über Altersgrenzen

Vorstellungen von Kind und Kindern werden stets konstruiert. Die vorliegende Arbeit nennt *Kinder*partizipation im Titel und bisher wurden zunächst und zumeist Kinder und Jugendliche in einem Atemzug genannt. Für eine Klärung des Begriffsverständnisses von „Kind(er)" bietet es sich in einem ersten Angang an, über die Bestimmung von Altersgrenzen zu gehen. Nachfolgend werden daher einige Orientierungspunkte mit Blick auf das mit dem Kindsein verbundene Alter formuliert. Diese helfen auch dabei, die weiter unten ausgeführten Partizipationsmodelle einzuordnen (vgl. Kapitel 6.4). Ziel ist es hier jedoch nicht, eine trennscharfe Definition dessen vorzulegen, welches Alter in dieser Arbeit in den Blick kommt. „Kinder" werden im Zusammenhang mit der Schutzkonzepterstellung durchaus unterschiedlich begriffen. Weshalb dieser Versuch einer Annäherung über die Altersgrenzen unternommen wird, hat damit zu tun, dass im Zusammenhang dieser Arbeit diejenigen Altersgruppen im Blick sein sollen, die noch keine Leitungsaufgaben im Kontext der Gemeindepastoral übernehmen.

Mit welchem Alter sich Kindsein verbindet, ist keine leichte und aus den Sichten unterschiedlicher Fachrichtungen auch unterschiedlich beantwortbare Frage. Aus juristischer Perspektive werden nach §176 Abs. 1 SGB alle Menschen bis zu 14 Jahren als Kinder bezeichnet.

> „In Deutschland sind dies - in Abgrenzung zu Jugendlichen - Personen unter 14 (§ 1 JuSchG; § 7 SGB VIII) bzw. unter 15 Jahren (§ 2 JArbSchG). Das SGB VIII zeigt zudem an, dass es auch eine weiter gefasste juristische Altersdefinition des Kindes gibt. Im Kontext der Absteckung der elterlichen Rechte und Pflichten werden als Kinder Personen unter 18 Jahren definiert (§ 7) - eine Altersdefinition, die mit der Festlegung der 1992 von Deutschland ratifizieren UN-Konvention über die Rechte des Kindes korrespondiert (Art. 1 UN-KRK)."[430]

Mit Blick auf die UN-Kinderrechtskonvention (vgl. Kapitel 6.3) kann hier auf den Comment No. 7 des Committee on the Rights of the Child verwiesen werden, der explizit auf die Implementierung und Umsetzung der Kinderrechte für den Bereich der frühen Kindheit abhebt und sich hierbei auf Kinder im Altersbereich unter 8 Jahren bezieht.[431] Kinderrechte – und damit auch Partizipationsrechte – sind explizit auch für bereits junge Kinder umzusetzen. Das Committee on the Rights of the Child fordert dazu auf, die Phase der frühen Kindheit mit ihren spezifischen Entwicklungsschritten, Erfahrungen und Merkmalen als wichtige Periode und Ausgangspunkt für die Umsetzung von Kinderrechten

430 Hübenthal, Maksim: Altersgrenzen, Partizipation und Kinderrechte. In: Drerup, Johannes/Schweiger, Gottfried (Hg.): Handbuch Philosophie der Kindheit. Berlin 2019, 380.

431 United Nations Committee on the Rights of the Child: General Comment No. 7 (2005). Implementing child rights in early childhood. Geneva 2005, 2.

anzuerkennen. Damit rücken Merkmale und Entwicklungsschritte der frühen Kindheit als Potenziale, nicht als Defizite in den Mittelpunkt. Die Altersphase wird vom Committee als „critical“ beschrieben, gerade weil sich hier viel entscheidet im Sinne lebenslanger Prägungen.[432] Mirjam Zimmermann grenzt in ihrem Kind-Begriff Kindheit als Lebensphase zwischen dem vierten und 13. Lebensjahr ab. Kinder sind damit von „Säuglingen bzw. Kleinkindern (jünger als 4) und Jugendlichen (älter als 13) abzugrenzen.“[433]

Das Kirchenrecht definiert alle Menschen vor Vollendung des achtzehnten Lebensjahres als „minderjährig“ (c. 97 §1). „Ein Minderjähriger vor Vollendung des siebenten Lebensjahres wird Kind genannt (c. 97 §2). An dieses Alter knüpft sich laut Kirchenrecht auch das Erreichen des Vernunftgebrauchs: Der Vernunftgebrauch respektive das Erreichen des Unterscheidungsalters (cc. 891, 989) gilt als Voraussetzung dafür, dass bestimmte Sakramente erworben werden können.[434] Nach c. 99 ist eine Person, die „dauernd des Vernunftgebrauchs entbehrt [...] Kindern gleichgestellt“. In einigen Canones werden dann auch *Kinder und Jugendliche* (hier als Zielgruppe der vom Pfarrer in den Glaubenswahrheiten zu unterrichtenden Laien) erwähnt, jugendlich jedoch nicht genauer als Altersphase definiert (z. B. c. 528 §1 zur Katechese).

In der UN-KRK werden jedoch alle Menschen bis zu 18 Jahren als „Kinder“ verstanden. Roger Hart verweist in seinen Ausführungen auf diese Definition.[435] Er selbst entscheidet sich aber dazu, den Begriff nur in Referenz auf die Jahre vor der Pubertät zu nutzen: „here ‚child‘ will refer to the pre-teenage years, and ‚youth‘ or ‚teenager‘ to the ages thirteen to eighteen. The term ‚young people‘ will be used to embrace both age groups.“[436]

Auch für diese Arbeit erscheint eine altersbezogene Abgrenzung vom Jugendalter sinnvoll. In Kombination der Definitionen von Zimmermann und Hart sind mit „Kindern“ i. d. R. Menschen unter 13 Jahren gemeint. Gegenstandsbedingt wird eine solche definitorische Abgrenzung an unterschiedlichen Ecken und Enden ausfranzen: so werden bspw. in Präventionsmaßnahmen Kinder und Jugendliche häufig in einem Atemzug benannt und insofern können bestimmte Maßnahmen gar nicht als kindspezifisch identifiziert werden. Andernorts wird der Begriff „Schutzbefohlene“ verwendet, der ebenfalls Kinder und Jugendliche

432 Ebd., 3.

433 ZIMMERMANN, Mirjam: Kindertheologie als theologische Kompetenz von Kindern. Grundlagen, Methodik und Ziel kindertheologischer Forschung am Beispiel der Deutung des Todes Jesu, Zugl.: Dortmund, Techn. Univ., Habil.-Schr., 2009. Neukirchen-Vluyn [2]2012, 79.

434 METTE, Norbert: Art. Kind. IV Rechtlich. In: LThK Bd. 5 ([3]Sonderausgabe 2006), 1434.

435 HART, Roger: Children's Participation. From Tokenism to Citizenship (Innocenti Essays 4). 1992, 4.

436 Ebd.

unterschiedlichen Alters inkludiert. Die eigenen empirischen Erhebungen zeigen auch, dass „Kinder" ein Konstrukt darstellt, dessen Bedeutung letztlich in der Praxis mit Blick auf Schutzkonzepte i. d. R. einfach vorausgesetzt wird, aber nie explizit definitorisch gefasst wird. Dieses Kapitel dient zur Orientierung der Verwendung des Begriffs.

5.4 Zwischenresümee

Schutzkonzepte sind als *Organisationsentwicklungsprozesse* konzipiert, die von den Eigenheiten der konkreten Organisation her auf die Entwicklung von schützenden und präventionsorientierten Systemen und Praktiken zielen. Dieser Organisationsentwicklungsprozess wird auf mehreren Ebenen vollzogen: a) auf Ebene der Konzepterstellung bzw. Überarbeitung, b) auf Ebene des Schutzkonzepts als Textprodukt und c) auf Ebene der systemischen Entwicklungsprozesse der Organisation sowie ihrer Praktiken. In der Abb. 5 sind diese drei Ebenen mit unterschiedlichen Farbtönen voneinander abgesetzt.

Abb. 5: Das Schutzkonzept als Organisationsentwicklungsprozess

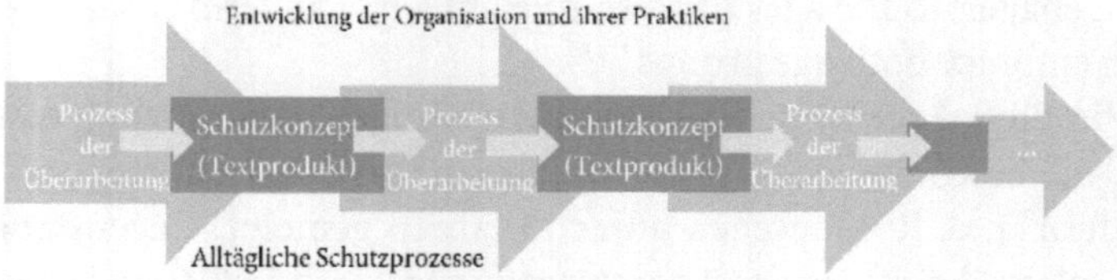

Eigene Darstellung

In die Ebenen eingeflochten sind auch unterschiedliche (zeitliche) Phasen, z. B. der Konzeptentwicklung und -überarbeitung. Hier wird jedoch bewusst der Begriff ‚Ebene' eingeführt, der einer Beschreibung von Phasen nicht gleichkommt. Was mit einem herkömmlichen Verständnis von Phasen unterbeleuchtet bleiben könnte, ist die beschriebene Eigenart der Prozesslogik im Rahmen der angestrebten Organisationsentwicklungsprozesse. Eine Eigenart, im Rahmen derer es gerade nicht um eine strikt getaktete *zeitliche* Abfolge von *erst* Entwicklung und *dann* Implementierung geht, sondern vielmehr darum, Gleichzeitigkeiten oder Wiederholungen von Entwicklung und Implementierung zu markieren. So beginnt die Entwicklung der Organisation bereits mit der Entwicklung des Schutzkonzeptes (bzw. hat ggf. auch schon vorher eingesetzt, was sich daran zeigt, wenn aus bestehenden Praktiken Impulse für die Konzeptarbeit abgeleitet werden). Zudem vermag der Ebenenbegriff mitzusagen, dass zwischen den Ebenen Transformationen stattfinden, die nicht allein zeitlich gerahmt sind. So wirkt die Einführung eines Schutzkonzepts (b) auf die Ebenen a) und c) ein und verändert diese qualitativ. Ebenso wie das Konzept seinerseits durch Impulse aus den anderen Ebenen transformiert wird, was in einer Überarbeitung Ausdruck finden kann.

Die Ebenen sind letztlich jedoch nicht trennscharf zu unterscheiden. Schutzkonzepte sind ein „zirkulärer Prozess von Analyse, Prävention, Intervention und Aufarbeitung“[437], der aus verschiedenen Elementen besteht, der sich wiederum in der Bausteinlogik der Konzepte als Textprodukte widerspiegelt und dort auf diese Weise versucht wird abzubilden. Der Beschäftigung mit Schutzkonzepten liegt insofern schon immer die Notwendigkeit zur Einnahme einer Metaperspektive zugrunde, es geht nie um einzelne Maßnahmen, sondern um eine Konzeptlogik. Wie die einzelnen Maßnahmen gebaut sind, formt jedoch die Gesamtkomposition des Textes.

Ebenso lassen sich Schutzkonzepte nur über eine deduktive Logik erschließen. Sie konzeptionieren etwas vor und ihrerseits stehen sie in einer deduktiven Delegationslogik. Denn die Schutzkonzepterstellung ist eine politische Strategie der Bundesregierung. Über ein Übereinkommen verpflichtet sich die katholische Kirche, in allen ihren Einrichtungen Schutzkonzepte zu erstellen. Schutzkonzepterstellung ist damit in doppelter Hinsicht deduktiv vorgegeben: politisch und kirchlich. Diese deduktive Logik (inkl. Verpflichtung der Erstellung von Schutzkonzepten in allen Einrichtungen und Organisationen der katholischen Kirche im Bereich der Deutschen Bischofskonferenz) geht keinesfalls konfliktfrei mit den mit den Schutzkonzepten verbundenen Praktiken und der Praxis einher; die Unterscheidung der Ebenen deutet an, dass das Vorhandensein eines Konzepts so nicht zwangsläufig auf wirksame alltägliche, kinderschützende Praktiken oder sensibilisierte und geschulte Akteure verweist und umgekehrt. Eine Wahrnehmung und Praxisgestaltung der Schutzkonzepte (z. B. nur im Hinblick auf den

437 SCHRÖER/WOLFF, Schutzkonzepte und Gefährdungsanalysen - eine Grundverständigung, 28.

Text als Produkt oder auf den Erstellungsprozess auf das Textprodukt hin) greift zu kurz. Schutzkonzepte werden als Zusammenspiel von „institutionellen und pädagogischen Maßnahmen“ [438] verstanden, wie in der gemeinsamen Vereinbarung zwischen Katholischer Kirche und UBSKM festgelegt. Im Anschluss an die organisationstheoretischen Überlegungen aus diesem Kapitel ergibt sich hier eine spannende Perspektive für Partizipationsprozesse: Während pädagogische Interaktionen ja durchaus etwas mit dem Recht und auch dem Anspruch von stellvertretenden Deutungen zu tun haben, ergibt sich mit Blick auf das Organisationsverständnis im Zusammenhang mit der Schutzkonzepterstellung die Perspektive, dass es hier gerade nicht um stellvertretende Deutungen geht. Vielmehr geht es hier um unvertretbares Akteurshandeln, dass die Organisation konstituiert. Partizipation wird – sowohl mit Blick auf institutionelle/organisationale wie auch pädagogische Maßnahmen – dort nötig, wo ich den Anderen wirklich als den Anderen, der er ist, - und nicht bloß als Adressaten meiner eigenen Interventionen – brauche.

Der Fokus auf die Erstellung der Schutzkonzepte als Produkte und der darauf zielenden Prozesse ist mit Hilfe der beschriebenen deduktiven Struktur also gut abgesichert. Gemeindepastoral kann innerhalb ihrer Organisationslogiken gedacht nicht anders verstanden werden als in ihrem Interesse daran, das Organisationshandeln (wie gewohnt) aufrechtzuerhalten, was gut gelingen kann in einer so gebauten Anforderungssituation, die insbesondere die Arbeit auf die Schutzkonzepte als Produkte hin absichert. Dennoch ließe sich fragen, ob Schutzkonzepte im Sinne von Entwicklungsprozessen nicht gerade dort anspruchsvoll und zugleich aber auch wirksam sind, wo sie stark auf induktiven Wegen und von Praktiken und konkreten Akteurnetzwerken ausgehend arbeiten. Dort werden Organisationslogiken jedoch potenziell unterbrochen. Ein solcher Prozess kann also erst funktionieren über Mindsets, wie z. B. der HROs, und über die Grundüberzeugung, dass ein Unterbrechen des Organisationshandelns und die damit verbundenen Problematisierungen hilfreich für die Weiterentwicklung der Organisationskultur sind. Nochmals rückblickend auf die Situationsanalyse von Ursula Enders und ihre kritische Bilanz ernstnehmend, lässt sich die Frage formulieren, wie man die Präventionsarbeit mit Schutzkonzepten in der

438 Unabhängiger Beauftragter für Fragen des sexuellen Kindesmissbrauch/Deutsche Bischofskonferenz: Vereinbarung zwischen dem Beauftragten der Deutschen Bischofskonferenz für Fragen des sexuellen Missbrauchs Minderjähriger im kirchlichen Bereich und dem Unabhängigen Beauftragten für Fragen des sexuellen Kindesmissbrauchs (UBSKM). 2016, 5.

Gemeindepastoral so gestalten kann, dass damit nicht bloß reagierendes Handeln im Sinne der Aufrechterhaltung von Organisationslogiken, sondern vielmehr reflektierte Interventionen als Reaktion auf die zu problematisierenden Praktiken ermöglicht werden.

Man bleibt in der aktuellen Situation der Präventionsarbeit in einer grundlegenden Spannung zurückgelassen: Schutzkonzepte erscheinen in ihrer Anlage für Pfarreien zunächst einmal als Steuerungsinstrumente. Anhand der Ausarbeitungen wird bereits jetzt deutlich, dass Schutzkonzepte faktisch aber nicht nur als Steuerungsinstrumente zu beschreiben sind. Konkret gewendet auf die bisherigen Ausführungen zu Partizipation, die im folgenden Kapitel noch vertieft werden, lässt sich jetzt schon erahnen, dass es problematisch wird, Steuerung anhand eines so großen Begriffs wie ‚Partizipation' überhaupt vorzunehmen. Weiterhin greift die Konzeption von Schutzkonzepten im Rahmen der Prozesse *erst* ‚Entwicklung' und *dann* ‚Umsetzung' zu kurz. Es wird gezeigt werden, dass Partizipation im Zusammenhang mit der Schutzkonzepterstellung multidimensional verstanden werden muss, gerade damit Schutzkonzepte als Textprodukte und die Organisationsentwicklungsprozesse zum verbesserten Kinderschutz in der Gemeindepastoral funktionsfähig miteinander verschränkt werden.

Die Gemeinde oder *die* Pfarrei gibt es nicht. Logiken und Handlungsmuster mögen Wiedererkennungswert aufweisen, aber konkrete Netzwerkstrukturen sind einzigartig und nicht über eine rein institutionell vorstrukturierte Funktionslogik zu erschließen. Schutzkonzepte zeigen sich im Fokus auf den Erstellungsprozess auf das Textprodukt hin zielend sehr stark als diskursive Subjektivierungen. Sie sind stark von der Form, vom Produkt, von deduktiven Strukturen, die die Erstellung leiten, aus gedacht und strukturiert. Weniger klar geregelt ist, wie konkrete Praktiken einwirken auf den Erstellungsprozess. Indem per Auftrag delegiert wird, dass die gemeindepastoralen Einheiten ‚vor Ort' ihre je eigenen Prozesse und Konzepte entwickeln, überlagern sich, bei gleichzeitiger Vorstrukturierung durch Bausteine und festgelegte Elemente, zwangsläufig deduktive und induktive Ansprüche an die Schutzkonzepte. Diese doppelte Anforderungsstruktur kann auch mit Blick auf den Anspruch der Entwicklung einer Kultur ausgemacht werden.

Offen bleibt, inwiefern die Schutzkonzepte von den konkreten Praktiken und Handlungsmustern vor Ort gearbeitet werden. Kinder als Akteure und Konstrukteure von Gemeindepastoral zu begreifen, bedeutet auch, dass eine ausschließliche Adressat*inenlogik in eine Sackgasse führt. Kinder kommen vom

Organisationverständnis der wissenschaftlichen Auseinandersetzung mit Schutzkonzepten her als kompetente Akteure in den Blick. Diese Perspektive wird über die Auseinandersetzung mit Partizipation als Merkmal der Schutzkonzepterstellung im nun folgenden Kapitel weiter ausgebaut.

6. Kinderrecht und professioneller Anspruch: Kinderpartizipation

„Children are undoubtedly the most photographed and the last listened to members of society."[439] Roger Hart, Professor mit Forschungsschwerpunkt „children's development in relation to the physical environment"[440], weist mit diesem Satz auf eine ganz bemerkenswerte Beobachtung hin: Erwachsene tendieren dazu, Kompetenzen von Kindern zu unterschätzen, rücken Kinder aber gleichzeitig häufig buchstäblich in den Vordergrund, um damit letztlich ihren Zwecken, den Zwecken der Erwachsenen, Einfluss und Gewicht zu verleihen.[441] Formen dieser Instrumentalisierung der Bedürfnisse von Kindern ließen sich an zahlreichen Berichterstattungen der Nachrichten sicherlich ebenso weiter explorieren wie auch im eigenen nachbarschaftlichen oder familiären Umfeld. Und sie lässt sich auch in gemeindepastoralen Situationen beobachten.

Gleichzeitig hat Partizipation von Kindern und Jugendlichen gesellschaftlich betrachtet Konjunktur: In den letzten Jahrzehnten hat sich der Blick auf junge Menschen gewandelt. Sie werden als Subjekte mit Gestaltungskompetenzen erachtet und ihnen werden zunehmend Räume eröffnet, in denen sie diese Kompetenzen aktiv einbringen können.[442] Gerade in Krisenzeiten, so zeigt die Coronapandemie in mehrfacher Hinsicht, scheint aber Stimme und Mitsprache junger Menschen schnell aus dem Blickfeld zu geraten. Es zeigt sich auch, dass mit Partizipation je nach Zusammenhang verschiedene Funktionen und Bedeutungen verbunden sind.[443] Ein markantes internationales Zeugnis dieser geisteswissenschaftlichen, gesellschaftlichen und auch politischen Transformationsprozesse ist die UN-Kinderrechtskonvention. In Deutschland kann auch auf die Entwicklung des SGB VIII verwiesen werden. Mit diesen ersten skizzenhaften Überlegungen ist nun schon zum Sprung in den Inhalt dieses Kapitels angesetzt: Es geht darum, Partizipation von Kindern in das Blickfeld zu rücken. Für den Forschungsrahmen dieser Arbeit muss dabei genauer gefragt werden, was

439 HART, Children's Participation, 9.
440 Ebd., 39.
441 Vgl. ebd., 9.
442 Für einen knappen Überblick über die Kinderpartizipationspraxis in Deutschland vgl. LIEBEL, Kinder und Gerechtigkeit, 108–113.
443 Vgl. PLUTO, Partizipation in den Hilfen zur Erziehung, 9–11.

Partizipation von Kindern eigentlich in Kirche und spezifisch im Zusammenhang mit den Präventionsmaßnahmen in der Gemeindepastoral bedeuten kann. Dabei gilt: „Die Frage, wie sich Kirchen und christliche Gemeinschaften vermehrt gegenüber den Partizipationsrechten von Kindern öffnen können, setzt auch für diese Institutionen und Gruppierungen grundlegend voraus, sich darüber zu verständigen, was eigentlich mit Partizipation gemeint ist".[444] Als ein Beitrag zur Klärung dieser Frage versteht sich diese Arbeit, indem sie Partizipation im Zusammenhang mit den Schutzkonzepten im Bereich der Gemeindepastoral untersucht.

„Partizipation bedeutet im Wortsinn, Teil eines größeren Ganzen zu sein."[445] Es wird auch von Beteiligung, von Teilhabe, Teilnahme, Mitbestimmung, Mitsprache gesprochen. Die Liste ist nicht abgeschlossen. Man begegnet einer Vielzahl an Begriffen mit einer noch breiteren Vielfalt an möglichen Begriffsdefinitionen. Mitunter werden z. B. Beteiligung und Partizipation auch synonym verwendet. Manfred Liebel hält fest, dass in den Sozialwissenschaften zumeist von Partizipation, Beteiligung oder Teilnahme (im Unterschied zur Teilhabe) gesprochen wird und damit „die Art und Weise, in der Individuen oder soziale Gruppen ihren freien Willen zum Ausdruck bringen, Entscheidungen treffen oder Einfluss auf Entscheidungen nehmen können"[446] ausgedrückt wird. Partizipation „akzentuiert von der Wortbedeutung her den dynamischen Vorgang des Nehmens gegenüber dem statischen Zustand des Habens"[447].

Wenn es um Partizipation geht, kauft man sich die kritische Auseinandersetzung über Reichweite, Verständnis und Formen ein. Partizipation als Begriff ist zunächst eine Art ‚Multitool', ein vielseitig einsetzbares Handwerkszeug, das mit ganz unterschiedlichen normativen Anteilen bestimmt und versehen wird.[448] In dieser Arbeit ist es weder möglich noch zielführend, Partizipation von Kindern in ihrer Gänze wahrzunehmen. Der Ausschnitt, auf den dieses Kapitel im Rahmen dieser Arbeit abzielt, ist kinderrechtsbasiert und mit Blick auf Partizipationsprozesse in ausgewählten Bereichen des Kinderschutzes, nämlich der Schutzkonzepterstellung in Gemeindepastoral, spezifiziert. Das Kapitel möchte

444 LUTTERBACH, Hubertus: Kinder und Christentum. Kulturgeschichtliche Perspektiven auf Schutz, Bildung und Partizipation von Kindern zwischen Antike und Gegenwart. Stuttgart 2010, 119.

445 LIEBEL, Kinder und Gerechtigkeit, 101.

446 Ebd.

447 SURALL, Frank: Ethik des Kindes. Kinderrechte und ihre theologisch-ethische Rezeption (Forum Systematik Band 31). Stuttgart 2009, 80.

448 Ein Überblick zu Narrativen und Diskursen im Bereich der Partizipation von Kindern findet sich z. B. hier: WYNESS, Michael: Children's Participation: Definitions, Narratives and Disputes. In: BARALDI, Claudio/COCKBURN, Tom (Hg.): Theorising Childhood. Cham 2018, 53–72.

aufzuzeigen, warum Kinder als kompetente Akteure im Hinblick auf Schutzkonzepte partizipieren können sollten. Das Kapitel skizziert dann Modi und Gestalten einer solchen Partizipation. Es wird herausgearbeitet, wie die Prinzipien Schutz und Partizipation zusammengebracht werden. Es kommt damit der Umgang mit und die produktive Bearbeitung von vorhandenen Machtasymmetrien produktiv in den Blick. Es zeigt sich, dass Partizipation Erwachsenen die Aufgabe auferlegt, passende Partizipationsmöglichkeiten und Rahmenbedingungen abzusichern.

Das Kapitel entwickelt auf Basis der bisherigen Ausführungen fünf Ansatzpunkte, die sich zwei rahmenden Bezugsgrößen zuordnen lassen: den Schutzkonzepten sowie der UN-Kinderrechtskonvention (UN-KRK). Es setzt bei der Partizipation als Querschnittanforderung der Schutzkonzepterstellung in Gemeindepastoral im Hinblick auf verschiedene Akteure und die Bedeutung der Leitung an und leuchtet im Zusammenhang damit auch die Vorgaben der normativen Dokumente der Deutschen Bischofskonferenz auf Partizipation hin aus (Kapitel 6.1). Diese Perspektiven geben den Blick auf die Prozesslogik der Schutzkonzepterstellung in der Gemeindepastoral frei und präzisieren diese mit Blick auf Partizipation. Der nächste Teil dieses Kapitels widmet sich der Partizipation von Kindern und Jugendlichen in der konkreten Struktur der Schutzkonzepte (Kapitel 6.2). Es knüpft dabei an die Unterscheidung von Schutzkonzept als Produkt und Prozess an und greift auf sozialwissenschaftliche Forschungsergebnisse in diesem Bereich zurück. Anschließend wird die UN-KRK als zentrales Bezugselement des in den unterschiedlichen Fachdisziplinen geführten Austausches über die Partizipation von Kindern herangezogen. Sie wird im nächsten Kapitel (Kapitel 6.3) als stellvertretende Ausdrucksform verschiedener Transformationsprozesse aufgenommen und als Folie zur Rekonstruktion der Verhandlung von Kinderschutz und -partizipation genutzt. Über die Auseinandersetzung mit Kinderrechten gelingt der Brückenschlag zum Kapitel 7, in dem theologische Perspektiven im Mittelpunkt stehen (vgl. z. B. Kapitel 7.2.1). Die verschiedenen Partizipationsmodelle (Kapitel 6.4) ermöglichen es, Kinderpartizipationsprozesse über diese Modellkonzeptionen nochmals aus anderer Perspektive zu beschreiben. Die Modelle werden außerdem für die spätere Analyse der Schutzkonzepte herangezogen (vgl. Kapitel 8.4). Die Modelle von Roger Hart und Fiona Mayne, Christine Howitt sowie Léonie J. Rennie nehmen in ihrer Konzeption dabei unmittelbar Anschluss an das in der UN-KRK grundgelegte Partizipationsverständnis.

6.1 Partizipation als Grundmerkmal der Prozesslogik der Schutzkonzepte

In diesem Kapitel geht es um Partizipation, die als wichtiger Faktor der Prozesslogik von Schutzkonzepten in der Gemeindepastoral entworfen wird. Wenngleich die Etablierung eines solchen Konzepts in der Praxis von vielen verschiedenen Einflussfaktoren abhängig ist, geht man für Schutzkonzepte grundsätzlich erstmal davon aus, dass mit angemessenen Formen der Partizipation auch

> „eine größere Sensibilisierung erreicht werden kann und sichergestellt wird, dass das spätere Produkt – das Schutzkonzept – tatsächlich von allen Beteiligten getragen, präsentiert, gelebt und verteidigt wird und es zu einer stärkeren Identifikation mit der Einrichtung und dem gemeinsam erarbeiteten Schutzkonzept führt."[449]

Es geht um „Prozesse, die in der alltäglichen pädagogischen Arbeit der jeweiligen Organisation partizipativ mit allen AkteurInnen erarbeitet, gelebt und getragen werden."[450] Damit ist die Reflexionsanforderung hinsichtlich des Schutzverständnisses mit in die Bearbeitung des Themas eingetragen. Es geht nicht um ein paternalistisches Schutzverständnis, sondern vielmehr darum, wie Partizipation und Schutz verhandelt werden können, um Prävention nachhaltig aufzustellen.[451] Partizipation kann, wie das folgende Kapitel weiter ausführt, *als Grundmerkmal der Prozesslogik* von Schutzkonzepten beschrieben werden. Partizipative Prozesse sind eine Querschnittsanforderung für die Erarbeitung des Textproduktes, genauso wie für die darin beschriebenen Maßnahmen und schließlich für die präventive Alltagspraxis. Die Gesamtkomposition scheint dabei entscheidend: Es geht insgesamt um „partizipative Präventionsprozesse – und nicht um einzelne Maßnahmen".[452]

Um das Verhältnis von Partizipation und Schutzkonzepten weiter zu klären, werden hier drei erste Zugriffe ausgeführt. In einem ersten Zugriff wird an das Kapitel 5 angeschlossen. Aus zwei Studien lassen sich Hinweise auf förderliche und hemmende bzw. erschwerende Faktoren in der Erstellung von Schutzkonzepten entnehmen. Es fällt auf, dass Partizipation ambivalent beurteilt wird und sowohl unter den förderlichen Faktoren als auch unter den Herausforderungen zu finden ist. Damit kann Partizipation in einem ersten Zugriff hier als ambivalenter Faktor beschrieben werden, der auf eine komplexe gemeindepastorale Anforderungssituation verweist, die ebenfalls in den Ergebnissen der Studien zum Ausdruck kommt (Kapitel 6.1.1). Dies kann mit dem zweiten Zugriff dieses

449 Schloz/Allroggen/Fegert, Forschungsstand zur Umsetzung von Schutzkonzepten und Faktoren einer gelingenden Implementierung, 31.

450 Oeffling/Winter/Wolff, Prävention als organisationales Bildungskonzept, 205.

451 Vgl. Surall, Ethik des Kindes, 82f.

452 Oeffling/Winter/Wolff, Prävention als organisationales Bildungskonzept, 205.

Kapitels verknüpft werden: Partizipation hat in der Logik der Schutzkonzepte die Funktion, die Organisation und ihre Personengruppen zu mobilisieren und kann als besondere Aufgabe der Leitung beschrieben werden (Kapitel 6.1.2). Im dritten Zugriff werden die Verantwortung der Leitung wie auch weitere Aspekte aus Kapitel 6.1.1 und 6.1.2 anhand der Vorgaben der Deutschen Bischofskonferenz zur Erstellung von Schutzkonzepten ausgeschärft (Kapitel 6.1.3). Die drei Zugriffe zusammengenommen geben den Blick auf Partizipation in der Prozesslogik der Schutzkonzepte in Gemeindepastoral frei, indem Partizipation als Anspruch der Schutzkonzepterstellung ausbuchstabiert und zugleich empfohlen, nicht aber verbindlich normiert wird. Damit liegt Partizipation in der Verantwortung der Leitung, was in Gemeindepastoral dazu führt, dass vor allem Personen ohne curricular abgesicherte spezifische Qualifikation im Bereich Kinderschutz über Kinderpartizipation entscheiden.

6.1.1 Partizipation als ambivalenter Faktor in der komplexen gemeindepastoralen Anforderungssituation

Aus zwei Studien lassen sich Hinweise auf förderliche und hemmende bzw. erschwerende Faktoren in der Erstellung von Schutzkonzepten entnehmen. Zum einen aus der MHG-Studie[453] und zum anderen aus dem ‚Teilbericht 4 des Monitorings zum Stand der Prävention sexualisierter Gewalt an Kindern und Jugendlichen in Deutschland (2015-2019)'[454]. Aus dem Teilprojekt 4 der MHG-Studie können Merkmale der und Informationen zur Präventionsarbeit der katholischen Kirche in Deutschland entnommen werden. Im Unterschied zu den Ergebnissen des Teilprojekts 1 derselben Studie, in denen strukturelle und administrative Aspekte aus Sicht der diözesanen Leitung geschildert wurden, wurden hier die Präventionsbeauftragten der Diözesen befragt und es ging vor allem um „Aspekte der Umsetzung der Präventionskonzepte"[455]. Der ‚Teilbericht 4 des Monitorings zum Stand der Prävention sexualisierter Gewalt an Kindern und Jugendlichen in Deutschland (2015-2019)' präsentiert Ergebnisse einer qualitativen Studie in evangelischen und katholischen Pfarreien, in muslimischen und jüdischen Gemeinden, in der organisierten sportlichen, verbandlichen und kulturellen Kinder- und Jugendarbeit, bei Anbietern von Kinder- und Jugendreisen und Austauschorganisationen. Neben einem „Beispiel guter Praxis: Fallstudie zu einer Pfarrei" wurden auch „förderliche Faktoren" und „Herausforderungen" für die

453 Vgl. Dreßing u.a., MHG-Studie.
454 Vgl. Kappler u.a., So können Schutzkonzepte in Freizeiteinrichtungen für Kinder und Jugendliche gelingen.
455 Dreßing u.a., MHG-Studie, 191.

Schutzkonzepterstellung herausgearbeitet.[456] Die Faktoren geben einen Einblick in die Situation, in der sich die Gemeinden und Pfarreien wiederfinden im Zusammenhang mit der Schutzkonzepterstellung und ermöglichen es, Partizipation in diesem Zusammenhang zu verorten.

In der Zusammenschau beider Studien fällt auf, dass Partizipation ambivalent beurteilt wurde und sowohl unter den förderlichen Faktoren als auch unter den Herausforderungen zu finden ist: Einerseits wurde die partizipative Entwicklung des Verhaltenskodex als nachhaltig wirksam für die Akzeptanz beurteilt. Andererseits wurde angegeben, dass partizipative Prozesse die zeitlichen Kapazitäten übersteigen.[457] Die nachfolgende exemplarische Ausführung einiger Faktoren[458] verdeutlicht die komplexe Anforderungssituation, auf die diese Arbeit Bezug nimmt. Partizipation kommt als ein Faktor neben anderen vor. Das verdeutlicht, dass die Schutzkonzepterstellung selbstverständlich nicht auf diesen Aspekt reduziert werden kann oder soll. Gerade in seiner Ambivalenz und in seiner Bedeutung auf ganz unterschiedlichen Ebenen und mit Blick auf unterschiedliche Bereiche der Präventionsarbeit sticht dieser Aspekt aber hervor. Vor dem Hintergrund des Verständnisses von Schutzkonzepten als Organisationsentwicklungsprozessen kann der Aspekt der nachhaltigen Akzeptanz in Folge von Partizipation nicht vernachlässigt werden. Die ausgewählten Faktoren vertiefen einerseits das Organisationsverständnis von Gemeindepastoral im Kontext der Schutzkonzepterstellung und eröffnen andererseits Perspektiven auf Partizipation als Grundmerkmal der Schutzkonzepterstellung.

Die Umsetzung der Schutzkonzepterstellung fiel laut Autor*innen der MHG-Studie anderen Einrichtungen (z. B. Schulen) leichter, da sie – im Unterschied zur kategorialen und territorialen Pastoral – „über Erfahrung mit konzeptioneller Arbeit verfügten".[459] Zum Faktor der mangelnden Erfahrung kommt nun aus empirischen Belegen ersichtlich, die bereits beschriebene Situation der komplexen Struktur der Gemeinden und Pfarreien hinzu: Zuständigkeiten und Aufgaben sind vielfältig und herausfordernd, die Verantwortung für die Präventionsarbeit durch multiple Kooperationen mit anderen Einrichtungen oder Bereichen ist teils unklar verteilt. Verschiedene Einrichtungen auf dem Gebiet der Pfarrei (z. B. Kitas oder Schulen) machen Absprachen und Koordinierung bzgl.

456 KAPPLER u.a., So können Schutzkonzepte in Freizeiteinrichtungen für Kinder und Jugendliche gelingen, 43–52.

457 Vgl. KAPPLER u.a., So können Schutzkonzepte in Freizeiteinrichtungen für Kinder und Jugendliche gelingen, 50.

458 Im Anhang dieser Arbeit ist eine Tabelle als Übersicht der hier genannten und weiteren Faktoren zu finden.

459 DREßING u.a., MHG-Studie, 206.

Prävention komplex.[460] Zudem machen die hierarchischen Ebenen verschiedene Abstimmungsprozesse erforderlich.[461]

Als spezifische Herausforderung für die Gemeindepastoral wurde weiterhin die Gemengelage von privaten und professionellen Beziehungen festgehalten: Eine bedeutsame Rolle spielen Pfarrer und Gemeinde- bzw. Pastoralreferent*innen, wobei für Präventionsbemühungen immer berücksichtigt werden müsse, dass es zu einer „Gemengelage zwischen engen Arbeitsbeziehungen und privaten Beziehungen sowie Freundschaften in der Gemeinde bei Haupt- und Ehrenamtlichen“[462] komme. Daraus ergeben sich weiterhin zwei Herausforderungen: Einmal hinsichtlich der Schwierigkeit, seelsorgerische und leitende Aufgaben zu trennen und hinsichtlich der Trennung von Beruf/Engagement und Privatleben, was besonders den Ehrenamtlichen schwerfiele.

Die Personenzentriertheit (z. B. auf den Pfarrer oder auch auf einzelne Ehrenamtliche) in gemeindepastoralen Kontexten wird als Problem benannt. Ebenfalls scheint noch nicht allerorts die Notwendigkeit von Schutzkonzepten gesehen zu werden.[463] Mit Blick auf die Gruppe der Priester benennen die für ein Teilprojekt befragten Präventionsbeauftragten in der MHG-Studie eine Reaktanz bei der Teilnahme an Präventionsschulungen, eine „generelle Tabuisierung des Themas Sexualität“, die Unzugänglichkeit klerikaler Netzwerke, ferner einen hierarchischen „und auf Weiheämter ausgerichtete[n] Führungsstil“ sowie die „fehlende Bereitschaft, der Prävention die angemessene Bedeutung zu geben“ als erschwerende Faktoren für die Umsetzung von Präventionskonzepten.[464] Die Autor*innen der MHG-Studie geben angesichts dieser Rückmeldung der Präventionsbeauftragten zu bedenken, dass „sich eine solche Kultur [gemeint ist die Kultur der Achtsamkeit; R.B.] allein durch Aktivitäten der Präventionsbeauftragten“ nicht herbeiführen ließe und „sich ein solcher Wandel auf Leitungsebene vollziehen muss“.[465] Als Ressource und förderlicher Faktor kann die „fachliche und menschliche Kompetenz von Priestern, mit Leid und Verletzung umzugehen bzw. sich um vulnerable Personen (einschließlich Kindern und Jugendlichen) zu kümmern“[466], vermerkt werden.

460 Vgl. Kappler u.a., So können Schutzkonzepte in Freizeiteinrichtungen für Kinder und Jugendliche gelingen, 44.
461 Vgl. ebd.
462 Ebd., 43.
463 Vgl. ebd., 45f.
464 Dreßing u.a., MHG-Studie, 199.
465 Ebd., 201.
466 Ebd., 200.

Auch auf Ebene der Ehrenamtlichen können Herausforderungen benannt werden, z. B. die hohe Fluktuation der Engagierten.[467] Insbesondere bei älteren Ehrenamtlichen bzw. bei solchen, die nur punktuell in der Pfarrei aktiv sind, sei es zudem schwierig, sie dazu zu motivieren, eine Schulung zu besuchen, u. a. auch, weil die Relevanz zur *eigenen* Auseinandersetzung mit sexualisierter Gewalt nicht gesehen würde.[468] Belegt ist aber auch, dass Intensivschulungen der Ehrenamtlichen nachhaltig zu wirken scheinen.[469] Auch Kommunikationsaspekte fallen auf: Nicht immer seien Kommunikationswege zur Präventionsfachkraft oder zu einer Interventionsstelle klar, wenn Kinder und Jugendliche sich einer Vertrauensperson in der Pfarrei anvertrauten. Ehrenamtliche würden kaum als Vertrauenspersonen herangezogen werden, weshalb es wichtig sei, Ansprechpersonen öffentlich bekannt zu machen.[470]

Ein bedeutsamer Punkt scheint die Wertschätzung der Präventionsarbeit seitens der Diözesanleitung zu sein: Nur 4 von 27 Präventionsbeauftragten nahmen eine sehr hohe Wertschätzung der Präventionsarbeit im Bistum wahr. Diese subjektiv empfundene Wertschätzung „spiegelt sich allerdings nicht unbedingt in den personellen Ressourcen und der Infrastruktur wider, die die Diözesen für die Präventionsarbeit bereitstellen".[471] Insgesamt gewinne der Verwaltungsaufwand an Bedeutung, da viele und vielfältige Einrichtungen und Träger Schutzkonzepte entwickeln.[472] In der MHG-Studie wird eine Differenzierung von zentralen und dezentralen Prozessen im Zuge der Schutzkonzepterstellung vorgeschlagen: Hilfreich wäre laut Präventionsbeauftragten ein „diözesanes Controlling [...], um z. B. die Selbstverpflichtungserklärungen einzuholen oder zu verwalten oder die Teilnahme an Präventionsschulungen zu dokumentieren".[473] Dem gegenüber sei es wichtig, andere Elemente der Schutzkonzepte, wie z. B. den Verhaltenskodex, als Sicherheit und nicht als Reglementierungsinstrument zu erachten. Verpflichtungen und Vorgaben können als entlastend angesehen werden. Dafür sei allerdings nötig, dass die Verantwortung für die Einhaltung des Kodexes geteilt würde und z. B. nicht auf hauptamtliche Kontrolle beschränkt bliebe.[474]

467 Vgl. KAPPLER u.a., So können Schutzkonzepte in Freizeiteinrichtungen für Kinder und Jugendliche gelingen, 46.
468 Vgl. ebd., 49.
469 Vgl. ebd., 48.
470 Vgl. ebd., 51.
471 DREẞING u.a., MHG-Studie, 203f.
472 Vgl. ebd., 208.
473 Ebd.
474 Vgl. KAPPLER u.a., So können Schutzkonzepte in Freizeiteinrichtungen für Kinder und Jugendliche gelingen, 47f.

6.1.2 Die Mobilisierung aller relevanten Personengruppen und die besondere Aufgabe der Leitung

In den Interviews zur Feldexploration findet sich die Formulierung, dass es der Anspruch der Präventionsarbeit in den Pfarreien sei, „viele Menschen gut mit ins Boot zu holen“[475]. Partizipation im Zusammenhang mit Schutzkonzepten wird darüber greifbar, dass verschiedene Personengruppen mobilisiert werden. Partizipation kann entsprechend z. B. entlang der nachfolgend gelisteten Gruppen von Akteuren differenziert werden:

- Partizipation auf Leitungs- und Trägerebene
- Partizipation der hauptamtlich mitarbeitenden Erwachsenen (Laien und Priester)
- Partizipation der ehrenamtlich mitarbeitenden Erwachsenen (Erwachsene und Jugendliche)
- Partizipation von Betroffenen bzw. Überlebenden sexualisierter Gewalt
- Partizipation von Kindern und Jugendlichen
- Partizipation von Eltern und Sorgerechtsbeauftragten

Jörg Fegert, Wolfgang Schröer und Mechthild Wolff halten fest:

> „Durch den Einbezug all dieser Perspektiven können Probleme in den Konzepten selbst, insbesondere aber auch in ihrer organisationalen Verankerung identifiziert werden. Dies bedeutet aber nicht, dass die Verantwortung für Schutzkonzepte auch auf alle in der Organisation verteilt werden kann. Die Verantwortung dafür, dass eine Organisation über Schutzkonzepte verfügt und Schutzprozesse zur alltäglichen Kultur der Organisation gehören, hat die Leitung.“[476]

Aus der Forschung wird deutlich, dass die *Leitungs- und Trägerebene* nicht nur die institutionelle Verantwortung für die Erstellung trägt, sondern ihre aktive Unterstützung insbesondere Gewicht für das Gelingen des Prozesses hat. Gleichzeitig zeigt die Forschung auch, dass „Schutzkonzepte nicht einfach angeordnet werden können“[477]. Leitung kommt also als entscheidende*r Impulsgeber*in ins Spiel. Für die Gemeindepastoral steht fest: Der Pfarrer als Leiter der Pfarrei steht in einem Delegationszusammenhang ausgehend von der Bischofskonferenz (Kapitel 6.1.3) sowie den diözesanen Bestimmungen, damit dem Diözesanbischof, und den auf dieser Ebene verabschiedeten Präventionsmaßnahmen. Die Leitungsebene ist damit in Gemeinden und Pfarreien (in den allermeisten Fällen) unmittelbar mit dem Klerikerstand verbunden. Zusätzlich zur Macht durch die Leitungsposition kommt also die Macht qua Angehörigkeit zum Klerus hinzu.

475 Interview B_Mitarbeiter*in 1 Präventionsstelle, 24.
476 Fegert/Schröer/ Wolff, Persönliche Rechte von Kindern und Jugendlichen, 21.
477 Kindler/Derr, Sexueller Missbrauch im Forschungsfokus, 8.

Zudem zeichnet Gemeindepastoral aus, dass ihre Leitung bis heute an keine besonderen Qualifikationen im Bereich Kinderschutz bzw. Kinder- und Jugendarbeit geknüpft ist.

Die *haupt- und ehrenamtlichen erwachsenen Mitarbeiter*innen* sind mit der Erstellung der Schutzkonzepte betraut sowie für kinderschützende Strukturen im Alltag verantwortlich. Sie bringen ihre (erwachsenen) Perspektiven als Expert*innen für ihre je eigenen Tätigkeitsbereiche ein. Die Gruppe der Ehren- und Hauptamtlichen in Gemeindepastoral ist nur anhand zahlreicher Diversitätsmerkmale beschreibbar: Hauptamtliche Mitarbeiter*innen mit Blick auf die Merkmale Geweihte/Laien, Geschlecht, Vorbildung im Bereich Kinderschutz/Kinder- und Jugendarbeit, auch mit Blick auf das Alter u.v.m.

Ein Bereich, der seit 2010 immer wieder gefordert und in den Richtlinien vermerkt wird[478], bisher aber kaum umgesetzt scheint[479] ist die *Partizipation von Betroffenen bzw. Überlebenden* sexualisierter Gewalt. Es kann auch davon ausgegangen werden, dass Haupt- und Ehrenamtliche von sexualisierter Gewalt betroffen sind, möglicherweise haben Sie Grenzüberschreitungen im kirchlichen Bereich erfahren (z. B. über Sozialisation in Kindheit und Jugend in kirchlichen Kontexten) oder auch an anderen Orten.

6.1.3 Partizipation im Rahmen der Schutzkonzepte in den Dokumenten der Deutschen Bischofskonferenz zur Prävention sexualisierter Gewalt

Für den Bereich der Deutschen Bischofskonferenz einheitliche Dokumente bildeten die Grundlage für die jeweils in den Bistümern erlassenen partikularen Präventionsordnungen. In diesen Dokumenten wird auch etwas zur Partizipation im Zusammenhang mit Präventionsarbeit und Schutzkonzepterstellung festgelegt. Die zentralen (Rahmen-)Ordnungen werden in diesem Kapitel einbezogen. Die deduktive Perspektive, die Tatsache, dass Schutzkonzepte und ihre Erstellung politisch gefordert und im Fall der katholischen Kirche auch anhand der Übereinkunft der DBK mit dem UBSKM zugesichert sind, wirkt sich auch auf die Bestimmung von Partizipation aus. Partizipation wird nicht im luftleeren Raum hervorgebracht, sondern ist vorgeprägt von den normativen Dokumenten für die

478 Vgl. Unabhängige Beauftragte zur Aufarbeitung des sexuellen Kindesmissbrauchs, Abschlussbericht, 21.

479 Vgl. DREẞING u.a., MHG-Studie, 194. Vgl. auch PFEFFER, Klaus: Die un-heilige Wirklichkeit der Kirche als theologische Erkenntnisquelle. Vom Hinhören und Hinsehen auf die Leidensgeschichten von Menschen in und mit der Kirche. In: REMÉNYI, Matthias/SCHÄRTL, Thomas (Hg.): Nicht ausweichen. Theologie angesichts der Missbrauchskrise. Regensburg 2019, 177–188.

Schutzkonzepterstellung und Präventionsarbeit. Dazu werden in diesem Kapitel die ausgewählten Dokumente der DBK herangezogen.

Angaben zu Partizipation im Zusammenhang mit den Schutzkonzepten finden sich in zwei für den gesamten Bereich der Deutschen Bischofskonferenz gültigen Dokumenten: Zum einen in der ‚Rahmenordnung Prävention gegen sexualisierte Gewalt an Minderjährigen und erwachsenen Schutzbefohlenen im Bereich der Deutschen Bischofskonferenz‘[480] (kurz: Rahmenordnung) zum anderen in der ‚Ordnung für den Umgang mit sexuellem Missbrauch Minderjähriger und schutz- und hilfebedürftiger Erwachsener durch Kleriker und sonstige Beschäftigte im kirchlichen Dienst‘ (kurz: Ordnung). Die aktuellen Versionen beider Dokumente gelten seit dem 01.01.2020 und sollen nach einer Dauer von 5 Jahren erneut überprüft werden. Es folgen Ausführungen zu den Aktualisierungen der Dokumente. Dies ist deshalb nötig, weil in der Zeit der Anfertigung dieser Arbeit unterschiedliche Überarbeitungen vorgenommen wurden, die andernfalls verwirrend sein können.

6.1.3.1 Aktualisierungen der Dokumente und ihre Auswirkungen auf Partizipation

Vor Inkrafttreten der ‚Ordnung‘ galten die ‚Leitlinien für den Umgang mit sexuellem Missbrauch Minderjähriger und erwachsener Schutzbefohlener durch Kleriker, Ordensangehörige und andere Mitarbeiterinnen und Mitarbeiter im Bereich der Deutschen Bischofskonferenz‘ (kurz: Leitlinien). Sowohl für die Rahmenordnung als auch für die Leitlinien gilt, dass diese Dokumente 2013 mit einer Geltungsdauer von 5 Jahren verabschiedet wurden. Außerdem wurde das Dokument ‚Handreichung zur Rahmenordnung – Prävention gegen sexualisierte Gewalt an Minderjährigen und erwachsenen Schutzbefohlenen im Bereich der Deutschen Bischofskonferenz‘[481] erlassen. Im September 2018 wurde die MHG-Studie veröffentlicht und im Mai 2019 das Motu proprio ‚Vos estis lux mundi‘ von Papst Franziskus. Um die Studie und das Motu proprio berücksichtigen zu können, wurde die Geltungsdauer der genannten Dokumente bis zum 31.12.2019 verlängert. Zum 01.01.2020 wurden die Dokumente durch neue ersetzt, deren Geltungsdauer wiederum auf 5 Jahre angelegt ist.[482] Auf der Homepage der

480 Zum Stand der Einreichung dieser Arbeit (Dezember 2021) gültige Fassung: SEKRETARIAT DER DEUTSCHEN BISCHOFSKONFERENZ, Rahmenordnung 2020; Vorgängerversion: SEKRETARIAT DER DEUTSCHEN BISCHOFSKONFERENZ, Rahmenordnung 2014.

481 Sekretariat der Deutschen Bischofskonferenz, Handreichung zur Rahmenordnung 2014.

482 Vgl. Hierzu auch die Pressemeldung der DBK Nr. 207 vom 09.12.2019: *https://www.dbk.de/nc/presse/aktuelles/meldung/ueberarbeitete-regelwerke-zum-umgang-*

Deutschen Bischofskonferenz findet sich die aktuelle Version der Rahmenordnung (vom 18.11.2019) sowie der Ordnung (ebenfalls vom 18.11.2019). Die Mehrheit der im Rahmen dieser Arbeit untersuchten Schutzkonzepte wurden vor Inkrafttreten dieser Rahmenordnung und Ordnung erstellt. Daher wurde für die Analyse auch die bis dahin gültige ‚Handreichung' berücksichtigt. Die Unterschiede der Dokumente im Hinblick auf Partizipation werden im Folgenden beschrieben. Die Materialgrundlage für die Ausführungen auf einen Blick:

- Rahmenordnung (ab 2013, versch. Aktualisierungen, verlängert bis 31.12.2019)
- Handreichung zur Rahmenordnung (ab 2013, versch. Aktualisierungen, verlängert bis zum 31.12.2019)
- Rahmenordnung (ab 2020)
- Ordnung für den Umgang mit sexuellem Missbrauch Minderjähriger und schutz- und hilfebedürftiger Erwachsener durch Kleriker und sonstige Beschäftigte im kirchlichen Dienst (ab 2020)

Die grundsätzlichen Anforderungen an Partizipation im Kontext der Präventionsarbeit bleiben über die verschiedenen Überarbeitungsschleifen in der Rahmenordnung seit 2013 bis heute konstant. Gleichlautend gilt immer:

> „Die Strukturen und Prozesse zur Prävention gegen sexualisierte Gewalt in den Diözesen, Ordensgemeinschaften, kirchlichen Institutionen und Verbänden müssen transparent, nachvollziehbar, kontrollierbar und evaluierbar sein. Die Entwicklung und Verwirklichung von Maßnahmen zur Prävention erfolgen partizipativ in Zusammenarbeit mit allen hierfür relevanten Personen und Gruppen. Dazu gehören auch die Kinder und Jugendlichen und erwachsenen Schutzbefohlenen selbst.“[483]

Es gibt allerdings zwei Aspekte, die sich im Zuge der Überarbeitung der Dokumente verändern: Es fehlen in den aktuellen Dokumenten von 2020 die Punkte a), dass Kinder und Jugendliche angemessen in die Entwicklung des Verhaltenskodex einbezogen werden und b), dass das Thema Prävention auch mit den Eltern und Sorgerechtsbeauftragten kommuniziert wird. In der Vorgängerversion der Rahmenordnung waren diese beiden Aspekte noch enthalten:

> „Kinder, Jugendliche und erwachsene Schutzbefohlene sollen angemessen in die Entwicklung des Verhaltenskodex eingebunden werden […]. „Im Sinne einer

mit-sexuellem-missbrauch-und-zur-praevention-im-bereich-der-deuts/detail/detail/detail/detail/ [Stand: 08.12.2021].

483 Gleichlautend in: Sekretariat der Deutschen Bischofskonferenz, Rahmenordnung 2014, 37 sowie in Sekretariat der Deutschen Bischofskonferenz, Rahmenordnung 2020, 4.

Erziehungspartnerschaft wird das Thema Prävention gegen sexualisierte Gewalt auch mit Eltern bzw. Personensorgeberechtigten besprochen."[484]

In den Dokumenten ab 2020 fällt eine weitere Veränderung auf. Es wird die Beteiligung der Betroffenen bzw. Überlebenden sexualisierter Gewalt aufgenommen: „Die Erfahrungen von Betroffenen werden dabei sonders berücksichtigt."[485] Mit Blick auf Stärkungsmaßnahmen für Kinder und Jugendliche ist in der neuen Rahmenordnung der Einbezug des Umfelds vermerkt:

„Jeder Rechtsträger hat darüber hinaus geeignete Maßnahmen zur Stärkung von Kindern, Jugendlichen und schutz- oder hilfebedürftigen Erwachsenen zu entwickeln. Dazu gehört auch die Einbeziehung des Umfelds zum Thema Prävention gegen sexualisierte Gewalt (Eltern bzw. Personensorgeberechtigte, Angehörige und gesetzliche Betreuungen)."[486]

Die Handreichung zur Rahmenordnung (mit Gültigkeitsdauer bis 2020) weist für die partizipative Erstellung aufschlussreiche Vorgaben auf, ihr Status scheint jedoch unklar, zumal keine überarbeitete oder verlängerte neue Handreichung veröffentlicht wurde. Wenn sie nicht mehr gültig ist, fehlt für die aktuellen Dokumente die „[w]eiterführende Begriffsbestimmung" zu „Partizipation", die dort vorgenommen wurde.[487] Da die Handreichung Teil der Grundlagenwerke in der Zeit war, in der die in dieser Arbeit analysierten Schutzkonzepte erstellt wurden, ist sie mit in die Analyse eingeflossen. Im Folgenden werden die jeweiligen Gültigkeitsdauern der Dokumente zur besseren Übersicht jeweils hinter den Dokumenten vermerkt.

6.1.3.2 Partizipation zwischen überprüfbarem Qualitätskriterium und Empfehlung

Es lassen sich (anknüpfend an Kapitel 6.1.2) auch in den Dokumenten der DBK Personen und Gruppen ausmachen, die im Zusammenhang mit den Schutzkonzepten aktiv werden: In der Rahmenordnung wird festgelegt, dass Partizipation mit „allen hierfür relevanten Personen und Gruppen"[488] vorgesehen ist. In der Rahmenordnung wird ebenfalls darauf hingewiesen, dass hierzu „auch die

484 Sekretariat der Deutschen Bischofskonferenz, Rahmenordnung 2014, 39–41.
485 In den Dokumenten ab 2020 fällt eine weitere Veränderung auf. Es wird die Beteiligung der Betroffenen bzw. Überlebenden sexualisierter Gewalt aufgenommen: „Die Erfahrungen von Betroffenen werden dabei sonders berücksichtigt." Sekretariat der Deutschen Bischofskonferenz, Rahmenordnung 2020, 4. Dieser Aspekt kommt in der Ordnung von 2013 nicht vor.
486 Sekretariat der Deutschen Bischofskonferenz, Rahmenordnung 2020, 7.
487 Vgl. Sekretariat der Deutschen Bischofskonferenz, Rahmenordnung 2014, 47f.
488 Ebd., 37; Sekretariat der Deutschen Bischofskonferenz, Rahmenordnung 2020, 4.

Kinder und Jugendlichen und erwachsenen Schutzbefohlenen selbst"[489] gehören. Kinder, Jugendliche und erwachsene Schutzbefohlene werden hier in einem Atemzug genannt.[490] Entscheidend ist die Frage, wer eine relevante Person bzw. Gruppe ist. Mit Blick in die Handreichung (gültig bis Ende 2019) wird deutlich, dass der jeweiligen Leitung in diesem Prozess eine zentrale Rolle zukommt: „Sie muss die Initiative ergreifen, Aktivitäten koordinieren und die Umsetzung gewährleisten."[491] Sie erarbeitet das Schutzkonzept gemeinsam mit den „Mitarbeiterinnen und Mitarbeitern vor Ort"[492]. In diesem Prozess der Erarbeitung soll eine „angemessene Beteiligung von Kindern, Jugendlichen und erwachsenen Schutzbefohlenen"[493] stattfinden. Empfohlen wird sodann der Einbezug „externe[r] Referentinnen und Referenten [...], damit auch Grenzverletzungen durch die Mitarbeiterinnen und Mitarbeiter benannt werden können"[494] sowie die Beteiligung von „Fachleuten"[495]. Der Einbezug fachlich kompetenter, externer Personen und Einrichtungen wird hier also explizit aufgeführt. Eine weitere Akteursgruppe wird in den Dokumenten im Zusammenhang mit der partizipativen Erstellung der Schutzkonzepte genannt: die Eltern bzw. Personensorgeberechtigten, mit denen die präventiven Maßnahmen „besprochen"[496] bzw. die „frühzeitig in den Prozess einbezogen bzw. darüber informiert"[497] werden. In den ab 2020 gültigen Dokumenten fällt dann a) mit Blick auf die Partizipation von Kindern und Jugendlichen an der Erstellung des Verhaltenskodex und b) die Kommunikation mit den Eltern und Sorgeberechtigten weg (siehe oben). Festzuhalten ist also: Bei Partizipation geht es um die jeweils als relevant erachteten Personen und Gruppen. Partizipation wird in den Dokumenten der DBK als Einbindung eines Kreises von Personen und Gruppen, die für die Erarbeitung und Geltung des Schutzkonzeptes relevant sind, verstanden. Die Größe dieses Kreises wird nur bis zu einem bestimmten Grad von den Dokumenten bestimmt. Ansonsten stellen sie es der Leitung mit Soll-Bestimmungen oder Empfehlungen frei, den Kreis auszuweiten oder ihn auf den kleinen Kreis der Mitarbeiter*innen

489 Ebd.

490 In dem in der Handreichung angeführten Beispiel zur Partizipation bei der Risikoanalyse werden nur Kinder und Jugendliche genannt. Vgl. SEKRETARIAT DER DEUTSCHEN BISCHOFSKONFERENZ, Handreichung zur Rahmenordnung 2014, 47. Ferner werden auf Seite 53 nur Kinder und Jugendliche genannt.

491 SEKRETARIAT DER DEUTSCHEN BISCHOFSKONFERENZ, Handreichung zur Rahmenordnung 2014, 53.

492 Ebd.

493 Ebd., 47.

494 Ebd., 48.

495 Ebd., 47.

496 Ebd., 41.

497 Ebd., 53.

vor Ort zu beschränken. Kurz: Es hängt im Wesentlichen vom Willen der Leitung ab, Partizipation zu ermöglichen.

In einem zweiten Schritt kann nun darauf hingewiesen werden, dass Rahmenordnung und Handreichung zwei Elemente unterscheiden: zum einen die Entwicklung und zum anderen die Umsetzung bzw. Verwirklichung der Schutzkonzepte. Beide Elemente werden in Rahmenordnung und Handreichung als partizipative Prozesse beschrieben, in denen die eben genannten Personen(-gruppen) aktiv werden. Mit Blick auf die Erneuerung der Rahmenordnung (2020) fällt auf, dass hier nun nicht mehr die Rede davon ist, dass Kinder in die Erstellung des Verhaltenskodex „angemessen [...] eingebunden werden“[498]. Dieser Teil fällt ersatzlos weg.

Die Unterscheidung zwischen dem Schutzkonzept als Textprodukt und als Organisationsentwicklungsprozess kann hier nochmals aus der Perspektive der normativen Dokumente ausdifferenziert werden: Es wird von zwei Prozessbereichen ausgegangen: 1. Entwicklung und 2. Umsetzung. Partizipation soll für beide Bereiche eine Rolle spielen. Leitend ist die Konzeption der Schutzkonzepte, von denen hier ausgegangen wird als etwas, das erst entwickelt und dann umgesetzt werden kann. Sich ein Konzept zu geben, hier folglich den Anspruch der Umsetzung. Damit geht auch Partizipation in dieser Logik den Weg vom Konzept in die Umsetzung insofern im Konzept (z. B. im Verhaltenskodex oder in Form von Beschwerdewegen, in Prozessen zur Stärkung etc.) entsprechende Prozesse aufgenommen werden.

In einem dritten Schritt geht es nun um die Leitung und die Kinder in den Partizipationsprozessen: Grundsätzlich wird ein Prozess empfohlen, der in Zusammenarbeit mit allen hierfür relevanten Personen und Gruppen vollzogen wird. Diese Zusammenarbeit wird stets initiiert und koordiniert durch die Leitung. Mit Blick auf den Erstellungsprozess sowie die Gewährleistung der Umsetzung erfolgt hier eine klare Zuweisung an Leitung und Mitarbeiter*innen. Ihre Zusammenarbeit mit den übrigen Personen(-gruppen) in Entwicklung und Verwirklichung des Schutzkonzepte wird in der Rahmenordnung begrifflich und inhaltlich nicht näher bestimmt. In der Handreichung wird deutlich, dass das Prinzip der Kreativität der beteiligten Personen zum Modus wird, in dem Erstellungsprozesse jeweils konkret vor Ort ausgestaltet werden können.

Für die Beschreibung der partizipativen Aktivitäten der Kinder, Jugendlichen und erwachsene Schutzbefohlenen sowie ihrer Eltern bzw. Personensorgeberechtigten werden verschiedene Begrifflichkeiten genutzt. Sie alle sollen *angemessen* an der Entwicklung und Umsetzung der Schutzkonzepte *beteiligt* bzw. *eingebunden* bzw. darüber *informiert werden*. Die Dokumente zeigen eine vage Beschreibung von Partizipationsprozessen: Beteiligung und Einbindung können dabei

498 Ebd., 62.

sicher als *irgendwie* partizipative Prozesse begriffen werden. *Informiert werden* ist passiv formuliert und setzt Informationsgeber*innen voraus. Begründet wird die Partizipation der Kinder, Jugendlichen, erwachsenen Schutzbefohlenen sowie von deren Eltern bzw. Personensorgeberechtigten in doppelter Hinsicht: Zum einen, weil „diese Personengruppen einen Beitrag leisten, den Experten nicht selbst generieren können", und zum anderen, weil sie „einen Blickwinkel, der wesentlich zu praxistauglichen Konzepten beiträgt", einbringen.[499] Die Dokumente unterscheiden im Hinblick auf dieses Expert*innenwissen und auf die Partizipationsprozesse nicht zwischen Kindern, Jugendlichen und erwachsenen Schutzbefohlenen, ihnen allen wird erst einmal grundlegend der Expert*innenstatus mit Blick auf ihr Leben und ihre Lebenswelt zugesprochen – unabhängig von Alter oder Entwicklungsstand. Am Beispiel der Partizipation an der Risikoanalyse wird in der Handreichung das Einbringen des spezifischen Expert*innenwissen der „Kinder und Jugendlichen" (hier irritierenderweise ohne erwachsene Schutzbefohlene!) ausgeführt.

Insgesamt wird „Beteiligung (Partizipation) als zentrales Prinzip der Entwicklung und Umsetzung institutioneller Schutzkonzepte"[500] in den Dokumenten der DBK *empfohlen*. Dieser Passus fehlt jedoch in der aktuellen Version der Rahmenordnung (gültig ab 2020). Hier gilt nun bzgl. der Präventionsmaßnahmen: Sie „müssen transparent, nachvollziehbar, kontrollierbar und evaluierbar sein".[501] Partizipation klingt hier zwar als eine Art weiteres Qualitätskriterium indirekt an, wird jedoch nicht als ‚Muss' deklariert wie die vorherigen Aspekte Transparenz, Nachvollziehbarkeit, Kontrollierbarkeit und Evaluierbarkeit. Das Verhältnis der eben genannten Kriterien zum Aspekt der Partizipation bleibt durch die gewählten Formulierungen unklar.

Insgesamt lässt sich festhalten, dass durch die Überarbeitungen der Grundlagendokumente für Prävention die Frage nach dem normativen Stellenwert der Partizipation im Zusammenhang mit der Schutzkonzepterstellung überaus schwer zu beurteilen ist. Es lässt sich aber sagen, dass Partizipation an der Erstellung von Präventionsmaßnahmen von den Personen(gruppen) her gedacht wird, für die das jeweilige Schutzkonzept bzw. die jeweiligen präventiven Strukturen und Prozesse relevant sind. Die Bestimmung der jeweiligen Situation ‚vor Ort' ist zentral für die inhaltliche Ausgestaltung. Das Relevanzkriterium fungiert als Containerkategorie, die Kinder, Jugendliche und erwachsene Schutzbefohlene einschließt. Die Gruppen der Akteure sichtbar zu machen, wahrzunehmen und zu aktivieren, ist Teil des an die Leitung gestellten Auftrags, der grundsätzlich im

499 Sekretariat der Deutschen Bischofskonferenz, Handreichung zur Rahmenordnung 2014, 47.

500 Ebd.

501 Sekretariat der Deutschen Bischofskonferenz, Rahmenordnung 2020, 4.

Modus einer Empfehlung ausgesprochen wird. Ein Teil der Empfehlung zur Partizipation entfällt ab 2020 aus den Dokumenten: sowohl die Partizipation von Kindern und Jugendlichen für die Erstellung des Verhaltenskodex als auch die Kommunikation mit Eltern über das Thema Prävention. Der Modus der Empfehlung birgt Chancen und Grenzen. Als Chance wird hier potenziell Freiraum ermöglicht, der im Sinne der subsidiären Entwicklung konkret für die Erstellung der Konzepte genutzt werden kann. Ganz deutlich zeichnen sich aber auch Grenzen ab: Eine Grenze liegt in der Struktur der Gewährung von Partizipation durch die Leitung in Kopplung mit dem grundlegenden Muster, dass eine Umsetzungslogik vorsieht. Wo Partizipation nicht geübt ist, wird die Frage auftauchen, warum man sich nun gerade in diesem Bereich auf Experimente einlassen sollte. Hinzu kommt der weiter oben benannte Punkt, der mangelnden Gewöhnung von Gemeindepastoral an konzeptionelles Arbeiten. Konzepterstellung- und Partizipationsermöglichungskompetenz auf Seiten der Leitung wird gleichzeitig vorausgesetzt.

6.1.4 Zwischenreflexion

Partizipation – auch Kinderpartizipation – im Zusammenhang mit der Schutzkonzepterstellung zeigt sich über die drei Zugriffe zusammengenommen als *Anspruch*, der für die Gemeindepastoral *empfohlen*, jedoch nicht verbindlich normiert wird. Dies wird gerahmt von der Gesamtdelegation seitens kirchlicher (DBK) sowie staatlicher (UBSKM) Organe, die zur Erstellung von Schutzkonzepten *verpflichten*.

Die ausgeführten hinderlichen und förderlichen Faktoren (Kapitel 6.1.1) zeigen, dass sich Partizipation als eine grundlegende Querschnittsanforderung darstellen lässt, die als Phänomen weit komplexer ist, als es diese Arbeit mit ihrem Fokus auf Präventionsmaßnahmen greifbar machen kann. Dies hängt maßgeblich mit den Anforderungen zusammen, die die Gemeindepastoral in ihrer Verfasstheit bereithält. Hier bräuchte es weiterführende Forschung. Schutzkonzepterstellung bedeutet jedoch, diese Bedingungen dort, wo sie sich ihr aufgeben, zu bearbeiten und sich ihrer Komplexität zu stellen.

Es gibt im Rahmen der Schutzkonzepte diejenigen, die Partizipation anderer ermöglichen und diejenigen, denen Partizipation ermöglicht wird. Wenn Zielpunkt und Verantwortung der Leitung für die Konzepterstellung ausbuchstabiert werden, geht es darum, wie Partizipation zugelassen bzw. ermöglicht wird. Dies erscheint als grundlegende Konfiguration der Arbeit mit Schutzkonzepten. Die Perspektive der Eigeninitiative der Akteure, sprich die Frage danach, wie Partizipationsräume genutzt werden, bleibt hier unterbestimmt. Die Ermöglichung von

Partizipation bezieht sich dabei auf verschiedene Personengruppen, teil derer auch die Gruppe(n) der Kinder und Jugendlichen sind. Das zugrundeliegende Verständnis fokussiert weniger auf einzelnen Personen (wie sich dies in der Aussage „alle gut mit ins Boot holen“ andeutete), sondern zielt zunächst offenbar auf die unterschiedlichen *Personengruppen* derer, die in Gemeindepastoral anzutreffen sind.

Der Leitung wird empfohlen *und* sie wird dafür in Anspruch genommen, die involvierten Personengruppen zu mobilisieren innerhalb der Schutzkonzepterstellung, zu der sie verpflichtet ist. Keine*r, auch nicht die Leitung, kann ein Schutzkonzept im Alleingang erstellen. Akteuren, die anderen Akteuren Partizipationsräume ermöglichen, kommt die Verantwortung dazu aus ihrer machtvollen Position heraus zu. Diese Machtposition kann unterschiedlich konfiguriert sein und sich als Asymmetrie zwischen Erwachsenen und Kindern, aber auch zwischen Haupt- und Ehrenamtlichen, zwischen Leitung und Mitarbeiter*in, zwischen Gruppenleitung und Gruppenmitgliedern usw. zeigen. Durch Partizipation werden Machtgefälle zu Gunsten der im Gefälle Unterlegenen bearbeitet. Hier wird deutlich, dass vorhandene Machtasymmetrien der Gemeindepastoral in diesen Organisationsentwicklungsprozess im Rahmen der Schutzkonzepterstellung von der Grundanlage her miteingetragen werden – inkl. der Aufforderung, diese zu bearbeiten. Gemeindepastoral kommt als Feld in den Blick, in dem Dichotomien und Machtverhältnisse bearbeitet werden sollen, Partizipation erscheint von daher als *modus operandi*, der diese Dichotomien bearbeitet.

Die Dokumente der Deutschen Bischofskonferenz stellen die Verwirklichung von Partizipation als Empfehlung in die Verantwortung der Leitung. Das erscheint insofern bemerkenswert, weil damit letztlich Angehörige des Klerus, in deren Ausbildung der Bereich Kinderschutz und Kinder- und Jugendarbeit curricular strukturell wenig abgesichert ist, über Partizipation entscheiden. Diese Defizitanzeige ist inmitten des Spannungsfeldes angesiedelt, in dem sich diese Arbeit bewegt: Partizipation im Kontext der Schutzkonzepterstellung im Spannungsfeld zwischen Vorgabe, Verantwortung und Eigenaktivität. Dieses Spannungsfeld wird in den nachfolgenden Kapiteln (Kapitel 6.2 und Kapitel 6.3) weiter in Betracht genommen.

6.2 Kinderpartizipation im Rahmen der Schutzkonzepte

In diesem Kapitel werden nun einige Merkmale der Partizipation von Kindern und Jugendlichen ausgehend von den Schutzkonzepten zusammengestellt. Zu Beginn dieses Kapitels gilt es allen möglicherweise noch vorhandenen Missverständnissen vorzubeugen und klarzustellen: Kein Kind kann sich selbst vor sexualisierter Gewalt schützen. Kinderschutz bedeutet aber nicht nur, *für* Kinder zu handeln. Umgekehrt meint Kinderpartizipation nicht nur Prozesse, die *von* Kindern selbst gestaltet werden. Diese Gegensätzlichkeiten, die in der Polarität von Partizipation auf der einen und Gewährung von Schutz auf der anderen Seite gründen, eröffnen ein Bewegungsfeld. Es ist zu fragen, wie man in diesem Feld in Bezug auf den Bereich der Prävention sexualisierter Gewalt navigiert und was Partizipation überhaupt bedeutet, wenn man sie mit Prävention sexualisierter Gewalt zusammendenkt. Mit der UN-KRK ist das Kind als Subjekt im Blick. Auch im Kinderschutz geht es darum, dem gerecht zu werden. Damit greift das Verständnis vom Kind als Fürsorgeobjekt zu kurz. Von der UN-KRK her stehen Kinderpartizipation und Kinderschutz in einem wechselseitigen Verhältnis (vgl. Kapitel 6.4). In diesem Kapitel (Kapitel 6.2) geht es explizit um die Schutzkonzepterstellung und damit um Konstruktionen von Partizipation im Bereich der Prävention sexualisierter Gewalt.

Wenn Gemeindepastoral als soziale Wirklichkeitskonstruktion verstanden wird, dann werden diese Wirklichkeiten von „interessengeleiteten AkteurInnen ausgehandelt" und es ist geradezu notwendig, „alle Akteure einer Organisation einzubeziehen, um alle möglichen Wirklichkeiten auf die Organisation abzugleichen und um Risiken und mögliche Lösungen aus allen Perspektiven nachvollziehbar und verstehbar zu machen."[502] Dem entspricht eine partizipative Grundanlage der Konzepterstellung sowie das Verständnis von Partizipation als Querschnittsanforderung mit Blick auf die Schutzkonzepte insgesamt (Kapitel 5). Durch unterschiedliche Akteure mit ihren jeweiligen biografischen, aber auch rollenspezifischen Rechten, Pflichten und Bedürfnissen kommen unterschiedliche Vorstellungen von derselben und Einblicke in dieselbe Organisation zusammen. „Partizipation bedeutet nun, für Kinder und Jugendliche eine Transparenz über diese Konstruktionsprozesse der Organisation zu erzeugen, eine Einsicht zu schaffen, wie es zu Konflikten und Dilemmata kommt und Lösungen hierfür transparent zu diskutieren."[503]

Die Schutzkonzepte treten einerseits als Textprodukte in Erscheinung, sind jedoch nicht nur als reiner Textkörper zu begreifen. Schutzkonzepte sind als Organisationsentwicklungsprozesse zu beschreiben, denen im verschriftlichten Konzept Ausdruck verliehen wird. Schutzkonzepte entfalten erst im zirkulären Zusammenspiel von „Analyse, Prävention, Intervention und Aufarbeitung"[504] ihre Wirkkraft. Diese Erkenntnis trägt sich nun in die Skizze der

502 Oppermann/Schröer, Organisationen, 107.

503 Oppermann, Carolin/Schröer, Wolfgang: AdressatInnen und Schutzkonzepte. In: Oppermann, Carolin (Hg.): Lehrbuch Schutzkonzepte in pädagogischen Organisationen (Studienmodule Soziale Arbeit). Weinheim 2018, 148.

504 Schröer/Wolff, Schutzkonzepte und Gefährdungsanalysen - eine Grundverständigung, 28.

Partizipationsprozesse von Kindern in diesem Kapitel (Kapitel 6.2) ein, indem sie zum Kriterium wurde für die Auswahl der in diesem Kapitel nachfolgend ausgewählten und skizzierten Elemente. Partizipation von Kindern[505] wird damit im Folgenden auf den unterschiedlichen Ebenen beispielhaft wie folgt rekonstruiert:

- Ebene der Erstellung/Überarbeitung (Kapitel 6.2.1): Die Konzepterstellung mit Ziel des Textprodukts: Partizipation an der Erstellung und Partizipation an der Risikoanalyse- bzw. Situationsanalyse.
- Ebene des Textproduktes (Kapitel 6.2.2 und 6.2.3): Schutzkonzept als Textprodukt: Partizipationsprozesse, denen einzelne Bausteine korrespondieren (Beschwerdewege, Maßnahmen zur Stärkung).
- Ebene der systemischen Entwicklung der Organisation und der Praktiken (Kapitel 6.2.4 und 6.2.5): Partizipation als Selbstkonzept und als Herausforderung für Erwachsene in ihrer Professionalität, Partizipation und Reflexion von Machtdifferenzen.[506]

6.2.1 Partizipation an der Risikoanalyse

Wichtig ist, so viel konnte bereits gesagt werden, den Prozess der Schutzkonzepterstellung von Beginn an so zu gestalten, dass sich alle Akteure der Einrichtungen potenziell zu jedem Zeitpunkt in angemessener Form beteiligen können. Partizipation von Kindern und Jugendlichen erschöpft sich jedoch keinesfalls in der Bausteinlogik der Konzepte als Produkte, die bereits beschrieben wurde. Es zeigt sich aber, dass einzelne Bausteine der Schutzkonzepte mit partizipativen ‚Spezialformen' in Erscheinung treten. Auf Basis der bisherigen Ausführungen werden hier in den nächsten Unterkapiteln a) Beschwerdewege und b) Maßnahmen zur Stärkung ausgeführt. Davon unterschieden werden kann die *Risiko- bzw. Situationsanalyse*[507], die aber nicht nur als (Text-)Baustein auf Konzeptebene der

505 Es wurde bereits aufgezeigt, dass die Begriffsbestimmung von ‚Kind' im Sinne einer Altersbestimmung ausfranst und verschieden konturiert werden kann. In diesem Kapitel werden teilweise Kinder, teilweise auch Kinder und Jugendliche genannt. Dies hängt damit zusammen, dass Präventionsmaßnahmen mitunter gleichermaßen für Kinder und Jugendliche formuliert werden.

506 Die Elemente (6.2.1 bis 6.2.5) sind eine Auswahl. In den Analysen der Schutzkonzepte wird deutlich, dass der Zugang über die Bausteinlogik z. B. auch noch den Verhaltenskodex als Element beinhaltet. Dieser wurde hier nicht mit aufgenommen.

507 In dieser Arbeit kommt der Begriff ‚Situationsanalyse' in zweifacher Bedeutung vor: zum einen wie in Kapitel 2.4.2.2 beschrieben als Ansatz mit Blick auf Forschungsdesign, Datenerfassung und -auswertung. Zum anderen wie in der Diktion der Schutzkonzepte selbst als der Prozess, der einen ersten Schritt der Konzepterstellung darstellt und in dessen Rahmen Risiko- und Schutzfaktoren der Einrichtung eruiert werden. Der Begriff

Schutzkonzepte fungiert, sondern auch für am Beginn des Entwicklungsprozesses steht. „Schutzkonzepte und Gefährdungsanalysen gehören zusammen. Über Gefährdungsanalysen wird eine Wissensgrundlage für die Entwicklung von Schutzkonzepten geschaffen. Jede Organisation hat ihre eigenen Geschichten, Routinen, Stärken und Gefahren.“[508] Um sich diesen anzunähern, können diverse Methoden zum Einsatz kommen.[509] In der Arbeitshilfe des untersuchten Bistums wird die Risiko- bzw. Situationsanalyse wie folgt definiert:

> „Die Risiko-/Situationsanalyse überprüft im Sinne einer Bestandsaufnahme, ob und wo Risiken oder Schwachstellen in der Pfarrei bestehen, die die Ausübung von grenzverletzendem Verhalten und sexualisierter Gewalt ermöglichen oder gar begünstigen. Die Auseinandersetzung mit vorhandenen Strukturen, dem zugrundeliegenden Konzept, den Regeln, der Organisationskultur sowie der Haltung der Mitarbeiterinnen und Mitarbeiter stehen deshalb im Vordergrund. Ziel ist, herauszufinden, welche Maßnahmen zur Prävention grenzverletzenden Verhaltens und sexualisierter Gewalt bereits vorhanden sind und an welchen Stellen Optimierungsbedarf besteht. Es handelt sich folglich um einen Abgleich des Ist-Soll-Zustands. Die Auswertung dieser Ergebnisse bildet die Basis für das ISK einer Pfarrei.“[510]

Im Entwicklungsprozess des Konzepts *i*nsgesamt ist diese Analyse also als ein Teil zu begreifen. Die Entwicklung des Konzeptes erschöpft sich nicht darin. Es finden sich aber besonders viele Ansatzpunkte in der in der Begleit- und Forschungsliteratur und in den normativen Dokumenten der Bischofskonferenz, die Partizipation von Kindern und Jugendlichen besonders hinsichtlich dieses Blick Teils des Erstellungsprozesses hervorheben. „Umfassende Partizipation beginnt idealerweise bereits bei der Durchführung der Risikoanalyse, die eigentlich den Grundstein für den Organisationsentwicklungsprozess darstellen sollte.“[511] Dabei sollten alle Beteiligten, auch Kinder, in „alters- und funktionsangemessener Weise von Beginn an“[512] beteiligt sein. Mit Blick auf Kinder und Jugendliche und

Situationsanalyse kann im Vergleich zum Begriff Risikoanalyse hervorheben, dass Institutionen über Risiko- und Schutzfaktoren verfügen.

508 Schröer/Wolff, Schutzkonzepte und Gefährdungsanalysen - eine Grundverständigung, 30.

509 Methoden zur partizipativen Erstellung von Risiko- bzw. Situationsanalysen finden sich hier: Oppermann, Carolin/Winter, Veronika/Wolff, Mechthild: Methoden zur partizipativen Durchführung von Gefährdungsanalysen. In: Oppermann, Carolin (Hg.): Lehrbuch Schutzkonzepte in pädagogischen Organisationen (Studienmodule Soziale Arbeit). Weinheim 2018, 192–203.

510 NRW-Bistum, Arbeitshilfe für Pfarreien zur Erstellung eines Institutionellen Schutzkonzeptes, 8.

511 Schloz/Allroggen/Fegert, Forschungsstand zur Umsetzung von Schutzkonzepten und Faktoren einer gelingenden Implementierung, 31.

512 Ebd.

ihre Partizipation ist diesbezüglich die Annahme leitend, dass sie „ExpertInnen ihrer Organisation sowie ihrer Biographie“[513] sind. Des Weiteren legt Partizipation an der Erstellung des Schutzkonzeptes den Grundstein dafür, dass das Konzept in der Organisation akzeptiert und umgesetzt wird. Dies wurde bereits als förderlicher Faktor benannt. „Mitarbeitende, Ehrenamtliche, Erziehungsberechtigte und die Kinder und Jugendlichen können im Verlauf des Prozesses beispielsweise in Form von Gremien, Konzept- oder Arbeitsgruppen und Projekten beteiligt sein und bleiben.“[514]

Mechthild Wolff verweist nun auf die Unterscheidung zwischen objektiven und subjektiven Organisationsanalysen. Im Gegensatz zu einer objektiven Analyse, die sich objektivierbaren Fakten wie z. B. Finanzen annimmt, kommt bei der Risiko- bzw. Situationsanalyse in den Blick, was sich an Beziehungsgeschehen ereignet. Es geht „also um Aushandlungsprozesse interessengeleiteter AkteurInnen“ und ihre „subjektiven Wirklichkeitskonstruktionen“.[515] In diesem Sinne gehört es zum Kernauftrag der Analyse, die Wirklichkeitskonstruktionen der involvierten Akteure zusammenzunehmen und abzugleichen:

> „Werden Kinder und Jugendliche mit in solche Analysen einbezogen und wird ihnen die Chance gegeben, selbst ihre Situation analysieren zu können, bestehen für diese Kinder viele Bildungschancen. Sie werden angeregt, ihre eigene Situation zu analysieren und zu verstehen.“[516]

6.2.2 Beschwerdewege

Der Baustein *Beschwerdewege* in der Arbeitshilfe zur Erstellung der Schutzkonzepte des untersuchten Bistums sieht eine Zuspitzung der Regelungen für Beschwerden bzgl. des Verdachts auf sexualisierte Gewalt vor: „Das Einrichten von Beschwerdewegen hat den Hintergrund eines transparenten Verfahrens mit klarer Regelung der Abläufe und Zuständigkeiten (PrävO §7).“[517] Als zentral wird die Entwicklung von auf die Pfarrei „zugeschnittene[n] Handlungsleitfäden“[518]

513 Oppermann/ Schröer, AdressatInnen und Schutzkonzepte, 15.

514 Schloz/Allroggen/Fegert, Forschungsstand zur Umsetzung von Schutzkonzepten und Faktoren einer gelingenden Implementierung, 31.

515 Wolff, Organisationsanalysen als Ausgangspunkt der Entwicklung eines besseren KlientInnenschutzes, 44.

516 Ebd., 45.

517 NRW-Bistum, Arbeitshilfe für Pfarreien zur Erstellung eines Institutionellen Schutzkonzeptes, 12.

518 Ebd.

herausgestellt, um verschiedene Beschwerdewege für verschiedene Akteure und Gruppen der Pfarrei transparent zu machen.

Beschwerdewege hängen für Hubert Liebhardt untrennbar mit Partizipation zusammen. Er bezeichnet Partizipation als „unverzichtbare Voraussetzung des Beschwerdemanagements“[519]. Damit funktionieren Beschwerdewege gerade nicht voraussetzungslos und selbstverständlich für Kinder und Jugendliche, sondern hängen mit den vorfindlichen partizipativen Strukturen der Einrichtung oder Organisation zusammen, „denn Kinder und Jugendliche werden durch Teilhabe gestärkt und sicherer darin, Bezugs- und Vertrauenspersonen auszusuchen, die einen professionellen Umgang mit Verfahrensstrategien gewährleisten.“[520] Auch Sabine Schöning-Müller bestätigt dies in einer Auswertung der Beschwerdewege in stationären Einrichtungen. Am Beispiel eines Jugendforums macht sie deutlich, dass Kinder und Jugendliche indem sie sich über das Jugendforum zu beteiligen lernen, auch kompetenter würden, Beschwerden zu formulieren. „Als positiver Nebeneffekt zeigt sich, dass in diesem Klima des Austausches formale Beschwerden oft nicht mehr nötig sind, da Schwierigkeiten frühzeitig thematisiert und zeitnah aufgelöst werden können.“[521] Beschwerdewege tragen ihrerseits im Idealfall dazu bei, dass sich die Kinder und Jugendlichen „als freie und gleichberechtigte Subjekte am Diskussionsprozess in Institutionen“[522] berücksichtigt wissen.

Beschwerdewege als Baustein der Schutzkonzepte können zunächst ausbuchstabiert werden als Wege zur Beschwerde über sexualisierte Gewalt. Ein Blick in die Literatur hilft hier, um den Blick darüber hinaus auf ein weitergehendes Beschwerdewegeverständnis zu lenken. Es geht um Verfahren, die sich unterschiedlicher Wahrnehmungen (Selbst- und Fremdwahrnehmungen) mit unterschiedlicher Intensität annehmen können. Diese bedürfen einerseits einer „Einordnung der Wichtigkeit und Dringlichkeit“ und dürfen andererseits nicht dazu verleiten, „vermeintlich bedeutungslosere Beschwerden zu bagatellisieren und nicht

519 LIEBHARDT, Hubert: Beschwerdeverfahren als Teil einer Fehlerkultur. In: CRONE, Gerburg/LIEBHARDT, Hubert (Hg.): Institutioneller Schutz vor sexuellem Missbrauch. Achtsam und verantwortlich handeln in Einrichtungen der Caritas (Studien und Praxishilfen zum Kinderschutz). Weinheim u.a. 2015, 57.

520 Ebd., 61.

521 SCHÖNING-MÜLLER, Sabine: Mitbestimmung als wesentliches Element des Kinderschutzes in stationären Einrichtungen. In: CRONE, Gerburg/LIEBHARDT, Hubert (Hg.): Institutioneller Schutz vor sexuellem Missbrauch. Achtsam und verantwortlich handeln in Einrichtungen der Caritas (Studien und Praxishilfen zum Kinderschutz). Weinheim u.a. 2015, 97.

522 LIEBHARDT, Hubert: Beschwerdeverfahren als Teil einer Fehlerkultur. In: CRONE, Gerburg/LIEBHARDT, Hubert (Hg.): Institutioneller Schutz vor sexuellem Missbrauch. Achtsam und verantwortlich handeln in Einrichtungen der Caritas (Studien und Praxishilfen zum Kinderschutz). Weinheim u.a. 2015, 57.

weiterzuverfolgen."[523] Liebhardt benennt einige Eigenschaften eines Beschwerdesystems[524], wobei *Niedrigschwelligkeit* und *Anonymität bzw. strenge Vertraulichkeit* hier hervorgehoben werden sollen. Denn Beschwerdewege weisen so mit Blick auf Partizipationsmöglichkeiten mindestens zwei Dimensionen auf, die sich hier gut zeigen lassen. Beschwerdewege haben eine *öffentliche Seite*. Sie müssen bekannt sowie von allen Mitgliedern einer Einrichtung niedrigschwellig erreich- und durchführbar sein. Dem korrespondiert die öffentlich wirksame und transparente Konsequenz aus eingegangenen Beschwerden (z. B. die Umsetzung von Veränderungsvorschlägen). Die andere Seite kann mit Liebhardt als *geschützte, vertrauliche Seite* bezeichnet werden. Es muss die Möglichkeit für eine anonyme Beschwerde bestehen und Vertraulichkeit auch im Falle einer nicht anonymen Beschwerde garantiert werden. Gleichzeitig muss garantiert sein, dass Beschwerden zeitnah von einem Expert*innenteam bearbeitet werden und daraus systemische Konsequenzen erwachsen. Hinsichtlich sexualisierter Gewalt bringt Vertraulichkeit einen wichtigen Punkt mit sich: Kommt es zu einer Mitteilung über sexualisierte Gewalt durch Kinder und Jugendliche kann nicht garantiert werden, die Mitteilung mit Vertraulichkeit i. S. v. Geheimhaltung zu behandeln. Es bedarf Vertraulichkeit als Transparenz, was z. B. die erwachsene Person mit den Informationen des Kindes tut. Eventuell wird sie dem Kind sagen, dass sie das weitere Vorgehen mit weiteren Kolleg*innen berät. Vertraulichkeit erfordert eine transparente Kommunikation und gemeinsame Abstimmung über die weiteren Handlungen, die auf die Beschwerde des Kindes folgen müssen. Ulrike Urban-Stahl hat 2013 zehn Empfehlungen für die Umsetzung von Beschwerdeverfahren in der Kinder- und Jugendhilfe veröffentlicht.[525]

„Neben der Beteiligung aller Akteure hebt sie [gemeint ist Ulrike Urban-Stahl; R.B.] auch hervor, dass die konkreten Bedingungen in den einzelnen Einrichtungen berücksichtigt werden müssen, dass die Auseinandersetzung mit den Rechten von Kindern und Jugendlichen in der Einrichtung erfolgen muss, dass die Entwicklung vielfältiger Beschwerdewege erzielt werden sollte, dass Vertrauen, Transparenz und Verlässlichkeit unverzichtbare Tugenden der Einrichtung sind und stets berücksichtigt werden müssen und schließlich, dass die Implementierung von Beschwerdeverfahren Zeit und ‚Lobbyisten' benötigt, wobei grundsätzlich den Einrichtungsleitungen eine Schlüsselrolle zukommt."[526]

523 Ebd., 54.

524 Ebd., 52–55.

525 Vgl. URBAN-STAHL, Ulrike: Beschweren erlaubt! 10 Empfehlungen zur Implementierung von Beschwerdeverfahren in Einrichtungen der Kinder- und Jugendhilfe. 2013. Online verfügbar unter *https://www.ewi-psy.fu-berlin.de/einrichtungen/arbeitsbereiche/sozialpaedagogik/dokumente/BIBEK-Handreichung.pdf* [Stand 06.12.2021].

526 ANDRESEN, Sabine: Kinderschutz im Alltag - Multidimensionale Perspektiven und Konzepte. In: CRONE, Gerburg/LIEBHARDT, Hubert (Hg.): Institutioneller Schutz vor sexuellem

Beschwerdewegen liegt ein weiterer partizipationsbezogener Bereich zu Grunde, wie sich hier erkennen lässt: Die Aufklärung von Kindern über ihre Rechte sowie darüber, wo und bei wem sie sich über diese Rechte eigenständig weiterinformieren und, wie sie sich beschweren können, wenn sie ihre Rechte verletzt sehen.[527] Am Beispiel des Organisationsverständnisses der High Reliability Organizations lässt sich weiterhin zeigen, wie auch das Organisationsverständnis die Beschwerdewege prägt. Es sei hier an die Bedeutung von Fehlern und sog. schwachen Signalen erinnert: „Schwache Signale können besonders in solchen Organisationen gut vernommen werden, in denen alle Mitglieder (auch die mit weniger Kompetenzen) eventuelle Bedenken frei äußern können und für abweichende Meinungen geschätzt werden".[528]

6.2.3 Maßnahmen zur Stärkung von Kindern und Jugendlichen

In der Bausteinlogik der Schutzkonzepte sind auch *Maßnahmen zur Stärkung von Kindern und Jugendlichen* vorgesehen. Die Arbeitshilfe des untersuchten Bistums nimmt diesen Baustein als Form der Primärprävention auf:

> „Im Rahmen des ISK sind geeignete Maßnahmen zur Stärkung von Kindern und Jugendlichen (Primärprävention) zu entwickeln (PrävO §10). Darunter sind unter anderem alle Maßnahmen zu verstehen, die Kinder und Jugendliche in der Stärkung ihrer Persönlichkeit unterstützen (zum Beispiel Selbstbehauptung, Selbstwertgefühl) sowie sexualisierter Gewalt vorbeugen."[529]

Als mögliche Inhalte des Bausteins werden die folgenden Aspekte aufgelistet:

- „Umgang mit eigenen Gefühlen",
- „Kultur der Achtsamkeit und des Vertrauens im Miteinander",
- „Stärkung der Persönlichkeit/des Selbstwertes Wissen um die eigenen Rechte (zum Beispiel auf Wissen, Beschwerde, Unversehrtheit ...)",
- „Förderung der Kommunikationskultur" und
- „Sexualpädagogische Angebote, Förderung von Partizipation".[530]

An der Breite der vorgeschlagenen inhaltlichen Aspekte wird erkennbar, dass der Baustein vielfältig und offen angelegt ist. Dabei werden die stärkenden Aspekte

Missbrauch. Achtsam und verantwortlich handeln in Einrichtungen der Caritas (Studien und Praxishilfen zum Kinderschutz). Weinheim u.a. 2015, 117f.

527 Vgl. Oppermann/Schröer, AdressatInnen und Schutzkonzepte, 148.

528 Domann/Esser/Rusack, Jugendliche und ihre Co-Produktion bei Schutzkonzepten, 58f.

529 NRW-Bistum, Arbeitshilfe für Pfarreien zur Erstellung eines Institutionellen Schutzkonzeptes, 13.

530 Ebd.

als Primärprävention eingeordnet. Primärprävention zielt auf die Verhinderung sexualisierter Gewalt, während Sekundärprävention darauf zielt, diese möglichst früh aufzudecken und zu beenden.

Um die Vielfalt der primärpräventiven Angebote im Bereich der Stärkung näher zu verstehen hilft eine weitere Unterscheidung aus der Forschung: Präventionsangebote für Kinder können unterschieden werden in a) gefahrenzentrierte Ansätze und b) bestärkende Ansätze. Yvonne Oeffling, Veronika Winter und Mechthild Wolff sehen bei Ersteren das Ziel vor allem in der Information von Kindern und Jugendlichen über sexualisierte Gewalt und entsprechende Schutzmaßnahmen in der Organisation sowie in der Ermutigung zur Mitteilung, wenn etwas passiert (siehe auch Beschwerdewege, Kapitel 6.2.2). Letztere Ansätze sollen Kinder und Jugendliche im Hinblick auf ihr Selbstvertrauen und das Wissen um ihre Rechte stärken, sie aber auch sprachfähig in den Themen Sexualität und Körper machen.[531] Interessant sind die zwei unterschiedlichen Ebenen: Information bei gefahrenzentrierten Ansätzen und Befähigung zur Sprachfähigkeit und Aktivierung bei stärkenden Ansätzen. Dazu markieren die Autor*innen den wichtigen Punkt, dass durch diese Unterscheidung eben Erwachsene niemals aus ihrer Schutzverantwortung entlassen werden und bestärkende Angebote „langfristig und ergänzend in den Organisationsalltag eingebaut werden“[532] sollten. Ihnen kommt damit besonders im Hinblick auf die Transformation in Organisationsentwicklungsprozessen Bedeutung zu.

Wenn Kinder und Jugendliche als Akteure der Einrichtungen erachtet werden, geht es nicht darum, Schutz im Sinnes eines „entmündigenden Kindheitsverständnisses“ zu begreifen, sondern vielmehr darum, „Bewältigungsformen, Eigenleistungen, Handlungsfähigkeiten der Kinder und Jugendlichen wahrzunehmen“ und ihrer „Stimme Gewicht zu verleihen, damit sie in ihrem Selbstbewusstsein und ihren Selbstwirksamkeitsüberzeugungen gestärkt werden.“[533] Über die Beschwerden bei einer Rechteverletzung hinaus (Partizipation an Sekundärprävention) gilt es, Kindern und Jugendlichen zu ermöglichen, dass sie sich aktiv für die Umsetzung und Ausgestaltung dieser Rechte in der Organisation einsetzen können (Partizipation an Primärprävention).[534]

531 Vgl. Oeffling/Winter/Wolff, Prävention als organisationales Bildungskonzept, 212. Unter Verweis auf Kindler, Heinz: Prävention von sexuellem Missbrauch – Möglichkeiten und Grenzen. In: Fegert, Jörg (Hg.): Sexueller Missbrauch von Kindern und Jugendlichen. Ein Handbuch zur Prävention und Intervention für Fachkräfte im medizinischen, psychotherapeutischen und pädagogischen Bereich, Mit 22 Tabellen. Berlin 2015, 351–362.

532 Ebd., 214.

533 Oppermann/Schröer, AdressatInnen und Schutzkonzepte, 143.

534 Vgl. Oppermann u.a., Kultur der Achtsamkeit als wesentlicher Aspekt eines Schutzkonzeptes, 50.

6.2.4 Partizipation als Selbstkonzept Erwachsener und Herausforderung für ihre Professionalität

Partizipation kann auf Seiten der institutionell-professionellen Rahmung der Prozesse als Grundhaltung gefasst werden. Dabei wird (anders als bei den eben genannten Stärkungsmaßnahmen, die die Gestaltungsmacht der Kinder und Jugendlichen selbst ins Zentrum rücken) die Perspektive eingenommen, dass die Prozesse durch Erwachsene initiiert werden und insgesamt einer institutionell-professionell geprägten Partizipationslogik[535] gefolgt wird. Als Zielpunkt der im Rahmen der Schutzkonzepte ergriffenen Maßnahmen und der partizipativen Entwicklung der Konzepte werden häufig Haltungsentwicklungen formuliert:

> „Es geht vor allem darum, mit den Leiter/Leiterinnen, den Betreuern/Betreuerinnen und den Mitarbeitern/Mitarbeiterinnen ins Gespräch zu kommen und im Dialog bspw. spezifische potenzielle Risikosituationen in den Blick zu nehmen, Verhaltensstandards zu vereinbaren und mögliche Notfallpläne für den jeweiligen Träger und den jeweiligen Ort zu entwickeln. Ziel ist es, Haltungen der Menschen in der Jugendarbeit zu entwickeln, ggf. zu verändern und das Thema längerfristig wach und präsent zu halten."[536]

Es gibt unterschiedliche Ansätze, um Haltung im Zusammenhang mit der Prävention sexualisierter Gewalt zu konzipieren. Sie kann eng im Zusammenhang mit der Frage nach Professionalität ausbuchstabiert werden. Für Karin Böllert besteht Professionalität im Umgang mit sexualisierter Gewalt aus drei Komponenten: 1) Wissen, 2) Orte der Reflexion und 3) Haltungen bzw. Selbstkonzepte der Fachkräfte. Im Zusammenhang mit den Haltungen spielt für sie Partizipation eine Rolle. Es bedarf, so Böllert, einer „achtsamen und wertschätzenden Haltung gegenüber Kindern und Jugendlichen, die in einer bedingungslos respektvollen Grundhaltung gegenüber Kindern und Jugendlichen, als leitend in konkreten Handlungssituationen und bspw. in Konzepten von Beteiligung und Partizipation sowie in der Orientierung an Kinderrechten zum Ausdruck kommt."[537] Diese Beschreibung ist interessant, da sie einen konkreten Ausdruck dieser achtsamen Haltung, die als Ausweis von Professionalität genommen wird, mit Konzepten von Partizipation identifiziert. Das ist die eine Erkenntnis. Die andere ist, dass Partizipation als Ausdruck von etwas gedacht wird; Partizipation steht hier

535 STRAßBURGER, Gaby/RIEGER, Judith: Bedeutung und Formen der Partizipation – Das Modell der Partizipationspyramide. In: STRAßBURGER, Gaby/RIEGER, Judith (Hg.): Partizipation kompakt. Für Studium, Lehre und Praxis sozialer Berufe. Weinheim Basel ^{2}2019, 22–34.

536 BERTELS/WAZLAWIK, Jugendliche und Kinder stärken, 41.

537 BÖLLERT, Karin: Sexualisierte Gewalt - Professionelle Herausforderungen. In: BÖLLERT, Karin/WAZLAWIK, Martin (Hg.): Sexualisierte Gewalt. Institutionelle und professionelle Herausforderungen. Wiesbaden 2014, 147. Unter Verweis auf BERTELS/WAZLAWIK, Jugendliche und Kinder stärken, 43.

für etwas, das Böllert mit Haltungen identifiziert. Partizipation zeigt sich somit in den Selbstkonzepten der Erwachsenen und erscheint als etwas, das man in den Entwurf seiner Persönlichkeit integriert:

„Dabei fallen solche Haltungen als Selbstkonzepte der Fachkräfte, die ihr Handeln und Entscheiden maßgeblich beeinflussen, nicht ‚vom Himmel' und können auch nicht verordnet werden. Vielmehr sind sie das Ergebnis einer Verknüpfung von Berufssozialisation in Ausbildung und Praxis mit biografischen Erfahrungen."[538]

Eine „nutzer- und beteiligungsorientierte Grundhaltung"[539] kann insofern als Herstellungsleistung begriffen werden. „Letztlich ist in den gegebenen Machtkonstellationen von Organisationen eine beteiligungsorientierte Grundhaltung häufig labil. Sie muss immer wieder neu erstritten werden."[540] Gesa Bertels und Martin Wazlawik verweisen darauf, dass sich eine solche achtsame und „bedingungslos respektvolle Grundhaltung"[541] gegenüber Kindern und Jugendlichen vor allem in kritischen Situationen beweisen muss: „Diese wird zumeist nicht in den schönen und bereichernden Situationen auf den Prüfstand gestellt, sondern eher in Situationen, wo Kinder nerven, man ihrer überdrüssig ist oder sie nicht auf die Hinweise und Anweisungen des Gruppenleiters/der Gruppenleiterin hören."[542] Es zeigt sich gerade in solchen Situationen wie Macht und Machtdifferenzen, die in Kinder- und Jugendarbeit immer anzutreffen sind, reflektiert werden und z. B. im Team der Leiter*innen zum Thema gemacht werden können. Die Haltung zeigte sich dann in ihrer konkreten Realisierung auf Ebene der Praktiken und Handlungsentscheidungen. „Ein Beispiel: Keiner wird auf die Idee kommen, darüber zu diskutieren, das von den Leiterinnen und Leitern verhängte Badeverbot bei Gewitter im Meer infrage zu stellen. In anderen, weniger existentiellen, grundlegenden oder sicherheitsrelevanten Fragen wird man Anweisungen von der Leitung eher hinterfragen dürfen."[543] Partizipation tritt hier als eine Form der Ausprägung von Haltungen auf Ebene der Praktiken und konkreten Entscheidungen der Erwachsenen und Leiter*innen insbesondere in kritischen Situationen, die diese Haltung herausfordern, in Erscheinung. Anschlussfähig daran sind auch die Forschungsergebnisse zu Schutzkonzepten von Sophie Domann, Florian Esser und Tanja Rusack. Sie beschreiben stationäre Einrichtungen

538 Ebd.

539 WOLFF, Mechthild/HARTIG, Sabine: Gelingende Beteiligung in der Heimerziehung. Gute Praxis beim Mitreden, Mitwirken und Mitbestimmen von Kindern und Jugendlichen im Heimalltag; ein Werkbuch für Jugendliche und ihre BetreuerInnen (Edition Sozial). Weinheim/Basel 2013, 51

540 OPPERMANN/ SCHRÖER, AdressatInnen und Schutzkonzepte, 144.

541 BERTELS/WAZLAWIK, Jugendliche und Kinder stärken, 43.

542 Ebd.

543 Ebd.

als ‚Communities of practice'.[544] Mit dem Konzept der Communities of Practice wird u. a. verdeutlicht, dass nicht nur offizielle Regeln, sondern auch inoffizielle, ungeschriebene Regeln, Verbote usw. den Organisationsalltag prägen. Die drei Autor*innen kommen zu der Erkenntnis: Kinder und Jugendliche „lernen schnell und vielfach durch unausgesprochene Kommunikation, was in einer Organisation erlaubt oder verboten ist – auch in Widerspruch zu den ‚offiziellen Regeln'. Daraus lässt sich die Bedeutung für partizipative Organisationsentwicklung ableiten."[545] Damit sind es gerade nicht (nur) die durchstrukturierten und durchdachten, offiziellen Regeln, die den Kindern und Jugendlichen im Handeln der Erwachsenen – sicher auch in der Gemeindepastoral – begegnen:

> „In Organisationen werden bewusst oder unbewusst Regeln, Haltungen, Praxen des Umgangs und Kommunikationsabläufe hergestellt. Dadurch geben sich Organisationen Sinn und Orientierung, gleichzeitig wird damit eine ganz eigene Kultur in Organisationen hergestellt, d.h. Mitglieder der Organisation gestalten und stellen je spezifische Umgangsformen mit Aspekten wie Tabus, Fehlern, Werten wie Anerkennung oder Vertrauen aktiv gemeinsam her. So hat jede Organisation eine Kultur, die von den Menschen, die die Organisation ausmachen, auch verändert werden kann."[546]

Vor diesem Hintergrund wird eine weitere Erkenntnis wichtig und lässt sich erschließen: Der Verweis darauf, Partizipationsprozesse im Kinderschutz nicht zu technokratisieren. Reinhard Wolff u. a. verweisen in ihrer Studie zur Kinderpartizipation im Kinderschutz auf einen möglichen Fallstrick. Ihnen zur Folge zeigt sich,

> „dass es für die Fachkräfte im Kinderschutz eine beständige Herausforderung bleibt, institutionellen und fallbezogenen Logiken gleichgleichermaßen zu entsprechen (vgl. Ackermann 2010). Das Verhalten von Kindern und Jugendlichen warnt gewissermaßen vor der Gefahr einer ‚Formalisierung' oder ‚Technokratisierung' des Beteiligungsprozesses, sie sehen z. B. keinen Sinn darin, Verträge zu unterzeichnen, die sie nicht entworfen haben oder an deren Erarbeitung sie nicht teilgenommen haben (vgl. Münder 2000, Pluto 2007, Robin 2009)."[547]

Ein weiterer Aspekt von Partizipation kann durch die Frage nach den Bereichen, die diese Partizipation umfasst, erschlossen werden. Die Frage eröffnet die

544 DOMANN/ESSER/ RUSACK, Jugendliche und ihre Co-Produktion bei Schutzkonzepten, 56–60.

545 Ebd.

546 SCHRÖER/WOLFF, Schutzkonzepte und Gefährdungsanalysen - eine Grundverständigung, 35.

547 WOLFF, Reinhart u.a.: Kinder im Kinderschutz. Zur Partizipation von Kindern und Jugendlichen im Hilfeprozess, Eine explorative Studie. Herausgegeben vom Nationalen Zentrum Frühe Hilfen (NZFH) in der Bundeszentrale für gesundheitliche Aufklärung (BZgA). 2014, 26.

Perspektive darauf, dass der Kinder und Jugendliche *betreffende* Bereich in Gemeinde und Pfarrei nicht zwangsläufig in der Beschränkung auf die Jugendgruppe, auf die Sternsingeraktion oder auf das Ferienlager, in der die Kinder unterwegs sind, aufgeht. Mechthild Wolff und Sabine Hartig unterscheiden zwischen Beteiligung in eigener Sache, in der Gruppe, im Heim und im Umfeld.[548] Sie nehmen damit zum einen die individuelle Ebene der einzelnen Kinder und Jugendlichen und ihrer jeweiligen persönlichen Anliegen, die Gegenstand der Beteiligung sein sollen, in den Blick. Als Beispiele hierfür werden der Kontakt zu den Eltern, Beschwerdemöglichkeiten, die Wahl der Bezugserzieher u.v.m. genannt. Zum anderen kommen verschiedene organisationale Ebenen in den Blick: Die Gruppe, das Heim insgesamt sowie das Umfeld der Einrichtung. Beteiligungsprozesse innerhalb der (Wohn-)Gruppe zielen auf die Gestaltung und Regelung des Zusammenlebens in der Gruppe. Dies kann konkret z. B. die Gestaltung der Gemeinschaftsräume, das gemeinsame Aufstellen von Gruppenregeln, die Aufgabenplanung (z. B. Putzplan oder Einkäufe) oder gemeinsame Konfliktlösungen betreffen.[549] Beteiligungsprozesse auf das Heim bezogen zielen auf alle Entscheidungen, die über die konkrete Gruppe hinaus die Gesamtgestaltung des Heims betreffen, z. B. Hausordnungen, Wahlen (z. B. Heimrat), Personal(mit)entscheidungen oder die Gestaltung des Außengeländes.[550] Im Bereich des Umfelds geht es für Wolff und Hartig um Beteiligung bzgl. der Aspekte, die im Außen des Heims „Gelegenheiten der Teilnahme, des Austausch und der Vernetzung“[551] bieten, z. B. Kontakte zur Nachbarschaft, Straßenfeste, aber auch bzgl. Schulen und Ausbildungen oder Kontakten zu Familien oder dem Jugendamt. Zwischen den Ebenen, die Wolff und Hartig benennen, ist es nicht immer möglich, trennscharf zu unterscheiden, ohne die konkrete Einrichtung vor Augen zu haben. Beispielsweise müsste im konkreten Fall bei der Gestaltung der Gemeinschaftsräume beachtet werden, welche Gruppen diese nutzen und ob es das ganze Heim oder eben nur einzelne Gruppen betrifft, hier mitzuentscheiden. Übergreifend über alle Ebenen sind nicht nur Möglichkeiten zur Partizipation bereitzustellen, sondern auch die Kinder und Jugendlichen zu ermutigen und explizit aufzufordern, sich einzubringen. Grundvoraussetzungen dafür sind, dass zum einen Kinder und Jugendliche als Expert*innen ihrer Lebenswelten und ihres Lebens (individuelle Ebene) und in der Gruppe als eigenständige Individuen (Ebene der Gruppe) anerkannt sind und, dass ihnen auf der anderen Seite

548 Vgl. WOLFF/HARTIG, Gelingende Beteiligung in der Heimerziehung, 49f.
549 Vgl. ebd., 77f.
550 Vgl. ebd., 104f.
551 Ebd., 136.

aufgezeigt wird, dass ihr Beitrag etwas verändern und „wirklich etwas bewirken [kann; R.B.], von dem alle profitieren.“[552]

Partizipation als Grundhaltung Erwachsener wird auch von deren Vorstellungen vom Kind und von Kindheit beeinflusst. Timo Ackermann und Pierrin Robin kommen im Zuge ihrer Untersuchung von Jugendamtsakten zu der Frage, wie dort Kinder und ihre Handlungsträgerschaft konstruiert werden, zu dem Ergebnis, dass Kinder auf dreierlei Weisen in diesen Akten vorkommen: 1) als Abwesende, 2) als Objekte der Sorge und 3) als Akteure.[553] Ausgangspunkt ihrer Analysen ist die Annahme, „dass die Vorstellungen von Kindheit, denen die Sozialarbeiter in ihrer Arbeit folgen, wesentlich bestimmen, welche Formen der Partizipation für Kinder möglich sind.“[554] Dennoch kommen Ackermann und Robin zu dem Ergebnis, dass eine „passivierende[] Konzeptionierung von Kindern“[555] nicht den Sozialarbeiter*innen als Personen zugeschrieben werden kann. Vielmehr verweisen sie darauf, Akteure und Produktionen von Akteuren und ihren Handlungsmächten vor dem Hintergrund „der organisationalen Kontexte zu verstehen, in denen sie geführt werden“[556]. Warum die Sozialarbeiter*innen in ihren Akten die Handlungsträgerschaft von Kindern unterschiedlich konstruieren, kann vor dem Hintergrund der Organisationslogik plausibilisiert werden:

> „Die Akteure haben ‚gute Gründe‘ so zu handeln, wie sie handeln und Probleme werden in einer Weise identifiziert, dass sie im entsprechenden Setting auch gelöst werden können (vgl. dazu Garfinkel 1967/2008 bzw. Luhmann 2005; Weick 2011). Organisationen produzieren ihre Umwelten – z. B. die Profile ihrer Adressat/innen – selbst und zwar derart, dass die identifizierten Probleme mit den Mitteln der Organisation bearbeitbar sind (Cohen et al. 1972).“[557]

Für Ackermann und Robin bedeutet dies, dass für eine verbesserte Partizipation von Kindern im Kinderschutz sowohl an den „Konstruktionen von Kindheit in professionellen, aber auch in organisational-institutionellen Settings“[558] gearbeitet werden muss. Schaut man auf Partizipation im Setting der Schutzkonzepte in

552 Oppermann/Schröer, AdressatInnen und Schutzkonzepte, 146.

553 Vgl. Ackermann, Timo/Robin, Pierrin: Kinder im Kinderschutz. Zur Konstruktion von Agency in amtlichen Entscheidungsprozessen. In: Bühler-Niederberger, Doris/Alberth, Lars/Eisentraut, Steffen (Hg.): Kinderschutz. Wie kindzentriert sind Programme, Praktiken, Perspektiven? Weinheim und Basel 2014, 64–81. Die Ergebnispräsentation ist in zwei Zeitschriften nahezu im gleichen Wortlaut zu finden. Vgl. dazu auch die nachfolgende Fußnote.

554 Ackermann, Timo/Robin, Pierrin: Kinder im Kinderschutz. Zur Konstruktion von Handlungsträgerschaft in Jugendamtsakten. In: Sozialmagazing. 5-6 (2015), 73.

555 Ebd., 79.

556 Ebd.

557 Ebd.

558 Ebd.

Gemeindepastoral und folgt man Ackermann und Robin hier, ließe sich lernen, dass in den Schutzkonzepten die Partizipation der Kinder im Rahmen durch die von konkreten Akteuren eingetragenen Kindheitsvorstellungen so produziert wird, dass sie auch in Gemeindepastoral bearbeitbar wird. Insofern ließe sich von Kinderpartizipation im Zusammenhang mit Prävention im Grunde nur noch sehr spezifiziert sprechen: Partizipation erscheint als von den Kindheitsvorstellungen der Akteure geprägt und durch die konkrete Organisation produziert.

6.2.5 Partizipation als Reflexion von Machtdifferenzen

Scheinpartizipation kann verhindert werden, indem die strukturell durch die Organisationen eingetragenen Machtunterschiede, Gestaltungsmöglichkeiten und Spielräume, aber auch die persönlichen, beziehungsbedingten und verflochtenen Abhängigkeiten und Hierarchien zwischen Erwachsenen, Kindern und Jugendlichen und im Bereich der jeweiligen Peers berücksichtigt werden.[559] Die Berücksichtigung und Reflexion dieser Machtunterschiede und der Anfälligkeiten für einen missbräuchlichen Umgang mit dieser Macht führt dahin, „körperliche Stärke, Sprachfähigkeit und Orientierungswissen“[560] auf Seiten der Kinder- und Jugendlichen zu fördern und sich damit einhergehend darüber zu vergewissern, wie eigentlich in der Organisation die Glaubwürdigkeit von Kindern und Jugendlichen gerahmt ist.[561]

Gerade im klassischen Verständnis von Gemeindearbeit und Katechese werden *Angebote für* Kinder und Jugendliche gemacht. In pädagogischen Bereichen kennt man den Begriff der Adressat*innen, mit dem im Grunde genommen eine Paradoxie verbunden ist: „Er [der Begriff „Adressat*innen“; R.B.] ist erfunden worden, um den Menschen in pädagogischen und sozialen Einrichtungen mehr Macht und Einfluss zu geben und ihnen Partizipationsmöglichkeiten zu eröffnen. Gleichzeitig reduziert er sie auf einen Status als EmpfängerIn von Hilfe“.[562] Machtdifferenzen verlaufen zwischen organisationalen Gestaltungsräumen und den Möglichkeiten der einzelnen Kinder, Jugendlichen oder Erwachsenen in Gemeindepastoral. Das macht der Begriff der Adressat*innen in besonderer Weise deutlich. Diese Machtdifferenzen können und sollten nicht nivelliert werden. Aber im Anschluss an ein Organisationsverständnis im Sinne einer Kultur der Achtsamkeit lässt sich auf Partizipationsräume und -möglichkeiten verweisen,

559 Vgl. SCHRÖER/WOLFF, Schutzkonzepte und Gefährdungsanalysen - eine Grundverständigung, 33.
560 Ebd., 34.
561 Ebd., 34.
562 OPPERMANN/SCHRÖER, AdressatInnen und Schutzkonzepte, 141.

die so gestaltet werden können, dass diejenigen für die etwas getan wird, teilhaben und sich zu Wort melden.

Aufgrund der Tatsache, dass Kinder und Jugendliche in Organisationen sich in machtvollen Beziehungen wiederfinden und i. d. R. weniger Gestaltungs- oder Entscheidungsspielraum haben, verweisen Wolfgang Schröer und Mechthild Wolff auf die Notwendigkeit, sog. „Exit-Optionen" bereitzustellen, die es Kindern und Jugendlichen ermöglichen, aus konkreten Situationen oder aus bestimmten Beziehungen auszusteigen.[563] An anderer Stelle wird dies von den Autor*innen erweitert um das Verständnis der Trias von „Choice-, Voice- und Exitoptionen".[564] Dabei wird Voice vor allem mit Partizipationsmöglichkeiten verschiedener Art und Beschwerdemöglichkeiten verbunden. Choice bedeutet, „dass Kinder und Jugendliche immer die Wahl haben sollten, ob sie sich in der Situation befinden wollen."[565]

Egal in welchem Modell oder in welchen Formen man von Kinderpartizipation spricht, man bleibt immer konfrontiert mit den machtvollen Beziehungen zwischen Erwachsenen und Kindern. Wenn Partizipation durch Erwachsene initiiert wird, dann wird sie häufig funktionell oder instrumentell verstanden, das wird allein durch die Redewendung, dass Kinder *beteiligt werden,* deutlich.[566] Dem setzt die UN-KRK das Verständnis vom Kind als eigenständig handelndem Subjekt mit Partizipations*rechten* entgegen.

6.2.6 Zwischenreflexion

Die Ausführungen der vorangegangenen Unterkapitel veranschaulichen, basierend auf der Struktur der drei Ebenen 1) Erstellung von Schutzkonzepten, 2) Schutzkonzepte als Textprodukte und 3) Schutzkonzept als Organisationsentwicklungsprozesse, verschiedene Elemente eines Verständnisses von Kinderpartizipation. Es geht nicht darum, dass damit eine abgeschlossene Konzeptionierung im Bereich Schutzkonzepte modelliert würde. Es wird vielmehr deutlich: Die Grenzen dieser Ebenen sind keinesfalls starr, sondern weisen Überlappungen auf. *Kinder stärken* ist z. B. nicht auf das Textprodukt begrenzbar, zeigt sich aber in einem ersten Zugriff über den Akteur Schutzkonzept als Textprodukt sowie die normativen Anforderungen an das Konzept. Die Ebenen und die Ausführungen zu den darin zu Tage tretenden Partizipationsformen veranschaulichen

563 Vgl. SCHRÖER/WOLFF, Schutzkonzepte und Gefährdungsanalysen - eine Grundverständigung, 34.
564 OPPERMANN u.a., Kultur der Achtsamkeit als wesentlicher Aspekt eines Schutzkonzeptes, 51f.
565 Ebd., 51.
566 Vgl. LIEBEL, Kinder und Gerechtigkeit, 105.

insgesamt eine zentrale Erkenntnis: Partizipation im Rahmen der Schutzkonzepte greifbar werden zu lassen, erfordert einen Transfer zwischen den Ebenen. In der Praxis ist eine gewisse Synchronisierung zwischen Erstellung, Textprodukt und Organisationsentwicklungsprozess erforderlich. Daher könnte man sagen, dass es von der Konzeptionierung her notwendig ist, möglichst stabile Partizipationsprozesse über die drei Ebenen hinweg zu schaffen, die diese Synchronisation gewährleisten. *Stabil* würden Partizipationsprozesse in diesem konkreten Kontext dann, wenn die Übersetzungspotentiale und -möglichkeiten der Ebenen aufeinander hin möglichst hoch sind (vgl. Kapitel 9).

Das Schutzkonzept als Produkt stellt dabei den zentralen Transferpunkt dar. Dieser ist am stärksten fokussiert im durch normative Vorgaben (DBK) durchstrukturierten Erwartungsgefüge der Erstellung und Umsetzung der Schutzkonzepte. Zugleich zeigt sich die Herausforderung, Partizipation nicht nur in Konzepten festzuschreiben und mit Blick auf die konkreten Prozesse zeigt sich die Notwendigkeit, Partizipation nicht nur von den Konzepten, sondern auch von den vorhandenen Partizipationspraktiken herkommend zu bauen. Eine Umsetzungslogik kommt dort an Grenzen, wo sie keine Verbindung aufnehmen kann zu dem, was ohnehin vor Ort geschieht, da Umsetzung immer auch Aneignung und Veränderung bedeutet. Die zentrale Anforderung für die angesprochenen Übersetzungsprozesse liegt folglich darin, zwischen konzeptioneller Arbeit und vorhandenen Praktiken einerseits und normativen Vorgaben und Strukturen vor Ort andererseits zu vermitteln.

6.3 Die UN-Kinderrechtskonvention und das Recht auf Partizipation

„Wie viel Eigenverantwortung jungen Menschen in welchen Lebensbereichen zukommen sollte und wo sie vor Überforderung geschützt werden müssen […] wird darum immer wieder neu ausgehandelt werden müssen. Dies nicht nur *für Kinder*, sondern *mit ihnen* zu tun, gehört zu den wesentlichen Erkenntnissen der Auseinandersetzung mit den Kinderrechten.“[567]

Das Übereinkommen über die Rechte des Kindes, vor allem bekannt als UN-Kinderrechtskonvention (UN-KRK) bzw. als Convention on the Rights of the Child (CRC), konkretisiert die Rechte von Kindern und Jugendlichen vor Vollendung des 18. Lebensjahres. Die Konvention ist für die Staaten, die sie ratifiziert haben, gegenüber ihrer eigenen Bevölkerung verbindlich.[568] 1989 von der UN-

567 Wapler, Friederike: Kinderrechte. In: Drerup, Johannes/Schweiger, Gottfried (Hg.): Handbuch Philosophie der Kindheit. Berlin 2019, 126. Hervorhebungen im Original.

568 „Eine Konvention hat mehr Gewicht als eine Erklärung, denn eine Erklärung ist „nur“ein Appell., eine massive Aufforderung, aber kein Rechtsinstrument mit Verbindlichkeit. Der

Generalversammlung angenommen, trat die Konvention ab 1990 in Kraft. Als erster europäischer Staat unterschrieb der Heilige Stuhl.[569] Deutschland hat die Konvention 1992 unter Vorbehalten ratifiziert.[570] 2010 wurde die Vorbehaltserklärung aufgelöst und sich damit der Umsetzung und Bekanntmachung von Kinderrechten verpflichtet. Bis zum heutigen Tag sind Kinderrechte allerdings nicht ins Grundgesetz aufgenommen und stehen damit rechtlich unterhalb der Verfassung.

„Zwar gelten sämtliche im Grundgesetz enthaltenen Menschenrechte auch für Kinder. Im Unterschied zu den Elternrechten sind die Kinderrechte aber bis heute nicht explizit im Grundgesetz enthalten. Insbesondere fehlen ein bereichsübergreifender Kindeswohlvorrang sowie das Recht auf Partizipation, die sicherstellen würden, dass die subjektiven und objektiven Interessen der Kinder bei Abwägungsentscheidungen verpflichtend berücksichtigt werden müssen."[571]

Seit 2014 gilt das Individualbeschwerdeverfahren für Kinder: „Kinder können sich nun an den Ausschuss der Vereinten Nationen für die Rechte des Kindes in Genf wenden, wenn ihre Rechte vom Staat verletzt werden."[572] Zur Entstehung und Vorgeschichte der UN-KRK gehören ihr vorausgegangene Erklärungen (z. B. die Genfer Erklärung 1924 und die UN-Erklärung der Rechte des Kindes 1959)[573] sowie sich verändernde Verständnisse von Kind und Kindheit. In den Vorgängererklärungen kommt das Kind ausschließlich im Sinne eines Schutzobjektes in den Blick.[574] Das ändert sich mit der UN-KRK. Indem das Kind zum Träger von eigenen Rechten wird, verändert sich seine rechtliche, aber auch gesellschaftliche Stellung: Das Kind wird durch die UN-KRK „unstrittig zum

Beitritt zur Kinderrechtskonvention legt Staaten hingegen Pflichten auf." KRAPPMANN, Lothar: Kinderrechte. In: SPENN, Matthias (Hg.): Handbuch Arbeit mit Kindern - evangelische Perspektiven. Gütersloh 2007, 123.

569 Vgl. LUTTERBACH, Kinder und Christentum, 28.

570 Vgl. Gesetz vom 17.02.1992 (BGBl. II S. 121).

571 MAYWALD, Jörg: Das Recht gehört zu werden. Beteiligung als Grundrecht jedes Kindes. In: KNAUER, Raingard/STURZENHECKER, Benedikt (Hg.): Demokratische Partizipation von Kindern. Weinheim 2016, 18f.

572 DEUTSCHES KINDERHILFSWERK E.V.: Kinderrechte im Unterricht und in der Schule. Für Schulleitungen, Lehrkräfte und pädagogische Fachkräfte, Lehrerinfo Kinderrechte. Berlin 2017, 2. Vgl. zur Entwicklung des Beschwerdeverfahrens: DÜNNWELLER, Barbara: Beschwerderecht für das UN-Übereinkommen über die Rechte des Kindes. In: GEIGER, Gunther (Hg.): Kinderrechte sind Menschenrechte. Kinderrechte in Deutschland. Opladen/ Berlin/ Farmington Hills 2011, 95–115.

573 Hubertus Lutterbach arbeitet einige Stationen der Vorgeschichte der UN-KRK heraus und verweist auch auf die Publikation der Rechtshistorikerin Gabriele Dorsch, die alle Dokumente und Vereinbarungen zu Kinderrechten auf dem Weg zur UN-KRK gebündelt darstellt: DORSCH, Gabriele: Die Konvention der vereinten Nationen über die Rechte des Kindes (Schriften zum Völkerrecht 115). Berlin 1994, 35–44.

574 Vgl. KERBER-GANSE, Die UN-Kinderrechtskonvention, 15.

Rechtssubjekt"[575]. Diese rechtliche Weichenstellung steht dabei symbolisch für Transformationen zur Modellierung der Rolle von Kindern in verschiedenen Bereichen und des Paradigmenwechsels hin zur Wahrnehmung kindlicher Subjektivität. Im „Jahrhundert des Kindes" (1902 erschienen in deutscher Übersetzung) der Reformpädagogin Ellen Key ist so „die ausgeprägte Rede von den Kindern als eigenständige[n] Personen, die mit Rechten ausgestattet sind, das historisch Neue […]."[576] Im Bereich der Kindheitsforschung ist hier das Verständnis von Kindern als Akteuren bzw. von kindlicher Agency anschlussfähig. „Während die Rede von Kindern als Akteuren vor allem auf eine spezifische Sicht des Kindes zielt, akzentuiert die Debatte um kindliche agency, die in den Childhood Studies angesiedelt ist, eher Weisen des aktiven kindlichen Tuns."[577] Angesprochen sind hier zentrale Prinzipien, die notwendigerweise auf Konkretisierungen angewiesen sind, um nicht auf dem Status von „buzzwords"[578] zu verbleiben. Die Konzepte von Agency und Akteurschaft entstanden als Gegenfolie zu Sozialisationstheorien aus den 1970ern und 1980ern, die vor allem Anpassungsleistungen an und entsprechende Determiniertheiten durch gesellschaftliche Normen im Mittelpunkt hatten. Meike Baader verortet das Konzept der kindlichen Agency insgesamt auch „in einem engen Verweisungszusammenhang zu einer Enthierarchisierung der Generationenverhältnisse in den 1970er-Jahren".[579]

Was die UN-KRK historisch auszeichnet ist ihr „emanzipatorischer Gehalt": „Sie gewährleistet klassische Freiheitsrechte wie die Meinungsfreiheit (Art. 13), die Religionsfreiheit (Art. 14) und die Versammlungsfreiheit (Art. 15), aber auch die für Kinder und Jugendliche besonders wichtigen Rechte auf Beteiligung und auf Berücksichtigung ihrer Meinung (Art. 12), auf Bildung (Art. 28,29) und auf Freiheit von Diskriminierung (Art. 2)."[580] In Anschluss an ihre Vorgängerversionen ist auch in der UN-KRK die Schutzperspektive dominant, aber – und das ist ebenso zentral – „die Kinder werden erstmals ausdrücklich als Rechtssubjekte anerkannt und die Schutzrechte werden durch sog. Partizipationsrechte ergänzt, die Kindern zugestehen, auch selbst ihre Rechte zu nutzen."[581] Wenn in diesem Text die Kinderrechte im Blick sind, so muss auch klar sein: Kindliche Belange

575 Ebd.,

576 Baader, Meike Sophia: Zur Konstruktion des Kindes in Ellen Keys „Jahrhundert des Kindes". In: Engagement. Zeitschrift für Erziehung und Schule. 4 (1998), 202f.

577 Baader, Meike: Kinder als Akteure oder wie ist das Kind als Subjekt zu denken? Historische Kontexte, relationale Verhältnisse, pädagogische Traditionen, neue Perspektiven. In: Bloch, Bianca u.a. (Hg.): Kinder und Kindheiten. Frühpädagogische Perspektiven. Weinheim/ Basel 2018, 22.

578 Ebd.

579 Ebd., 28.

580 Wapler, Kinderrechte, 125.

581 Liebel, Kinder und Gerechtigkeit, 77.

und Bedürfnisse können in rechtlichen Kategorien nicht abschließend abgebildet werden. An den Beispielen des „Rechts auf Liebe" oder des „Rechts auf ein Fahrrad" erläutert Friederike Wapler aber exemplarisch, dass Rechte nur dann formuliert werden, wenn sie sich auch praktisch durchsetzen lassen. Das Recht auf Liebe findet sich nicht in der UN-KRK, wohl aber „Rechte, die sich auf Rahmenbedingungen beziehen, in denen liebevolle Beziehungen möglich werden (können)".[582] Im Hinblick auf Partizipation beleuchten die folgenden Unterkapitel einen Teil dieser in der UN-KRK rechtlich festgeschriebenen Rahmenbedingungen.

6.3.1 Das Recht des Kindes auf Partizipation

Das Partizipationsprinzip bekräftigt, dass Kinder vollwertige Personen sind: „It recognizes the potential of children to enrich decision-making processes, to share perspectives and to participate as citizens and actors of change."[583] Es wird üblicherweise im englischen Original wie auch in der deutschen Übersetzung der Konvention von *Partizipation* bzw. von *participation* gesprochen.[584]

> „Der Begriff der Partizipation unterstreicht, dass der Einbezug von Kindern nicht als punktuelle Handlung konzipiert sein sollte, sondern als Ausgangspunkt für einen intensiven Austausch zwischen Kindern und Erwachsenen über die Definition von politischen Strategien, Programmen und Maßnahmen in allen wichtigen Lebensbereichen von Kindern."[585]

Partizipation ist sowohl als Recht des einzelnen Kindes als auch von Kindergruppen zu verstehen.[586] Der Artikel 12 der Konvention wird heute allgemeinhin als das Recht auf Partizipation verstanden.[587] Von Partizipation kann im Anschluss an die Konvention allerdings bei genauerem Hinsehen in mehrfacher Hinsicht gesprochen werden, drei Hinsichten sollen hier ausgeführt werden:

a. bezugnehmend auf Partizipation als *allgemeines Prinzip* mit grundlegender Verbindung zur Ausübung aller anderen Rechte,
b. bezugnehmend auf Partizipation als *eine Basisnorm* (von mehreren) und

582 Vgl. Wapler, Kinderrechte, 124.

583 UNICEF: Fact sheet: The right to participation. 2014. Online unter *https://www.slideshare.net/renewvipolitics/unicef-crc-right-to-participation* [Stand: 08.12.2021], 1.

584 Vereinte Nationen, Ausschuss für die Rechte des Kindes: Allgemeine Bemerkung Nr. 12 (2009). Das Recht des Kindes, gehört zu werden. 2009. Online unter *https://ekkj.admin.ch/fileadmin/user_upload/ekkj/04themen/06Anhoerungsrecht/d_09_GeneralComment_No12_Anhoerungsrecht.pdf* [Stand: 08.12.2021], 6.

585 Ebd.

586 Ebd.

587 Vgl. Kerber-Ganse, Die UN-Kinderrechtskonvention, 24.

c. bezugnehmend auf den *Artikel 12* der Konvention.

a. Ein von UNICEF herausgegebenes, die Konvention flankierendes, Fact sheet ordnet Partizipation in diesem Zusammenhang wie folgt ein: „Participation is one of the guiding principles of the Convention, as well as one of its basic challenges."[588] Es wird damit nicht nur als zentrales Prinzip (guiding principle), sondern auch als ebenso große Herausforderung beschrieben. Durch die herausgehobene Stellung als *Prinzip* steht es in grundlegender Verbindung zur Ausübung aller anderen Rechte[589] und ist insofern mehr als ein Einzelrecht. „Insbesondere bei der Bestimmung der ‚besten Interessen des Kindes' (Kindeswohl) gemäß Art. 3 Abs 1 UN-KRK müssen die Meinung und der Wille des Kindes alters- und reifeangemessen berücksichtigt werden."[590] *Das Kindeswohl* (Art. 2 und Art. 3) steht im Zentrum der Konvention und dieses gilt es „[b]ei allen Maßnahmen […] vorrangig zu berücksichtigen"[591]. Dieses zentrale Prinzip wurde mit der UN-KRK „erstmalig in den Rang eines Menschenrechtes erhoben."[592] Es ist unmittelbar verwoben mit dem der Konvention zugrunde liegendem Zeugnis von der Würde des Menschen, welche zudem in konkreter Realisierung in den unterschiedlichen Artikeln ausgearbeitet wird. Kindeswohl und Kindeswürde sind so in der Konvention untrennbar miteinander verbunden.[593] Als weitere zentrale Prinzipien der Konvention lassen sich das *Recht auf Gleichbehandlung* (Art. 2), das *Recht auf Leben, Überleben und Entwicklung des Kindes* (Art. 6) sowie eben das *Recht auf Gehör* (Art. 12) identifizieren. Das Besondere an diesen *Prinzipien* ist: „Alle übrigen Artikel können als eine Konkretisierung eben dieser Prinzipien angesehen werden."[594]

b. Eine weitere Sortierung der Rechte kann hervorgehoben werden: die gängige Unterteilung der Einzelrechte in Schutz-, Förderungs- und Beteiligungsrechte (auch sog. Basisnormen oder Rechtsgruppen).[595] Jedes Recht kann also

588 UNICEF, Fact sheet: The right to participation, 1.

589 Ebd., 2.

590 Maywald, Das Recht gehört zu werden. 17f.

591 Gesetz vom 17.02.1992 (BGBl. II S. 124).

592 Kerber-Ganse, Die UN-Kinderrechtskonvention, 21.

593 Vgl. Kerber-Ganse, Die UN-Kinderrechtskonvention, 18f.

594 Ebd., 21.

595 In der Literatur lässt sich eine Debatte aufzeigen, ob die Kinderrechte entlang der Unterscheidung „der drei Ps" (Provision, Protection, Participation) oder unter Rückbezug auf allgemeine Prinzipien der Allgemeinen Erklärung der Menschenrechte interpretiert und ausgelegt werden. Was sich besser eignet, kann hier nicht beurteilt werden, zeigt aber, dass die Auslegung der Konvention andauert und die Relevanz der Auseinandersetzung damit aktuell ist. Für diese Arbeit kann hierzu nicht in die Tiefe gegangen werden. Das Partizipationsverständnis, das hier herausgearbeitet wird, ist mit Verweisen auf Vertreter beider Positionen im Diskurs gespickt. Einmal Maywald (drei Ps) und einmal Kerber Ganse

einem dieser Bereiche zugeordnet werden. Den Beteiligungsrechten werden die Artikel 12, 13 und 17 zugeordnet. Mit Blick auf den Alltag mit Kindern und Jugendlichen lässt sich schnell erschließen, dass reale Situationen häufig als Abwägungen mehrerer zusammenkommender Rechte ausgestaltet werden müssen. Diese Unteilbarkeit der Kinderrechte wird bspw. auch im Kinderrechteansatz (Child Rights-Based Approach) hervorgehoben.[596] Demnach sind alle Kinderrechte als Einheit zu verstehen und beanspruchen gleiche Geltung. „So sind Kinder beispielsweise besser vor Gefahren geschützt, wenn sie ihre Rechte kennen und an den sie betreffenden Entscheidungen beteiligt werden."[597] So stehen Schutz-, Förderungs- und Beteiligungsrechte „nebeneinander und in einem Spannungsverhältnis"[598] oder anders gesagt: Ihr Verhältnis ist spannungsvoll, aber eben auch darauf angelegt, dass sich die Rechte in produktiver Weise ergänzen:

> „Ein Konflikt zwischen den Rechtsgruppen entsteht dann, wenn Schutz und Versorgung in einem bevormundenden Sinn verstanden und gehandhabt werden. Nach dieser Logik werden die Kinder ‚geschützt' und ‚versorgt', indem Erwachsene bzw. die von Erwachsenen dominierte Gesellschaft sie unter ihre Fittiche nimmt und sich um ihr Wohlergehen oder die Abwendung von Gefahren kümmert. Der gewährte ‚Schutz' ist dann „oft nicht viel mehr als eine Maske für eine paternalistische Praxis, die die kindliche Autonomie beschneidet und der Verwirklichung von Rechten zuwiderläuft" (Franklin 1994, S. 61). Dabei wird angenommen, den Kindern fehle es aufgrund ihres Alters, ihrer altersbedingten ‚Schwäche' und ihrer ‚geringen Lebenserfahrung' an Kompetenz, um beim Schutz vor Gefahren und der Sorge um ihr Wohlergehen selbst eine aktive und verantwortliche Rolle zu spielen."[599]

Wenn man vielleicht landläufig mit dem Begriff *Schutz* ein entmündigendes Verständnis assoziiert, so zeigt sich hierdurch ein Bild von Kindheit, das Schutz nicht im Sinne einer Isolation begreift. Kinder sind Akteure mit Rechten, welche anknüpfend an die Beziehung der Basisnormen miteinander verwoben sind.[600] So ist auch das Partizipationsverständnis geprägt vom Zusammenhang der drei Basisnormen. Kinderpartizipation hat damit unmittelbar mit Gewaltprävention zu

(AEMR). Vgl. zum Verweis auf diese Kontroverse im Diskurs: KERBER-GANSE, Die UN-Kinderrechtskonvention, 25f.

Die deutsche National Coalition spricht nicht von Versorgung (Provision), sondern von Förderrechten, um das Proaktive der Provisionsrechte zu betonen. Nachzulesen bei: LIEBEL, Kinder und Gerechtigkeit, 93.

596 Vgl. z. B. INTERNATIONAL SAVE THE CHILDRENS ALLIANCE: Child Rights Programming. How to Apply Rights-Based Approaches in Programming. London 2002.

597 MAYWALD, Das Recht gehört zu werden, 24.

598 WIESNER, Partizipation als Modus des Kinderschutzes, 21.

599 LIEBEL, Kinder und Gerechtigkeit, 93.

600 Vgl. SCHRÖER/WOLFF, Schutzkonzepte und Gefährdungsanalysen - eine Grundverständigung, 31.

tun: Der General Comment[601] Nr. 12 fordert die Vertragsstaaten explizit dazu auf, „Kindern Raum zu geben, ihre Meinungen frei zu äußern und ihre Meinungen zu allen Aspekten der Prävention, Meldung und Überwachung von Gewalt gegen sie angemessen zu berücksichtigen."[602] Insbesondere zur Ausarbeitung von Präventionsstrategien sollen Kinder „konsultiert […] und in den Entwurf, die Abfassung und die Durchsetzung von entsprechenden Plänen und Programmen einbezogen werden."[603] Den Subjektstatus des Kindes anzuerkennen bedeutet dann auch anzuerkennen, dass „Kinder selbst […] erfahrene und gegebenenfalls Leid erfahrene Akteure"[604] sind. Damit realisiert sich der Subjektstatus für die Prävention dieses Leids als unersetzbarer Expertenstatus.

c. Nun kann genauer auf Partizipation im Artikel 12 geschaut werden, dessen Wortlaut hier nochmals auf Deutsch und Englisch zu finden ist.

Tab.4: Artikel 12 UN-KRK

Artikel 12: Berücksichtigung des Kindeswillens	
(1) Die Vertragsstaaten sichern dem Kind, das fähig ist, sich eine eigene Meinung zu bilden, das Recht zu, diese Meinung in allen das Kind berührenden Angelegenheiten frei zu äußern, und berücksichtigen die Meinung des Kindes angemessen und entsprechend seinem Alter und seiner Reife.	(1) States Parties shall assure to the child who is capable of forming his or her own views the right to express those views freely in all matters affecting the child, the views of the child being given due weight in accordance with the age and maturity of the child.
(2) Zu diesem Zweck wird dem Kind insbesondere Gelegenheit gegeben, in allen das Kind berührenden Gerichts- oder Verwaltungsverfahren entweder unmittelbar oder durch einen Vertreter oder eine geeignete Stelle im Einklang mit den innerstaatlichen Verfahrensvorschriften gehört zu werden.	(2) For this purpose, the child shall in particular be provided the opportunity to be heard in any judicial and administrative proceedings affecting the child, either directly, or through a representative or an appropriate body, in a manner consistent with the procedural rules of national law.
In kinderfreundlicher Sprache[605] Artikel 12	

601 Die Allgemeinen Kommentare (engl.: General Comments) sind Hilfen zur Interpretation mit Blick auf den Rechtstext der Konvention.

602 Vereinte Nationen, Ausschuss für die Rechte des Kindes: Allgemeine Bemerkung Nr. 12, 25f.

603 Ebd., 26.

604 Kerber-Ganse, Die UN-Kinderrechtskonvention, 25.

605 Deutsches Komitee für UNICEF e.V. (Hg.): Konvention über die Rechte des Kindes. Online unter *https://www.unicef.de/blob/50770/b803ba01e7ad59fc9607c893b8800ede/ d0007-krk-kinderversion-illustrationen-2014-pdf-data.pdf* [Stand: 08.12.2021].

Du hast das Recht, Deine eigene Meinung mitzuteilen und Erwachsene müssen das, was Du sagst, ernst nehmen. Auch Richter müssen Dich anhören, wenn Du betroffen bist.

Eigene Darstellung

Das Recht auf Meinungsäußerung (kindliche Aktivität) bzw. auf Gehör (erwachsene Aktivität) ist als entscheidender Teil von Partizipationsprozessen zu verstehen. Es lohnt sich, den Artikel etwas genauer in den Blick zu nehmen: In „allen das Kind berührenden Angelegenheiten“ haben Kinder das Recht, ihre Meinung zu äußern und das Recht darauf, dass diese Meinung Berücksichtigung findet, sprich: Einfluss auf die Entscheidungen zu nehmen, die im Hinblick auf sie getroffen werden, z. B. in der Schule, in der Familie oder in der Gesellschaft.[606] Es wird ausdrücklich eine weite Auslegung der Formulierung „das Kind berührende Angelegenheiten“ unterstützt, die umfasst, dass es um alle Bereiche geht, in denen die kindliche „Sichtweise die Qualität von Lösungen verbessern kann“[607]. Das von UNICEF herausgegebene Factsheet konkretisiert hier die Bedeutung der Meinungsberücksichtigung explizit mit Blick auf den Einfluss auf Entscheidungen. Hierbei gilt es zu beachten: „Respecting children's views means that such views should not be ignored; it does not mean that children's opinions should be automatically endorsed. Expressing an opinion is not the same as taking a decision, but it implies the ability to influence decisions.“[608] Es geht nicht darum, dass eine geäußerte Meinung als Entscheidung übernommen wird, sondern darum, dass sie die Entscheidung bzw. die Entscheidungsfindung beeinflussen kann. In Verknüpfung mit dem weiter unten noch ausführlich erläuterten Verweis auf das Merkmal des Heranwachsens in diesem Zusammenhang kann man auch festhalten: „Dem Kind sind also Brücken zu einer eigenen Entscheidungsfähigkeit hin zu bauen.“[609] Entsprechend geht es auch nicht um einfaches Zuhören, sondern um ernsthafte Berücksichtigung. Es handelt sich um „discursive voiced-based conceptions of participation”[610]. Damit ist auch schon gesagt, dass Kinder durch das Partizipationsrecht nicht das Recht haben, allein über ihr Wohl zu entscheiden, aber Partizipation bildet damit sehr wohl „ein mögliches Korrektiv zum Missbrauch des Kinderschutzes und eröffnet Kindern die Möglichkeit, darauf Einfluss zu nehmen, in welchen Situationen und in welcher Weise sie geschützt werden sollen und wollen.“[611] Es wird ausgeführt, dass auch zu beachten sei, dass Kinder nicht alle Details der sie betreffenden Angelegenheiten kennen müssten.

606 UNICEF, Fact sheet: The right to participation, 1.
607 Vereinte Nationen, Ausschuss für die Rechte des Kindes: Allgemeine Bemerkung Nr. 12, 9.
608 Ebd., 1.
609 Kerber-Ganse, Die UN-Kinderrechtskonvention, 24.
610 Wyness, Children's Participation: Definitions, Narratives and Disputes, 60.
611 Liebel, Kinder und Gerechtigkeit, 77.

Es reicht ein „ausreichendes Verständnis“[612], damit sie sich selbst eine entsprechende Meinung zur Angelegenheit bilden können. Meinungsäußerung sollte dabei ohne Druck ermöglicht und frei von Manipulation erfolgen: „Children should not be pressured, constrained or influenced in ways that might prevent them from freely expressing their opinions or leave them feeling manipulated."[613] Wie bereits erwähnt, werden auch Artikel 13 und 17 unter den Partizipationsrechten entsprechend der Basisnorm Partizipation der Konvention gefasst. Mit Artikel 13 wird nochmals das Recht auf freie Meinungsäußerung aufgegriffen und hier in Verbindung gesetzt mit der Freiheit der Wahl der Mittel zum Zwecke des Ausdrucks. Kinder haben nicht nur das Recht zur Meinungsbildung, sondern damit einher geht auch das Recht zur freien Äußerung sowie zum Zugang zu den für die Meinungsbildung erforderlichen Informationen. In Kombination mit Artikel 17 der Konvention wird deutlich: Kinder haben in diesem Zusammenhang auch das Recht auf den Zugang zu Medien und sie betreffende Informationen – in allen Bereichen ihres Lebens und „in einer Sprache […], die sie in ihrer Lebenssituation verstehen können.“[614] Sie dürfen sich informieren und ansehen, anhören usw. was sie interessiert. Auch hier gilt, dass Erwachsene verpflichtet werden, Kinder bei der Informationssuche zu unterstützen und ihnen die Freiheit auf die Bildung einer eigenen Meinung zu ermöglichen und sie diesbezüglich zu fördern.

Nach diesem Überblick über die drei grundlegenden Zugänge zu Partizipation in der UN-KRK folgen nun weitere Erkenntnisse zu Merkmalen von Partizipation, die sich aus der UN-KRK ableiten lassen und die für die Schutzkonzepterstellung als hilfreich erachtet werden können.

6.3.2 Das Verhältnis zwischen Kindern und Erwachsenen: Partizipation paradox

Als zentrales Merkmal muss auf das Verhältnis zwischen Kindern und Erwachsenen hingewiesen und müssen die mit der Konvention verbundenen Handlungsprogrammatiken der Erwachsenen beleuchtet werden. Aus den bisherigen Ausführungen lässt sich hier nochmals deutlich festhalten: Die Artikel der UN-KRK adressieren die Erwachsenen. Sie tragen die Verantwortung für die Wahrung der Rechte der Kinder und damit korrespondiert der

612 Vereinte Nationen, Ausschuss für die Rechte des Kindes: Allgemeine Bemerkung Nr. 12, 8.

613 UNICEF, Fact sheet: The right to participation, 1.

614 SCHRÖER/ WOLFF, Schutzkonzepte und Gefährdungsanalysen - eine Grundverständigung, 32.

Handlungsprogrammatik der Kinder („wir haben Rechte") eine Handlungsprogrammatik der Erwachsenen („wir haben die Pflicht, diese Rechte zu wahren"): „Mit der Konvention haben Erwachsene eine umfassende Verantwortung für das Heranwachsen von Kindern und Jugendlichen übernommen und diese Verantwortung verlangt von ihnen eine umfassende Wachsamkeit gegenüber ihrem eigenen Verhalten."[615] „Fulfilling the right of children to participate entails training and mobilizing adults who live and work with children, so that they are prepared to give children the chance to freely and increasingly participate in society and gain democratic skills."[616] Erwachsene tragen nicht nur die Verantwortung dafür, dass kindliche Perspektiven wahrgenommen und der Einfluss dieser Perspektiven auf die zu treffenden Entscheidungen sichergestellt wird. Sie tragen auch die Verantwortung für die Entwicklung und Förderung zunehmender Verantwortungsübernahme und sollten diesen Lernrahmen möglichst anhand von Dialog und Austausch gestalten:

> „A process of dialogue and exchange needs to be encouraged in which children assume increasing responsibilities and become active, tolerant and democratic. In such a process, adults must provide direction and guidance to children while considering their views in a manner consistent with the child's age and maturity. Through this process, the child will gain an understanding of why particular options are followed, or why decisions are taken that might differ from the one he or she favoured."[617]

Die mit dem Artikel 12 verbundene Anforderungen an Erwachsene bestehen somit, wie das Zitat zeigt, insgesamt darin, „direction and guidancy" für Partizipationsprozesse zur Verfügung zu stellen, konkret: Kinderpartizipation (zu der Kinder von je her kompetent sind) sicherzustellen, dabei Alter und Reife des Kindes zu berücksichtigen und sie zunehmend zu fördern.

Manfred Liebel beschreibt, dass Partizipation in aller Regel von Erwachsenen für Kinder konzipiert, an von der Erwachsenenwelt getrennten Orten durchgeführt und zum Zwecke des Erlernens von Partizipation „als eine Art Vorform oder symbolische Form"[618] realisiert wird. „Sie basiert auf der Annahme einer Trennung von Erwachsen- und Kindheitssphäre und rüttelt daran auch nicht. Kindheit wird nicht als integraler Teil des Gemeinwesens, sondern als Vorstadium und Entwicklungsetappe auf dem Weg zum (vermeintlich rational denkenden und handelnden) Erwachsenen definiert."[619] In dieser Trennung der Sphären lässt sich eine Verkürzung ausmachen, die es nicht vermag, der Tatsache Rechnung zu tragen, dass Kinder und Erwachsene vor dem Hintergrund der UN-KRK

615 Kerber-Ganse, Die UN-Kinderrechtskonvention, 19.
616 UNICEF, Fact sheet: The right to participation, 2.
617 Ebd., 1.
618 Liebel, Kinder und Gerechtigkeit, 102.
619 Ebd.

als einerseits gleich und als andererseits ungleich erachtet werden. Differenz *und* Beidseitigkeit dieser Tatsache sind als Merkmale wichtig. Gleich sind sie insofern, als dass Kinder und Erwachsene gleichsam als „gleichberechtigte Subjekte von Gerechtigkeitsverhältnissen“[620] erachtet werden: „Wie alle Menschen sind Kinder als eigenständige und gleichwertige Persönlichkeiten zu achten. Sie sind (Rechts-)Subjekte und Experten in eigener Sache, ausgestattet mit einer jeweils individuellen Sichtweise, die es zu respektieren gilt.“[621] Ungleich ist die Beziehung mit Blick auf die benannte Verantwortung, die Erwachsenen für Kinder obliegt, um „Kinder zu ihrem Recht kommen zu lassen. [...] Erwachsene haben die Pflicht, ihre Macht nicht für eigene Zwecke, sondern ausschließlich an den besten Interessen des Kindes (Kindeswohl) orientiert zu gebrauchen.“[622] Es ergibt sich ein nicht immer einfacher Balanceakt, der aber in keinem Fall zu einer einseitigen Auslegung in die eine oder andere Richtung führen darf.[623] Letztlich würde die Beziehung damit entweder (im Falle einer Überbetonung der Gleichheit) „pervertiert zur Kumpanei mit allen damit verbundenen Gefahren von Grenzverletzungen zu Lasten des Kindes“ oder (im Falle der Überbetonung der Ungleichheit) zu „paternalistischer Inbesitznahme“ erstarren.[624] In aller Regel wird heute von einem gemäßigten Entwicklungsparadigma ausgegangen. Demnach gibt es einen Unterschied zwischen Kindern und Erwachsenen, „der sich insbesondere in einer zunächst eingeschränkten, jedoch graduell wachsenden autonomen Entscheidungs- und Handlungsfähigkeit zeigt.“[625]

Das Recht auf Partizipation im Sinne des Artikel 12 der UN-KRK kann nur als Beziehungsgeschehen zwischen Erwachsenen und Kindern realisiert werden. Für das Kind ist (wie übrigens auch für den Erwachsenen, wenn man der Bestimmung des Rechtssubjekts von Teresa Behrends folgt) die Existenz als Inhaber*in subjektiver Rechte nur auf „paradoxe Weise“[626] zu haben: Das in Artikel 12 formulierte Recht des Kindes auf Gehör beschreibt sie als eine „voll und ganz [...] durch Erwachsene bzw. durch Institutionen vorgeformte kindliche Macht“[627].

Aus den Diskursen ist zu lernen, dass dieses Recht nicht an den Willen des Rechteinhabers, hier des Kindes, gebunden ist. Es ist vielmehr vom Rechtssystem

620 Wapler, Kinderrechte, 123.

621 Maywald, Das Recht gehört zu werden, 21.

622 Ebd.

623 Bei Grundrechten kann hier auf das Prinzip der „Praktischen Konkordanz“ verwiesen werden. Vgl. dazu z.B. *https://staatsrecht.honikel.de/de/glossar.htm?seite=lexikon&b=Praktische+Konkordanz* [Stand: 08.12.2021].

624 Ebd., 22.

625 Wapler, Kinderrechte, 124.

626 Behrends, Teresa: Das Kind als (Menschen-)Rechtssubjekt. Zur Form der Kinderrechte. In: Fangmeyer, Anna/Mierendorff, Johanna (Hg.): Kindheit und Erwachsenheit in sozialwissenschaftlicher Forschung und Theoriebildung. Weinheim Basel 2017, 25.

627 Ebd., 28.

und dessen Entscheidungen abhängig. „[W]elche Angelegenheiten das Kind berühren, wird nicht vom kindlichen Rechtssubjekt selbst bestimmt."[628] Kindliche Partizipation scheint in einer Top-Down-Struktur durchorganisiert. Dem gegenüber ließe sich aber ebenfalls mit der UN-KRK kritisch anfragen, ob ein Partizipationsverständnis, das diese Top-Down-Perspektive als unvermeidbar erachtet, alternativlos ist bzw. in seiner Singularität so bestehen kann. Wird die Top-Down-Perspektive als unvermeidlich erachtet und damit einhergehend angenommen, „Kinder müssten erst zur Partizipation motiviert und ‚gebracht' werden"[629], kann hier ein verkürztes Verständnis identifiziert werden. Denn hier ist kritisch und im Sinne der UN-KRK anzumerken, dass nicht die Kinder oder ihre Partizipationsfähigkeiten ein Problem darstellen. Kritisch zu befragen sind vielmehr Vorstrukturierungen von Beteiligungsprozessen oder auch Wahr- und Aufnahmen von Willensbekundungen und Initiativen der Kinder durch Erwachsenen.

6.3.3 Partizipation über Altersgrenzen hinweg

Das lässt auf ein weiteres Merkmal von Partizipation aufmerksam werden: Sie ist über alle Altersgruppen hinweg möglich. Im General Comment No.7 wird durch das Committee of the Rights of the Child die Bedeutsamkeit der Implementierung von Kinderrechten im Bereich der frühen Kindheit sogar hervorgehoben: „Through this general comment, the Committee wishes to encourage recognition that young children are holders of all rights enshrined in the Convention and that early childhood is a critical period for the realization of these rights."[630] Partizipation wird vom Committee grundsätzlich vom frühestmöglichen Zeitpunkt aus gedacht. Die jeweilige Entwicklung der Kinder wird als Potenzial für Partizipation, nicht als Einschränkung erachtet. Dazu bedarf es der Wertschätzung und Beachtung kindlicher Wahrnehmungs- und Ausdrucksformen und der Ernstnahme von kindlicher Agency:

> „Young children are acutely sensitive to their surroundings and very rapidly acquire understanding of the people, places and routines in their lives, along with awareness of their own unique identity. They make choices and communicate their feelings, ideas and wishes

628 Ebd., 28.
629 Liebel, Kinder und Gerechtigkeit, 111.
630 United Nations Committee on the Rights of the Child, General Comment No. 7, 1. Frühe Kindheit wird vom Committee dabei als das Alter unter 8 Jahren (stets unter Berücksichtigung der jeweiligen variierenden staatlichen Definitionen, Traditionen und Regelungen zum Übergang in die Grundschule) definiert (2).

in numerous ways, long before they are able to communicate through the conventions of spoken or written language."[631]

Individuelle Ausdrucksformen der Kinder zu berücksichtigen und nicht nur an die „formalisierten und meist an die Sprache gebundenen Verfahren"[632] zu denken, lässt sich mit einem weiteren Merkmal von Partizipation verknüpfen. Es gibt darüber hinaus Berichte und Kritik dazu, dass Partizipation nur einen bestimmten Adressat*innenkreis anziehe. Partizipation „can often attract a similar group of children from a narrow range of backgrounds"[633]. Mit Blick auf Kinder- und Jugendparlamente sensibilisiert Reinald Eichholz bspw. dafür, dass hier häufig die „die Wortgewandten und ganz Pfiffigen" teilnehmen würden: „Die Kinder und Jugendlichen, die weniger Voraussetzungen für diese Beteiligungsformen mitbringen, haben es schwer, mir ihren Anliegen überhaupt wahrgenommen zu werden."[634] Partizipation zu realisieren, stellt also vor die Herausforderung, wie nicht nur die Beiträge weniger, sondern alle Kinder und Jugendlichen wahrgenommen werden können.

Für die Umsetzung von Partizipation im Bereich der Frühen Kindheit macht das Committee u. a. auf drei rahmende Bedingungen aufmerksam, die für Prozesse der Meinungsäußerung und -berücksichtigung in Kinder betreffenden Angelegenheiten im Bereich der frühen Kindheit wichtig sind: Die Prozesse müssen den *kindlichen Fähigkeiten* („capacities"), *dem Kindeswohl* („best interests") sowie den *Schutzrechten* („rights to protection from harmful experiences") entsprechen.[635] Damit ist hier ein klarer Rahmen für Partizipationsprozesse abgesteckt, der Partizipation wiederum nicht als gesondertes, sondern vielmehr verwobenes und eingebettetes Prinzip erfasst, was hier besonders für Partizipationsprozesse in jungen Altersgruppen formuliert wird.

In Artikel 12 wird festgehalten, dass eine angemessene Beteiligung nicht nur unter Berücksichtigung des Alters, sondern auch der Reife erfolgt. „Reife bezieht sich auf die Fähigkeit zu verstehen und die Begleitumstände einer bestimmten Angelegenheit einzuschätzen."[636] Wichtig ist dabei: Die Reife des Kindes muss

631 Ebd., 7.

632 EICHHOLZ, Reinald: Zum Stand der Umsetzung der Kinderrechtskonvention in Deutschland. In: Penka, Sabine/Fehrenbacher, Roland (Hg.): Kinderrechte umgesetzt. Grundlagen, Reflexion und Praxis. Freiburg im Breisgau 2012, 30.

633 WYNESS, Children's Participation: Definitions, Narratives and Disputes, 59.

634 EICHHOLZ, Reinald: Das Kindeswohl als Inbegriff der Rechte des Kindes. In: MAYWALD, Jörg; EICHHOLZ, Reinald: Kindeswohl und Kinderrechte. Orientierungen und Impulse aus der UN-Kinderrechtskonvention Expertise im Auftrag des AFET. (Sonderveröffentlichung. Bundesverband für Erziehungshilfe e.V.) Hannover 2007, 48f.

635 United Nations Committee on the Rights of the Child, General Comment No. 7, 7.

636 Vereinte Nationen, Ausschuss für die Rechte des Kindes: Allgemeine Bemerkung Nr. 12, 10.

nicht seinem biologischen Alter entsprechen, was eine Prüfung von Fall zu Fall erforderlich macht. Nach Alter und Reife zu beurteilen, trifft dabei sowohl für die Einschätzung eines einzelnen Kindes wie auch einer Kindergruppe zu.[637]

6.3.4 Partizipation als Alltagserfahrung

Aus den bisherigen Ausführungen lässt sich auch bereits ableiten, was der General Comment Nr. 12 explizit festhält: Partizipation ist stets als Prozess und als notwendige Alltagserfahrung, nicht als einmaliges Ereignis zu verstehen.[638] Hier hilft es sich nochmals vor Augen zu führen, dass sich die in den verschiedenen Bereichen vorfindlichen partizipative Prozesse auf verschiedene Weisen unterscheiden lassen. Man kann z. B. von indirekter oder direkter Partizipation sprechen, um darauf hinzuweisen, ob die Kinder selbst handeln oder eben z. B. Erwachsene stellvertretend im Interesse der Kinder handeln. Kinderpartizipation wird an vielen Stellen auch repräsentativ (z. B. in Kinderparlamenten) oder auch projektartig gedacht. Wo prozesshaftes Denken im Vordergrund steht, müsste man eine weitere Komponente einführen, nämlich den Verweis darauf, dass Partizipation projektartig oder eben auch alltäglich durchgeführt werden kann. Im Sinne einer konsequenten Prozessorientierung, die auch gleich an ein grundlegend partizipatives institutionelles und gesamtgesellschaftliches Klima denken lässt, plädiert Manfred Liebel dafür, „genauer hinzusehen, wo im Alltag Kinder und Jugendliche ihre Ansichten oder ihren Unmut ausdrücken und dabei sind, sich für sich und für andere zu engagieren und zu organisieren."[639]

„States parties should take all appropriate measures to promote the active involvement of parents, professionals and responsible authorities in the creation of opportunities for young children to progressively exercise their rights within their everyday activities in all relevant settings, including by providing training in the necessary skills."[640]

Partizipationserfahrungen im alltäglichen familiären und gesellschaftlichen Leben der Kinder zu ermöglichen und partizipatives Engagement wahrzunehmen und zu unterstützen, tritt hier als Anforderung an alle hierbei Beteiligten zu Tage.

637 Vgl. ebd., 6.
638 Vgl. ebd., 28.
639 LIEBEL, Kinder und Gerechtigkeit, 115.
640 United Nations Committee on the Rights of the Child, General Comment No. 7, 7.

6.3.5 Partizipation als „Modus des Kinderschutzes“[641]

Partizipation wird in der Kinder- und Jugendhilfe zunächst auch als „Modus des Kinderschutzes“[642] und „(Querschnitts-)Aufgabe“[643] verstanden. Im Bereich der Kinder- und Jugendhilfe gelten heute juristische Grundlagen, die die Partizipation von Kindern, Jugendlichen und auch ihren Eltern sichern. Die rechtliche Hinwendung zum Paradigma der Partizipation wurde in Deutschland schrittweise vorangebracht: Angefangen bei der Großen Sorgerechtsreform 1980 über die Einführung des Achten Sozialgesetzbuches (SGBVIII Kinder- und Jugendhilfegesetz, 1990/91)[644] sowie die Ratifizierung der UN-Kinderrechtskonvention (Ratifizierung Deutschlands im Jahr 1992), das Inkrafttreten des Gesetz über das Verfahren in Familiensachen und in den Angelegenheiten der freiwilligen Gerichtsbarkeit (FamFG)[645] 2009 bis hin zum Inkrafttreten des Bundeskinderschutzgesetzes (BKiSchG)[646] 2012.[647] Damit einher geht auch ein verändertes Aufgabenverständnis der Kinder- und Jugendhilfe. Auf den Punkt gebracht:

> „Die lange Tradition der Bevormundung, Klientifizierung und Defizitorientierung wurde abgelöst von Empowerment und Ressourcenorientierung. […] Die Arbeit [der Kinder- und Jugendhilfe; R.B.] basiert nicht mehr auf den Wertvorstellungen von Barmherzigkeit und Nonkonformität, sondern auf dem Streben nach sozialer Gerechtigkeit. Es agieren nicht länger RetterIn und Mündel miteinander, sondern BegleiterIn und ErfahrungsexpertIn. Der Aufgabenschwerpunkt verlagerte sich von der Fürsorge und Disziplinierung, hin zu Persönlichkeitsentwicklung, Selbstbestimmung und gesellschaftlicher Teilhabe.“[648]

Das SGB VIII sieht z. B. die Beteiligung von Familien (§ 36) oder der Kinder und Jugendlichen (§ 8) an Hilfeprozessen vor. Im Bereich des Kinderschutzes gilt das Partizipationsrecht explizit auch unter bestimmten Bedingungen: „Kinder und Jugendliche sowie deren Erziehungsberechtigte sollen vom Jugendamt in die Gefährdungseinschätzung einbezogen werden, wenn dieses Vorgehen die Kinder

641 WIESNER, Partizipation als Modus des Kinderschutzes, 21.
642 Ebd.
643 Ebd., 22.
644 Gesetz vom 26.06.1990 (BGBl. I S. 1163).
645 Gesetz vom 17.12.2008, (BGBl. I S. 2586, 2587).
646 Gesetz vom 22.12.2011 (BGBl. I S. 2975).
647 Für eine prägnante Zusammenfassung der rechtlichen Normierung der Partizipation des Kindes vgl. MAYWALD, Das Recht gehört zu werden, 19–21.
648 RIEGER, Judith: So viele Rechte wie nie zuvor – Partizipation in der Kinder- und Jugendhilfe. In: STRAẞBURGER, Gaby/RIEGER, Judith (Hg.): Partizipation kompakt. Für Studium, Lehre und Praxis sozialer Berufe. Weinheim Basel [2]2019, 111–117. [Konkret: 111 bis zum Auslassungszeichen, ab dem Auslassungszeichen 116]. Auf den Seiten 112–114 findet sich hier auch ein historischer Abriss der Entwicklung des Kinder- und Jugendhilfegesetzes hin zur sog. „partizipativen Wende“.

nicht gefährdet".[649] Somit kann die Gestaltung der Verhältnisse im Spannungsfeld von Schutz und Partizipation in der Tat auch als ein Merkmal des Kinderschutzes identifiziert werden.

„Handlungsansätze zum Kinderschutz stehen deshalb vor der Herausforderung, die Kompetenzen der Kinder ernst zu nehmen und ihnen, soweit es ihre persönliche Situation zulässt, zu ermöglichen, an allen Planungen, Aktivitäten und Maßnahmen, die zu ihrem Schutz ergriffen werden (sollen), als gleichberechtigte Partner mitzuwirken."[650]

Kinderschutz selbst konstituiert sich über die Aushandlung der im Spannungsverhältnis von Schutz und Partizipation eingebetteten Anforderungssituationen. Aus den Ausführungen zur Kinder- und Jugendhilfe im Anschluss an die UN-KRK kann die Notwendigkeit einer grundlegenden Sensibilität dafür gelernt werden, Schutz und Partizipation nicht als gegensätzliche Muster zu lesen.

Auch Reinhard Wiesner beschreibt das Verhältnis zwischen Kinderschutz und Partizipation als spannungsvoll: So sei die „gesellschaftliche, staatliche und zuallererst elterliche Verpflichtung"[651] zum Kinderschutz auf keinen Fall in Frage zu stellen. Die Komplexität dieses Verhältnisses kristallisiert sich insbesondere über das Kindeswohl heraus, das im Folgenden weiter ausgeführt wird.

6.3.6 Partizipation und Kindeswohl

„Was aber das Wohl des Kindes (Englisch: best interests) ausmacht, ist nur entweder für den individuellen Fall entscheidbar, für Kinder in bestimmten Lebenslagen oder aber für Kinder schlechthin, wenn es um nationale Gesetzgebung geht. Der Artikel [Artikel 3; RB] macht höchste Sorgfaltspflicht bei Entscheidungen, welche Kinder direkt oder indirekt betreffen, zu einer unbedingten Pflicht. [...] Diese Pflicht liegt bei Erwachsenen. Das Kind hat das Recht auf vorrangige Orientierung an seinem Wohl."[652]

Kinderpartizipation wie auch Kindeswohl wurden weiter oben bereits als zwei Prinzipien der Konvention bezeichnet. Partizipation tritt, wie Teresa Behrends zeigt, in ein komplexes Verhältnis zum Kindeswohl. Partizipation kann in diesem Sinn als „eine partikulare Bestimmung des Kindeswohls unter anderen"[653] erfasst werden, die eben von Alter und Reife des Kindes geprägt wird. „Während also das moderne Recht sich dadurch auszeichnet, dass es sich an das Wollen des Rechtssubjekts ‚im Guten wie im Schlechten' bindet, kann das Wollen des Kindes

649 Ebd., 115.
650 LIEBEL, Kinder und Gerechtigkeit, 92.
651 WIESNER, Partizipation als Modus des Kinderschutzes, 21.
652 KERBER-GANSE, Die UN-Kinderrechtskonvention, 21.
653 BEHRENDS, Das Kind als (Menschen-)Rechtssubjekt, 29.

im modernen Recht überhaupt nur im Guten und als Bestandteil des Guten in Erscheinung treten.“[654]

Die Bestimmung des Kindeswohls rahmt die Bestimmung von Partizipation also hier konstitutiv unter Rückgriff auf den Dreh- und Angelpunkt des Kindeswillens. Kindeswille meint „die altersgemäß stabile und autonome Ausrichtung des Kindes auf erstrebte, persönlich bedeutsame Zielzustände“.[655] Die Durchsetzung des kindlichen Willens wird dabei dort begrenzt, wo sie dem Kindeswohl entgegensteht. Es bedarf nicht selten der achtsamen Sondierung der konkreten Situation. „Eine solche Entscheidung ist begründungspflichtig, muss mit den Rechten des Kindes in Übereinstimmung stehen und sollte dem betroffenen Kind altersgerecht vermittelt werden.“[656] Mit dem Kindeswillen wird nicht impliziert, dass allein der Kindeswille für Entscheidungen ausschlaggebend ist: „Nicht eine das Kind überfordernde Selbstbestimmung ist Ziel der Beteiligung.“[657] Gemeint ist vielmehr, dass Kinder an den sie betreffenden Entscheidungen beteiligt sind und zwar systematisch. Damit ist auch gesagt: „Das Kind hat das Recht auf Mitwirkung am eigenen Wohl. Es hat das Recht, nicht die Pflicht.“[658] Vorrang des Kindeswohls (Art. 3) sowie Berücksichtigung des Kindeswillens (Art. 12) sind somit aufeinander verwiesen und miteinander zu lesen:

> „Zwischen den Artikeln 3 und 12 besteht keine Spannung, nur ein sich ergänzendes Verhältnis der beiden Grundprinzipien: das eine definiert das Ziel, das Kindeswohl zu verwirklichen, das andere bietet das Verfahren an, dieses Ziel durch Anhörung des Kindes oder der Kinder zu erreichen. Tatsächlich kann Artikel 3 nicht wirksam angewandt werden, wenn Bestandteile von Artikel 12 nicht geachtet werden. Entsprechend stärkt Artikel 3 die Anwendbarkeit von Artikel 12, der Kindern erleichtert, ihre tragende Rolle in allen sie betreffenden Entscheidungen einzunehmen.“[659]

Dies bedeutet, dass in Entscheidungen über das Kindeswohl, über die best interests des Kindes, der kindliche Wille angemessen miteinbezogen und berücksichtig werden muss. „Eine Entscheidung über das Kindeswohl ohne altersgerechte Beteiligung des Kindes ist nicht kindgerecht.“[660]

654 Ebd.
655 DETTENBORN, Harry: Kindeswohl und Kindeswille. Psychologische und rechtliche Aspekte; mit 5 Tabellen. München/Basel 2001. 63.
656 MAYWALD, Das Recht gehört zu werden, 22.
657 Ebd., 23.
658 KERBER-GANSE, Die UN-Kinderrechtskonvention, 24.
659 Vereinte Nationen, Ausschuss für die Rechte des Kindes: Allgemeine Bemerkung Nr. 12, 17.
660 MAYWALD, Das Recht gehört zu werden, 23.

6.3.7 Zwischenreflexion

Wenn unter Bezugnahme auf die UN-KRK von Partizipation gesprochen wird, so hilft zunächst eine Unterscheidung in die drei Varianten, in denen Partizipation hier verfügbar gemacht wird. Als *allgemeines Prinzip* ist Partizipation mehr als ein Einzelrecht. Die Prinzipien der Konvention zeichnet aus, dass sie sich in Einzelrechten realisieren. Mit dem Blick auf Partizipation als *Basisnorm* lassen sich die Artikel 12, 13 und 17 der Partizipation zuordnen. Die Basisnormen Schutz, Förderung und Beteiligung stehen „nebeneinander und in einem Spannungsverhältnis“[661]. Sie können als unteilbare Einheit mit Notwendigkeit der Abwägungen in Alltagssituation, in denen i.d.R. mehrere Rechte zusammenkommen, identifiziert werden. Für den Bereich der Gewaltprävention besteht die Forderung, Kinderpartizipation in Form der Konsultation im Hinblick auf Entwurf, Abfassung und Durchsetzung von Präventionsprogrammen umzusetzen. Aus der Auseinandersetzung mit *Partizipation im Artikel Nr. 12* der Konvention konnten weitere Grundkonfigurationen von Partizipationsprozessen extrahiert werden, die in den Kapiteln 6.3.1 bis 6.3.6 weiter vertieft wurden. Aus der Perspektive der UN-KRK als Rechtstext, der die Erwachsenen adressiert, ist Partizipation als doppelte Form der (diskursiven) Aktivitäten von Kindern und Erwachsenen angelegt; als Mitteilung (Aktivität der Kinder) und Gehör (Aktivität der Erwachsenen). Dies kann auf zweifache Weise konkretisiert werden

1. Meinungsberücksichtigung steht mit dem Einfluss auf Entscheidungen in Verbindung. Es geht nicht darum, dass eine geäußerte Meinung als Entscheidung übernommen wird, sondern darum, dass sie die Entscheidung bzw. die Entscheidungsfindung beeinflusst. Partizipation bezieht sich dabei auf alle das Kind berührende Angelegenheiten.
2. Gehör erschöpft sich nicht in Zuhören, sondern in ernsthafter Berücksichtigung. Diese kann auszeichnen, dass sie als dauerhafter Austausch angelegt und als Alltagserfahrung praktiziert wird. Partizipation zu realisieren, wird dabei vom frühest möglichen Zeitpunkt aus gedacht. Dies erfordert die Berücksichtigung individueller Ausdrucksformen der Kinder (Aktivität der Erwachsenen). Dem korrespondiert die grundlegend gegebene Partizipationskompetenz *aller* Kinder (Aktivität der Kinder). Die Angemessenheit der Beteiligung wird ausgehend von der UN-KRK als in Abhängigkeit von Alter und Reife entschieden konzeptioniert, wobei die Reife nicht dem Alter des Kindes entsprechen muss und insofern fallspezifische Prüfungen erforderlich sind.

661 WIESNER, Partizipation als Modus des Kinderschutzes, 21.

Das Partizipationsrecht ist nur „auf paradoxe Weise“[662], in Form eines Beziehungsgeschehens bzw. als eine „durch Erwachsene bzw. durch Institutionen vorgeformte kindliche Macht“[663] zu haben. Partizipation ist dabei Recht des einzelnen Kindes und von Kindergruppen.

Kinderschutz im Bereich der Kinder- und Jugendhilfe zeichnet die Bearbeitung des Spannungsfelds von Schutz und Partizipation aus. Es ergibt sich der Vorrang des Kindeswohls, der wiederum verwiesen ist auf das Recht zur Berücksichtigung des Kindeswillens: „Eine Entscheidung über das Kindeswohl ohne altersgerechte Beteiligung des Kindes ist nicht kindgerecht.“[664]

Partizipation tritt so als auf den Vorrang des Kindeswohls verwiesener „Modus des Kinderschutzes“[665] und als „(Querschnitts-)Aufgabe“[666] in Erscheinung. Im Verhältnis zu Schutz geht es hier nicht darum, Verantwortung von Erwachsenen auf Kinder umzusatteln. Es bedeutet vielmehr, die Deutungshoheit über Bedürfnisse, Interessen und Ansichten aktiv zu teilen, um die Wahrung der Rechte aller Beteiligten zu garantieren.

6.4 Kinderpartizipation in Modellen denken

In der Literatur finden sich für die Partizipation (von Kindern) verschiedene Modelle, die Grade, Stufen bzw. Formen von Partizipation unterscheiden. Die Modelle von Roger Hart sowie von Fiona Mayne, Christine Howitt und Léonie J. Rennie legen den Fokus auf die Aktivitäten der Kinder und modellieren Kinderpartizipation ausgehend von der UN-KRK. Ein weiteres Modell von Gaby Straßburger und Judith Rieger verdeutlicht die Doppelseitigkeit der Perspektiven in Partizipationsprozessen: die institutionell-professionelle Perspektive und die Perspektive der Bürger*innen.667 Die Modelle und die damit vorgenommenen unterschiedlichen Modellierungen können auf zweifache Weise gelesen werden: als Analyse- und als Konstruktionswerkzeug für Partizipationsprozesse

662 Behrends, Das Kind als (Menschen-)Rechtssubjekt, 25.
663 Ebd., 28.
664 Maywald, Das Recht gehört zu werden, 23.
665 Wiesner, Partizipation als Modus des Kinderschutzes, 21.
666 Ebd., 22.
667 Straßburger/Rieger, Bedeutung und Formen der Partizipation – Das Modell der Partizipationspyramide, 21f.

6.4.1 Die Stufen der Partizipation

Roger Hart nähert sich in einem bereits 1992 von UNICEF veröffentlichen Text[668] der Bestimmung von Partizipation aus der Perspektive bürgerschaftlichen Engagements sowie bürgerschaftlicher Rechte und von Prozessen der Demokratiebildung her.

„The term 'participation' is used in this Essay to refer generally to the process of sharing decisions which affect one's life and the life of the community in which one lives. It is the means by which a democracy is built and it is a standard against which democracies should be measured. Participation is the fundamental right of citizenship."[669]

Wichtig ist das Wort *sharing*, das den unter Anteilnahme eines jeden Einzelnen gemeinsam umgesetzten Prozess ausdrückt. Dies ist abzugrenzen von einer Definition, die Entscheidungsprozesse als Aufteilung entlang der Wortbedeutung des englischen *divide* versteht.[670] Innerhalb des Textes nimmt Hart einen internationalen Blick für die gesellschaftliche Partizipation von Kindern ein. Er macht deutlich, dass international betrachtet die Umsetzung von kindlicher Partizipation weit hinter den Anliegen der UN- KRK zurückbleibt und veranschaulicht die Rahmenbedingungen und Zusammenhänge dazu sehr anschaulich:

„While the child's freedom of expression and participation in community issues may often be contrary to the childrearing attitudes of the child's parents or caretakers, it is ultimately in the best interests of all children to have a voice. This is sometimes especially difficult for disadvantaged, low income parents to understand when they themselves have had no voice and see authoritarian child rearing as the best approach for their child's success. The aim should be to encourage the participation of the whole family. Sometimes children may themselves be the initiators but the goal should always be at least to make the parents aware of the process."[671]

Kinder und ihre Partizipation sind damit angewiesen auf Unterstützung und gleichzeitig ist kindliche Partizipation bei Hart immer eingebettet in einen systemischen Prozess des Empowerments, der gekennzeichnet ist durch die das System prägenden Chancen und Hindernisse. Mit Referenz auf die UN-KRK (Artikel 13) und die durch die Konvention gestärkten Partizipationsrechte von

668 HART, Children's Participation.

669 Ebd., 5.

670 Diese Differenzierung ist auch bereits im pastoraltheologischen Diskurs zum Machtgebrauch und zur Anteilhabe an der Macht der Amtsträger der katholischen Kirche genutzt. Christian Bauer geht darauf beispielsweise hier ein: BAUER, Christian: Vom Haben zum Sein? Partizipation in einer synodalen Kirche. In: *Zeitschrift für Pastoraltheologie (ZPTh)* (1/2020), 39.

671 HART, Children's Participation, 7.

Kindern geht es um die Korrespondenz der folgenden drei Komponenten: des Rechts der Staatsbürgerschaft („right of citizenship"), der damit verbundenen Verantwortung („responsabilities") sowie des Einübens in gesellschaftliche Partizipation.[672] Für Hart ist Partizipation eine Fähigkeit, die Kinder durch die Mitwirkung in bedeutungsvollen Projekten entwickeln können: „He explained that gaining experience in participating builds confidence and competence, with children being most likely to participate when they are intrinsically motivated and experience a sense of ownership."[673]

Das Modell Harts bedient sich der Metapher einer Leiter und sieht – weiter in diesem Bild gesprochen – acht Stufen vor. Die ersten drei Stufen der Leiter werden als *Non-participation* (Nicht-Partizipation) bezeichnet. *Manipulation* (1) (Manipulation) kennzeichnet immer einen Mangel an Informationen auf Seiten der Kinder. Kinder können manipuliert werden, indem sie an bestimmten Aktionen beteiligt werden, aber die Angelegenheit eigentlich nicht verstehen („pre-school children carrying political placards concerning the impact of social policies on children"[674]). Eine andere Form ist die Strategie des Befragens oder Hinzuziehen von Kindern in Prozesse im Sinne einer gemeinsamen Ideensammlung, die Entscheidungsfindung bzw. die Information über die Entscheidungsfindung im Kreise der Erwachsenen aber vorzuenthalten: „The most common method is for children to make drawings of something, such as their ideal playground. Adults collect the drawings and in some hidden manner synthesize the ideas to come up with 'the children's design' for a play ground [sic!]."[675] Die Stufe *Decoration (2)* (Dekoration) kennzeichnet, dass Kinder und kindliche Aktivitäten genutzt werden, um die Anliegen von Erwachsenen aufzuwerten und zu unterstützen. Der Unterschied zur Manipulation besteht hier darin, dass nicht vorgegeben wird, inspiriert zu sein durch kindliche Impulse. Hart bezieht sich bspw. auf „those frequent occasions when children are given T-shirts related to some cause, and may sing or dance at an event in such dress, but have little idea of what it is all about and no say in the organizing of the occasion."[676] *Tokenism (3)* (Alibipolitik) macht auf die Widersprüchlichkeit oft progressiver Partizipationsideen im Verhältnis zu häufig unzureichender Umsetzung aufmerksam. Bei Handlungen auf Ebene dieser Stufe wird vorgegeben, dass Kinder eine Stimme haben, diese wird jedoch nicht ernst genommen: „children are apparently given a voice, but in fact have little or no choice about the subject or

672 Ebd.

673 Mayne, Fiona/Howitt, Christine/Rennie, Léonie: A hierarchical model of children's research participation rights based on information, understanding, voice, and influence. In: European Early Childhood Education Research Journal. 26/5 (2018), 647.

674 Hart, Children's Participation, 9.

675 Ebd.

676 Ebd.

the style of communicating it, and little or no opportunity to formulate their own opinions."[677] Hart macht darauf aufmerksam, dass solche Alibipolitik nicht zuletzt auch zu Beschämungserfahrungen führen kann, z. B. wenn Kinder in einem öffentlichen Kontext sprechen (bspw. auf einem Aktionstag) und dafür Applaus, Fotos und Bekundungen von Niedlichkeit ernten, aber nicht ernst genommen werden.[678]

Im Modell folgen fünf weitere Stufen, die als *Degrees of participation* (Stufen von Partizipation) bezeichnet werden. Die Stufen vier bis sechs umfassen dabei Handlungen, die von Erwachsenen angestoßen werden. Ab Stufe sieben werden Handlungen von Kindern angestoßen. Die Stufe *assigned but informed (4)* (zugeteilt, aber informiert) setzt voraus, dass Kinder die Absichten/Ziele eines Projekts verstehen, dass sie darüber Bescheid wissen und wer die Entscheidung getroffen hat, sie zu beteiligen. Ferner geht es darum, dass sie auf eine sinnvolle (meaningful) Weise beteiligt werden und, dass sie nachdem das Projekt erklärt wurde, die Möglichkeit haben, sich freiwillig zu melden.[679] Mit der Stufe *consulted and informed (5)* (konsultiert und informiert) werden Projekte verbunden, die von Erwachsenen durchgeführt werden. Kinder werden in die Lage versetzt, die Prozesse zu verstehen und ihre Meinung einzubringen. Mit ihrer eingebrachten Meinung wird dann ernsthaft umgegangen („their opinions are treated seriously“[680]). Auch hier gibt es ein anschauliches Beispiel von Hart:

„At Nickelodeon, a television company based in New York, new ideas for television programmes are sometimes designed in consultation of children. Low cost versions of the programme are created and critiqued by the children. The programmes are then redesigned and again shown to the same expert panel of children."[681]

Die folgende Stufe *adult initiated, shared decisions with children* (6) (von Erwachsenen initiiert, geteilte Entscheidungen mit Kindern) kennzeichnet vor allem die geteilte Entscheidungsfindung mit den Kindern – trotz Initiative der Erwachsenen. Auf sie folgt die nächste Stufe: *child initiated and directed* (7) (von Kindern initiiert und durchgeführt). Indem die Initiative nicht mehr bei den Erwachsenen, sondern bei den Kindern liegt, kommen Erwachsene in eine veränderte und anspruchsvolle Rolle. Sie müssen sich hier in eine angemessen reagierende und nicht in eine neu sich als anweisend formierende Rolle einfinden.[682] Unter *child initiated, shared decisions with adults* (8) (von Kindern initiiert, geteilte Entscheidungen mit Erwachsenen) werden schließlich Aktivitäten verstanden, die so

677 Ebd., 10.
678 Ebd.
679 Vgl. ebd., 11.
680 Vgl. ebd., 12.
681 Ebd.
682 Vgl. ebd., 14.

angelegt sind, dass die Kinder die Erwachsenen mitbeteiligen und hineinnehmen in die von ihnen erdachten und durchgeführten Projekte und in die damit verbundene Entscheidungsfindung. Hart stellt heraus, dass auch hier Prozesssteuerung auf Seiten der Kinder eine besondere Flankierung erforderlich macht: damit Kinder auf dieser Stufe agieren können, braucht es Erwachsene, die feinfühlig wahrnehmen und Raum geben für kindliche Energien.[683] Am Beispiel der Profession der *street worker* verdeutlicht Hart, dass es Menschen brauchte, die wissen, wie das Potential junger Menschen zum Leben erwachen kann („how to give life to the potential in young people"[684]).

6.4.2 Die Hierarchie kindlicher Partizipationsrechte

Fiona Mayne, Christine Howitt und Léonie J. Rennie haben ein hierarchisches Modell für die Verwirklichung des kindlichen Rechts auf Partizipation in Forschungsprozessen entwickelt. Es ermöglicht, „Art und Grad der Einlösung der UN-Kinderrechtskonvention in Forschungsvorhaben mit Kindern im Vor- und Grundschulalter auf systemische Weise zu bestimmen und zu reflektieren."[685] Das Modell kombiniert zwei hierarchische Konstrukte entlang der beiden Achsen der Matrix. Namentlich die aus der UN-KRK hergeleiteten vier Partizipationsrechte *Information*, *Verständnis*, *Stimme* und *Einfluss* mit den Stufen der Partizipation nach Hart (siehe oben) für den Kontext kindlicher Partizipation in Forschungsprozessen. Als Bestimmungs- und Reflexionsmodell kann es auch über den Bezugsbereich der partizipativen Forschung hinaus inspirieren. Das Modell wurde bereits für den deutschen Kontext adaptiert.[686] Im Folgenden wird das Modell – inklusive seiner Adaption anhand eines Beitrags von Petra Büker, Birgit Hüpping, Fiona Mayne und Christine Howitt – vorgestellt.

Mayne/Howitt/Rennie machen auf eine interessante Beobachtung aufmerksam: Obwohl auf einer allgemeinen Ebene mit wenig Widerspruch zu Partizipation von Kindern als Grundsatz zu rechnen sei, so folge dieser grundsätzlichen Zustimmung doch keine konkrete Umsetzung.

683 Vgl. ebd.

684 Ebd.

685 BÜKER, Petra u.a.: Kinder partizipativ in Forschung einbeziehen - ein kinderrechtsbasiertes Stufenmodell. In: Diskurs Kindheits- und Jugendforschung. 1 (2018), 111.

686 An der Universität Paderborn besteht ein internationales Forschungsprojekt in Kooperation der Graduate School pf Education der University of Western Australia in Perth und dem Arbeitsbereich Grundschulpädagogik und Frühe Bildung an der Universität Paderborn. Namentlich kooperieren dort Fiona Mayne, Christine Howitt, Petra Büker und Birgit Hüpping im Projekt „Children as coresearchers". Vgl. hierzu: BÜKER, u.a.: Kinder partizipativ in Forschung einbeziehen - ein kinderrechtsbasiertes Stufenmodell, 109–114.

„Few will disagree that even young children should be regarded as 'citizens' in their own right and that these rights have broad implications for their involvement in research. However, published empirical research involving children under eight years, such as the collection of 506 papers reviewed in Mayne and Howitt (2014) and Mayne and Howitt (2015), tends not to reflect these widely-held views."[687]

Auch wenn diese Studie lediglich mit Blick auf die Umsetzung von Kinderpartizipation in Forschung aussagekräftig ist, so ist es dennoch leicht vorstellbar, dass die zugrundeliegende allgemeine Beobachtung auch auf andere Bereiche übertragbar sein kann: Grundlegende Zustimmung zum Partizipationsgrundsatz ist eben nicht gleichbedeutend mit der Konsequenz der Umsetzung. So zu finden z. B. auch bei Liane Pluto für den Bereich der erzieherischen Hilfen: Partizipation von Kindern sei häufig in programmatischen Konzepten und Leitlinien zu finden, weniger häufig jedoch in der konkreten Praxis:

„Dort, wo es um programmatische Aussagen, um gesellschaftliche Entwürfe, um Verhalten (wie §36 KHJG), um Einrichtungs- und Angebotskonzepte, um Vorstellungen, wie gesellschaftliches Zusammenleben nach demokratischen Prinzipien gefördert werden kann, geht, fehlt der Begriff in der aktuellen Situation kaum. Je konkreter jedoch der pädagogische Alltag mit Kindern und Jugendlichen und die Zusammenarbeit mit den Eltern in den Erziehungshilfen thematisiert wird, desto seltener gehört der Begriff zum verwendeten Vokabular."[688]

Mayne/Howitt/Rennie zielen mit ihrem Modell auf die Partizipation von Kindern in Planung und Implementierung von Forschungsprojekten; es geht ihnen um das Eintragen des fundamentalen Kinderrechts auf Partizipation in die Durchführung von Forschung (im Feld der Frühen Kindheitsforschung).[689] Das Konzept fokussiert die Partizipation von Kindern im Alter von drei bis acht Jahren. Grundsätzlich seien die Ausführungen aber auch übertragbar auf andere Altersgruppen.[690] Ihrem Modell zugrunde liegt die Überzeugung, dass Kinderpartizipation erstens notwendig ist, damit Kinder befähigt werden, ihrer Stimme effektiv Ausdruck zu verleihen sowie zweitens, um zu untersuchen und auszudifferenzieren, was in diesem Sinne unter Partizipation zu verstehen ist:

„In order to successfully incorporate children's perspectives, it is first necessary to involve them in a manner that enables their voices to be effectively heard. [...] What must be considered are the ways in which information is communicated to children, the level of

687 Mayne/Howitt/Rennie, A hierarchical model of children's research participation rights based on information, understanding, voice, and influence, 644.

688 Pluto, Partizipation in den Hilfen zur Erziehung, 12.

689 Vgl. Mayne/Howitt/Rennie, A hierarchical model of children's research participation rights based on information, understanding, voice, and influence, 653.

690 Ebd., 652.

understanding that is subsequently attained, opportunities for children's opinions to be voiced, and what, if any, influence can be exerted."[691]

Mayne/Howitt/Rennie und daran anknüpfend auch Büker u. a. kombinieren die Partizipationsrechte Information, Verständnis, Stimme und Einfluss (information, understanding, voice, influence) unter Rückgriff auf die UN-KRK (Artikel 12 und 13) sowie die entsprechende Kommentierung Nr. 7 des United Nations Comittee on the Right oft he Child[692] mit den Stufen der Partizipationsleiter von Hart.

Abb. 6: Hierarchy of children's research participation rights

Table 1. Hierarchy of children's research participation rights, showing its relationship to Hart's ladder of participation.

	Hart's Ladder of Participation		Hierarchy of children's research participation rights				
				Participation rights			
	Rung on Hart's ladder	Hart's participation categories	Level Descriptors	Information provided to the child: Information	Appropriate to the child's capacities: Understanding	Express views and relate experiences: Voice	Carries weight in decision-making processes: Influence
Rights-based Participation	8	Child-initiated and directed, shared decisions with adults	**Child-initiated and directed with significant influence, decisions shared with adults.** Child's voice having greatest influence with adults overseeing	Information created by children	Understanding greater than adults'	Voice equal to that of adults'	Significant influence
	7	Child-initiated and directed	**Child-initiated and directed, but facilitated by adults.** Significant scope for child voice and influence	Information greater than adults'	Understanding equal to that of adults'	Significant voice	Selected influence
	6	Adult-initiated, shared decisions with children	**Adult-initiated and scaffolded, decisions shared with children.** Selected scope for child voice with scaffolded influence	Information equal to that of adults'	Significant understanding	Selected voice	Scaffolded influence
	5	Consulted and informed	**Consulted, informed with understanding, heard.** Volunteers with a measure of voice and influence	Significant information	Selected understanding	Scaffolded voice	Restricted opportunities for influence
	4	Assigned but informed	**Assigned, informed with understanding.** Volunteers but restricted to a practical yet symbolic role	Selected information	Scaffolded understanding	Restricted opportunities for voice	Negligible influence
Non-participation	3	Tokenism	**Assigned, somewhat informed.** May offer opinions but no action is taken	Scaffolded information	Restricted opportunities for understanding	Negligible voice	No influence
	2	Decoration	**Assigned, largely unaware, not consulted**	Restricted opportunities for information	Negligible understanding	No voice	No influence
	1	Manipulation	**Assigned, unaware, possibly misled** to facilitate involvement	Negligible information	No understanding	No voice	No influence

Abb. aus Mayne/Howitt/Rennie, A hierarchical model of children's research participation rights based on information, understanding, voice, and influence.

691 Ebd.,

692 United Nations Committee on the Rights of the Child, General Comment No. 7.

Abb. 7: Hierarchie kindlicher Partizipationsrechte in Forschungsprozessen

Hierarchie kindlicher Partizipationsrechte in Forschungsprozessen, adaptiert nach Mayne, Howitt und Rennie (2018)					
		Partizipationsrechte			
		Information	Verständnis	Stimme	Einfluss
Partizipationsgrade	8 Kinder-Initiative, geteilte Entscheidungen mit Erwachsenen	Vom Kind geschaffene Informationen	Größeres Verständnis als das der Erwachsenen	Gleichberechtigte Stimme wie die der Erwachsenen	Bedeutsamer Einfluss
	7 Von Kindern initiiert und durchgeführt	Größere Informationsgrundlage als die der Erwachsenen	Gleiches Verständnis wie das der Erwachsenen	Bedeutsame Stimme	Einflussnahme in ausgewählten Bereichen
	6 Erwachsenen-Initiative, geteilte Entscheidungen mit Kindern	Gleiche Informationen wie die der Erwachsenen	Verständnis bedeutsamer Aspekte	Meinungsäußerung in ausgewählten Bereichen	Unterstützte Möglichkeiten der Einflussnahme (Scaffolding)
	5 Konsultiert; Mitsprache auf Basis von Verständnis	Bedeutungsvolle Informationen	Verständnis ausgewählter Aspekte	Unterstütze Möglichkeiten der Meinungsäußerung (Scaffolding)	Eingeschränkte Möglichkeiten der Einflussnahme
	4 Zugeteilte, restriktive Rolle auf Basis von Informationen	Ausgewählte Informationen	Unterstütze Möglichkeiten des Aufbaus von Verständnis (Scaffolding)	Eingeschränkte Möglichkeiten der Meinungsäußerung	Geringe Einflussnahme
Keine Partizipation	3 Alibi-Teilnahme	Unterstütze Möglichkeiten der Informationsgewinnung (Scaffolding)	Eingeschränkte Möglichkeiten des Verständnisses	Geringe Stimme	Keine Einflussnahme
	2 Dekoration	Eingeschränkte Informationsmöglichkeit	Geringes Verständnis	Keine Stimme	Keine Einflussnahme
	1 Manipulation	Geringe Information	Kein Verständnis	Keine Stimme	Keine Einflussnahme

Abb. aus BÜKER u.a., Kinder partizipativ in Forschung einbeziehen – ein kinderrechtsbasiertes Stufenmodell; Darstellung eigenhändig erstellt durch R.B.

Mit Blick auf die Achsen der beiden Matrizen kann als erstes festgehalten werden: hier wird die Unterscheidung von vorpartizipativen und partizipativen Prozessen übernommen, die im Modell durch eine deutlich sichtbare schwarze Linie markiert sind. Die hierarchische Anordnung der vier separaten Elemente der Partizipationsrechte betont einerseits die Bedeutsamkeit von Information als Basis für die drei weiteren Elemente. Andererseits zeigt sich dadurch auch, dass die vier Elemente unterschiedliche Funktionen im Partizipationsprozess erfüllen sowie je nach Prozess unterschiedlich ausgeprägt sein können.[693] *Das* Partizipationsrecht

693 Vgl. MAYNE/HOWITT/RENNIE, A hierarchical model of children's research participation rights based on information, understanding, voice, and influence, 650.

gibt es hier nicht: Die vier Elemente kommen mit ihren je unterschiedlichen Ausprägungen gekoppelt mit den Stufen der y-Achse zur Geltung. Mayne/Howitt/Rennie illustrieren anhand einiger Beispiele:

„For example, a child can be given information, but there may be gaps in understanding. A child might have understanding, but may not be able to articulate all of it. A child may voice an opinion, but external factors may come into play that determine how much influence the child can exert."[694]

Für ihr Modell rekurrieren Mayne/Howitt/Rennie entsprechend auch auf die jeweiligen Definitionen von Partizipation bei Hart und der UN. Partizipation entlang des Verständnisses der UN bedeutet, dass Kindern Möglichkeiten bereitet werden, ihre Ansichten und Erfahrungen einzubringen sowie ihnen Gewicht im Entscheidungsfindungsprozess eingeräumt wird.[695] Hart geht es um das Einüben sowie Ausbilden von Kompetenz zur Anteilnahme an die*den Einzelnen sowie die Gemeinschaft betreffenden Entscheidungen, in der sie*er sich aufhält. Das nachfolgend dargestellte Modell von Mayne/Howitt/Rennie erkennt des Weiteren – ebenfalls in Anknüpfung an Hart – an, dass sich kindliche Partizipationskompetenz entwickelt und von Kind zu Kind unterschiedlich ist. Was auch zur Folge habe, dass es letztlich darum geht, Kindern zu ermöglichen auf der ihren Fähigkeiten und Entwicklungen entsprechend höchstmöglichen Stufe der Partizipation zu agieren:

„This acknowledges that children's capacities and motivation to participate vary widely and may evolve as they develop their participation skills. Thus, it is not necessary for researchers to expect children to operate on the highest rungs of the ladder, but to design research programmes that maximise a child's opportunities 'to choose to participate at the highest level of his ability' (Hart 1992, 11)."[696]

Der Berücksichtigung der individuellen und kollektiven Lern- und Entwicklungsprozesse in diesem Bereich korrespondiert im Modell die Grundüberzeugung, „dass das Recht auf Partizipation nicht allein durch den Akt der Mitsprache eingelöst wird, sondern auch das Recht des Kindes auf einen bewussten, gerahmten Lern- und Erfahrungsprozess im Bereich der *Partizipationskompetenz* umfasst."[697] Damit wiederum kann verwiesen werden auf die Rolle und Aufgabe der Erwachsenen, denn: „The success of the hierarchy relies on the willingness of the researcher to adjust the power imbalance in favour of the child's capacity to

694 Ebd., 649f.
695 Vgl. ebd., 647.
696 Ebd., 648.
697 BÜKER u.a., Kinder partizipativ in Forschung einbeziehen – ein kinderrechtsbasiertes Stufenmodell, 113.

participate."[698] In den Händen der Erwachsenen liegt die Reflexion und Ermöglichung der Umsetzung partizipativer Prozesse.

Mit diesem letzten Satz sind zwei Komponenten angesprochen, die auch direkt anhand der Grafik des Modells (sowohl des Originals wie auch der deutschen Adaption) verdeutlicht werden können: Die Matrix des Modells ist in unterschiedlichen Grautönen eingefärbt. Grundsätzlich gilt: Je dunkler die Farbe, umso höher der Grad der Ermöglichung an kindlicher Agency (im Original) bzw. an kindlicher Agency und Verständnis (in der deutschen Adaption).

„Die Felder der Matrix beschreiben verschiedene Arten der Zurverfügungstellung von Information (von fehlender, stark reduzierter, ausgewählter, bewusst in Form von pädagogisch-didaktischem Scaffolding an den kindlichen Verstehenshorizont angepasste bis hin zur vollständigen sowie von den Kindern als Forschern selbst zur Verfügung gestellten Information) (erste Spalte), des vom Kind in seiner spezifischen Ausgangslage zu erreichenden Verständnisses (zweite Spalte), der Art, wie Meinungen geäußert und Erfahrungen verbalisiert werden können (dritte Spalte) und die Art des Einflusses, den Kinder auf Entscheidungen nehmen können (vierte Spalte).“[699]

Geringe kindliche Agency ist im Modell gleichzusetzen mit einer geringen Umsetzung kindlicher Partizipationsrechte und umgekehrt. Kindliche Agency wird durch Erwachsene ermöglicht. Entwicklung sowie Förderung im Wechselspiel von Autonomie und Abhängigkeit strukturieren das Feld kindlicher partizipativer Aktivitäten damit grundlegend und können auch nicht ohne die Aushandlung von Partizipation und Schutz ausbuchstabiert werden:

„Adults play a critical role by either supporting the development of children's agency and autonomy in participation through caring, trusting relationships, or by reinforcing 'a sense of dependency' [...]. Involving children in research requires constant interplay between children's right to participation and their right to protection, with these challenges often being compounded by questions about children's capacity to provide valid consent [...]."[700]

Die Modelle von Mayne/Howitt/Rennie bzw. von Büker u. a. machen darauf aufmerksam, dass es in diesen Implementierungsprozessen stets um die Entscheidung für die Partizipationsstufe geht, die am passendsten ist. Es sind zwei wesentliche Faktoren, die entscheidend sind für die Wahl der passendsten Partizipationsstufe: Das Kind und seine Entwicklung sowie der Kontext und die Rahmenbedingungen.

698 Mayne/Howitt/Rennie, A hierarchical model of children's research participation rights based on information, understanding, voice, and influence, 652.

699 Büker u.a., Kinder partizipativ in Forschung einbeziehen – ein kinderrechtsbasiertes Stufenmodell, 113.

700 Vgl. Mayne/Howitt/Rennie, A hierarchical model of children's research participation rights based on information, understanding, voice, and influence, 647.

6.4.3 Das Modell der Partizipationspyramide

Gaby Straßburger und Judith Rieger definieren Partizipation wie folgt:

„Partizipation bedeutet, an Entscheidungen mitzuwirken und damit Einfluss auf das Ergebnis nehmen zu können. Sie basiert auf klaren Vereinbarungen, die regeln, wie eine Entscheidung gefällt wird und wie weit das Recht auf Mitbestimmung reicht. Diese Definition grenzt Partizipation von Formen der Beteiligung ab, bei denen die Meinung der Mitwirkenden keine Auswirkung auf das Ergebnis einer Entscheidung hat oder bei denen nicht sicher ist, dass ihre Meinung in den Entscheidungsprozess einfließt.“[701]

Dieses Verständnis bildet die Grundlage für das Modell der Partizipationspyramide. Darin unterscheiden Straßburger/Rieger einerseits zwei sich ergänzende Seiten der Pyramide (die institutionell-professionelle Seite und die Perspektive der Bürger*innen) sowie andererseits zwischen Vorstufen und Stufen von Partizipation.

Abb. 8: Die Partizipationspyramide

Abb. aus: STRAẞBURGER/RIEGER, Partizipation kompakt. Für Studium, Lehre und Praxis sozialer Berufe.

Man kann auch sagen: Auf der linken Seite wird Partizipation zugelassen und auf der rechten Seite werden Partizipationsräume genutzt. Straßburger/Rieger nutzen die Begriffe „Bürgerinnen und Bürger“, um diese Akteure von der institutionellen Seite und damit den Fachkräften abgrenzen zu können. Sie verweisen

701 STRAẞBURGER, Gaby/RIEGER, Judith: Partizipation kompakt – Komplexe Zusammenhänge auf den Punkt gebracht. In: STRAẞBURGER, Gaby/RIEGER, Judith (Hg.): Partizipation kompakt. Für Studium, Lehre und Praxis sozialer Berufe. Weinheim Basel [2]2019, 230.

explizit darauf, dass die Begriffe weit gefasst sind und damit auch „Kinder, Jugendliche und Menschen mit gesetzlichem Betreuer“[702] bezeichnet werden. Auf Seite der Bürger*innen ist Partizipation als zivilgesellschaftliche Eigenaktivität als siebte Stufe möglich. Die Stufen der Partizipation kennzeichnet gemeinsame Entscheidungsfindung in verschiedenen Abstufungen von Stufe 4 bis 6. Die Vorstufen der Partizipation markieren Prozesse, bei denen aber nicht abgesichert ist, „dass die Beteiligung Auswirkungen auf die Entscheidung hat.“[703]

Das Modell soll nicht suggerieren, dass es eine beste Stufe der Partizipation gibt. Straßburger/Rieger machen deutlich, dass es vielmehr um die in den jeweiligen Rahmenbedingungen passende und praktikable Stufe geht und dass in Prozessen auch Dynamiken entstehen können, die es ermöglichen, Partizipation auszubauen. Grundsätzlich gelte:

> „Zwar ist es erstrebenswert, immer so viel Partizipation wie möglich zu realisieren, doch welche Stufe angemessen ist, hängt von den konkreten Gegebenheiten ab. [...] Erst wenn geklärt ist, ob und in welchem Umfang die beteiligten Fachkräfte bereit sind, ihre Macht zu teilen, lässt sich entscheiden, welche Stufe oder Vorstufe der Partizipation angemessen ist. Solange nicht sicher ist, dass die Meinung der Menschen, die sich beteiligen, tatsächlich in den Entscheidungsprozess einfließen wird, besteht die Gefahr der Scheinpartizipation. Grundsätzlich gilt: Auch die Vorstufen der Partizipation sind wertvoll.“[704]

Hinzu kommt etwas für diese Arbeit Bedeutsames, das auch Straßburger/Rieger aufnehmen: „Grenzen von Mitbestimmung liegen dort, wo höhere Werte oder Gesetze zu achten sind, um z. B. Schwächere zu schützen.“[705] In bestimmten Belangen wie z. B. dem Kinderschutz ist Partizipation daher zwar möglich, aber eben durch das Schutzanliegen auch gerahmt und damit begrenzt.

6.4.4 Zwischenreflexion

Die Modelle haben gemeinsam, dass es stets um die Entscheidung für die passendste Partizipationsstufe bzw. -form geht auf Basis der grundlegenden Konfiguration Machtverhältnisse zwischen Erwachsenen und Kindern „zugunsten der Kinder zu verschieben“[706]. Sie sind so angelegt, dass sich mit ihrer Hilfe

702 Straßburger/Rieger, Bedeutung und Formen von Partizipation – Das Modell der Partizipationspyramide, 17.

703 Straßburger/Rieger, Partizipation kompakt – Komplexe Zusammenhänge auf den Punkt gebracht, 230.

704 Ebd., 231.

705 Straßburger/Rieger, Bedeutung und Formen von Partizipation – Das Modell der Partizipationspyramide, 14.

706 Liebel, Kinder und Gerechtigkeit, 104.

Partizipation einerseits aus Alltagssituationen auslesen lässt. Sie können andererseits auch dazu dienen, Entscheidungen zu Partizipationsprozessen zu reflektieren.

a) Für Hart ist Partizipation ein von Erwachsenen begleiteter Prozess. Kinder und ihre Partizipation sind damit immer angewiesen auf Unterstützung und gleichzeitig ist kindliche Partizipation bei Hart eingebettet in einen systemischen Prozess des Empowerments, der gekennzeichnet ist durch das System prägende Chancen und Hindernisse.
b) Für Mayne/Howitt/Rennie bzw. Büker u. a. sind die Kriterien für die passendste Stufe die kindliche Entwicklung sowie die Rahmenbedingungen. Kinder sollten auf der ihren Fähigkeiten und Entwicklungen entsprechend höchstmöglichen Stufe der Partizipation agieren können. Die hierarchische Anordnung der beiden Achsen verdeutlicht die potenziell unterschiedliche Funktion der darauf abgetragenen Elemente im Prozess. Sowohl das Machtverhältnis zwischen Erwachsenen und Kindern (y-Achse) als auch die vier Ausprägungen des Partizipationsrechts (x-Achse) können im Prozess unterschiedlich gekoppelt und ausgeprägt werden.
c) Straßburger/Rieger machen deutlich, dass es vor allem um die in den jeweiligen Rahmenbedingungen passende und praktikable Stufe geht. Partizipation kennzeichnet gemeinsame Entscheidungsfindung und wird über die beiden Pyramidenseiten in ihrer jeweiligen Perspektivität gerahmt. Der Unterschied zu den vorherigen Modellen besteht vor allem darin, dass das Modell nicht auf die Partizipationsrechte der UN-KRK spezifiziert angelegt ist.

Es ist wichtig, die Modelle als das wahrzunehmen, was sie sind: *Modelle*. Laut Oliver Reis kennzeichnet Modelle, dass Sie erstens nicht das Original sind, sondern zu diesem „in einem bestimmten Verhältnis stehen“[707] und „Bedeutung von dem Original zu der Anwendungssituation“[708] transportieren. Sie bilden zweites ein in sich widerspruchsfrei formuliertes System an Aussagen und bieten damit „eine gewisse Konsistenz“[709]. Sie sind drittens „Modell *von etwas* [...] und *für etwas* entwickelt“, womit naheliegt, dass in ihnen das Potential liegt, für die „Praxis einen Unterschied“ zu machen.[710] In dieser Hinsicht können die beschriebenen Modelle helfen, Partizipationsprozesse im Übergang zwischen der recht abstrakten Größe UN-KRK und der Praxis der Schutzkonzepterstellung beschreibbar zu

707 Reis, Oliver: Zur Differenz zwischen Modell und Gemeindeentwicklung in der Praxis. Theoretische Modelle und ihre Wirkung in den konkreten Räumen aus Sicht der Aktuer-Netzwerk-Theorie. In: Erzbistum Paderborn (Hg.): Entwicklung der ehrenamtlichen Mitverantwortung. Projektbericht 1: Modelle, Transformationen, Corona-Erfahrungen. Paderborn 2021, 44.

708 Ebd., 45.

709 Ebd.

710 Ebd.

machen. Die eben aufgezählten Merkmale von Modellen helfen, ihre Funktion dabei realistisch wahrzunehmen. Dies bedeutet: Die Modelle modellieren Partizipation von Kindern auf Basis der in ihnen eingeschriebenen Verständnisse vom Original. Sie unterliegen damit auch Beschränkungen. „Ihr Wert liegt in der Einfachheit […]. Ihr Nachteil ist, dass sie statisch sind“[711]. Mit Blick auf die geschilderten Konzepte kann festgehalten werden: Im Gegensatz zu Hart schaffen es die Modelle von Mayne/Howitt/Rennie bzw. Büker u. a. verschiedene Ausprägungen des Partizipationsrechts in Anknüpfung an die UN-KRK nebeneinander zu erfassen und damit eher für Übergänge zwischen den einzelnen Elementen zu sensibilisieren.[712] Insgesamt wird bezüglich der grundlegenden Aktivitätsaushandlung zwischen Erwachsenen und Kindern angesichts der Merkmale eines Modells auch deutlich, dass die Abbildung von Machtbeziehungen im Modell mitunter „der dynamischen Natur und Widersprüchlichkeit“[713] dieser Beziehungen nicht gerecht wird. Die Modelle erfordern darüber hinaus noch eine kontextspezifische Adaption, die dann die Merkmale der konkreten Situationen und Akteursbeziehungen und ihrer Rollen zu erfassen vermag. Das Modell von Hart wurde so bereits andernorts adaptiert.[714]

Modelle weisen somit Grenzen auf. „Wenn jemand etwas mit einem Modell verändern will, dann gibt das Modell eine feste Struktur vor, aber genau in der Reduktion der Komplexität wird deutlich, wie kontingent das Modell ist, wie es Alternativen zu ihm gibt, wie die Differenz, die es ermöglichen kann, selbst einen Verlust an anderen Möglichkeiten bedeutet.“[715] Es geht damit nicht um einen ‚Eins-zu-Eins-Transfer‘ der Modelle, sondern vielmehr um das Erforschen der „Verheißung, die in ihnen gespeichert ist.“[716]

6.5 Zwischenresümee

Das Kapitel 6 erlaubt einen ausgewählten, auf den Zusammenhang der Schutzkonzepterstellung in Gemeindepastoral zugeschnittenen (Kapitel 6.1 und 6.2), durch die Perspektive der UN-KRK geweiteten (Kapitel 6.3) und aus modellbasierter Sicht gebauten (Kapitel 6.4) Zugriff auf Kinderpartizipation. In diesem Kapitel wurden insbesondere zwei rahmende Bezugsgrößen für Partizipation zusammengebracht: die Schutzkonzepte und die UN-KRK. Beide Bezugsgrößen

711 Liebel, Kinder und Gerechtigkeit, 104.
712 Vgl. ebd.
713 Ebd.
714 Vgl. z. B. Wolff/Hartig, Gelingende Beteiligung in der Heimerziehung.
715 Reis, Zur Differenz zwischen Modell und Gemeindeentwicklung in der Praxis, 53.
716 Ebd.

geben den Blick auf verschiedene Merkmale von Partizipation frei. Die Beschäftigung mit der UN-KRK gibt auf grundlegender Ebene den Blick frei auf das Verhältnis von Schutz und Partizipation sowie auf Partizipation als Beziehungsgeschehen zwischen Kindern und Erwachsenen (entsprechend der korrespondierenden Handlungsprogrammatiken ‚Kinder haben Rechte' und ‚Erwachsene haben die Verantwortung, diese Rechte zu wahren') sowie der Bearbeitung der entsprechenden Machtasymmetrien. Hieraus kann ein erster Teil eines Partizipationsverständnisses gewonnen werden. Die Beschäftigung mit den Schutzkonzepten (Kapitel 5) spitzt diese grundlegende Perspektive auf den Bereich dieser Arbeit zu und trägt die Unterscheidung von Erstellung, Produkt und Prozess in das Partizipationsverständnis mit ein.

Quergelesen auf die Frage, was all dies nun zusammengeführt für die Analyse und Konstruktion von Schutzkonzepten bedeuten kann, werden die Erträge des Kapitels hier zusammengeführt. Partizipationsprozesse können aus verschiedenen Perspektiven heraus konstruiert und analysiert werden. Präventionsprozesse werden über mehrere Ebenen konstruiert. Für Partizipation im Rahmen der Schutzkonzepte hat die vorliegende Arbeit im Rahmen dieses Kapitels drei mögliche Perspektiven für eine solche Konstruktion oder Analyse freigelegt: Die Perspektive auf Vorgaben und normative Rahmenbedingungen, die Perspektive auf Verantwortung für Partizipation sowie die Perspektive auf Eigenaktivität der Kinder. Das Setting für diese Perspektiven und des Spannungsfeldes, das sie abbilden, stellt die Verhältnisbestimmung von Schutz und Partizipation dar, die für die Schutzkonzepte auch über die Unterscheidung bei gleichzeitiger zirkulärer Verbundenheit der Schutzkonzepte als a) Erstellungsprozess, b) als Textprodukt sowie c) als Organisationsentwicklungsprozess Ausdruck findet.

Abb. 9: Partizipation in Schutzkonzepten der Gemeindepastoral

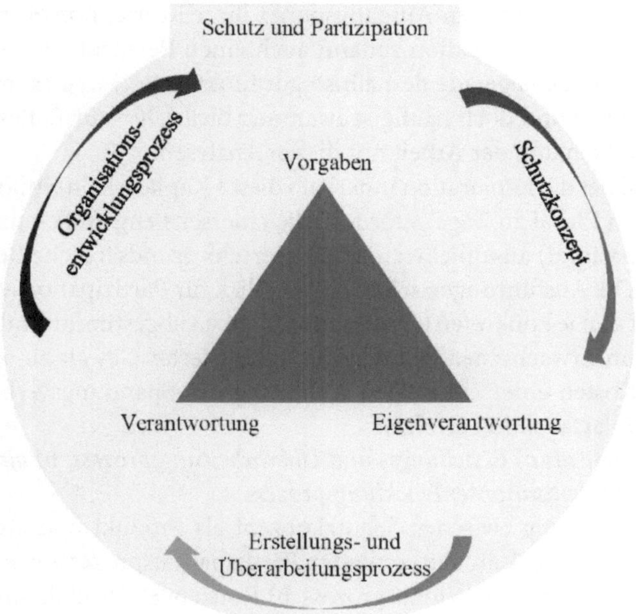

Eigene Darstellung

Das Verhältnis von Schutz und Partizipation

Partizipation kann im Kontext der Schutzkonzepterstellung als ein „Modus“ der konkreten Umsetzung des mit der Konzepterstellung verknüpften Schutzauftrages angesehen werden. Partizipation zeigt sich über den Zugriff dieser Arbeit untrennbar in seiner Verbindung zum Kinderschutz. Partizipation und Schutz ergeben sich aus den eingenommenen Perspektiven in unterschiedlich nuancierten Verhältnisbestimmungen: Partizipation kann so einerseits als Grundmerkmal der Schutzkonzepte, insbesondere ihrer Erstellung, identifiziert werden. Andererseits können Schutz und Partizipation in gegenseitiger Wechselwirkung und in einem Spannungsverhältnis beschrieben werden. Mit Blick auf die UN-KRK wird deutlich, dass das Prinzip der Partizipation herausfordert, gerade weil es als Grundprinzip und Basisnorm von je her in Spannungsverhältnissen zu weiteren Paradigmen steht. Anhand der ausgeführten Partizipationsmodelle kann festgehalten werden, dass es nicht um die Frage nach maximaler Partizipation auf einer höchsten Stufe, sondern vielmehr um die zum jeweiligen Kind, seinen Kompetenzen und Entwicklungen sowie der situationsspezifisch adäquaten Stufe geht. Jedoch immer orientiert daran, Kindern das Agieren auf der ihnen höchstmöglichen Stufe zu ermöglichen. Überein kommen die Modelle darin, dass es um

Möglichkeitsmaximierung, um Entwicklungspotentiale geht, die es auszuschöpfen gilt. Aus der Schutzkonzepterstellung, die sehr stark darauf rückbezogen ist, das konkrete ‚Vor-Ort'zum Ausgangspunkt ihrer Konzeption zu nehmen, lässt sich lernen, dass Partizipation sodann auch einen Perspektivwechsel erfordert, vom ‚buzzword', das gerade deshalb so gut funktioniert, weil es im Grunde nie fehl am Platz ist und doch häufig schwammig bleibt, hin zur Reflexion der konkreten Praktiken und der Arbeit mit diesen Analysen.

Insofern hat die Exploration innerhalb dieses Kapitels Konzeptionen von Partizipation im Plural zu Tage gefördert, die einerseits eng an Schutzkonzepte (in Gemeindepastoral) anschließen und andererseits grundsätzliche Bestimmungen enthalten. Die Ausführungen schärfen den Blick für Partizipationsverständnisse, die eng mit den je konkreten Organisationslogiken abgestimmt sind. Die Verantwortung von Erwachsenen, Kinder vor sexualisierter Gewalt zu schützen, darf nicht auf Kosten einer einseitigen Auflösung des Spannungsverhältnisses von Schutz und Partizipation erfolgen.

Schutzkonzepte als a) Erstellungs- und Überarbeitungsprozess, b) als Textprodukt sowie c) als Organisationsentwicklungsprozess

Die Unterscheidung zwischen Schutzkonzept als Produkt und als Prozess, die obenstehend mit Blick auf die konkreten Partizipationsprozesse nochmals auf die Unterscheidung in a) Erstellungsprozess, b) Konzept als Produkt und c) Konzept als Prozess der Entwicklung der Organisation und ihrer Praktiken (Kapitel 5.4) verfeinert wurde, kann hineingetragen werden in die Auseinandersetzung mit Partizipation. Es zeigt sich mit Blick auf Partizipation wie im Brennglas, dass Schutzkonzepte komplexe Gebilde darstellen. In ihnen werden unterschiedliche Bausteine mit unterschiedlichen Maßnahmen untergebracht. Die dabei zugrunde liegende Verständnisse von Schutz und vom Konzept und seiner Funktion präfigurieren Partizipation. Die unterschiedlichen Bausteine zeigen, dass die Schutzkonzepte darauf setzen, dass nur im Zusammenwirken von unterschiedlichen Maßnahmen wirksamer Schutz vor sexualisierter Gewalt erzielt wird. Die Frage ist, wie es die Schutzkonzepte der Pfarreien schaffen, diesen Balanceakt strukturell in ihre Konzepte und Alltagspraktiken zu implementieren und nicht nur Baustein an Baustein reihen und dann z. B. Kinderstärkung einfach ein Baustein neben vielen ist.

Die Bausteinstruktur der Konzepte legt Partizipation auf Ebene des Textprodukts (b) bzw. auf Ebene des Prozesses hin zum Produkt (a) frei. Auf dieser Ebene können z. B. Partizipation an der Risikoanalyse, Beratungs- und Beschwerdewege, Partizipation und Intervention sowie Kinderstärkung in den Blick kommen. Auf Ebene des Prozesses, der über das Textprodukt hinaus geht (c), kommt Partizipation z. B. als Grundhaltung sowie als Frage der Reflexion von Machtdifferenzen in den Blick. Gerade im Prozess ist daher Aufmerksamkeit für Spezifika der konkreten Einrichtung gefragt. Bisher scheint diese normativ (z. B. durch die DBK) sehr stark auf Ebene der Konzepterstellung (a) zu greifen und reguliert zu sein. Auch aus dieser Perspektive lässt sich die Frage nach der Operationalisierung von Partizipation als ‚buzzword' stellen.

Kinderpartizipation und Vorgaben

Im Rahmen der Schutzkonzepterstellung befindet man sich in einem Rahmen, in dem Vorgaben eine große Rolle spielen. Es besteht eine Verpflichtung der Implementierung der Präventionsmaßnahmen. Partizipation wird „als zentrales Prinzip der Entwicklung und Umsetzung institutioneller Schutzkonzepte" (DBK) empfohlen und bezieht sich auf alle Personengruppen, für die das Konzept relevant sind. Damit zielen die Prozesse auf eine möglichst passgenaue Organisationsentwicklung, setzen aber ebenso vor bereits vorhandene Partizipationskompetenz seitens der Leitung und den mit der Schutzkonzepterstellung betrauten Akteuren voraus.

Kinderpartizipation und Verantwortung

Auf dieser Seite des Dreiecks stehen die Erwachsenen als verantwortliche Akteure für die Partizipation von Kindern. Diese Verantwortung lässt sich mit dem Partizipationsprinzip einerseits und mit dem Schutzauftrag andererseits begründen. Im Zusammenhang mit den Kinderrechten kann Partizipation so als „Modus des Kinderschutzes"[717] verstanden werden.

In diesem Sinne kann Partizipation hier gar nicht anders als durch das wechselseitige Beziehungsgeschehen zwischen Erwachsenen und Kindern definiert werden. Die Herausforderung liegt in der Gestaltung dieser Beziehung und darin, wie mit Asymmetrien umgegangen wird. Grundhaltungen Erwachsener und eine Annahme von Partizipation als professionelle Herausforderungs- und Anforderungssituation – gerade auch in Gemeindepastoral – stehen dabei dafür als maßgebliche Elemente dieser Beziehungsgestaltung.

Im Sinne der Akteursperspektiven aus der Kindheitsforschung geht es darum, der Asymmetrie von Kindern und Erwachsenen auch mit der Gleichheit von Kindern und Erwachsenen zu begegnen. Eine Differenz von Erwachsenen und Kindern darf nicht dazu führen, dass Kinder nicht als partizipationskompetente Subjekte wahrgenommen werden. Aus den Modellen, in denen Kinderpartizipation im Anschluss an die UN-KRK gedacht wird, kann gelernt werden, dass Partizipation von Kindern Entscheidungsprozesse hinsichtlich einer strategischen Planung und Umsetzung voraussetzen. Modelle fungieren als „bird-eye-view"[718], als Metaplan für Möglichkeitsräume und als Folie für begründete Entscheidungen. Die Modelle ermöglichen Entscheidungsfindung und implizieren Reflexion

[717] WIESNER, Partizipation als Modus des Kinderschutzes, 21.

[718] MAYNE/ HOWITT/ RENNIE, A hierarchical model of children's research participation rights based on information, understanding, voice, and influence, 653.

derjenigen, die diese Prozesse gestalten. Mayne/Howitt/Rennie operationalisieren ‚das' Partizipationsrecht über dessen vier zentrale Elemente und machen so für Übergänge zwischen den Formen und konkreten Aktivitäten sensibel. Sie liefern damit auch eine etwas konkretere Möglichkeit der Diffusität der real vorhandenen Machtbeziehungen zwischen Erwachsenen und Kindern auf den Grund zu gehen. Das ist eine wichtige Folie für die Untersuchung der Schutzkonzepte, denn diese Reflexion führt in einen Prozess hinein, der weit entfernt ist von einer Copy-Paste Kultur in der Konzepterstellung. Weiterhin ist für die Schutzkonzepte zentral, dass diese Modelle einer genauen Bestimmung der Situation der Gemeindepastoral bedürfen, auf die hin sie herangezogen werden.

Kinderpartizipation und Eigenaktivität

Das Spannungsfeld, in dem hier Partizipation von Kindern besprochen wurde, lässt sich schließlich an der noch nicht thematisierten Seite des Dreiecks und damit im Hinblick auf die Eigenaktivität der Kinder hin auslesen. Im Bild der Pyramide nach Straßburger/Rieger richtet sich damit der Blick auf die rechte Pyramidenseite. Mit Blick auf die Schutzkonzepte geht es auch hier im Hinblick auf die angesprochenen Übersetzungsprozesse zur Synchronisation der Dynamik der mit den Pfeilen im Schaubild angedeuteten Prozesse. Auch die Perspektive der Partizipationsaktivitäten der Kinder ist relevant für diese Synchronisationsprozesse. Die ausgeführten Modelle können zur Analyse der Aktivitäten von Kindern und zur Konstruktion von Partizipationsaktivitäten genutzt werden.

Für die Analyse der Partizipationsprozesse im Rahmen dieser Arbeit lässt sich also nicht nur die Frage stellen „Wer hat den Prozess initiiert, und wer trägt die Verantwortung für den weiteren Verlauf?" Es legt sich weiterhin die Fragen nahe: „Wie weit reichen die Möglichkeiten der Mitbestimmung?" Straßburger/Rieger schließen ferner die Frage an: „Wodurch wird die Mitbestimmung ermöglicht und gefördert bzw. behindert oder eingegrenzt?"[719] Die Fragen können hineinführen in die Reflexion der von und in den Schutzkonzepten angeregten Prozesse im Hinblick auf die Eigenaktivitäten der Kinder.

719 Alle drei Fragen aus Straßburger/Rieger, Bedeutung und Formen der Partizipation – Das Modell der Partizipationspyramide, 15.

7. Verknüpfungen zu Kinderschutz und -partizipation: Theologische Perspektiven entdecken

„Also, dass das Thema, ähm, Prävention sexualisierter Gewalt, ähm, mehr zu einem, ja zu einer Gesamthaltung, in pädagogischem Umgang mit Kindern und Jugendlichen und auch im seelsorgerischen Umgang mit Kindern und Jugendlichen, wird. Also, dass das nicht mehr so sehr ein Sonderthema ist […]."[720]

In den Interviews zur Feldexploration haben die Interviewpartner*innen ihr Ziel verdeutlicht, Prävention weg von einem „Sonderthema" hin zu einer „Gesamthaltung" zu entwickeln (Kapitel 4.1). Für sie ist mit diesem Ziel ein organisationaler wie auch individueller Lernprozess verbunden, der die von ihnen ausgemachte bestehende Diskrepanz zwischen Alltagshandeln auf der einen und Präventionsmaßnahmen auf der anderen Seite überwindet und dazu führt, dass präventives Handeln alltägliche Praxis wird. Es gehe nicht um punktuelles Engagement für Präventionsanliegen, sondern um strukturelle Einbettung in Alltagspraktiken, wenngleich sexualisierte Gewalt und die sie fördernden institutionellen Mechanismen aufgrund der langjährigen und teils noch andauernden Tabuisierung in der katholischen Kirche aktuell auch eine besondere Aufmerksamkeit benötigten.

Wenn sich in Gemeindepastoral mit Präventions- und Kinderschutzfragen beschäftigt wird und diese Fragen im Alltag des Praxisortes produktiv bearbeitet werden sollen, lässt sich auch die Frage nach den zur Verfügung stehenden theologischen Perspektiven auf Kind(er) und Kindheit(en) stellen. Hier ergeben sich interessante Perspektiven in zwei Richtungen: Zum ersten sind Perspektiven auf Kind(er) und Kindheitskonstruktionen bedeutsame Referenzpunkte für Diskussionen rund um Fragen nach kindlicher Partizipation – auch im Rahmen von Kinderschutz und Präventionsprozessen.[721] Sie bieten produktives Potential für die Reflexion von Kinderschutz und Kinderpartizipation in diesem Zusammenhang. Zum zweiten verändert sich Gemeindepastoral angesichts von Präventionspraktiken und -konzeptionen. Es ist hilfreich, diesem Umstand Rechnung zu tragen und sich zu fragen, was diese Veränderungsprozesse mit theologischen Perspektiven auf Kind(er) und Kindheit(en) machen. Mit anderen Worten: Auch

720 Interview A_Präventionsbeauftragte*r, 12.
721 Vgl. z. B. PLUTO, Partizipation in den Hilfen zur Erziehung, 28ff.

diese Perspektiven können einen Beitrag leisten mit Blick darauf, ob Prävention eher als Sonderthema oder eher als Gesamthaltung realisiert wird. Hier setzt dieses Kapitel an. Es wird den zwei Perspektiven nachgegangen und gefragt: Was kann aus theologischen Perspektiven für die Arbeit mit Schutzkonzepten anschlussfähig gemacht werden?

In diesem Kapitel wird eine fragmentarisch angelegte Modellierung von Perspektiven auf Kind(er) und Kindheit(en) mit Bezugsperspektive auf Schutzkonzepte und Kinderpartizipation angestrebt. Ziel dieses Kapitels ist keine ‚Standortanalyse' theologischer Diskurse. Es besteht auch nicht der Anspruch, eine ‚christliche Variante' von Kinderschutzvorstellungen und von Partizipation in diesem Zusammenhang schreiben zu wollen. Es geht darum, drei ausgewählte Schlaglichter zu präsentieren, die als hilfreich identifiziert wurden, um anschlussfähige Überlegungen mit Blick auf die Präventions- und Kinderschutzpraxis, konkret die Schutzkonzepterstellung in der Gemeindepastoral, anzustellen.

a) Ein Schlaglicht darauf, wie Kinderschutz und -partizipation miteinander verhandelt werden. Dies erfolgt unter Zuhilfenahme der Arbeiten von Hubertus Lutterbach, Frank Surall sowie Anna Maria Riedl. (Kapitel 7.2)
b) Ein Schlaglicht auf einen mit der Anerkennung des Subjektstatus von Kindern verbundenen Grundmodus von Erwachsenen, der „das Unerwartete"[722] erwartet sowie auf die Eigenaktivität von Kindern und wie sie in der Theologie ins Blickfeld rückt. Hier wird auf Karl Rahner, mehrere Autor*innen aus dem Bereich der Kindertheologie sowie auf Stephanie Bohlen rekurriert. (Kapitel 7.3)
c) Ein Schlaglicht auf theologische Kindbilder als Konstruktionsleistungen Erwachsener, die Selbstreflexion und Kompetenzen im Umgang mit Komplexität erfordern. Hierzu werden die Arbeiten von Anton Bucher und Annemie Dillen herangezogen. (Kapitel 7.4)

Wie anhand der genannten Autor*innen bereits sichtbar wird, werden in diesem Kapitel insbesondere systematisch-theologische und praktisch-theologische Perspektiven zusammenzulegen, in der festen Überzeugung der produktiven Passung der Anliegen beider Disziplinen: „Das Anliegen der religionspädagogischen Rede von der ‚Theologie der Kinder' und einer systematischen ‚Theologie der Kindheit' können Hand in Hand gehen. Beide wollen das Subjektsein der Kinder stärken und ihnen religiös und theologisch etwas zutrauen."[723]

722 Rahner, Karl (1966): Gedanken zu einer Theologie der Kindheit. In: Karl Rahner (Hg.): Schriften zur Theologie, Bd. 7. Zur Theologie des geistlichen Lebens. Einsiedeln u.a.: Benzinger, 321.

723 Boschki, Reinhold/Woppowa, Jan: Theologie der Kinder - Theologie der Kindheit. In: Katechetische Blätter. 2 (2006), 99.

7.1 Einführende Rahmung zu Kind(ern) und Kindheit(en) in theologischen Perspektiven

In nahezu allen Disziplinen der Theologie eröffnet sich ein breit gefächertes Diskursspektrum an verschiedenen Reflexionen zu den Themen Kind(er) und Kindheit(en), die mitunter auch an Kinderschutz- und Kinderpartizipationsfragen anschließen. Biblisch-theologische und historische Einordnungen der theologischen Reflexionen zu Kind(ern) und Kindheit(en) zeigen, dass sich Theolog*innen allein von der Heiligen Schrift her heute ‚die' Tradition der Kind-Reflexionen als ein in Wirklichkeit plurales und ambiges Erbe zeigt.[724]

Ohne hier einen vollständigen historischen Abriss liefern zu können, fällt eine markante Wegmarke mit weitrechenden Folgen im Nachdenken über Kind(er) und Kindheit(en) auf. Während über Kind(er) und Kindheit(en) lange mit Blick auf ihr Seelenheil als ‚In-Zukunft-Erwachsene' gedacht wurden, stelle sich zwischen dem 16. und 18. Jahrhundert eine Wende ein, die „Kindsein als selbstständige[n] und vollwertige[n] Modus des Menschseins mit seiner eigenen Würde und seinem eigenen Anspruch auf Respektierung und Zuwendung durch die Erwachsenen"[725] deklariert. Mit John Locke und Jean Jaques Rousseau verbindet sich „die Entdeckung des Eigenwertes des Kindes"[726] sowie der mit der Phase der Kindheit verbundenen Rechte und Kennzeichen.[727] Die Reformpädagogin Ellen Key schreibt an der Wende zum 20. Jahrhundert ihr Werk „Das Jahrhundert des Kindes", welches 1902 in deutscher Übersetzung erscheint. Darin ist „die ausgeprägte Rede von den Kindern als eigenständige[n] Personen, die mit Rechten

724 Theologische Beiträge zu Kindern scheinen sich so z. B. historisch in einem großen Spannungsverhältnis entwickelt zu haben: „‚Himmelreich-Hochschätzung' der Kinder im NT" (LACHMANN, Rainer: Art. Kind. In: TRE Bd. 18 (1989), 157) vs. das mit der Erbsünde von Beginn an belastete Kind bei Augustinus. Gute und böse Vorstellungen über die kindliche Natur stehen sich direkt gegenüber (vgl. BUCHER, Anton: An wirklichen Kindern vorbei, und doch unersetzbar: Kindbilder. In: BIZER, Christoph u.a. (Hg.): Menschen Bilder im Umbruch - didaktische Impulse (Jahrbuch der Religionspädagogik (JRP) 20). Neukirchen-Vluyn 2004, 65f.). Es begegnen auch historisch wiederkehrende Problemstellungen, wie z. B. „die schon in der Antike gepflegte philosophische Vorstellung vom ‚unschuldigen Kind', die ethisch-faktische Sündlosigkeit des Säuglings, die ausnahmslos behauptete menschliche Sündhaftigkeit *sub specie dei*, die Wirkungen und Konsequenzen der Taufe bis hin zur Frage, was denn mit ungetauften Kindern geschehe, falls sie sterben sollten [...]." (LACHMANN, Art. Kind, 158).

725 LACHMANN, Art. Kind, 156.

726 ELTROP, Bettina: Kinder/Kindheit. In: WiReLex Das wissenschaftlich-religionspädagogische Lexikon im Internet vom Februar 2017. Online unter *http://www.bibelwissenschaft.de/stichwort/100310/* [Stand: 08.12.2021], 3 (Die Seitenzahl bezieht sich auf das abrufbare PDF des Artikels).

727 Vgl. dazu auch: LACHMANN, Art. Kind, 163–165.

ausgestattet sind, das historisch Neue […].“[728] Während noch in den 50er Jahren des 20. Jahrhunderts der Pädagoge Andreas Flittner konstatierte, dass das Kind in der Theologie kaum vorkäme[729], hat Karl Rahner in den 60er Jahren mit seinen Gedanken zu einer Theologie der Kindheit aus dogmatischer Perspektive einen Aufschlag für die Wahrnehmung von Kindern als Subjekten im Bereich der katholischen Theologie geliefert. Der Aufsatz gilt jedoch bis heute als wenig rezipiert und steht als vereinzelter Beitrag auf katholischer Seite einer in den 1960ern im Bereich der evangelischen systematischen Theologie durchaus breiter geführten Auseinandersetzung mit dem Kind gegenüber.[730] In den 70er Jahren stellte der Historiker Philippe Ariès Kindheit als „geschichtlich wandelbare Größe“[731] heraus und erteilte damit dem Konstrukt von Kind und Kindheit als anthropologische Konstante eine Abfuhr. „Die Entdeckung bzw. die Definition der ‚Kindheit‘ weist die ‚Kindheit‘ als normativen und nicht rein deskriptiven Begriff aus. Die Vorstellung von einem Kind wird zuallererst konstruiert.“[732] Mirjam Zimmermann weist auf die Unterscheidung zwischen Kindern innerhalb Theorien der Kindheit und dem deskriptiv beschreibbaren Phänomen des Kindes aus.[733]

Bemerkenswert ist, dass Rainer Lachmann in seinem Artikel zum Kind in der Theologischen Realenzyklopädie von 1989 noch zu dem Schluss kommt: „Für die *Systematische Theologie* ist das Kind nach wie vor weder Faktor noch Thema wissenschaftlicher Reflexion.“[734] Mittlerweile kann man hier u. a. auf Veröffentlichungen des evangelischen Theologen Frank Surall verweisen, der eine „tragfähige normative Grundlage für eine Ethik des Kindes gefunden und theologisch begründet“[735] und hier eine Weiterentwicklung im theologischen Diskurs vorgelegt hat. Anna Maria Riedl konstatiert jedoch noch 2013, dass eine weitere Feststellung Lachmanns aus dem Jahr 1989 kaum an Aktualität verloren habe: „Für die katholische Kirche […] in Deutschland sucht man nach entsprechenden

728 Baader, Zur Konstruktion des Kindes in Ellen Keys „Jahrhundert des Kindes", 202.

729 Vgl. Lachmann, Art. Kind, 166.

730 Vgl. Riedl, Anna M.: Der Begriff des Kindeswohls in theologisch-ethischer Perspektive. Von einer Kindertheologie zur Theologie der Kindheit. In: EthikJournal. ½ (2013), 5f. Online unter *http://www.ethikjournal.de/fileadmin/user_upload/ethikjournal/Texte_Ausgabe_2_10-2013/Riedl__Kindeswohl_in_theologisch-ethischer_Perspektive_EthikJournal_1_2013_2.pdf* [Stand: 08.12.2021].

731 Schweitzer, Friedrich (2007): Art. Kind. In: Norbert Mette (Hg.): Lexikon der Religionspädagogik. Neukirchen-Vluyn: Neukirchener, 1000.

732 Zimmermann, Kindertheologie als theologische Kompetenz von Kindern, 72.

733 Vgl. ebd.

734 Lachmann, Art. Kind, 168. Hervorhebung im Original.

735 Surall, Ethik des Kindes, 342. Neben Surall gäbe es auch noch weitere Autor*innen zu nennen, die hier Beiträge leisten, z. B. Spengler, Friederike: Kindsein als Menschsein. Beitrag zu einer integrativen theologischen Anthropologie (Marburger theologische Studien 88). Leipzig 2005.

Verlautbarungen oder gar Denkschriften, die das Kind in seiner gesellschaftlichen und gemeindlichen Lage ausdrücklich thematisieren, bis heute vergeblich."[736] Auch 2023 kann dieser Befund gleichlautend aktualisiert werden. Theologische Reflexionen zu den Themen Kind(ern) und Kindheit(en) sowie entsprechender kirchlicher Handlungsbedarf sind geboten und gleichzeitig Desiderat, besonders angesichts sexualisierter Gewalt und Grenzüberschreitungen.

> „Kirche ist in den letzten Jahren in Bezug auf Kinder und ihr Wohl eher durch Missbrauchsskandale oder Gewalt in der Heimerziehung in den Schlagzeilen gewesen als durch Beiträge, die die Stellung von Kindern und ihre Beteiligungsrechte in gesellschaftlichen und politischen Prozessen stärken."[737]

Hans Zollner, Leiter des Institute of Anthropology in Rom und langjähriges Mitglied der päpstlichen Kommission für den Schutz von Minderjährigen, fordert angesichts dessen eine christliche Theologie der Kindheit:

> „Eine solche Theologie würde zu einer Spiritualität des Schutzes von Kindern und Jugendlichen führen, die zur Verhinderung ihres Missbrauchs und zur Schaffung einer Kultur des Schutzes der Bedürftigsten beiträgt, und sie in de Zuneigung, Heilung und Hoffnung des Evangeliums einschließen, das von Jesus vorgelebt wurde."[738]

Schaut man auf die Religionspädagogik, so kann – auch schon seit Ende der 60er-Jahre – von einer durchgehenden Auseinandersetzung mit dem Thema Kind(er) und Kindheit(en) gesprochen werden. Insbesondere auch unter Integration der Forschungsergebnisse aus den umgebenden Sozial- und Humanwissenschaften, die dieses Interesse am Kind gewissermaßen von außen an die Religionspädagogik herantrugen.[739] „Inzwischen wird das Kind als selbstständiges Subjekt gewürdigt, das über ein differenziertes Selbstkonzept verfügt, zu komplexem Denken fähig ist und somit weniger als ein zu erziehendes Objekt zu betrachten ist […] ‚als ein sich selbst konstruierendes Subjekt, das als eigenständiges Mitglied eines Systems agiert […].'"[740] Besonders unter den Stichworten ‚Kindertheologie' und ‚Theologie der Kinder' werden seit den 1960ern und 1970ern Konzepte und Ansätze entwickelt, die Kinder als Theolog*innen, als Subjekte, die selbstständig Glauben und Religiosität artikulieren und Theologie hervorbringen, verstehen.

736 LACHMANN, Art. Kind, 172.

737 RIEDL, Der Begriff des Kindeswohls in theologisch-ethischer Perspektive, 2.

738 ZOLLNER, Hans: Kirchenleitung und Kinderschutz. Theologie im Kontext des Kinderschutzgipfels 2019. In: REMÉNYI, Matthias/SCHÄRTL, Thomas (Hg.): Nicht ausweichen. Theologie angesichts der Missbrauchskrise. Regensburg 2019, 197.

739 Vgl. RIEDL, Der Begriff des Kindeswohl sin theologisch-ethischer Perspektive, 5.

740 ELTROP, Kinder/Kindheit, 3 (Die Seitenzahl bezieht sich auf das abrufbare PDF des Artikels) unter Zitation von: ZIMMERMANN, Mirjam, Kindertheologie als theologische Kompetenz, 402.

In der Vergangenheit der katholischen Religionspädagogik zeugen vor allem die 90er- und 2000er-Jahre von einer vermehrten Auseinandersetzung mit den Themen Kind(er) und Kindheit(en).[741] In diese Richtung weist auch der gemeinsame Kongress der ‚Arbeitsgemeinschaft Katholischer Katechetik-Dozenten' (AKK) (heute ‚Arbeitsgemeinschaft Katholische Religionspädagogik und Katechetik', kurz: AKRK) und des ‚Arbeitskreis für Religionspägagogik' (AfR) (heute ‚Gesellschaft für wissenschaftliche Religionspädagogik', kurz: GWR) im Herbst 1994, dem 1995 dann die Publikation des entsprechenden Themenheftes ‚Kindsein heute' der Zeitschrift Religionspädagogischen Blätter folgte.[742]

In der Literatur kann der Fortschritt in der Konzeption von Kindheit in der katholischen und evangelischen Religionspädagogik unterschiedlich ausgemacht werden. Friedrich Schweitzer hat die Kindbilder verschiedener Ansätze für den Bereich der evangelischen Religionspädagogik aufgearbeitet. Dies bezeichnet Anton Bucher 1995 noch als Desiderat für den katholischen Bereich.[743] 2004 geht es dann im ‚Jahrbuch der Religionspädagogik'[744] um Menschenbilder. Anton Bucher ist dort mit einem Beitrag zu Kindbildern vertreten. Ansonsten geht es in dem Band aber nicht schwerpunktmäßig um Kindbilder. Kindsein wird auch schon in den Konzepten der 1990er- und frühen 2000er-Jahren als sich verändernde Größe beschrieben. Springt man mit dieser grundlegenden Annahme in die Gegenwart, so bedeutet dies auch: Kindsein heute vollzieht und verändert sich auch in Gemeindepastoral als einem Ort, an dem sexualisierte Gewalt und Grenzverletzungen bis heute stattfinden und an dem auch Kinder aktiv sind, die andernorts (z. B. in ihren Familien) Gewalt erfahren. Zugleich wird Gemeindepastoral in den letzten Jahren immer mehr auch zum Ort von Prävention, von Aufmerksamkeit und Achtsamkeit gegenüber Grenzüberschreitungen. Kindsein in Gemeindepastoral verändert sich auch angesichts dieser Umstände und sollte über diese konstitutiven Merkmale auch in der Religionspädagogik neu in den Blick genommen werden.[745]

741 Als Verweis für eine Bewegung in der ev. Kirche kann hier die Synode von Halle genannt werden, der die folgenden Publikationen folgten: Synode der Evangelischen Kirche in Deutschland: Aufwachsen in schwieriger Zeit. Kinder in Gemeinde und Gesellschaft. Gütersloh 1995; Spenn, Matthias (Hg.): Evangelische Kinder- und Jugendarbeit im Perspektivwechsel. Aufwachsen in schwieriger Zeit - Kinder in Kirche und Gesellschaftsentwicklungen seit der EKD-Synode 1994 in Halle, Saale, eine Veröffentlichung des Comenius-Instituts. Münster 2005.

742 Vgl. Arbeitsgemeinschaft Katholischer Katechetik-Dozenten (AKK) (Hg.): Religionspädagogische Beiträge (RpB). 35/Themenheft: Kindsein heute. (1995).

743 Vgl. Bucher, Kindbilder: Spiegel der Erwachsenen, 68.

744 Bizer, Christoph u.a. (Hg.): Menschen Bilder im Umbruch - didaktische Impulse (Jahrbuch der Religionspädagogik (JRP) 20). Neukirchen-Vluyn 2004.

745 Dass sexualisierte Gewalt und Prävention als Themen jedoch immer noch als Desiderate im Bereich der Religionspädagogik und ihrer Forschung angesehen werden können, zeigt

7.2 Erstes Schlaglicht: Zum Verhältnis von Kinderschutz und -partizipation

In diesem Unterkapitel werden in einem ersten Zugang Perspektiven auf Kinder schwerpunktmäßig mit Blick auf das Verhältnis von Kinderschutz und -partizipation aufgenommen. Dazu werden die Autor*innen Hubertus Lutterbach, Frank Surall und Anna Maria Riedl herangezogen. Ihnen geht es in ihren Ausarbeitungen nicht um Prävention sexualisierter Gewalt im Speziellen, aber es ist möglich, Anknüpfungspunkte an die Schutzkonzepterstellung zu gewinnen. Alle drei Autor*innen markieren in ihren jeweiligen Ausführungen, dass „Beteiligung und Subjektstellung unterentwickelte Kategorien des theologischen Sprechens über Kinder sind".[746] Die Anerkennung der Subjektivität des Kindes kann ohne Partizipation letztlich nicht vollzogen werden. Es geht darum, sich Traditionen und Anknüpfungspunkte für Partizipation im kirchlichen Bereich in Erinnerung zu rufen, auch – oder gerade – wenn diese weniger stark ausgeprägt sind. Die UN-KRK ist dabei ein zentraler Bezugspunkt:

> „Kirche und Theologie können auf einen reichen Schatz für die Umsetzung moderner Kinderrechte, wie in der UN-Kinderrechtskonvention niedergelegt, zurückgreifen, wenn es ihnen gelingt, die ganze Fülle ihrer Tradition wachzurufen. Neben der wichtigen und keinesfalls zu negierenden Aufgabe des Kindesschutzes, findet sich von den biblischen Anfängen bis heute auch ein Verständnis für den Eigenwert der Kindheit. Wo es gelingt, diese Tradition ins Bewusstsein zurückzuholen und fruchtbar zu machen, kann sie dem oft zu einseitig betonten Schutzgedanken zur Seite gestellt werden. Nicht um den Kinderschutz zu schmälern, sondern um ihn um den Beteiligungsgedanken als gleichwichtige Norm für das Kindeswohl zu bereichern. Kinderschutz besteht nach diesem Verständnis nicht in Fürsorge für Objekte, sondern in der Wahrnehmung und Stärkung ihrer Subjekthaftigkeit. Anwaltschaftlichkeit ist dabei mehr gefragt denn je, aber es ist eine Anwaltschaftlichkeit, bei der es darum geht, die Beteiligung der Kinder zu fördern."[747]

Folgt man im Sinne der UN-KRK der Verwobenheit der drei Basisnormen Schutz, Förderung und Partizipation kann auf Basis der bisherigen Ausführungen festgehalten werden, dass eine Reduzierung der Kinderrechte auf *eine* Komponente der drei Basisnormen eine Verkürzung darstellt. Folgt man weiterhin der dieser Arbeit zu Grunde liegenden These, dass Partizipation dem Kinderschutz dienlich ist (und umgekehrt), sind theologische Auseinandersetzungen mit dem Verhältnis von Partizipation, Schutz und Förderung für den Versuch,

sich beispielhaft daran, dass eine Suche nach Artikeln zu „Prävention", „Sexueller Missbrauch" oder „sexualisierte Gewalt" im WiReLex (Wissenschaftlich Religionspädagogisches Lexikon im Internet) Stand April 2023 erfolglos bleibt.

746 RIEDL, Der Begriff des Kindeswohls in theologisch-ethischer Perspektive, 12.

747 Ebd.

Kinderpartizipation theologisch für einen Schutzkontext auszubuchstabieren, hilfreich und dienlich. Hubertus Lutterbach ermöglicht hierzu einen Einblick in die Theologiegeschichte, der verdeutlicht, dass es in historischer Perspektive alles andere als selbstverständlich ist, Schutz und Partizipation zusammenzudenken.

7.2.1 Ausgeprägte Schutz- und Förderungsgeschichte bei vergleichsweise jungen Ansätzen zur Partizipation

Hubertus Lutterbach stellt fest, dass es in der Theologie nicht selbstverständlich ist, Kinderschutz und -partizipation gleichzeitig im Blick zu haben. Zwar haben die theologischen Auseinandersetzungen mit Kinderschutz- und Präventionsfragen sowie die kirchlichen Bemühungen um Kinderschutz in kirchlichen Einrichtungen insbesondere nach 2010 zugenommen. Die Bestimmungen des Verhältnisses der Elemente *Schutz* und *Partizipation* scheint in der Theologie mit Fokus auf Kinder aber bisher rar. Hubertus Lutterbach beobachtet: einhergehend mit der Entwicklung von Kinder*schutz*vorstellungen wurde historisch und wird bis heute nicht immer auch zwangsläufig der Blick auf Kinder*partizipation* geschärft.[748] Lutterbach beschäftigt sich in seiner Monografie ‚Kinder und Christentum' (2010) mit den christlichen Einflüssen und Grundlagen für eine Wertschätzung gegenüber Kindern und stellt die drei Basisnormen der UN-KRK in den Mittelpunkt. Lutterbach interessiert der „neutestamentlich-christliche Einfluss auf die Bereiche Kinderschutz, Kinderförderung und Kinderpartizipation"[749]. Er verdeutlicht anhand historischer Entwicklungen wie auf Basis des Engagements von Christ*innen Beiträge zu Schutz, Förderung und Beteiligung von Kindern geleistet wurden. Theologische Reflexionen, die das Einstehen für Partizipationsbefähigung und -rechte nahelegen, sind ein offenbar für die Kirchen- und Christentumsgeschichte vergleichsweise junges Phänomen. Dem gegenüber stellt Lutterbach eine stark schutz- und förderungszentrierte Theologie anhand entsprechender kirchengeschichtlicher Beispiele fest. Mit Blick auf Kinderpartizipation konstatiert er dem Christentum und der Kirche vergleichsweise Unerfahrenheit bei gleichzeitig – und das ist entscheidend – gesamtgesellschaftlich gewachsener und vergrößerter Kinderpartizipationsrechte. Partizipationsrechte generell schätzt er damit auch heute noch als „schmerzliches Desiderat" christlicher Grundhaltungen zum Kind ein.[750]

Diese grundlegende Beobachtung führt zu Lücken mit Blick auf Kopplungs- und Anschlussmöglichkeiten theologischer und kirchlicher Bemühungen an

748 Vgl. LUTTERBACH, Kinder und Christentum, 20.
749 Ebd., 33.
750 Vgl. ebd., 124.

diejenigen Bereiche, die dem Paradigma der Partizipation von Kindern eine Lobby geben. Lutterbach resümiert mit Blick auf die Geschichte der Pädagogik:

> „Das fast zwei Jahrtausende umgreifende christentumsgeschichtliche Mühen um die Wertschätzung des Kindes findet in den aktuellen pädagogikgeschichtlichen Bilanzen fast keine Beachtung. Lässt sich diese Auffälligkeit erklären? Da die Kirchen während der vergangenen Jahrzehnte im Bereich der Partizipationsrechte für Kinder offenbar kaum Initiative ergriffen haben, bleibt auch ihr traditioneller und bis heute fortgeführter Einsatz für den Schutz und die Förderung der Kinder beinahe ohne pädagogikgeschichtliches Echo."[751]

Es kann außerdem hinzugefügt werden: Mit der Unterscheidung zwischen Kinderschutz und -förderrechten in engem Zusammenhang steht für Lutterbach das Verständnis von Kinderrechten einerseits als Rechte, „die Erwachsene zugunsten von Kindern durchsetzen" und andererseits als Rechte, „die *durch* Kinder wahrgenommen werden".[752] Ein Verständnis der Kinderrechte im Hinblick auf die Eigenaktivität der Kinder sei erst auf dem Vormarsch in der Theologie.[753]

Ausgehend von der Auseinandersetzung mit den drei Basisnormen der UN-KRK kann mit Lutterbach weiterhin geschlussfolgert werden, dass gerade in der Öffnung gegenüber Partizipationsrechten von Kindern eine Kopplung mit der christlichen Geschichte rund um die Themen Kinderschutz und -förderung erfolgen kann.

> „Die Wichtigkeit einer kirchlich-christlichen Öffnung gegenüber den Partizipationsrechten von Kindern zeigt sich hervorragend daran, dass ansonsten auch die übrigen Verdienste von Christentum und Kirchen – Kinderschutz und Kinderförderung – weiter in Vergessenheit geraten und allein als Errungenschaften der Aufklärung angesehen werden."[754]

Eine Strategie für eine in diesem Bereich zukunftsfähige Theologie wäre, sich mit den Verdiensten und Versäumnissen der Geschichte rund um die Themen Kinderschutz und -förderung gegenüber den Partizipationsrechten von Kindern aktiv zu öffnen und sich gerade in dieser Öffnung glaubhaft mit dem eigenen Anspruch daran zu verbinden, nicht hinter die UN-KRK zurückzufallen. Eine fehlende Wahrnehmung von Partizipationsrechten von Kindern in der Theologie verhindert dies. Die Auseinandersetzung mit der eigenen Schutz- und Förderungsgeschichte zeigt sich gerade auch in der Kompetenz, an das Paradigma der Partizipation Anschluss zu nehmen.

751 Ebd., 114.
752 Ebd., 118.
753 Ebd., 118f.
754 Ebd., 121.

Klar ist aufgrund dieser Situationsanalyse auch: Kirche ist dabei Kooperationspartnerin, es gibt jedoch insgesamt viele kompetente institutionelle Akteure auf diesem Feld. Man geht in diese Zusammenarbeit nicht nur als Institution mit Expert*innenwissen sondern ist hier – ausgehend von der historischen Analyse – in weiten Teilen lernend mit Blick auf die eigene Vergangenheit. Das gilt es anzuerkennen und gleichzeitig, folgt man Lutterbach, die internationale kirchliche Infrastruktur genau zum Zwecke dieser Kooperation dienstbar zu machen. Es geht also nicht darum, bei einer Diagnose stehen zu bleiben, sondern vielmehr um weitere institutionelle Entwicklungsschritte.

7.2.2 Ethik des Kindes im Spannungsfeld der drei Basisnormen der UN-KRK

Frank Surall markiert, genau wie Hubertus Lutterbach, ein zentrales Desiderat im Hinblick auf die theologische Forschung. Was in den Sozial- und Erziehungswissenschaften längst selbstverständlich sei, sei in Theologie und Kirche noch wenig beleuchtet: „In der Theologie ist die Mitbestimmung von Kindern als zentrale Implikation von Beteiligung kaum im Blick und auch in der kirchlichen Praxis kommt sie viel zu wenig zum Tragen.“[755] Auch Surall knüpft in seinen Überlegungen an die Kinderrechte an und verbindet sich mit dem Anspruch, den Paradigmenwechsel hin zur Anerkennung der Subjektivität des Kindes und seiner Partizipation mit zu vollziehen. Er liefert eine grundlegende und theologisch begründete Ethik des Kindes, die an die Konzeption und drei Basisnormen der Kinderrechtskonvention anschließt. Er geht u. a. den theologisch anschlussfähigen Berührungspunkten der UN-KRK mit der theologischen Tradition nach. Ebenso wie solchen, die einer Rezeption der Basisnormen entgegenstehen. Schließlich fragt er nach bereichernden und kritischen Impulsen die von der Theologie aus in den Kinderrechtediskurs eingespeist werden können.[756] Surall zielt in diesem Sinn auf eine „theologisch-ethische Rezeption der Kinderrechte heute“, es geht ihm dabei „nicht um den Versuch einer Rekonstruktion des kinderrechtlichen Konzeptes aus der theologischen Tradition“.[757] Auch hier kann nur auf einige Aspekte des Grundlagenwerks eingegangen werden. Entgegen einer Absolutsetzung der jeweils mit den einzelnen Basisnormen verbundenen Paradigmen, so arbeitet er heraus, gibt die UN-KRK den Blick frei auf die „möglichst gleichgewichtige Berücksichtigung von Schutz, Beteiligung und Förderung"[758]. Seine

755 SURALL, "Für" und "von" im Streit der Präpositionen, 169. Frank Surall nutzt den Begriff ‚Beteiligung‘. Daher wird er auch in diesem Abschnitt, in dem es um sein Gedankengut geht, verwendet.

756 SURALL, Ethik des Kindes, 18.

757 Ebd., 22.

758 Ebd., 338.

Argumentation zielt auf die Gleichgewichtung von Schutz, Beteiligung und Förderung und er demonstriert am Beispiel des Rechts auf Gesundheit, „dass jedes Kinderrecht zugleich unter allen drei Basisnormen zu betrachten ist".[759]

Mit Surall lässt sich zeigen, dass es nicht um die Frage danach geht, welche Basisnorm am höchsten gewichtet wird. „Der Paradigmenwechsel in der Wahrnehmung von Kindern, der zu einer Beachtung der kindlichen Subjektivität geführt hat, kommt am deutlichsten in der Beteiligungsnorm zum Ausdruck, ohne jedoch deren Höherrangigkeit zu begründen."[760] Für ihn ist zentral das sich in Beziehung befindliche und agierende Kind im Blick. Übertragen auf die Schutzkonzepte stellt sich damit nicht die Frage danach, den Schutzprozessen auf irgendeine Art und Weise einen Rang abzulaufen. Ganz im Gegenteil geht es um die Integration der mit der Beteiligungsnorm verbundenen Prozesse und um das Ineinandergreifen der Basisnormen zum Wohl des Kindes: „Beteiligung würde ohne die Grundlage des Schutzes und ohne die Vermittlung der Förderung hinter ihrem eigenen Anspruch zurückbleiben. Die Beteiligung von Kindern wäre ohne Schutz und Förderung, die ihrem Entwicklungsstand angemessen sind, eine Überforderung. Als Ziel des Entwicklungs- und Förderprozesses meint gleiche Beteiligung keine ungehemmte Entfaltung des Einzelnen, sondern die subjektive Anteilnahme am gemeinsamen Ganzen."[761] Im Anschluss an die Konzeption Suralls könnte man formulieren: Gerade *weil* nun Schutz in den Gemeinden durchkonzipiert wird, muss es auch darum gehen, die Frage nach Partizipation zu stellen, um eine der Einlösung der Kinderrechte korrespondierende Praxis zu gestalten.

Surall arbeitet Beteiligung als subjektive Basisnorm und Komponente des Kindeswohls heraus. Diese kann als Ziel der Komponenten Schutz und Förderung gefasst werden. In der Beziehung zur Schutzdimension bestehen Ergänzungsdynamiken im Hinblick auf das Kindeswohl, in welchem sich Beteiligung als subjektive Dimension des Kindeswohls und Schutz als objektive Dimension ergänzen. Beteiligung wird also gleich im doppelten Bezug gefasst: als Ziel und als in Ergänzung durch die anderen Basisnormen gedachte Komponente.[762] Surall unterscheidet ferner Beteiligung an Entscheidungsprozessen von Beteiligung an Verteilungsprozessen und verdeutlicht, dass Beteiligung als Komponente des Kindeswohl nur durch eine prozessuale Beteiligung repräsentiert werde.[763] Aus der Modellierung von Entscheidungsprozessen als Stufenmodell (wobei auf niedrigster Stufe I die autonome Entscheidung der Erwachsenen und

759 Ebd., 335f.
760 Ebd., 337.
761 Ebd.
762 Ebd., 79–82.
763 Ebd., 80f.

auf höchster Stufe VII die autonome Entscheidung des Kindes steht) leitet Surall ab, dass die beiden Stufen, auf denen Entscheidungen autonom getroffen werden (also entweder von Erwachsenen oder von Kindern allein) demnach nicht als Beteiligung zu klassifizieren sind: „Ein Teil erfordert mindestens ein weiteres Teil zur Beteiligung und ist nicht aus sich selbst heraus („autonom") ein Ganzes. Beteiligung schließt in kinderrechtlichem Zusammenhang die absolute Entscheidungsfreiheit sowohl der Eltern (I) als auch des Kindes (VII) aus."[764] Damit stellt er Beteiligung als notwendigerweise von mindestens zwei aktiven Parteien gekennzeichneten Prozess heraus. Damit verknüpfen lässt sich das Plädoyer dafür, die Verbindung des Handelns für und von Kindern nicht einseitig aufzulösen. „Das ‚Von' darf dem ‚Für' nicht einfach folgen, sondern muss schon beim ‚Für' mitbedacht sein."[765] In der Verhandlung der beiden Präpositionen kommt Surall zum Schluss, das ‚Für' in die Dienste des ‚Von' zu stellen.

> „Dieser normative Vorrang [des „Von"; R.B.] schließt ein ‚Für' ein, das sich frei von paternalistischer Hybris bescheiden in den Dienst des ‚Von' stellt, gemäß der ethischen Vorzugsregel, das für das Kindeswohl so viel Beteiligung wie möglich, so viel Schutz und Begleitung wie nötig anzustreben sind".[766]

Die Basisnorm Schutz vermag als objektive Dimension des Kindeswohls die subjektive Seite des Kindeswohls in bestimmten Fällen, jedoch nicht grundsätzlich, zu überwiegen. Im grundsätzlichen Verhältnis sind die beiden Basisnormen vielmehr gleichrangig. Dies bringe Schutz mit sich:

> „Im Kontext von kinderrechtlichen Basisnormen wird Schutz durch die anderen Basisnormen relativiert, wodurch ein paternalistisches Verständnis ausgeschlossen wird. Die Verbindung von Schutz mit Beteiligung als gleichrangiger Basisnorm nötigt zu einer Abwägung, wie ein möglichst großer, der zunehmenden Verantwortungsfähigkeit angemessener Handlungsspielraum des Kindes mit seinem Anspruch auf besonderen Schutz, der in seiner Differenz zum Erwachsenen begründet ist, in ein angemessenes Verhältnis gebracht werden kann."[767]

Surall sieht Schutz und Beteiligung vermittelt über den Aspekt der Förderung. Ihm kommt auf normativer Ebene eine innerhalb der Basisnormen gleichgeordnete Stellung zu, wenngleich sie herkömmlicherweise im Vergleich zu den anderen drei Aspekten tendenziell vernachlässigt würde. Surall hebt die Stellung von Förderung hervor, da sie verhindere, dass die beiden anderen Normen „antagonistische Züge annehmen".[768] Sie markiere in diesem Sinne einen „*geschützten*

764 Ebd. 81.
765 SURALL, "Für" und "von" im Streit der Präpositionen, 170.
766 Ebd., 173.
767 SURALL, Ethik des Kindes, 84.
768 Ebd., 24.

Prozess […] der Kinder zu möglichst umfassender *Beteiligung* führt und begleitet"[769] und kommt damit sogleich als „dynamische Basisnorm"[770] in den Blick.

„Förderung ist demnach im Unterschied zu Beteiligung und Schutz eine dynamische Basisnorm, welche im kinderrechtlichen Zusammenhang (a) weder die Schutzwürdigkeit des Kindes bzw. deren Ausmaß statisch festschreibt, (b) noch ebenso statisch beim Kind eine bereits gegebene Voraussetzung zu einer umfänglichen, derjenigen von Erwachsenen gleichen Beteiligung annimmt, (c) sondern – aufbauend auf den bereits vorhandenen Partizipationsmöglichkeiten des Kindes und unter Berücksichtigung des jeweils nötigen Schutzes – zu einer immer weiter gehenden Partizipation befähigen will."[771]

Ausgelotet wird hier im Zeichen der Förderung der nächstmögliche Entwicklungsschritt, den das Kind erreichen kann. Hier wird kein Mindestmaß verhandelt, sondern Partizipation in Orientierung daran, was sie fördert. Förderung „durch Anregung und Begleitung"[772] zielt auf immer größere Beteiligung, sodass „die Differenz [zwischen Kindern und Erwachsenen; R.B.] ab- und die Gleichheit zunimmt".[773] Im Rahmen einer solchen Förderung löst sich das „antagonistische Verhältnis zwischen Schutz und Beteiligung auf, indem sie Schutz als notwendige Voraussetzung von Beteiligung und Beteiligung als notwendiges Ziel von Schutz versteht."[774]

Nochmals zusammengefasst: Surall bestimmt Beteiligung als Ziel von Schutz und Förderung sowie als subjektive Dimension des Kindeswohls, Schutz als Voraussetzung von Beteiligung und Förderung sowie als objektive Dimension des Kindeswohls und Förderung als Vermittlung zwischen Schutz und Beteiligung.

„Theologisch ist das Modell als ganzes, nicht erst die explizit so bezeichnete theologische Ebene. Die Differenz von Kindern und Erwachsenen coram hominibus soll nicht in einem hierarchischen Autoritätsverhältnis, das Kindern um den Preis von Gehorsam und Unterordnung Schutz und Sicherheit bietet, festgeschrieben werden. Dadurch überließe man den Abbau der Differenz überwiegend der natürlichen Entwicklung des Kindes und rechtlichen Normierungen. Die Gleichheit von Kindern und Erwachsenen coram Deo motiviert vielmehr dazu, die kindliche Entwicklung mit einer aktiven Förderung zu begleiten. Letztere zielt auf die Gleichheit coram hominibus, die sich in gleichen objektiven und subjektiven Beteiligungsmöglichkeiten ausdrückt."[775]

Damit kann ein letzter Punkt im Hinblick auf die Schutzkonzepterstellung anschlussfähig gemacht werden: Frank Surall führt zwei in der Praxis verortete

769 Ebd.
770 Ebd., 85.
771 Ebd. Hervorhebungen im Original.
772 Ebd., 336.
773 Ebd.
774 Ebd.
775 Ebd.

Gründe dafür an, warum Partizipation von Kindern häufig nicht ernst genommen werde: Bequemlichkeit und Angst. Die Bequemlichkeit hänge mit dem nötigen zeitlichen Mehraufwand sowie der nötigen zusätzlichen „Mühe“ zusammen, die Frank Surall in zwei Momenten identifiziert, nämlich mit Blick auf eine „kindgemäße Information“ und eine „kindgemäße Strukturierung der Entscheidungssituation“.[776] Die Angst beschreibt Surall als eine Angst vor „unverantwortbaren Zuständen und Qualitätsverlust“[777]. Er plädiert angesichts dieser Diagnose dafür, „Kindeswohl nicht als objektives Leitbild aufzufassen, das ohne die Beteiligung von Kindern selber verwirklicht werden könnte.“[778]

7.2.3 Kinderschutz nicht einseitig ausbuchstabieren und die Wahrnehmung für real vorhandene Machtasymmetrien schärfen

Auch bei Anna Maria Riedl findet sich ein Plädoyer dafür, Kinderschutz nicht einseitig auszubuchstabieren. Ferner geht es darum, die Wahrnehmung für real vorhandene Machtverhältnisse zu sensibilisieren. Sie legt eine systematisch-theologische Auseinandersetzung mit der Kategorie des Kindeswohls vor, die eine lange Vernachlässigungsgeschichte in der Theologie aufweist.[779] Mit Judith Butler schlägt sie Partizipation als zu Anerkennung komplementäre Kategorie vor, durch die dort Möglichkeitsräume erweitert werden können, wo reale Anerkennungs- und Abhängigkeitsverhältnisse Ungleichheiten hervorrufen.

Im Folgenden werden drei inhaltliche Bereiche der Texte Riedls fruchtbar gemacht für diese Arbeit. *Erstens* geht es um Interpretationen von Gleichheit oder (Unter-)Ordnung aus der Analyse der biblische Motivlage der Schöpfungstheologie heraus. Schaut man in die Texte des Alten und Neuen Testaments, so lassen sich dort interessante Motive finden, die Riedl aufnimmt. Sie zeigt zum einen eine enge Kopplung von Gleichheit und Schutz auf:

„Die Gleichheit aller Menschen vor Gott wird in Bezug auf Kinder besonders betont. Eng verbunden mit dieser Gleichheit erscheint sowohl im Alten Testament als auch im Neuen Testament der Schutz des Kindes. Daher kann als Grundmoment festgehalten werden: Kinder und Erwachsene sind vor Gott gleich. Diese Gleichheit ist Ursache und Ziel eines

776 Ebd., 172.
777 Ebd.
778 Ebd.
779 Vgl. Riedl, Anna M.: Ethik an den Grenzen der Souveränität: christliche Sozialethik im Dialog mit Judith Butler unter Berücksichtigung des Kindeswohlbegriffs. Gesellschaft – Ethik – Religion. Paderborn 2017.

besonderen (Kinder-)Schutzes, denn einerseits gründet er in der Gleichheit und andererseits dient er dazu, diese herzustellen und zu erhalten."[780]

Es lässt sich sodann jedoch auch ein Motivwechsel ausmachen. So werde Schutz mit der Briefliteratur an die „Ordnung der christlichen Familie und Gemeinde"[781] gekoppelt.

„Diese Trennung von Gleichheit und Schutz zu Gunsten der Verbindung von Ordnung und Schutz stellt eine entscheidende Weichenstellung dar: Der Schutzgedanke zielt nun nicht mehr auf Gleichheit, d.h. auf die Überwindung und Veränderung ungerechter Verhältnisse, sondern auf Ordnung, d.h. auf den Erhalt und die Sicherung bestehender (hierarchischer) Strukturen. Die zu Schützenden werden zu Objekten, an denen zu ihrem Schutz gehandelt wird (vgl. Surall 2009, 114f.)."[782]

Riedl bezieht sich hier auf unterschiedliche Aspekte schöpfungstheologischer Interpretationen. Sie begreift die (Zu-)Ordnung des Verhältnisses von Kindern und Erwachsenen als eine ‚politische Kategorie'. Während zum einen eine Gleichheit von Kindern und Erwachsenen und in dieser Hinsicht auch eine auf die Akteurschaft von Kindern gewendete Perspektive erscheint, zeigt sich zugleich eine (Unter-)Ordnung als Differenz von Kindern und Erwachsenen gekoppelt mit der Einordnung von Kindern als Objekten des Schutzes.

Angesichts dieser Motivlage kann im Hinblick auf die Schutzkonzepterstellung weitergedacht werden: Partizipation und Schutz stellen einerseits vor die Frage, in welchen sozialen Ordnungen und in welchen sozialen Umfeldern sie die Kinder unmittelbar betreffen; passgenaue, auf die Organisationen und ihre Akteure abgestimmte und von den beteiligten Personen mitentwickelte Schutzkonzepte werden von der pädagogischen Forschung dezidiert gefordert und betreffen auch kirchliche Einrichtungen wie Kindergärten, Schulen oder Gemeinden. Gleichzeitig kann folgende Ausgangslage konstatiert werden: Mit Blick auf die kirchlich-lehramtlichen Aussagen zu den Themen Kind und Kindheit, Kinderschutz und -partizipation[783] zeichnet sich ab, dass Kinder hier im Zusammenhang mit den jeweiligen sozialen Systemen (z. B. Schule oder Gemeinde), Bezugspersonen (z. B. Familie) oder spezifischen Ritualen (z. B. Taufe) vorkommen und dabei einseitig als Objekte unterschiedlicher Hilfs- und Fürsorgesysteme in den Blick genommen werden: „Kinder werden als Objekte der elterlichen und gemeindlichen Fürsorge wahrgenommen. Eine Reflexion auf die Eigenständigkeit ihrer Lebensphase oder gar ihren Subjektstatus kommt unter solchen Umständen

780 Ried, Der Begriff des Kindeswohls in theologisch-ethischer Perspektive, 3.
781 Ebd., 4.
782 Ebd.
783 Eine Zusammenschau der existierenden lehramtlichen Dokumente hierzu, scheint bisher noch nicht vorzuliegen.

gar nicht oder nur schwer in den Blick."[784] Ein Umstand, der in seiner Grundstruktur auch mit der Entwicklung der Motivik der biblischen Texte zum Kind und in der Kopplung von Schutz und Ordnung nachgezeichnet werden kann. Die Gefahren einer einseitigen Lesart der Motivik von Schutz verdeutlicht Riedl am Beispiel der theologischen Beschäftigung mit Kindern im System Familie: „Dort wo dies mit der Harmonisierung der Familie einseitig als Ort der Liebe und Keimzelle der Gesellschaft einhergeht, geraten *Macht und Asymmetrie* aus dem Blick."[785] Ähnliches ließe sich auch für den Kontext der Gemeindepastoral aussagen. Auch hier können Macht und Asymmetrie aus dem Blick geraten, z. B. über die vorschnelle Voraussetzung von Passung der Anliegen von Erwachsenen und Kindern, z. B. mit Blick auf konkrete Angebote *von* Erwachsenen *für* Kinder. Der Kindeswohlbegriff sei „in der Praxis durch oft unreflektierte (Macht-)Asymmetrien und strukturelle Ungleichheiten geprägt, was die Gefahr einseitiger Betonung von Schutz *oder* Beteiligung begünstigt."[786] Eine theologische Auseinandersetzung mit Kindern am Ort Gemeinde muss daher, um überhaupt anschlussfähig an die Ermöglichung nachhaltiger Kinderschutzpraxis zu sein, die enge Verbindung von Schutz und Partizipation in ausreichendem Maße einholen. Dies erfordert auch eine selbstkritische Auseinandersetzung mit solchen Harmonisierungen – auch in der Gemeindepastoral. Hier liegt eindeutig der kritische Punkt im Selbstverständnis als Ort katechetischer Pastoral (Kapitel 5.3.2). Auseinandersetzungen mit Gleichheit oder (Unter-)Ordnung können dabei dazu beitragen, Kinderschutz als positiv und notwendig wertzuschätzen und gleichzeitig daran zu arbeiten, ein produktives Verhältnis von Partizipation und Schutz mit Blick auf das Kindeswohl zu ermöglichen.

Zweitens kann Partizipation als Korrektiv zur Anerkennung verstanden werden. Riedl gewinnt einen justierten Begriff des Kindeswohls insbesondere durch die Auseinandersetzung mit dem Anerkennungsbegriff sowie der Ethik der Verletzbarkeit bei Judith Butler.[787] Sie zieht Butler hinzu, um die Asymmetrie der Beziehungen und in diesem Zusammenhang Macht, Asymmetrie, Anerkennung und Subjektwerdung besser in den Blick zu bekommen.[788] Partizipation wird von

784 Riedl, Anna M.: Kindeswohl zwischen Anspruch und Wirklichkeit. Sozialethische Sondierungen zur Anerkennung und zu einer Ethik der Verletzbarkeit. In: Heimbach-Steins, Marianne/Riedl, Anna M. (Hg.): Kindeswohl zwischen Anspruch und Wirklichkeit. Theorie und Praxis im Gespräch (Gesellschaft, Ethik, Religion Band 10). Paderborn 2017, 18.

785 Ebd.

786 Riedl, Anna M.: Kindeswohl - Eine sozialethische Grundlegung. Bericht zum dreijährigen Forschungsprojekt am Institut für Christliche Sozialwissenschaften in Münster. In: Diskurs Kindheits- und Jugendforschung. 12/1 (2017), 90.

787 Vgl. zur ausführlichen Auseinandersetzung Riedl, Ethik an den Grenzen der Souveränität.

788 Riedl, Kindeswohl zwischen Anspruch und Wirklichkeit, 19.

Riedl mit Butler „quasi als Korrektiv zur Anerkennung“[789] eingeführt, welches letztlich dafür Sorge tragen kann, dass eine aushaltbare Gestaltung von ungleich machtvollen „Anerkennungsordnungen“[790] möglich und lebbar wird. Durch Partizipation können diese machtvollen Ordnungen der Anerkennung also gestaltet werden. Der anerkennungstheoretische Ansatz Butlers liefert gewissermaßen Partizipation und Anerkennung als komplementäre Kategorien.

Anerkennung sei bei Butler als Prozess der Subjektwerdung und Hervorbringung zu begreifen, der von je her ein machtvoller Prozess sei, der besondere „Aufmerksamkeit für immanente Gewalt“[791] verlange: „Anerkennung beschreibt den fortlaufend wiederholten Moment, in dem durch Anrufungen und Zuschreibungen von Überzeugungen, Traditionen, gesellschaftlichen Normen und Regeln ein Subjekt mit seiner Identität hervorgebracht wird.“[792] Weil das Subjekt auf Anerkennung, auf Anrufung durch den Anderen, angewiesen ist, bleibt es grundlegend verletzbar. Die darin grundgelegte Asymmetrie ist nicht aufzulösen und von Anfang an das, worin sich das Subjekt wiederfindet. Butler verknüpft also Macht mit Anerkennung, wobei Macht hier zunächst weder eindeutig negativ noch positiv im Sinne einer Bewertung charakterisiert werden kann. In Verbindung mit der Angewiesenheit auf den Anderen und durch die Verletzbarkeit des Subjekts sei demnach, so Riedl, „die komplexe ethische Herausforderung [gegeben; R.B.], Anerkennung zu geben, diese aber nicht einengend auszuüben.“[793] Ein Schlüsselmoment liegt in der Akzeptanz der Grenzen der Anerkennung, da sie in vollem Umfang letztlich unmöglich sei. „Anerkennung bedeutet, die Urteile über den Anderen auszusetzen. Der Andere ‚lässt sich nicht meistern.‘“[794] Wo aber der andere als anderer in den Blick kommt, stellt sich die Frage nach Partizipation:

„Das ‚Doppelgesicht der Anerkennung verunmöglicht es nach Butler nicht nur, am politischen Ideal der absoluten Inklusion [...] festzuhalten, sondern es bedeutet auch, dass jede Politik, will sie nicht ideologisch sein, ihre exkludierenden Effekte mitbedenken muss.‘ (Meyer 2001: 128). Verbunden damit ist ein *Solidaritätsverständnis*, das sich nicht auf wechselseitige Anerkennung stützt, sondern jenen gilt, die sich gegen ihre Exklusion partizipativ wehren wollen.[...] Die Einsicht, dass Subjektsein nicht auf einer Fiktion von Souveränität beruht, sondern durch das Eingebundensein in soziale Strukturen,

789 Ebd.
790 Ebd., 22.
791 Ebd., 21.
792 Ebd., 20.
793 Riedl, Kindeswohl - Eine sozialethische Grundlegung, 92.
794 Riedl, Kindeswohl zwischen Anspruch und Wirklichkeit, 21. Mit einem Zitat von: Dungs, Susanne: Unausweichliche Abhängigkeit vom Anderen. Die Anerkennungstheorie von Judith Butler in ihrer Bedeutung für eine feministische christliche Sozialethik. In: Spieß, Christian/Winkler, Katja (Hg.): Feministische Ethik und christliche Sozialethik (Schriften des Instituts für Christliche Sozialwissenschaften der Westfälischen Wilhelms-Universität Münster 57). Berlin/ Münster 2008, 301.

Anerkennungsprozesse und Abhängigkeitsverhältnisse entsteht, wirft die Frage auf, wie Menschen und damit auch Kinder unter den Bedingungen ungleicher Macht- und Verteilungsressourcen Beteiligungsräume erlangen und erweitern können. Es ist die Frage nach dem guten Leben im Falschen, nach dem lebenswerten Leben angesichts realer Anerkennungsordnungen".[795]

In diesem Sinne legt Riedl mit Hilfe der sich durch die Auseinandersetzung mit Butler eröffnenden Perspektiven *drittens* nahe, „die grundlegende gemeinsame Abhängigkeit voneinander"[796], die Asymmetrien sowie die Differenzen nicht zu verobjektivieren, sondern den „Blick auf tatsächlich vorhandene Machtverhältnisse und Asymmetrien"[797] sowie den Umgang mit diesen zu richten. Dies bedeutet gerade auch eine Umkehrung dessen zu gewährleisten, was als grundlegende Dynamik von Missbrauchsgeschehen erachtet werden kann: Hier werden Abhängigkeiten und Abhängigkeitsverhältnisse ausgenutzt und auf grundlegender Ebene „*Asymmetrie* und *Differenz zwischen Kindern und Erwachsenen* geleugnet. […] Die existentielle Ausbeutung dieser Abhängigkeit setzt – natürlich mit unterschiedlichem Schweregrad – demnach überall dort ein, wo Differenz negiert und Gleichheit vorgetäuscht wird." [798] Die Konsequenzen für die Arbeit mit Kindern und für ihre Partizipation liegen für Riedl demnach zum einen in der Kompetenz, bestehende Asymmetrien und Diskrepanzen zum Thema zu machen und aufzuzeigen und zum anderen darin, Partizipation nicht vorzutäuschen, sondern auch hier die „Grenzen dieser Beteiligung offen zu thematisieren".[799] Für Riedl ist dies auch mit dem unbedingten Anspruch verbunden, Kinder in einer gemeinschaftlichen wie individuellen Perspektive in den Blick zunehmen: Es geht so um *das* Kindeswohl sowie die Rechte *der* Kinder, aber eben auch um das „*Wohl dieses Kindes*".[800]

Riedl leitet aus dem Partizipationsverständnis Butlers für Partizipationsprozesse von Kindern ab: „[W]eil Beteiligung nicht an soziale Wertschätzung und auch nicht an sowieso nicht vorhandene vollständige Autonomie gebunden ist, sondern an den Anspruch auf Nicht-Diskriminierung, ist jede Nicht-Beteiligung von Kindern begründungsbedürftig."[801] Darin klingt auch an: Es geht darum, Partizipation dort zu ermöglichen, wo strukturell die betreffenden Subjekte von Entscheidungen eher exkludiert werden (z. B. Kinder in Gemeinden, in Schule etc.).[802] Auf einer grundlegenden, das Setting von Partizipation in verschiedenen

795 Riedl, Kindeswohl zwischen Anspruch und Wirklichkeit, 21f.
796 Ebd., 25.
797 Ebd.
798 Ebd. Hervorhebungen im Original.
799 Ebd.
800 Ebd. Hervorhebungen im Original.
801 Ebd., 26.
802 Vgl. ebd.

praktischen Ausgestaltungen vorstrukturierenden Ebene, geht es mit Butler darum, getroffene Entscheidungen auf Zukunft hin insofern offen zu halten, als Personen, die nicht daran teilhaben konnten, „zukünftig über Beteiligung die Möglichkeit haben, verändernd auf diese einzuwirken."[803] Für die Schutzkonzepterstellung kann in diesem Sinn als unabdingbar wichtig erachtet werden, dass erstellte Schutzkonzepte immer wieder überarbeitet werden, dass Gruppen und Einzelpersonen immer wieder die Möglichkeit haben, daran zu partizipieren, was die Gemeinde oder Pfarrei sich als präventive Konzeption gibt und dem liegt natürlich zu Grunde, dass Informationen über und Bewusstsein für die getroffenen Entscheidungen vorhanden sind. Wer heute nicht partizipiert, für den stellt sich auf Zukunft hin die Frage, wie sie*er in Zukunft das gestalten kann, was heute entschieden wird.

7.3 Zweites Schlaglicht: Die Eigenaktivität der Kinder und Erwachsene, die „das Unerwartete"[804] erwarten

In diesem Unterkapitel wird nun eine zweite theologische Perspektive auf Kinder eingebracht. Ging es im vorherigen Unterkapitel schwerpunktmäßig um die Verhandlung des Verhältnisses von Schutz und Partizipation, so wird hier die Wahrnehmung der Eigenaktivität von Kindern in der Theologie thematisiert.

7.3.1 Den Blick offenhalten für den Einbruch des „Unerwartete[n]"[805]

Karl Rahners Theologie der Kindheit liefert eine dogmatisch-theologische Perspektive, die den Blick auf das Subjektsein des Kindes und damit weitere (etwa religionspädagogische) Perspektiven, die Kindern etwas zutrauen, zu flankieren vermag. In der Kindheit zeige sich die Unmittelbarkeit des Menschen zu Gott – gerade auch angesichts potenzieller Verwundungen und dem Status von Kindheit als immer auch „gefährdete Kindheit"[806]. Sie ist damit als Lebensphase an sich (und nicht nur auf Zukunft hin) wertvoll.

In seinem 2004 erschienenen Beitrag begibt sich Bernhard Grümme am Beispiel einer Theologie der Kindheit bei Rahner mitten hinein in ein Gespräch zwischen systematischer Theologie und Religionspädagogik.[807] Er kommt zu dem

803 Ebd., 27.
804 Rahner, Gedanken zu einer Theologie der Kindheit, 321.
805 Ebd.
806 Boschki/Woppowa, Theologie der Kinder - Theologie der Kindheit, 98.
807 Grümme, Bernhard: Eine Theologie der Kindheit bei Karl Rahner. In: Orientierung. 21 (2004), 231–234.

Schluss, dass Rahner aus theologischer Perspektive formuliert, „was die Pädagogik als Eigenwert der Kindheit aus normativen Vorgaben der Kinderrechte oder empirisch aus der Erforschung der Eigenaktivität der Kinder herausstellt."[808] Es geht um die Grundlagen auch zeitgenössischer Kindheitsforschung, welche Grümme wie folgt bündelt: „Kinder sind keineswegs Objekte ihrer Umwelt und des Lehrens. Sie sind Subjekte, Beziehungspartner, Mitkonstrukteure ihrer eigenen Lernbiographie und daher in religionspädagogischer Zuspitzung Koautoren ihres eigenen Glaubenslernens."[809] Um diese von Rahner abgeleitete Erkenntnis besser einordnen zu können, zunächst noch ein paar weitere Ausführungen zu Rahners – in der Religionspädagogik bisher wenig rezipierten – Gedanken zu einer Theologie der Kindheit"[810], die keinesfalls den Anspruch auf Vollständigkeit in Anspruch nehmen, aber einen aufschlussreichen Beitrag leisten können und die Erschließung der Eigenaktivität von Kindern in theologischer Perspektive im nächsten Unterkapitel (Kapitel 7.3.2) produktiv ergänzen.

In der von ihm eingenommenen dogmatischen (transzendentaltheologischen) Perspektive stellt Rahner keine pädagogischen Fragestellungen und kommt insofern auch nicht zu pädagogischen Antworten. Im Gegenteil stellt er zu Beginn seines Textes klar, es könne nicht Aufgabe von Theolog*innen sein, den Menschen, „die im Dienst des Kindes stehen, unmittelbar helfen oder gar Weisungen geben zu wollen".[811] Was aber zutrifft, scheint die Einschätzung Reinhold Boschkis und Jan Woppowas zu sein, in der sie hervorheben, dass eine systematische Erarbeitung einer Theologie der Kindheit dieselben Anliegen verfolgen könne wie religionspädagogische Konzepte. Am Beispiel der Theologie der Kinder verdeutlichen sie: „Beide [Perspektiven; R.B.] wollen das Subjektsein der Kinder stärken und ihnen religiös und theologisch etwas zutrauen."[812]

Rahner konstatiert, dass besonders Christ*innen „den Vorbereitungscharakter der Kindheit"[813] auf das Ziel des Erwachsenenalters hin im Blick zu haben scheinen. Er selbst problematisiert jedoch ein Kindheitsbild, dass diese Lebensphase „als vorläufiges Gerüst des fertigen Baus der Erwachsenheit möglichst rasch und endgültig"[814] abzubauen sucht. Kindheit also verstanden als reine Vorbereitungszeit. Stattdessen betont er die „unüberholbare Würde der Kindheit" und begründet sie theologisch mit der „Unmittelbarkeit" [815] des Menschen zu Gott während aller seiner Lebensphasen. In dieser Unmittelbarkeit zu Gott ist

808 Ebd., 232.
809 Ebd.
810 RAHNER, Gedanken zu einer Theologie der Kindheit, 313–329.
811 Ebd., 313.
812 BOSCHKI/WOPPOWA, Theologie der Kinder - Theologie der Kindheit, 99.
813 RAHNER, Gedanken zu einer Theologie der Kindheit, 314.
814 Ebd., 315.
815 Ebd., 313.

Kindheit für Rahner auch zugleich alles andere als ein „paradiesischer Zustand“ [816]. Vielmehr sei sie immer auch „gefährdete Kindheit“[817] angesichts der Geworfenheit und all der Zwiespältigkeit des Anfangs menschlichen Lebens: „Es [= das Kind; R.B.] ist begabt, belastet, und begnadet mit der ganzen unaussagbaren Würde und Last des Menschseins von Anfang an.“[818] Kindheit wird hier, auch in aller ihrer potenziellen Zerrissenheit als eigenständige Phase ernstgenommen.[819]

Im Sinne einer stetigen Möglichkeit des Einbruchs des „Unerwartete[n]“, des „Unberechenbaren“, das sich „dem herrschenden Griff“ [820] entziehe, wird Kindheit für Rahner zum Geheimnis. Geheimnis sei Kindheit darüber hinaus auch als das, was sich denjenigen, die selbst keine Kinder sind, nach und nach entzieht vor dem Hintergrund späterer Lebensphasen. Mit Blick auf die Heilige Schrift sowie die Tradition der Kirche würde „eigentlich fast immer eher *voraus*gesetzt [...], wir wüßten, was ein Kind sei, als daß es uns ausdrücklich gesagt wird.“[821] Als Menschen seien alle mit ihren gegenwärtigen und vergangenen Erfahrungen und Kindheitserinnerungen gefragt, angesichts der voraussetzungsvollen Leerstelle der Heiligen Schrift die „dunkle Vielfältigkeit unserer Erfahrung mit dem Kind“[822] auszuhalten.

Rahner schreibt über die *„Erfahrung einer geborgenen Kindheit“*[823] und deren Verbindung zu seinem Verständnis von Gotteskindschaft. Er beschreibt, dass positive und negative (Bindungs-)Erfahrungen in der Kindheit sich auf „jenes Sich-Verlassen auf das metaphysische Urvertrauen“[824] auswirken, wenngleich man diesen Zusammenhang auch „gewiß nicht übertreiben“[825]dürfe.

„Es ist für die Mehrzahl der Fälle schon wahr: nur wer den Namen ‚Vater‘ und ‚Mutter‘ als Namen für bergende Liebe, der man sich fraglos anvertrauen kann, verstehen lernen durfte, der wird es (was doch der erste Begriff der wahren Religion ist) wagen, jenem unsagbaren, namenlosen Urgrund, in dem er gründet, vertrauensvoll den Namen Vater zu geben, sich von ihm nicht verschlungen, sondern in ihm sich begründet und zu eigenem Selbstsein ermächtigt zu wissen. Und umgekehrt: wo ein Mensch als Kind sich ausgesetzt und verloren erfährt, wird er dies fast unvermeidlich als Erfahrung einer letzten

816 Boschki/Woppowa, Theologie der Kinder - Theologie der Kindheit, 98.
817 Ebd.
818 Rahner, Gedanken zu einer Theologie der Kindheit, 317.
819 Vgl. auch Riedl, Der Begriff des Kindeswohls in theologisch-ethischer Perspektive, 10.
820 Rahner, Gedanken zu einer Theologie der Kindheit, 321.
821 Ebd., 320. Hervorhebung im Original.
822 Ebd.
823 Ebd., 323. Hervorhebungen im Original.
824 Ebd.
825 Ebd.

metaphysischen Ausgesetztheit und Verlorenheit ins Absurde und Sinnleere, in seine eigene Gottlosigkeit deuten".[826]

Kindlichkeit sei des Weiteren kein auf die erste Lebenszeit begrenzter Zustand. Vielmehr sei Kindlichkeit zu verstehen als eine „Grundkonstante"[827] des menschlichen Lebens unabhängig von Alter und Entwicklung. Sie sei demnach „Offenheit, das vertrauende Über-sich-Verfügenlassen, der Mut, neue Horizonte immer neu, immer größer vor sich aufgehen zu lassen, die Bereitschaft zur Fahrt ins Unerprobte"[828]. Grümme kommt im Anschluss an die Lektüre Rahners zu dem Schluss, dass durch Rahners „Erschließungs- und Bestimmungszusammenhang von Gotteskindschaft und Kindschaft"[...] [möglich wurde; R.B] sowohl die Kindheit selber als auch die Entwicklungsbedürftigkeit und Entwicklungsfähigkeit des Menschen zu denken und in eine gegenseitige Beziehung zu bringen".[829] Grümme resümiert anschließend: „Pädagogische Tätigkeit wäre im Lichte dessen dann als ‚Dienst am Kind' zu verstehen, der dem Kind dazu verhilft, vollends Kind vor Gott, also mündiges Subjekt zu werden."[830]

Diese wenigen Skizzen einer Theologie der Kindheit bei Rahner liefern Ansatzpunkte für die vorliegende Arbeit. Er beschreibt die Unmittelbarkeit zu Gott in allen Phasen des menschlichen Lebens – gerade auch angesichts der potenziellen Verwundungen, die die Lebensphase Kindheit mit sich zu bringen vermag. Die Gleichheit aller Menschen vor Gott in Verbindung mit der Anerkennung der besonderen und eigenständigen Lebensphase Kindheit bilden Grundkonstanten des theologischen Kindheitsverständnisses bei Rahner und es stellt sich die Frage, welche Auswirkungen dies „auf den realen Umgang mit Kindern und auf die Gestaltung von Strukturen haben"[831] kann. Gerade weil Kindheit, wie Rahner schreibt, auch als gefährdet anzusehen ist, gilt es diejenigen Gefährdungen und positiven Potenziale einzuholen, die von Strukturen und Interaktionen in Gemeindepastoral selbst ausgehen. Es lässt sich jedoch festhalten, dass Rahner den Eigenbeitrag des Kindes unberücksichtigt lässt: „Allerdings, so kann man ihm [Rahner; R.B.] vorwerfen, hat er nur den Dienst am Kind im Blick, nicht den eigenen Beitrag des Kindes."[832] Damit bleibt hier auf Basis der Ausführungen von Karl Rahner – nicht nur mit Blick auf Präventionsarbeit – eine Scharnierstelle zwischen Schutz und Partizipation ungefüllt.

826 Ebd., 324.
827 Ebd., 326.
828 Ebd., 327.
829 GRÜMME, Eine Theologie der Kindheit bei Karl Rahner, 232.
830 Ebd., 232, bzw. RAHNER, Gedanken zu einer Theologie der Kindheit, 329.
831 RIEDL, Der Begriff des Kindeswohls in theologisch-ethischer Perspektive, 11.
832 Ebd.

Die grundlegend eingenommene Perspektive Rahners ist weiterhin die einer sich im mehrfachen Sinn entziehenden Kindheit. Sie entzieht sich von sich selbst her und bietet die Möglichkeit des Einbruchs des Unerwarteten. Weiterhin wird Kindheit dem Erwachsenen zum Geheimnis vor dem Hintergrund, dass sie*er kein Kind mehr ist. Gleichzeitig prägen positive wie negative Erfahrungen gegenwärtiger und vergangener Kindheit Handeln und Denken. Sie fordern dazu auf, diese Vielfalt der Erfahrungen auszuhalten. Dies ließe sich zum Anlass für Überlegungen nehmen, wie Vielfalt und Ambivalenz von Kindheit in Gemeindepastoral a) wahrgenommen werden können und b) zum Ausgangspunkt der Überlegungen werden können, wie dieser Ort stärker für und von Kindern gestaltet werden kann. Mit dem Unerwartbaren verbindet sich ein stellvertretender, nicht einzuholender oder zum Ausdruck zu bringender Beitrag. Insofern sind stellvertretende Perspektiven auf Kindheit natürlich begrenzt und insofern kann auch in Gemeindepastoral Interessen- und Perspektivvertretung, aber kein Interessen- und Perspektiversatz möglich werden. Es ist nichts anderes möglich, als mit der stetigen Möglichkeit des Einbruchs dieses Geheimnisses zu rechnen. Deshalb geht es um die Frage, wie sich die Netzwerke der Gemeindepastoral auch in der Anforderungssituation der Schutzkonzepterstellung sowie im präventionsorientierten Alltag für diesen Einbruch offenhalten lassen.

7.3.2 Kindertheologie: der grundlegende Perspektivwechsel

Während zwar die Unterscheidung zwischen Interessen- und Perspektivvertretung und Interessen- und Perspektiversatz, nicht jedoch die Eigenaktivität der Kinder im Anschluss an die Ausführungen Rahners thematisiert werden konnten, geht es nun um genau diesen Perspektivwechsel. Die Kindertheologie, die sich in der Religionspädagogik seit den 1990er Jahren entwickelt hat, gibt eine solche Perspektive auf die Eigenaktivitäten der Kinder frei. Das Forschungsfeld und die Literaturauswahl sind vielfältig, der Diskurs über Jahre gewachsen. Darin kommt die Subjektorientierung mit Blick auf das Kind zur Sprache und zur Reflexion. Es geht um Vorstellungen, Fragen, Antworten und Lösungen, die Kinder selbst suchen.[833] „Kindertheologie stellt die ‚Theologie von Kindern' ins Zentrum und spannt den Theologiebegriff zwischen religiösem Erleben und religiöser Reflexion auf."[834] Dabei ist nicht nur das wichtig, was hervorgebracht wird, sondern

833 Vgl. KALLOCH, Christina: Kindertheologie – Kinderphilosophie. In: BÜTTNER, Gerhard u.a. (Hg.): Handbuch Theologisieren mit Kindern. Einführung - Schlüsselthemen - Methoden. München 2014, 13.

834 ROOSE, Hanna/LOOSE, Anika/EICHHOLTZ, Jasmin: Kindertheologie und schulische Alltagspraxis. Eine Studie zum Verhältnis von kindertheologischen Normen und eingeschliffenen Routinen im Religionsunterricht. Stuttgart 2019, 162.

auch der Modus des Hervorbringens selbst ist bedeutsam. Es geht um die „spontane Tätigkeit des Nachdenkens, welche durch entsprechende Gesprächsarrangements begleitet und gefördert werden kann."[835] Darin enthalten ist auch die kindliche Fähigkeit, Fragen zu stellen und damit theologische Fragen zu entwickeln, die wiederum das Potenzial für Erwachsene mit sich bringen „sich selbst aktiv weiterfragend zu verstehen."[836] Was Kinder brauchen und wie sie Dinge zu verstehen haben, ist hier nicht einfach Wissen der Erwachsenen.

Inwiefern Kindertheologie und Prävention an den verschiedenen Praxisorten miteinander in Verbindung gebracht werden können, wurde bislang nicht untersucht. In Form einer ersten Beobachtung legt sich die folgende Hypothese nahe: Auf normativer Ebene stehen Präventions- wie auch kindertheologische Konzeptionen gewissermaßen auf der gleichen Seite, denn: es gibt ausgefeilte Theorien, diskutierte Konzepte, hohe und viele Ansprüche für beide Bereiche. Für die Schutzkonzepte wurden in dieser Arbeit z. B. die Dokumente der Deutschen Bischofskonferenz beleuchtet (vgl. Kapitel 5.2). Ebenso kann beobachtet werden, dass kindertheologische Ansätze weitestgehend Eingang gefunden haben in die Ansprüche von Standardkonzeptionen der Religionsunterrichtsplanung. Beide Bereiche sind aber auch gefährdet, auf Ebene der Papiere und normativen Einigungen und Erwartungen zu legitimatorischen Floskeln zu verkommen.

Dieses Kapitel widmet sich einigen aus der Kindertheologie stammenden Merkmalen in Bezug auf Interaktionsverhältnisse und Kommunikationsmodi zwischen Kindern und Erwachsenen und greift Analogien im Bereich der Prävention und Schutzkonzepterstellung auf. Es wird *erstens* auf Aktivitäten und Rollen der Kinder in einer ‚Theologie von, für und mit' ihnen eingegangen, *zweitens* auf kindliche Ausdrucksformen und Kommunikation geblickt und *drittens* die Positionierungen von Lehrer*innen und Schüler*innen herangezogen, um hilfreiche Anknüpfungspunkte für Partizipation und die Schutzkonzepterstellung herzustellen.

Zunächst geht es (*erstens*) um die Aktivitätsmodi einer Theologie von, für und mit Kindern, die die Grundlage darstellen, um dann auf kindliche Ausdrucksformen und Kommunikation zu blicken. Die bekannte, von Friedrich Schweitzer erstmals ausgeführte[837] und vielfach verwendete, Differenzierung[838] der

835 KALLOCH, Kindertheologie – Kinderphilosophie, 15.

836 KAMMEYER, Katharina: "Lieber Gott, Amen!". Theologische und empirische Studien zum Gebet im Horizont theologischer Gespräche mit Vorschulkindern, Zugl.: Dortmund, Techn. Univ., Diss., 2008. Stuttgart 2009, 103.

837 SCHWEITZER, Friedrich: Was ist und wozu Kindertheologie? In: BUCHER, Anton (Hg.): "Im Himmelreich ist keiner sauer". Kinder als Exegeten (Jahrbuch für Kindertheologie 2). Stuttgart 2003, 9–18.

838 Vgl. für eine Übersicht zur Entwicklung dieser Verwendung: ZIMMERMANN, Kindertheologie als theologische Kompetenz von Kindern, 111.

Kindertheologie als Theologie von, für und mit Kindern verdeutlicht, dass innerhalb der Kindertheologie verschiedene Aktivitätsmodi und damit verbunden auch verschiedene Rollen von Kindern und Erwachsenen ausgemacht werden können. Die Verhandlung und Differenzierung der Präpositionen ‚von' und ‚für' kam in dieser Arbeit schon an anderer Stelle vor: bei der Frage nach dem Verhältnis von Schutz und Partizipation (Kapitel 7.2.2). Dabei wurde das ‚Für' als Zeichen für die Schutzperspektive und das ‚Von' als Zeichen für die Partizipationsperspektive kodiert. Eine der wichtigen Aussagen Suralls war, dass das ‚Von' bei der Gestaltung des ‚Für' immer schon mitgedacht werden solle. Mit Blick auf die Eigenaktivitäten des Kindes kann man hier spezifizieren: Das ‚Von' beim ‚Für' mitzudenken, bedeutet dann auch, die Kinder als in ihren unterschiedlichen Aktivitäten geklärt mitzudenken. Ein mögliches Muster zur Klärung ihrer Aktivitäten kann nun aus der Kindertheologie gewonnen werden. Die durch ‚von', ‚für' und ‚mit' angesprochenen Dimensionen liefern differenzierbare Aktivitätsanteile und Rollen der beteiligten Akteure, die aus ihnen ausgelesen werden können. Beteiligt sein können Kinder und Erwachsene oder auch Kinder unter sich: Kindertheologie findet nämlich auch dort statt, wo Kinder untereinander sprechen. Kindliches Theologietreiben braucht kein erwachsenes Gegenüber.[839]

Tab. 5: Unterscheidung der Aktivitätsmodi in einer Theologie für, mit oder von Kindern

	Theologie für Kinder	Theologie mit Kindern	Theologie von Kindern bzw. der Kinder
Rolle des Kindes	Adressat	Partner	Akteur
Rolle des Erwachsenen	Orientierend, leitend, vermittelnd	(Dialog-)Partner	Hörender, Impulsgeber

Tabelle als verkürzte Abbildung der Darstellung in Zimmermann, Kindertheologie als theologische Kompetenz von Kindern, 123.

In der Dimension *Theologie von Kindern* werden Kinder als Theolog*innen, als „aktive Konstrukteure theologischer Artefakte gewürdigt".[840] Das Zentrieren der kindlichen Perspektiven erfordert das Zurücktreten der Erwachsenen und ihrer (theologischen) Leistungen bei gleichzeitiger Bereitstellung von „Entfaltungsraum"[841]. Erwachsene werden zu „Impulsgebern"[842] für die kindlichen Konstruktionsprozesse, die die eigenen Perspektiven herausfordern. Zentrales Moment ist der Perspektivwechsel: „Die kindlichen Artefakte sind nicht mehr nur Ansatzpunkt eines pädagogischen Konzepts *für* Kinder, vielmehr werden Bildungs- und

839 Vgl. ebd., 88.
840 Ebd., 112.
841 Ebd.
842 Ebd.

Lernprozesse ganz bewusst den kindlichen Frage- und Denkprozessen unter- oder bestenfalls beigeordnet."[843] Für die Dimension *Theologie für Kinder* kann festgehalten werden:

„Auch hierbei wird die Eigenständigkeit des kindlichen Denkens prinzipiell anerkannt und aufgenommen. Gleichwohl bleibt es nicht bei einer bloßen Würdigung der Kinderartefakte, vielmehr begegnen Lehrende und Erwachsene der kindlichen Theologie, indem sie sie mit den theologischen Entwürfen der biblisch-christlichen Tradition konfrontieren. Die ‚Theologie für Kinder' ist dann in erster Linie nicht die Theologie, die die Kinder selbst produziert haben."[844]

Das, was Kinder produzieren, darf und soll auch in Frage gestellt werden, es geht nicht nur um „unkritische Affirmation" [845]. Als Erwachsener zeigt man sich mit der je eigenen Perspektive. Grundvoraussetzung ist, dass die Beiträge der Kinder wertgeschätzt werden. „In dieser Weise wird dann eine ‚Theologie für Kinder' zu einem legitimen Anliegen, das freilich vor der – lange erprobten – Bevormundung und Vereinnahmung der Kinder Halt machen muss."[846] Eine Theologie der Kinder mag Ähnlichkeiten zum „Versuch deduktiver Vermittlung theologisch-wissenschaftlicher Erkenntnisse"[847] aufweisen, darf jedoch nach Friedrich Schweitzer hinter drei Grundmarkierungen nicht zurückfallen: die „veränderte Sicht des Kindes, den Perspektivenwechsel und das Recht des Kindes."[848]

In der Dimension *Theologisieren mit Kindern* sieht Zimmermann schließlich ein vermittelndes Modell der beiden anderen Formen.[849] Im Unterschied zur Dimension der Theologie für Kinder wird hier kein Vermittlungsziel vorbestimmt, sondern dieses vielmehr „bewusst offen gelassen".[850] Damit werden Kinder „weitgehend gleichwertige Gesprächspartner"[851], womit die Dimension auf Gleichheit zielt. Nicht nur auf Subjekt-, sondern auch auf Sachebene. „Zugleich wird im ‚Theologisieren mit Kindern' aber ähnlich wie bei der Dimension Theologie für Kinder eine eigene Position mit ins Gespräch eingebracht und damit die Position der Kinder bestätigt, erweitert oder in Frage gestellt. Entscheidend ist dann aber die Offenheit des Ausgangs."[852]

Die drei Aktivitätsmodi sensibilisieren darüber hinaus dafür, dass (auch in Gemeindepastoral) in unterschiedlichen Handlungsstrukturen agiert wird, die

843 Ebd., 114. Hervorhebung im Original.
844 Ebd., 115.
845 Ebd., 116.
846 Ebd., 119.
847 Schweitzer, Was ist und wozu Kindertheologie?, 15.
848 Ebd.
849 Vgl. Zimmermann, Kindertheologie als theologische Kompetenz von Kindern, 120.
850 Ebd., 121.
851 Ebd.
852 Ebd.

jeweils mit unterschiedlichen Rollen und Aktivitäten von Kindern und Erwachsenen einhergehen. Eigenaktivitäten der Kinder sind anhand der Differenzierung der verschiedenen Modi skalierbar, in denen Aktivitäten ausgeführt werden. Die unterschiedlichen Rollen der Akteure strukturieren damit Partizipationsprozesse grundlegend. Die Art und Weise, wie Rollenhandeln im gemeindepastoralen Alltag gestaltet wird, lässt sich als Gestaltung und Konfiguration von Aktivitätsmodi auslesen, die Partizipation für Kinder auf ganz unterschiedliche Weise erfahrbar machen und die durch Erwachsene auch in diesen unterschiedlichen Weisen gestaltet wird. Als Reflexionsfolie genutzt, kann die Unterscheidung der drei Dimensionen auch im Kontext der verschiedenen Partizipationsmöglichkeiten im Rahmen der Schutzkonzepterstellung so helfen, bestehendes Handeln wahrzunehmen.

Im *zweiten* Bereich geht es um verschiedene Facetten und Forschungsergebnisse der Kindertheologie zu kindlichen Ausdrucksformen und Kommunikation. Kindliche Äußerungen sind zentral in der Kindertheologie und das nicht nur im Ausdruck verbalen Sprechens.[853] Kindliche Äußerungen wurden über die verschiedenen Unterkapitel des Kapitels 6 dieser Arbeit unterschiedlich konzeptioniert (z. B. basierend auf der UN-KRK und in Form des Modells der Hierarchie der kindlichen Partizipationsrechte, siehe Kapitel 6.4.2). Sie sind zentral für Partizipation – auch für die Partizipationsmöglichkeiten von Kindern im Rahmen der Schutzkonzepte (z. B. Beschwerdewege).

Es erscheint wenig hilfreich, vereinheitlichend von *der* Kindertheologie zu sprechen, denn Konzeptionen und Aktivitätsmodi stellen, wie gesehen, vielmehr eine Varianz an kindertheologischen Interaktionen zur Verfügung. „Theologisieren mit Kindern umfasst […] immer auch das Nachdenken über den christlichen Glauben und die Weiterentwicklung kindlicher Voraussetzungen."[854] In diesem Zitat finden sich zwei wichtige Impulse, die den Fokus auf die zwei Komponenten des Wortes Kindertheologie legen (Kinder*theologie* und *Kinder*theologie): Zum einen den gegenständlichen Bezugspunkt der Kindertheologie. Es geht um die Auseinandersetzung mit dem christlichen Glauben. Wenn man so möchte, geht es nicht ohne auf die ein oder andere Weise eine Konfrontation mit den „Wahrheitsansprüchen"[855] der Religion einzuplanen. Zum anderen geht es um die Eigenaktivität der Kinder und es wird die Weiterentwicklung der Voraussetzungen

853 Dabei geht es hier nicht darum, sich in Ausführungen zu den Besonderheiten *religiöser* Sprech- und Ausdrucksweisen und Reflexionsprozesse von Kindern zu verlieren, es geht nicht darum, in die Diskussion um die von Kindern hervorgebrachte Theologie inhaltlich einzusteigen. Dazu sind die vielen einschlägigen Veröffentlichungen im Feld sprachfähig. Dennoch bietet die Kinder*theologie* diesen Anknüpfungspunkt, mit dem sich hier kritisch auseinandergesetzt werden kann.

854 KALLOCH, Kindertheologie – Kinderphilosophie, 17.

855 Ebd., 16.

für diese Auseinandersetzung angezielt. Entgegen der Wahrnehmung von Kindheit als Vorbereitungs- und Entwicklungsphase auf das Erwachsenenalter hin, fasst Mirjam Zimmermann zusammen: „Die neuere Forschung betont stärker die Diskontinuität der Entwicklungs- und Sozialisationsprozesse und anerkennt gegenüber der Gleichschaltung der Entwicklungsabläufe die individuelle Besonderheit und Vielfalt der Entwicklungsbedingungen.“[856] In dieser Weise steht das Kind als „ein selbstkonstruierendes Subjekt, das als eigenständiges Mitglied eines Systems betrachtet werden kann“[857] im Fokus der Ansätze, die sich der Kindertheologie verschreiben. Zimmermann grenzt wie folgt ein, wann von Kindertheologie zu sprechen sei. Nämlich dann,

> „wenn 1. sichergestellt ist, dass die Kinderäußerung ernst gemeint ist, d.h. wenn Zufallsäußerungen, Nonsens oder sachfremde Provokationen ausgeschlossen sind, und wenn 2. eine Meta-Ebene eingenommen wird, d.h. wenn durch ein sprachliches Artefakt ein Prozess der Verarbeitung und Reflexion nachweisbar wird. […] Der Begriff einer ‚Kindertheologie‘ lässt sich nur dann rechtfertigen, wenn über allgemeines Nachdenken hinaus eine zumindest im Ansatz reflexive bzw. selbstreflexive Form des Denkens erkennbar wird, also ein ‚Denken über religiöses Denken‘ vorliegt.“[858]

Die Abgrenzung Zimmermanns sensibilisiert damit für eine Unterscheidung von Kindertheologie und religiösen Selbstäußerungen von Kindern, womit für sie Theologisieren mehr ist „als das gemeinsame Nachdenken und Diskutieren mit Kindern“.[859] Oder wie Schweitzer formuliert: „Nicht alles, was die Entwicklungspsychologie an religiösen Vorstellungen rekonstruiert, kann als Nachdenken *über* religiöses Denken gefasst werden.“[860] Für die Schutzkonzepterstellung bringt die Unterscheidung zwischen „religiösem Denken“ und „Denken *über* religiöses Denken“[861] in ihrer Grundstruktur zunächst Verwirrung und dann doch eine Klärung ein. Verwirrend ist sie zunächst, weil sie klar formuliert, worum es geht (Kindertheologie) und worum eben nicht (reine religiöse Selbstäußerung). Wollte man diese Unterscheidung zwischen reflexiven Denkformen und erfahrungsbasierten Äußerungen (und die Zurückstellung letzterer Form) auf den Bereich der Schutzkonzepte übertragen, kommt man schnell an den Punkt, dass eine analoge Unterscheidung hier nicht tauglich scheint. In Prävention und Intervention kann ja gerade die Mitteilungstätigkeit von Kindern zentral sein (z. B. im Bereich der Beschwerdewege).

856 Zimmermann, Kindertheologie als theologische Kompetenz von Kindern, 73.
857 Ebd., 80.
858 Ebd., 83f.
859 Ebd., 83.
860 Schweitzer, Was ist und wozu Kindertheologie?, 11.
861 Ebd.

Klärungspotenzial entfaltet diese Definition jedoch in der Hinsicht, als dass sie diese zwei Aktivitäten markiert und unterscheidet, wenngleich die Übergänge als „fließend"[862] bezeichnet werden können. Auch für Präventionsarbeit ist eine an diese Grundstruktur angelehnte Unterscheidung grundsätzlich ausbuchstabierbar: Zum einen Selbstäußerung und Mitteilung kindlicher Perspektiven (z. B. Äußerungen zu Gefühlen, zu Emotionen, zu Erlebnissen usw.) und zum anderen kindliche Äußerungen, die sich (selbst-)reflexiv auf für Kinderschutzanliegen relevante Aspekte beziehen (z. B. Reflexionsrunden zu Aktionen, Einschätzungen von Kindern zur Sicherheit von Orten, Beurteilungen von Kindern zu Auswirkungen, Wirksamkeit, Verbesserung von Leitlinien, Konzeptionen etc.). Beide Formen sind als Ausdifferenzierung dessen, was Partizipation von Kindern angesichts der Schutzkonzepterstellung und der Arbeit mit Schutzkonzepten in der Gemeindepastoral bedeuten kann, denkbar. Katharina Kammeyer argumentiert dafür, reflexive und performative Anteile der kindlichen Aktivitäten in ein je angemessenes Verhältnis zu bringen. Sie fasst dieses Verhältnis in der Frage,

> „angesichts welcher Formen von Theologie gesprochen werden kann. Sind es Bilder, die gemalt werden, oder das Gespräch über diese Bilder; der implizite Ausdruck von Glaubenswissen in Erzählungen biblischer oder selbst erlebter Geschichten oder die Diskussion und Reflexion darüber?"[863]

Da es schwierig sein kann, mit den „nichtsprachlichen" bzw. mit den „Praxisformen religiöser Rede"[864] (z. B. den gemalten Bildern) der Kinder umzugehen, geht es vielfach darum, auch die Erklärungen der Kinder zu den von ihnen angefertigten Produkten (z. B. Bildern) einzuholen.[865] Ein wesentlicher Beitrag der Kindertheologie ist, dass dezidiert markiert wird, dass eine „selbstreflexive Form des Denkens über religiöses Denken"[866] den Kindern zugetraut wird. Dies bringt die Erkenntnisse mit sich, dass Kinder erstens eigenständig nachdenken über religiöse Fragen und, dass sie zweitens „dabei auch zu durchaus eigenen Antworten gelangen, die sowohl im Horizont der kindlichen Weltzugänge als auch im Sinne einer Herausforderung für die Erwachsenen ernst zu nehmen sind."[867] In der Perspektive einer Kindertheologie als *Theologie der Kinder* spricht sich Schweitzer dafür aus, dass es eben gerade darum geht, dass kindertheologische Äußerungen „in ihrem argumentativen Gehalt ernst genommen und ausgelotet werden."[868] Dazu braucht es jedoch die Kompetenz, die „angestammte (Erwachsenen-

862 Ebd., 10.
863 KAMMEYER, "Lieber Gott, Amen!", 51.
864 Ebd.
865 Vgl. ebd., 51f.
866 SCHWEITZER, Was ist und wozu Kindertheologie?, 10.
867 Ebd.
868 Ebd., 11.

)Perspektive aufzugeben und in eine fremde (in diesem Falle kindliche) Welt wirklich einzutauchen."[869] Damit eng verbunden ist auch der Bezug zur eigenen Kindheit, der die erwachsene Wahrnehmung kindlicher Aktivitäten beeinflusst. Kindertheologie setzt voraus, „dass Erwachsene ihr Verhältnis zu ihrem eigenen Kinderglauben und zu den zum Teil in konflikthaften Ablösungsprozessen abgelegten kindlichen religiösen Vorstellungen und Weltbildern soweit geklärt haben, dass sie für kindliche Vorstellungen und Argumente offen sind."[870] Auch im Hinblick auf Präventionsarbeit sind diese genannten Merkmale übertragbar: Der Bezug Erwachsener zur eigenen Kindheit, zur eigenen Geschichte und zu eigenen kindlichen Erfahrungen mit Geborgenheit und Sicherheit, aber auch mit Grenzüberschreitungen oder (sexualisierter) Gewalt bilden eine wichtige Voraussetzung für die Wahrnehmung kindlicher Äußerungen.

Um kurz innezuhalten: Kindertheologie macht auf die Bedeutsamkeit kindlicher sprachlicher Ausdrucksformen und der Bedeutung von Reflexionsfähigkeit aufmerksam. Zugleich rücken die damit verbunden Schwierigkeiten und alternative Ausdrucksformen in den Blick. Mitteilung und Ausdruck sind wichtige Formen kindlicher Partizipation. Zu diesem zweiten Bereich können noch zwei Beobachtungen aus den Ausführungen Gerhard Büttners angefügt werden. Büttner beschreibt das Gespräch als „das zentrale Medium der Kindertheologie."[871] Ein Gespräch, das die eigene offene responsive Suche der Kinder ermöglicht, muss jedoch auf bestimmte Weise konfiguriert werden, damit es als solches überhaupt die nötigen Freiräume schafft. Büttner macht am Beispiel des fragend-entwickelnden Unterrichtsgesprächs deutlich, dass hier die Gefahr bestehe, „die Schülerinnen und Schüler zu einer *bestimmten* Problemlösung hinführen zu wollen."[872] Er ordnet daher die kindlichen Äußerungen der Wahrnehmung und dem Verstehen dieser Äußerungen – in diesem Fall durch die Lehrkräfte – nach. Gesprächssituationen werden hier auch als machtvolle Situationen ausgelesen. Für das Theologisieren mit Kindern wird die Gestaltung der Gesprächsbeziehung so angelegt, dass einerseits die Kinder mit ihren Aussagen und als konstruierende Subjekte der zu entwickelnden Gedanken im Fokus stehen. Andererseits wird der Haltung und der Gesprächsgestaltung durch die Erwachsenen besondere Bedeutung und Verantwortung gegeben. Dies bietet die Möglichkeit hier mit Machtasymmetrien produktiv umzugehen und sie nicht vorschnell und alltagsfremd zu negieren. Weiterhin am Beispiel des Unterrichtsgesprächs zeige sich eine solche Gesprächsführung der verantwortlichen Erwachsenen als

869 Ebd., 12.

870 Ebd., 17.

871 BÜTTNER, Gerhard: Theologisieren mit Kindern – zwischen Empathie und Strukturierung. In: BÜTTNER, Gerhard u.a. (Hg.): Handbuch Theologisieren mit Kindern. Einführung - Schlüsselthemen - Methoden. München 2014, 19.

872 Ebd.

„geprägt durch eine annehmende Haltung gegenüber den Schülerinnen und Schülern. Diese manifestiert sich in interessiertem Nachfragen und dem ‚Spiegeln' der Antworten, um auszudrücken, dass man sein Gegenüber verstanden hat. Dabei kommt es oft auch darauf an, zum Teil noch unausgereifte Äußerungen durch Rückfragen zu präzisieren. Das heißt, es geht nicht um das zu Recht verpönte *Lehrerecho*, das die Äußerungen eines Schülers nur wiederholt, sondern um eine empathische Reaktion, die anzeigt, wie ein Schülerbeitrag verstanden wurde."[873]

Das Gespräch kommt dort an seine Grenzen, wo es nicht für alle Kinder der geeignete Modus ist. Es zeigt sich die Notwendigkeit der Differenzierung von Zugangsweisen. Theologisieren mit Kindern bleibt auf Reflexion, aber nicht auf ausschließlich begrifflich-argumentative Zugriffe angewiesen. Diese Differenzierung der Zugangsweisen wäre ebenfalls fruchtbringend übertragbar auf Partizipation von Kindern an der Schutzkonzepterstellung.

Wenn das Gespräch als Gespräch mit einer Gruppe gemeint ist, kommt ein weiterer Punkt in den Blick: die Wahrnehmung der Heterogenität der Gruppe und in dem Zusammenhang der Umgang mit den unterschiedlichen Zugängen, Voraussetzungen und Ideen. Anita Müller-Friese verweist darauf, dass theologische Gespräche mit Kindern Heterogenität brauchen, um ihrem Anliegen und Ziel überhaupt gerecht zu werden.[874] In diesem Sinne geht es um die „Vielfalt der Gedanken und Zugänge, die Neugier der selbstständig entdeckenden Akteure und das forschende Lernen".[875] Wenn Heterogenität als konstitutives Merkmal genannt wird, hilft das Wissen, dass Heterogenitätsdimensionen sich nicht aus sich selbst heraus ergeben, sondern sie vielmehr als Konstruktionsleistungen erachtet werden können, die didaktische Modellierungen auslösen. In diesem Sinn kommt auch das Gespräch sodann als Geschehen in den Blick, das als Ausbalancierung von Heterogenisierung *und* Homogenisierung vollzogen wird. Oliver Reis verweist darauf, dass in der Wahrnehmung von Differenzen auch sogleich die Ausblendung anderer Differenzmerkmale und damit Homogenisierung mitvollzogen wird.[876] Im Theologisieren mit Kindern kommt eine grundsätzliche Haltung zum Tragen, die sich offen zeigt für die Wahrnehmung von Heterogenitätsdimensionen und reflexiv im Hinblick auf Homogenisierungstendenzen. Diese Haltung kann als wertvoll für Partizipationsprozesse erachtet werden, da sie Zugangs- und Verschließungsdynamiken im Blick behalten kann. Wahrnehmung und Aktivierung einer Vielfalt theologischer Ausdrucksweisen und

873 Ebd., 21. Hervorhebung im Original.

874 MÜLLER-FRIESE, Anita: Theologisieren in heterogenen Lerngruppen. In: BÜTTNER, Gerhard u.a. (Hg.): Handbuch Theologisieren mit Kindern. Einführung - Schlüsselthemen - Methoden. München 2014, 44.

875 Ebd.

876 Vgl. REIS, Oliver: Inklusion. In: KROPAC, Ulrich/RIEGEL, Ulrich (Hg.): Handbuch Religionsdidaktik. Stuttgart 2020, 472–477.

Sprachformen können als Zentralprogramm der Kindertheologie bezeichnet werden. „Wichtig ist es, sowohl im Inhalt als auch in der Form vielfältige Weisen des Nachdenkens zuzulassen, die über die rein kognitiv-begriffliche Weise des verbalen Nachdenkens hinausgehen.“[877]

Büttner verdeutlicht schließlich die Potenziale von ‚enthemmten‘ Kommunikationssituationen am Beispiel der Glaubenskommunikation in einfachen Sozialsystemen. Diese zeichnet aus, dass Kommunikation hier durch Anwesende stattfindet. Er konstatiert, dass in z. B. Kindergärten oder Familien ‚enthemmt‘ kommuniziert werde. Damit greift er auf Niklas Luhmann zurück: „Innerhalb der Familie gibt es prinzipiell kein Thema, das ausgeschlossen werden kann. [...] Gerade dies ermöglicht dann auch ein Interesse an der ‚ganzen Person‘, also über das hinaus, was in den einzelnen Rollenaspekten bewusst präsentiert wird.“[878] Enthemmte Kommunikation ermöglicht es, sich als ganze Person ins Gespräch zu bringen unabhängig von den Rollen, die man im speziellen institutionellen Setting einnimmt. Am Beispiel der Schule macht Büttner deutlich, wie Elemente enthemmter Kommunikation im Schulalltag implementiert werden können, z. B. über die Schulseelsorge: „Hier kann zumindest der Ratsuchende bzw. Seelsorgebedürftige in einer sonst nur in Familien- bzw. engsten Freundeskontext möglichen Weise ‚aus der Rolle fallen‘ und seine ‚ganze Person‘ thematisieren.“[879] Gerade auch jüngere Kinder „kommunizieren auf ihre Weise im Vergleich mit älteren Kindern oder gar Erwachsenen vergleichsweise *unzensiert* miteinander und mit den Erzieherinnen.“[880] Enthemmte Kommunikation als Konzept sensibilisiert dafür, „die ganze Person in ihrem Erleben und Handeln“[881] wahrzunehmen und verdeutlicht, dass damit auch über systemimmanente Rollen und Asymmetrien (z. B. Generationsverhältnisse) hinweg nahbare Kommunikation stattfinden kann. „Doch bringt dies Risiken mit sich, die nur durch Takt und Kenntnis der Spielregeln bewältigt werden können“.[882] Was leicht und was schwerer zu kommunizieren, ins Wort und ins Gehör zu bringen ist, folgt der Logik der im System entwickelten „Erzählungen“ oder „Programme“.[883]

Präventionsarbeit im Alltag, z. B. in alltäglichen Situationen der Katechese oder anderer Kinder- und Jugendarbeit kann über solche Grundmuster der Wahrnehmung der Kinder, Jugendlichen und erwachsenen Schutzbefohlenen als

877 KAMMEYER, "Lieber Gott, Amen!", 48f.

878 BÜTTNER, Gerhard: "Enthemmte Kommunikation" als Voraussetzung für Glauben-Lernen. In: KARLE, Isolde (Hg.): Kirchenreform. Interdisziplinäre Perspektiven (Arbeiten zur praktischen Theologie 41). Leipzig 2009, 242.

879 Ebd., 250.

880 Ebd., 247.

881 Ebd., 244.

882 Ebd., 242.

883 Ebd.

ganze Personen Chancen entfalten. Dies lässt sich bspw. daran verdeutlichen, dass auch familiäre Gewalt einen Einfluss auf den Umgang mit Kindern und Jugendlichen in Gemeinden hat. Dort, wo Kinder jenseits ihrer ‚gemeindepastoral-internen' Rollen kommunizieren können und Erwachsene Strukturen schaffen, in denen Erfahrungen ungehemmt ins Wort und zu Gehör kommen können, dort gibt es eine Chance, Vernachlässigungen wahrzunehmen. Gewalt in Familien ist für die Schutzkonzepterstellung in Gemeindepastoral relevant, da diese eben nicht nur auf die Wahrnehmung von Gewalt vor Ort zielen, sondern auf die Wahrnehmung der sich dort aufhaltenden Kinder, Jugendlichen und erwachsenen Schutzbefohlenen als ganze Personen, was einschließen kann, dass sie andernorts – z. B. in ihren Familien – Gewalt erfahren. „Die zugrundeliegende These ist, dass familiäre Gewalt nicht nur guter Seelsorge bedarf, sondern dass das theologische Sprechen über Familien selbst kritisch beobachtet werden muss."[884] In ihrem Artikel schreibt Annemie Dillen darüber, dass wenn familiäre Gewalt in Kirche und Gemeinden nicht thematisiert wird, der folgende Eindruck entstehen kann: „dies ist etwas, das uns nichts angeht, oder eben etwas, das einfach zum Leben dazu gehört."[885] Daraus folgt eine fatale Signalwirkung – gerade für Betroffene bzw. Überlebende.

Im Hinblick auf den *dritten Bereich* kindertheologischer Forschungsergebnisse, der hier eingebunden wird, kann zunächst festgestellt werden: Manchmal wissen Erwachsene nicht so recht, was sie auf kindliche religiöse Äußerungen sagen sollen. Dafür kann es viele Gründe geben: z. B. die Angst davor, nicht die richtige Antwort zu haben oder auch Unsicherheit im Umgang mit unorthodoxen Ideen oder den bildhaften Vorstellungen der Kinder.[886] Hanna Roose und das Team des Forschungsprojekts ‚Kindertheologie und schulische Alltagspraxis' (2016-2018) kommen in ihren Analysen von Alltagspraktiken des Religionsunterrichts zu bemerkenswerten Ergebnissen im Hinblick auf Positionierungen von Lehrer*innen und Schüler*innen zu religiösen und persönlichen Fragen. Sie analysieren, dass der normativ postulierte Anspruch, dass Schüler*innen sich dort, wo es „um Fragen des religiösen (Nicht-) Einverständnisses"[887] gehe, positionieren können sollen, kollidieren kann mit einer „impliziten Norm [...], Kinder vor *klassenöffentlichen Positionierungen in religiösen Fragen* schützen zu sollen."[888] Hier wird also eine interessante Diskrepanz entdeckt: Einerseits ist da der

884 DILLEN, Annemie: Gewalt in Familien: eine Herausforderung für das kirchliche und theologische Sprechen. In: Pastoraltheologische Informationen. 36/1 (2016), 64.

885 Ebd., 65.

886 Vgl. DILLEN, Annemie: Children at the Center? Practical Theology by, about and with children? In: DILLEN, Annemie/GÄRTNER, Stefan (Hg.): Discovering practical theology: Exploring boundaries (Louvain theological & Pastoral Monographs 47). Leuven 2020, 127.

887 ROOSE/LOOSE/EICHHOLTZ, Kindertheologie und schulische Alltagspraxis, 162.

888 Ebd.,162. Hervorhebungen im Original.

kindertheologische Anspruch, „die Gratwanderung zwischen Positionierung und Überwältigung so [zu] gestalten, dass Kinder sich in ‚großen' Fragen selbst(tätig) positionieren können, indem mögliche Antworten auf ‚große' Fragen kontrovers dargestellt und diskutiert werden."[889] Andererseits sind da die unterrichtspraktischen Ergebnisse des Projekts, dass Schüler*innen sich nur dort positionieren sollen, wo explizit

> „keine persönliche oder thematische Relevanz besteht; entweder, weil die Positionierung (im Rollenspiel) innerhalb der biblischen Welt erfolgt, deren theologische und ethische Geltungsansprüche für uns heute im ‚Damals' eingekapselt bleiben; oder, weil die Positionierung eine Frage betrifft, die den Schülerinnen und Schülern lebensweltlich fern liegt."[890]

Die beobachteten Lehrkräfte bauen buchstäblich einen Schutzraum um die Schüler*innen, damit diese sich nicht klassenöffentlich positionieren müssen: „Die Lehrkraft bezieht die Norm einer religiösen Positionierung nur auf sich und ‚schützt' die Kinder davor, sich im halb-öffentlichen Raum der Klasse entsprechend zu äußern. Die Kinder selbst zeigen sich nicht als ‚schutzbedürftig', sie werden aber in dieser Weise von der Lehrkraft adressiert."[891] Die beobachteten Lehrer*innen positionieren sich „nur auf Nachfrage und nur sehr zurückhaltend."[892] Dort, wo die Schüler*innen zu religiösen Positionierungen ansetzen, wird ihnen dieser Raum jedoch nicht eröffnet, vielmehr übernimmt dann die Lehrkraft – wenn eben auch vorsichtig und zurückhaltend – diese Positionierung. Der Unterricht wird damit von den Lehrkräften als Ort modelliert, an dem „[t]heologische Gespräche über ‚große Fragen' […] als ‚zu privat' oder ‚zu persönlich' gelten."[893]

Im Hinblick auf das Thema dieser Arbeit lässt sich eine strukturähnliche Anforderungssituation ausmachen: Auch im Zusammenhang mit der Schutzkonzepterstellung geht es darum, Kinder zu Positionierungen anzuregen und diesen Raum nicht zu überdecken. Ebenfalls zu reflektieren ist, wie sich Erwachsene gegenüber den Kindern eigentlich mit eigenen Positionierungen zeigen. Bei der Erstellung von Schutzkonzepten können zum Beispiel auch persönliche Fragen wie zum Beispiel: „Wo fühlst du dich sicher?" im Rahmen der Risikoanalyse vorkommen. Grundsätzlich geht es auch in Gemeindepastoral in verschiedenen Zusammenhängen um Positionierungspraktiken und die Beobachtung, dass es vorkommen kann, dass Kinder von Erwachsenen davor geschützt werden, sich zu

889 Ebd., 163.
890 Ebd.
891 Ebd., 157.
892 Ebd., 156.
893 Ebd., 162.

positionieren, obwohl sie selbst Bereitschaft zur Mitteilung signalisieren.[894] Dies lässt aufhorchen und die Frage stellen, wie damit im Präventionsbereich umgegangen werden kann. Die einerseits öffentlichen und andererseits vertraulichen bzw. geschützten Seiten von Mitteilungen sind schon thematisiert worden. Sie sind für Liebhardt in ihren beiden Dimensionen (einerseits öffentlich zugänglich und niedrigschwellig umsetzbar und andererseits vertraulich und ggf. anonym) zu berücksichtigen in der Umsetzung von Beschwerdewegen (vgl. Kapitel 6.3.2). Wenn Präventionsarbeit in den alltäglichen gemeindepastoralen Praktiken integriert wird, kommt die Wahrnehmung kindlicher Positionierungen grundsätzlich in den Blick. Es geht folglich um die Frage, wie kompetent Erwachsene darin sind, Kinder als diejenigen zu adressieren, als die sie sich ihnen zeigen: als sexuell interessiert, als austauschfreudig, als streitfreudig, als überraschend still, als verschreckt usw. Es geht also um das Management des Anspruches, dass Kinder zu den ‚großen Fragen' der Themen Sexualität und Prävention auch in Gemeindepastoral etwas zu sagen haben.

7.3.3 Theologische Kritik an exkludierenden Kindheitskonstruktionen

Wenn Kindsein und Kindheit ins Gespräch gebracht werden, geht es nach Stephanie Bohlen nicht darum, „im Widerspruch zu allen denkbaren Bildern nun das zu sagen, was objektiv zum Thema Kindheit zu sagen ist."[895] Vielmehr ginge es um das Rekonstruieren, Analysieren und Entwerfen eines Kindbildes im Bewusstsein, dabei eine bestimmte ‚Brille' zu tragen – bspw. die einer Theologin oder die eines Ehrenamtlichen in der Erstkommunionvorbereitung. Besonders zwei Aspekte der Ausführungen Bohlens können für die Schutzkonzepterstellung anschlussfähig gemacht werden: erstens ihre Kritik an exkludierenden Kindheitskonstruktionen und zweitens ihr Plädoyer für kindgerechte Kommunikation sowie die Identifikation von Handlungen als Sprachhandlungen.

Bohlen skizziert in ihrem Text *(erstens)* eine theologische Kritik an exkludierenden Kindheitskonstruktionen und macht theologische Sichten auf Kinder und Kindheiten fruchtbar, um sie mit Erkenntnissen der soziologischen Kindheitsforschung ins Gespräch zu bringen. Seit der Aufklärung wird die Kindheit als eine eigene Phase angesehen, in der sich Lernen, Erproben, Experimentieren und Entwicklung in besonderem Maße vollziehen: „Kinder sind (noch) keine

894 Vgl. dazu auch: Ebd., 155, Szene 1.

895 Bohlen, Stephanie: Das Kind ins Gespräch bringen. Eine sozialwissenschaftliche und theologische Reflexion. In: Verband katholischer Tageseinrichtungen (Hg.): Zukunftsweisend und verlässlich. Bildung in katholischen Kindertageseinrichtungen, Dokumentation der Bundesfachtagung 2005 des KTK-Bundesverbandes in Fulda. 2005, 24.

Erwachsenen, ihre Welt unterscheidet sich von der Welt der Erwachsenen."[896] Die getrennten Welten haben zweiseitige Auswirkungen: Einerseits bergen sie Schutz- und Entwicklungsräume mit den korrespondierenden Rechten von Kindern. Andererseits verführen sie dazu, Außenseiter*innenpositionen von Kindern zu festigen, da sie die Komplexität der Erwachsenenwelt nicht fassen könnten. Bohlen argumentiert hier für das Recht der Kinder auf ihre eigene Welt, aber nicht zu dem Preis, dass man glauben könnte, „die ‚wirkliche' Welt sei doch die der Erwachsenen, in der die Kinder noch nicht mitreden können".[897] Bohlen folgend kann man formulieren, dass Kinderwelten dort angemessen ausgestaltet werden, wo das Bewusstsein gelebt wird, dass Erwachsene und Kinder in derselben Welt leben und insofern alle durch ihre Mitsprache und Handlungen etwas zu dieser Welt konstruierend beitragen. Bohlen selbst bezieht sich nicht explizit auf den Bereich Kinderschutz. Man kann ihren Beitrag durchaus als ein Plädoyer für Kindsein und Kindheit als Schutz- und Förderungsraum verstehen, der aber gleichzeitig kein Exklusionsort, sondern gemeinsame Welt von Erwachsenen und Kindern ist.

Bohlen stellt die Frage, „ob nicht unsere Vorstellungen vom Kind und von seiner Kindheit selbst ein Grund dafür sein könnten, dass Kinder marginalisiert werden."[898] Was sie in ihrem Beitrag in den Mittelpunkt stellt, ist die ‚Brille', mit der Erwachsene buchstäblich auf Kinder (hinunter) schauen. Damit Erwachsene Marginalisierungen entgegenwirken können, schlägt sie vor: „Sehen wir in den Kindern nicht nur und auch nicht primär die werdenden Erwachsenen, sondern Menschen mit eigenen Interessen, die das Recht haben, dass man ihr Wort dort, wo es um die Realisierung von Interessen geht, beachtet!"[899] Eine Aufmerksamkeit für die Interessen von Kindern verbindet Bohlen maßgeblich mit Kommunikation. Sie sensibilisiert *(zweitens)* sehr prägnant für kindgerechte Kommunikationsformen und die Verantwortung der Erwachsenen, sich auf sie einzulassen: „Kinder sprechen ihre eigene Sprache. Denn sie teilen sich mit, indem sie handeln. Die Handlungen der Kinder als Sprachhandlungen zu verstehen, in denen sie sich und ihre Interessen mitteilen, ist der erste Schritt zur Integration von Kindern in Entscheidungsprozesse, von denen sie selbst betroffen sind."[900] Bohlen legt die theologische Konzeption der allen Geschöpfen gegebenen Freiheit zur Weltgestaltung zusammen mit Anliegen der neueren Kindheitsforschung zum Subjektsein des Kindes.

896 Ebd., 27.
897 BOHLEN, Das Kind ins Gespräch bringen, 28.
898 Ebd., 26.
899 Ebd., 28.
900 Ebd., 29.

„Der Mensch ist von Gott gewollt als der Gestalter seiner Welt. Indem er selbst schöpferisch tätig wird, erweist er sich als Ebenbild Gottes, des Schöpfers, und realisiert darin sein personales sein. [...] Theologisch gesehen ist das Kind kein Wesen, das sich noch entwickeln muss, um zur Person zu werden. Es ist Person und zwar von Anfang an. Selbstverständlich kann es das Potential zu einem selbstbestimmten und eigenverantwortlichen Leben anfangs nur graduell realisieren."[901]

Hinzu gelegt wird das Bestreben der Kindheitsforschung, Kinder als „Subjekte ihrer eigenen Entwicklungs- und Bildungsprozesse"[902] zu verstehen und die kindliche Welt- und Wirklichkeitsaneignung darüber hinaus als einen Akt der Weltkonstruktion zu begreifen. Beide Verständnisse kommen darin überein, dass „auch das Erbilden der Welt durch das Kind und die Bildung des Kindes selbst in einem geschieht. In der Formung seiner Welt formt sich das Kind."[903] Theologisch, so führt Bohlen weiter aus, vollziehen sich diese Weltkonstruktionen stets relational. Rückgebunden an das Verständnis eines gemeinsamen In-der-Welt-Seins verweist dies einerseits auf ein sich gegenseitiges Anfragen-und-Inspirieren-Lassen durch die Konstruktionen der jeweils anderen Akteure. Andererseits auch auf die Verantwortung der Erwachsenen gegenüber den Kindern:

„Denn auch sie [die Kinder; R.B.] nehmen die Wirklichkeit wahr, sie deuten das Wahrgenommene und erarbeiten sich dadurch ihre Welt. Dabei können sie von den Erwachsenen, die mit ihnen nach der Welt fragen, gefördert werden, und zwar vor allem dadurch, dass man ihnen Möglichkeiten anbietet, sich selbst die Kompetenzen zu erarbeiten, derer man bedarf, um Welt zu verstehen oder sich auf das In-der-Welt-Sein zu verstehen."[904]

Partizipation an der Schutzkonzepterstellung und mit dem Schutzkonzept verbundene Maßnahmen zur Partizipation von Kindern in Gemeindepastoral zielen gleichermaßen auf das gemeinsame In-der-Welt-Sein von Kindern und Erwachsenen einerseits jetzt und andererseits auch zukünftig. Kinder an der Schutzkonzepterstellung nicht partizipieren zu lassen (bzw. nicht kompetent zu sein, auf Weltaneignungen und Sprachhandlungen von Kindern angemessen einzugehen), läuft folglich Gefahr, eine exkludierende Konstruktion einer Welt der Erwachsenen zu bestärken, in der das In-der-Welt-Sein der Kinder schon mit Blick auf das Jetzt vereinseitigt wird. Um die Schutzkonzepterstellung nicht als einen exklusivistischen Ort der Wirklichkeitskonstruktion von Erwachsenen zu erschaffen, der mit den wirklichen Kindern vor Ort nichts zu tun hat, kann ein durchdachtes Partizipationskonzept zum Schlüssel werden.

901 Ebd., 30.
902 Ebd., 31.
903 Ebd., 32.
904 Ebd., 33.

7.4 Drittes Schlaglicht: Kindbilder – Plädoyer für selbstreflexive und komplexe Sichtweisen

In diesem Unterkapitel wird nun eine dritte theologische Sichtweise auf Kinder eingebracht, die als ein Plädoyer für komplexe Perspektiven und dafür, Kindbilder als Konstruktionsleistungen zu begreifen, zu lesen ist. In der Literatur begegnen verschiedene Begriffe, man findet dort *Kindbild* oder auch *Bild vom Kind*. Es handelt sich um Begriffskonstrukte, die in Anlehnung an den Ausdruck *Menschenbild* genutzt werden – gewissermaßen in einer zielgruppenspezifischen Zuspitzung.[905] Kindbilder oder Bilder vom Kind verweisen im Grunde selbst auf den dahinterliegenden Hervorbringungsprozess, weshalb auch von Sichten auf Kinder gesprochen werden könnte, um einen stärker handlungsbezogenen Ausdruck zu wählen. Was Kindheit(en) und Kind(er) sind, erschließt sich nicht aus sich selbst und aus dem Betrachten von Kinderleben allein. Es geht so nicht allein um die Frage „was Kinder eigentlich *sind*“[906], sondern vielmehr darum, zu thematisieren, wie in Gesellschaft, Politik, Pädagogik oder Literatur [oder Theologie; R.B.] durch das objektivierende Sprechen über Kinder und Kindheiten dergleichen hervorgebracht wird.“[907]

7.4.1 Lernen aus dem Dilemma der Kindbilder

Anton Bucher beschäftigt sich in zwei Aufsätzen (1995 und 2004) mit Kindbildern in der Theologie und Religionspädagogik.[908] Sie offenbaren ein Spannungsfeld für den Umgang mit Kindbildern, das zwischen Begrenztheit und Notwendigkeit aufgespannt wird. Dies kann anhand von zwei Gedankengängen aus den Beiträgen Buchers verdeutlicht werden.

Bucher unternimmt in seinem Beitrag von 1995 zunächst eine theologische Kindbilder-Revue mit zwei Extrempunkten: Dem „Bild des bösen, törichten und verdorbenen Kindes“ und dem „Bild des unschuldigen und heiligen Kindes“.[909]

905 BUCHER, Anton: An wirklichen Kindern vorbei, und doch unersetzbar: Kindbilder. In: BIZER, Christoph u.a. (Hg.): Menschen Bilder im Umbruch - didaktische Impulse (Jahrbuch der Religionspädagogik (JRP) 20). Neukirchen-Vluyn 2004, 64.

906 NEUMANN, Sascha: Die Wissenschaft und ihre Kinder. Zur politischen Epistemologie der Frühpädagogik. In: BLOCH, Bianca u.a. (Hg.): Kinder und Kindheiten. Frühpädagogische Perspektiven. Weinheim/ Basel 2018, 45. Hervorhebung im Original.

907 Ebd.

908 BUCHER, Kindbilder: Spiegel der Erwachsenen. Sowie: BUCHER, An wirklichen Kindern vorbei, und doch unersetzbar: Kindbilder.

909 Vgl. BUCHER, Kindbilder: Spiegel der Erwachsenen, 58–62.

Ersteres Bild verbindet sich sehr stark mit der augustinischen Erbsündenlehre, deren Spuren Bucher bis ins 19. Jahrhundert nachzeichnet. Auch danach kann er zwar einen Rückgang, aber kein gänzliches Verschwinden solch negativer Kindbilder (auch) in der Theologie ausmachen, die doch nur schwer vereinbar scheinen mit dem jesuanischen Handeln aus Mk 9,36–37. Bucher nimmt Rekurs auf verschiedene psychoanalytische Begründungen für dieses, im Laufe der Geschichte immer wieder formulierte, negative Kindbild:

- Die unbewusste Projektion von Problemen und Negativem durch Erwachsene auf die Kinder,
- die Beschreibung des Kindes in „Kategorien des Erwachsenen",
- eine Sicht auf das Kind und darauf, „wie es aufgrund bestimmter Beliefsysteme [...] sein muss" sowie
- „die Sorge um mangelnde (preußische) Zucht und Disziplin".[910]

Anschließend skizziert er das andere Extrem: das „Bild des unschuldigen und heiligen Kindes"[911], welches Kindsein als vollendetes Menschsein erachte und wofür er unter Theolog*innen und Religionspädagog*innen eine besondere und ambivalente Anfälligkeit ausmacht:

> „Zweifellos haben viele VertreterInnen romantischer Kindheitsmythen für wirkliche Kinder Hervorragendes geleistet. Gleichwohl stellt sich die Frage, ob ihnen wirklich gerecht wird, wer sie mystifiziert, ja deifiziert. Kann sich ein solches Bild, auch wenn noch so wohlwollend gemeint ist, nicht als Fessel erweisen, die impulsive Regungen: Zorn, Neid, Wut, Zweifel, wie jedes Kind sie kennt, einschnürt?"[912]

Ganz offenbar lassen sich verschiedene Spuren grundlegend verschiedener – teils diametral konträrer – Kindbilder und der dafür angeführten entsprechenden theologischen Fundierungen finden.[913] Um es mit Bucher zu formulieren: „Es frappiert, wie unterschiedlichst Kinder gesehen wurden und werden."[914] Entsprechende Extreme scheinen auch heute gefährdet für Ausblendungen. Bucher beschreibt, dass Kinder in der Religionspädagogik in der Regel „gut"[915] seien. Jedoch sieht er auch eine für Religionspädagog*innen relevante Gefahr darin, Kinder „geradezu romantisch erhöht"[916] zu beschreiben und dabei zum Beispiel romantische Vorstellungen von Gottesähnlichkeit unter dem Schlagwort der

910 Für alle Direktzitate in dieser Aufzählung: Ebd., 60.

911 Ebd.

912 BUCHER, Kindbilder: Spiegel der Erwachsenen, 60.

913 Vgl. für eine Auseinandersetzung mit (theologie-)geschichtlichen Romantisierungstendenzen und den Kindbildern „angels" and „sinners" auch: DILLEN, Annemie: Neither Angels, nor Devils. Theological Views on Children's Responsability. In: INTAMS Review. 18 (2012), 192–202.

914 BUCHER, An wirklichen Kindern vorbei, und doch unersetzbar: Kindbilder, 66.

915 Ebd., 71.

916 Ebd.

vermeintlichen Natur des Kindes ins Spiel zu bringen.[917] Diese Rede verschleiere die Konstruktionsleistungen Erwachsener, die Kindbildern zugrunde liegen. Bucher verurteilt entsprechend jede Rede von *der* Natur des Kindes und bezeichnet sie als „eine ungebührliche Verallgemeinerung über die konkreten Kinder hinweg".[918] Zudem lässt sich festhalten, dass vor allem Hintergründe auf Seiten der Erwachsenen in Kindbildern wirkkräftig werden. Kindbilder, resümiert Bucher, sagten eben „ebenso viel über den Erwachsenen wie über Kinder aus."[919]

Damit kann ein zweiter Gedanke Buchers eingebracht werden: Kindbilder als Konstruktionen Erwachsener. Obwohl sich im Beitrag Buchers (2004) das Gespür dafür ausmachen lässt, dass auch Kinder selbst Bilder davon haben, was es bedeutet, Kind zu sein oder wie lange zum Beispiel Kindheit dauert, betont er, dass sich vor allem in Erziehungsprozessen die „Definitionsmacht"[920] der Erwachsenen darüber, was Kindheit und Kindsein bedeutet, manifestiere. Diese Bilder, die Erwachsene über Kindsein und Kindheiten haben, würden durch unterschiedliche Elemente geformt, von denen Bucher einige erläutert. So würden diese Bilder beeinflusst von eigenen Kindheitserinnerungen, von „massenmediale[r] Berichterstattung", von „(populär-)wissenschaftlichen Theorien" (z. B. Psychoanalyse, Anthroposophie) oder auch von „selbstbezogenen Projektionen Erwachsener" davon, wie Kinder zu sein haben.[921]

Demnach läge es in der Natur der Sache, dass Kindbildkonstruktionen in der Religionspädagogik von Erwachsenen entworfen werden. Dies berge die Gefahr, diese Bilder ausschließlich nach den eigenen (erwachsenen) religionspädagogischen Interessen zu gestalten, wie z. B. wenn in das besonders intuitive Handeln von Kindern ein „(mitunter esoterische[r]) Hintersinn in Kinder hineinprojiziert wird."[922] Kindbilder geben, so Bucher, vor allem Auskunft darüber, was Erwachsene über Kinder denken und sind mitunter weit entfernt von dem, wie Kinder *wirklich* sind. Einseitige Bilder laufen Gefahr, Verhaltensweisen, die scheinbar nicht zu diesem Bild passen, nicht vorzusehen. Noch dazu könne man sich der eigenen Kindbilder gar nicht ständig bewusst sein[923] und doch gelte: „Ohne die Leitlinien eines Kindbildes wären wir in pädagogischen Situationen, die Dauerreflexion nicht zulassen, sondern spontane Entscheidungen fordern, schlicht handlungsunfähig."[924] Der produktive Umgang mit dieser Anforderungssituation besteht für Bucher darin, sich der eigenen Bilder und „der Gefahr der

917 Vgl. ebd.
918 Ebd., 72.
919 Ebd., 62.
920 Ebd., 67.
921 Vgl. ebd., 67–70.
922 Bucher, Kindbilder: Spiegel der Erwachsenen, 62.
923 Vgl. ebd., 67f.
924 Bucher, An wirklichen Kindern vorbei, und doch unersetzbar: Kindbilder, 72.

pädagogischen Idolatrie"[925] bewusst zu werden. Wünschenswert sei immerhin eine „gelegentlich[e]"[926] Reflexion dieser Kindbilder, gerade um dann in (pädagogischen) Alltagssituationen handlungsfähig zu sein.

Springt man nun gedanklich wieder in den Kontext der Arbeit mit Schutzkonzepten, lassen diese Überlegungen folgende Anknüpfungen zu: Erwachsene bringen ihre Kindbilder (auch in Gemeindepastoral) tagtäglich zum Einsatz – ob sie wollen oder nicht, ob es ihnen bewusst ist oder nicht. Ob in der Erstkommunionvorbereitung, in der Kita oder bei der Messdiener*innenarbeit. Oder man stelle sich eine Situation vor, in der ein Kind ein Erlebnis aus dem Familienleben mitteilt, vielleicht Hilfe sucht. Wird ein Erwachsener dem Kind Glauben schenken? Ihm die notwendige Aufmerksamkeit und Ernstnahme entgegenbringen? Mitten im pfarrlichen Trubel entscheidet sich diese Frage und vor allem die spontane Reaktion der*des Erwachsenen auch daran, ob es wirklich ihre*seine grundlegende Haltung ist, dass Kinder ernst und für wahr zu nehmen sind. Um auch spontan angemessen agieren zu können, geht die von Erwachsenen verlangte Reflexionsarbeit folglich bis in ihre Kindbilder hinein. Eben genau damit sie eine Umgebung bereitstellen können, in denen Kindern z. B. geglaubt wird und in der sie ernst genommen werden.

Im Anschluss an Bucher lässt sich dafür plädieren, außeralltägliche Reflexionsgelegenheiten zu schaffen, die auf die Kindbilder der Erwachsenen abheben. Auf Handlungskompetenz ausgerichtete Reflexion von Kindbildkonstruktionen können einen Beitrag dazu leisten, Ausblendungen zumindest teilweise und punktuell sichtbar zu machen. Grundlegend sollte dabei davon ausgegangen werden, dass Kindbilder unterschiedlich und mit der jeweiligen Biografie der Erwachsenen verbunden gewachsen sein werden. Buchers Kindbilder-Revue verdeutlicht die Ambivalenz der verschiedenen Kindbilder, die uns in der theologischen Tradition zur Verfügung stehen. Extrempositionen, die die Natur des Kindes festlegen wollen, blenden erstens die Konstruktionsleistung Erwachsener an diesen Bildern aus (und verunmöglichen damit die Reflexion dieser Konstrukte) und zielen zweitens damit an der Wahrnehmung tatsächlicher Kinder und Kinderleben vorbei. Damit eröffnet sich insgesamt die Perspektive darauf, dass Kindbilder sich nie einseitig, sondern im Gegenteil als vielschichtige Konstruktionen aufgeben. Erwachsenen bleibt, ihre eigenen schillernden, fragilen Konstrukte zu reflektieren – ob nun im schriftlichen Diskurs der Religionspädagogik oder in gut vorbereiteten Settings in der gemeindepastoralen Praxis. Denn als Erwachsene können Erwachsene nicht anders als aus ihrer Perspektive über Kinder zu sprechen.

925 Ebd.
926 BUCHER, Kindbilder: Spiegel der Erwachsenen, 68.

7.4.2 Über das Erkennen der eigenen Modellierung von gemeinsamen und getrennten Welten in den Praktiken

Annemie Dillen plädiert dafür, dass sich die Theologie von Kindern und einem neuen Umgang mit Kindbildern herausfordern lassen sollte. Dazu solle bei einer in mehrfacher Hinsicht komplexen Sicht auf Kinder angesetzt werden. Einige Punkte dieser Aufmerksamkeit für Komplexitäten können hier fruchtbar gemacht werden. Dillen macht eine theologische Sicht auf Kinder stark, die Abstand nimmt von einer starken Dichotomisierung von Erwachsenen und Kindern, die stattdessen Kinder als ‚agents' ernst nimmt und für die Kindsein an sich wertvoll ist. Ein solches Verständnis von Kindsein distanziere sich von Romantisierungstendenzen. Kind(er) erscheinen von diesen Gedanken her als wertvolle Geschöpfe Gottes, gerade weil alles das, was menschliches Leben ausmacht, von Anfang an auch jedem ihrer individuellen Lebensverläufe gegeben ist.[927] Sie vertritt die Grundüberzeug, dass Kirche und Gesellschaft etwas von Kindern lernen können und, dass die Frage nach der Position von Kindern als aktive Entscheidung der Erwachsenen modelliert wird.

„Children, adolescent, adults are all vulnerable as victimes and as perpetrators of sin as well as strong and resilient people who can be open to God. (…) This anthropology and theology could lead us to reconsider the role of children in liturgy and in church communities. It could inspire both a protest against all forms of child abuse and an investigation as to how adults and children can learn together and grow in faith."[928]

Ausgehend von Würde und Schutz sowie Partizipation von Kindern in Kirche heute plädiert Dillen für die Theologie dafür, Kinder „nicht nur in den aktuellen Diskurs einzupassen, sondern sie die Diskurse auch beeinflussen zu lassen."[929] Dillen verdeutlicht hierzu zunächst zwei Stränge der Kindbildkonzeptionen in der Theologie: Zum einen die Betonung der Schutzbedürftigkeit von Kindern, theologisch auch verknüpft mit der Begründung ihrer Verletzbarkeit. Kinder würden „dabei meistens als passive Objekte christlicher Nächstenliebe beschrieben"[930], seien sie nun als „Objekt von Erziehung"[931] oder „als potenzielle Opfer von sozialen und familiären Strukturen"[932] im Blick. Zum anderen das Herausstellen kindlicher Agency und des Subjektcharakters von Kindern, wobei Dillen

927 Vgl. Dillen, Neither Angels, nor Devils, 197.
928 Ebd., 201.
929 Dillen, Annemie: Von Kindern herausgefordert. Wege zu einer praktischen Theologie und Ethik jenseits von Anpassung und Inklusion. In: Heimbach-Steins, Marianne/Riedl, Anna M. (Hg.): Kindeswohl zwischen Anspruch und Wirklichkeit. Theorie und Praxis im Gespräch (Gesellschaft, Ethik, Religion Band 10). Paderborn 2017, 151.
930 Ebd., 148.
931 Ebd.
932 Ebd.

hier zwei Formen voneinander unterscheidet: die „Möglichkeit zur Teilnahme" und die „Möglichkeit zur Mitbestimmung"[933]. Teilnahme knüpfe an das Konzept von Diversität und der entschiedenen Wendung gegen den Ausschluss bestimmter Gruppen sowie theologisch nicht zuletzt auch an den Gedanken der Mystagogie an: „Die Anwesenheit von Kindern hilft nicht nur Einzelnen, sondern auch speziell Gruppen und Gemeinden, Gott zu entdecken, wenn die Gemeinschaft selbst die inklusive Liebe Gottes verkörpert".[934] Mitbestimmung, insbesondere von Kindern, werde christlich zumeist weniger Bedeutung beigemessen im Vergleich zur Teilnahme. Dillen plädiert vor diesem Hintergrund für kindliche Mitbestimmung als „eine wichtige Art des Gebens"[935] vor allem mit Blick auf das Kindeswohl: „Der Begriff des Kindeswohls schließt aber eben mit ein, dass Kinder mit den ihnen eigenen Möglichkeiten des Handelns (in einem bestimmten Grad von Freiheit und Verantwortlichkeit) ernst zu nehmen und aus diesem Grund auch Angebote zur Mitgestaltung zu schaffen sind."[936] Partizipation erschöpft sich für Dillen damit nicht in Teilnahme, sondern realisiert sich maßgeblich in der Mitbestimmung.

> „Inklusion von Kindern ist in vielen gesellschaftlichen Bereichen (auch in der Kirche) noch heute im Wesentlichen gleichbedeutend mit Anpassung. Mitbestimmung kann immer auch unter den Bedingungen der Erwachsenen passieren. Es stellt sich aber die Frage, inwieweit Menschen, die sich traditionell nicht ‚in der Marginalität' befinden, sich selbstkritisch mit dem, was Kinder durch ihre Beteiligung in die Gesellschaft einbringen, auseinandersetzen und sich darauf einlassen und so auch traditionelle Werte und Auffassungen in Frage stellen können."[937]

Damit verbunden ist auch die Loslösung von Reduzierungen sowie ein Perspektivwechsel: Dillen nimmt damit, wie z. B. auch Surall und Lutterbach, Abstand vom Ausspielen der Schutz-, Förderungs- und Partizipationsparadigmen gegeneinander. „Dies ist deshalb kein Plädoyer, den Fokus rein auf Mitbestimmung zu legen und die Förderung oder den Schutz des Kindes als weniger wichtig zu erachten."[938] Kinder kämen dort als Subjekte in den Blick, wo komplementäre Perspektiven freigegeben würden: „In the quest for what it means to view children as subjects, it is important therefore to complement a caretaker perspective that emphasizes protection and socialization of children with a child liberator

933 Ebd.

934 Ebd., auch unter Verweis auf: Dillen, Annemie: Children are the Future…and the Present. Challenging Pastoral Practices with Children. In: Counseling et spiritualité. Counselling and Spirituality. 28/1 (2009), 129–148.

935 Dillen, Von Kindern herausgefordert, 149.

936 Ebd.

937 Ebd., 150.

938 Ebd., 149.

perspective, which focusses more on participation by children."[939] Damit einher geht für sie das Plädoyer dafür, Kinder nicht ausschließlich in der Polarität zwischen Freiheit und Abhängigkeit zu begreifen. Zurecht spüre man Elemente des Frei-Seins und des Abhängig-Seins im Kindesalter auf, jedoch gelte:

„Man darf Kinder darauf aber auch keinesfalls reduzieren; Kinder sind viel mehr. Sie sind nicht nur Empfänger_innen, sondern können auch selbst geben, und haben auch nach ihren Möglichkeiten die Fähigkeit mitzubestimmen und Sorge für andere zu tragen. Gleichzeitig sind sie aber auch besonders verletzlich. Im Zusammenhang von Mitbestimmung und Sorge tragen für andere ist zu bemerken, dass Freiheit nicht nur eine auf das Individuum bezogene Möglichkeit ist, eine eigene Wahl zu treffen. Freiheit ist hier auch ein relationaler Begriff, wobei Kinder und Erwachsene auf andere bezogen sind und anderen etwas geben können."[940]

Damit wird für Dillen die Balance zum entscheidenden Kriterium, sich Kindern und ihren Perspektiven zu nähern. Sie erklärt insbesondere die Balance von drei Perspektiven für zentral: Sozialisation, Schutz und Partizipation (socialization, protection, participation). Dort wo man sich Kindern exklusiv nur aus einer der drei Perspektiven nähere, könnten Kinder gar nicht als sie selbst in den Blick kommen.

„If they are approached exclusively from the perspective of socialization, their own contribution is not given proper consideration. If they are approached exclusively from the perspective of participation, their capabilities may be overestimated, and it can seem as if children are able to do everything themselves, as if they were equal to adults. If children are approached from the perspective of protection, their weakness rather then their strength is emphasized. It is best [...] to allow criticism of the socialization and protection perspective from the participation perspective and vice versa."[941]

Dabei sollte, so Dillen, im Blick bleiben, dass Kinder stets mehr sind als die Bilder, die Erwachsene von ihnen haben. Und sie sind ebenfalls mehr als „komplementäre Konzepte über Kinder, die entweder das Kind ‚an sich' als Individuum in den Blick nehmen oder Kinder als eine Gruppe sehen."[942]. Dillen bringt ein, dass Kinder wirklich verschieden sind und man ihnen nicht gerecht werde, „wenn man in ihrem Namen allgemeine Prinzipien verteidigt, die nur für bestimmte Gruppen in der Gesellschaft von Vorteil sind."[943] Damit ist die Bedeutsamkeit der Unterschiedlichkeit von Kindern markiert. „From a theological point of view it is very important to take each individual child seriously, with its difficulties and its capacities, as each individual child deserves our respect as one made in the image

939 Dillen, Children at the Center?, 139.
940 Ebd., 152.
941 Dillen, Children at the Center?, 142.
942 Ebd., 149.
943 Ebd., 154.

of God."[944] Mit der Betonung, dass Kinder mehr sind als die Bilder der Erwachsenen von ihnen, geht die Kritik Dillens an den Bildern einher. Sie plädiert dafür, dass sich die Theologie von Kindern herausfordern lassen sollte und dass Kinder selbst Quelle theologischer Anthropologie sein können. Wenn aber das *Bild* von Kindern im Vordergrund steht (und nicht zum Beispiel „Denken und Handeln von Kindern selbst"[945]), kann in der Tat in den Hintergrund geraten, dass Kinder wahrhaft mehr sind als die Bilder, die über sie zur Verfügung stehen. Die Erwachsenen werden hierdurch herausgefordert: Bei ihnen liegt die Verantwortung, sich und ihre Bilder (von Kindern) in Frage stellen zu lassen und in Frage stellen zu können. So wird zum Beispiel eine zu Heiligen hochstilisierte Vorstellung von Kindern, mit der sich Dillen auseinandersetzt, von ihr problematisiert: „The attitude to see children as ‚saints', as sacralised innocent and vulnerable beings or as moral heroes, is not totally wrong but it runs the risk of forgetting that children are always different from parental projections or ideas."[946] Solche Kategorien passen häufig nicht zur Realität und verstellten zudem den Blick auf Individuen:

„Children are neither saints nor sinners, but they have elements of both in them. As images of God they refer to God as do other human beings. And because of their vulnerability they can show us a glimpse of who God could be – this is what Jesus demonstrated when he welcomed children to him. Only in this specific way can children be called icons of sainthood. When using this idea, we need to be cautious to respect the real, knowing child, with his or her strength and resiliency but also with his or her vulnerability and not-knowing and with his or her good and bad deeds."[947]

Auch Schutzkonzepte lassen sich kritisch darauf befragen, welche Bilder vom Kind bzw. Von Kindern sie (re-)produzieren und wo und ob diese die jeweils konkreten Situationen der Kinder in der Gemeindepastoral, ihre Interessen sowie Bedürfnisse einholen oder nicht. Dillen schlägt ein christliches Verständnis von Kindern vor, das sie als Repräsentant*innen von etwas begreift, das mehr ist als sie selbst: „Christians are called to question a movement that glorifies children – because children should be seen as full human persons which means that they have competences but are not perfect."[948] Ein Bild von Kindern zu haben ist das eine, Kinder wahrzunehmen das andere. Damit ist die Differenz zwischen Bildern und Wahrnehmung von Kindern nochmals deutlich markiert.

Des Weiteren schenkt Dillen der Frage nach Gemeinsamkeiten und Unterschieden von Erwachsenen und Kindern und ihren jeweiligen Welten, von denen des Öfteren die Rede ist, Aufmerksamkeit: „We will be showing that the dividing

944 DILLEN, Neither Angels, nor Devils, 199.
945 DILLEN, Von Kindern herausgefordert, 152.
946 DILLEN,„ Neither Angels, nor Devils, 201.
947 Ebd., 200.
948 Ebd., 201.

lines between children and adults are not absolute: children are not totally different. At the same time, there are differences between adults and children, and boundaries are valuable in order to protect children in their vulnerability and specificity."[949] Dillen verdeutlicht, dass gesellschaftlich verbreitete Bilder von Kindern stets Komplexität und Ambiguität aufweisen. So kämen Kinder gesellschaftlich beispielsweise einerseits als Ärgernis, andererseits als Vorteil in den Blick:

> „Parents sometimes jokingly call their children little monsters. Some adults think that children mainly break things, do not listen, and constantly disply socially unadjustable behaviour. The growing number of restaurants and hotels that ban children are a reflection of this image of children. [...] Children are not always regarded as a burden, but sometimes also as an advantage. Supermarket chains develop special products for children, and advertising slots before and after children's programs is highly sought-after. This might be a proof that children are taken seriously [...]."[950]

Auch mit einer Einstellung, die Kindern gesellschaftlich wohlgesonnen gegenübersteht, gelte es Vorsicht walten zu lassen und die Frage zu stellen, wessen Interessen dadurch Raum gegeben wird: So gäbe es viele Produkte, Unterhaltungsangebote etc. „extra für Kinder" („especially for children"). Dillen mahnt: „‚Especially for children' seems valuable at first sight, but often it makes a commercial logic that is far from placing children's interests first."[951] *Extra-Für-Kinder* und *Gemeinsam-Mit-Allen-Anderen* – diese Kategorien lassen sich auch auf Gemeindepastoral übertragen: Dort gibt es die Orte, an denen Kinder separate Angebote erhalten (z. B. Erstkommunionkatechese oder spezielle Kleinkindergottesdienste usw.). Auf der anderen Seite kann man auch an Beispiele denken, in denen deutlich wird, dass Erfahrungen oder auch konkrete Räume geteilt werden (z. B. im Rahmen von Familiengottesdiensten, Sternsingeraktionen, Pfarrfesten usw.). Genau diese Frage nach ‚Zusammen-oder-Separat?', nach den verschiedenen Welten (Welt der Erwachsenen und Welt der Kinder) beschäftigt Dillen und sie kommt zu dem Schluss, dass weder das eine oder das andere eine Lösung darstellt, sondern es vielmehr um einen lebenstauglichen Variationsgrad ginge („a viable degree of variation").[952] Dabei sei zentral, dass diese Variation keine unveränderbare Voraussetzung darstellt, sondern eine Entscheidung voraussetzt, die aktiv getroffen wird: die Entscheidung wie der Fokus auf bestimmte Gruppen oder Individuen in der Gemeinde gesetzt und letztlich Machtverteilung gestaltet wird. Mit Blick auf Kinder treffen diese Modellierungsentscheidungen i. d. R. Erwachsene:

949 Dillen,„ Children at the Center?, 128.
950 Ebd., 137.
951 Ebd.
952 Ebd., 149.

„It makes a difference whether a community bases itself on an ideal in which a certain group has an established vision and modus operandi (center), and then looks for openness toward certain minority groups, such as children in the church (periphery) […] or seeks a wholly new model in which various groups meet each other in dialogue, whithout a dominant role for the majority group. In this latter vision, the ideal is to have a model in which forms of dominance and power from adult-orientated perspective are avoided as much as possible."[953]

Das Konzept des Adultismus, das Dillen in ihre Argumentation mit aufnimmt, sensibilisiert dafür, Kinder in diesen Modellierungsprozessen nicht außer Betracht zu lassen.

„The term adultismus can be used for situations where children are unjustly barred from things that adults have access to, or treated differently or discriminated compared to adults. […] The category of adultism criticizes the absence of sensitivity to the participation of children, a sensitivity that is still little cultivated in our society, because of the creation of separate spheres of life for adults and children."[954]

Adultismus bedeutet nicht, dass Unterscheidungen zwischen Erwachsenen und Kindern nivelliert werden sollten. Im Gegenteil: Es macht vielmehr bewusst, dass auch hier Entscheidungen dazu getroffen werden, ob Differenzen oder Gemeinsamkeiten von Kindern und Erwachsenen zum Ausgangspunkt genommen werden.[955] „However it is not always easy to decide whether the difference between adults and children is essential to the field in question."[956]

Die Frage nach den getrennten und/oder den geteilten Welten von Kindern und Erwachsenen lässt sich abschließend noch an zwei weiteren Feststellungen Dillens über die Position von Kindern in Gemeinde und Gesellschaft festmachen: Erstens verdeutlicht sie, dass Gemeinden von Kindern lernen und von Kindern profitieren. Dillen illustriert dies am Beispiel einer Dreijährigen, die beim Friedensgruß möglichst viele Hände der in der Kirche versammelten Menschen schütteln möchte: „This behaviour is a little strange, and walking around the church infringes the implicit norms, but it does bring about something positive."[957] Zweitens bekräftigt Dillen, dass Kinder etwas zu geben und nicht nur zu empfangen haben. Es ist die Eigenaktivität der Kinder, die hier dem Profit der ganzen Gemeinschaft ergänzend gegenübergestellt wird:

„children are not just receivers; they are capable of giving. They are able to pray for others, they can bless their parents by tracing a cross in their foreheads, and they can also help

953 Ebd., 150.
954 Ebd., 140–142.
955 Vgl. ebd., 141.
956 Ebd.
957 Ebd., 150.

their parents in their experience of spirituality, if only indirectly by allowing the parents to regard their care for their children as a diaconal service or spirituality."[958]

7.5 Zwischenresümee

Das Kapitel gewährt Einblick in ausgewählte theologische Perspektiven und versucht Anschlussperspektiven im Zusammenhang von Schutzkonzepterstellung und Kinderpartizipation in der Gemeindepastoral zu eröffnen. Dazu wurden drei Schlaglichter gesetzt, die jeweils unter Zuhilfenahme der Ausführungen verschiedener Theolog*innen gefüllt wurden. Mit Hilfe dieser Perspektiven wurde die Bedeutung von Partizipation im Zusammenhang mit Schutzkonzepten herausgearbeitet. Kinderpartizipation wird über diesen Zugriff auf theologische Forschung nicht postuliert oder vorgegeben, sondern als in theologischen Sprech- und Wahrnehmungsweisen von Kindern defizitär identifiziert und im Anschluss daran auf unterschiedliche Arten begründet und konzeptualisiert von den verschiedenen Autor*innen. Die Autor*innen entwickelten ihre Ansätze nicht spezifisch mit Fokus auf Prävention sexualisierter Gewalt. In diesem Kapitel werden die hier versammelten Perspektiven ins Gespräch gebracht mit der Schutzkonzepterstellung mit dem Ziel der Weiterentwicklung der Präventionspraxis in der Gemeindepastoral (als Reflexion vorhandener Konzepte und zur Konzeption neuer Konzepte) und für de Arbeit an diesem Praxisort.

Zum ersten Schlaglicht (Verhältnis von Kinderschutz und -partizipation, Kapitel 7.2) kann das den drei Autor*innen gemeinsame Anliegen festgehalten werden, Partizipation und Schutz nicht als gegenläufige Modelle zu denken. Vielmehr werden sie als miteinander in einem konstruktives stehend konzipiert. Sie bilden gleichgewichtige Pole des Kindeswohls. Die Reaktion auf ungleiche Anerkennungsprozesse ist nicht die wechselseitige Stabilisierung der Anerkennung (Riedl). Vielmehr geht es darum, reale und auch ungleiche mit Anerkennung verbundene Macht- und Abhängigkeitsverhältnisse so zu gestalten, dass – gerade mit Blick auf Kinder – Exklusion durch Partizipation entgegengewirkt wird: „Es ist die Frage nach dem guten Leben im Falschen, nach dem lebenswerten Leben angesichts realer Anerkennungsordnungen."[959] Partizipation ist keine höhergestellte Norm, sondern kann ausschließlich über das Ineinandergreifen der drei Basisnormen der UN-KRK sinnvoll erschlossen werden (Surall). Gleichzeitig ist genau dieses Zusammendenken von Schutz und Partizipation nicht selbstverständlich mit Blick auf die Theologie (Lutterbach). Daher scheint die Theologie gut beraten, auf externe Expertise (z. B. aus den pädagogischen Diskursen) zu

958 Ebd., 151.
959 Riedl, Kindeswohl zwischen Anspruch und Wirklichkeit, 22.

bauen, um in diesem Bereich eigene weitere Lern- und Entwicklungsschritte zu vollziehen.

Partizipation sollte dort – entgegen möglicherweise vorhandener Ängste und Bequemlichkeit – ermöglicht werden, wo betreffende Akteure von Entscheidungen tendenziell strukturell exkludiert werden. Stark von Abhängigkeitsverhältnissen geprägte Orte, Prozesse und Situationen wie z. B. schulische oder katechetische Settings sind hier besonders in den Blick kritischer theologischer und auf Präventionszusammenhänge sensibilisierter Reflexion zu nehmen. Partizipation beginnt gemeinschaftlich und individuell betrachtet bei den je konkret versammelten Menschen und Gruppen und ist gleichzeitig nicht auf diese begrenzt, sondern zugleich auf das Zusammenleben in Zukunft hin ausgerichtet. Wie Präventionsmaßnahmen auch partizipativ gestaltbar bleiben für diejenigen, die sich in Zukunft an den Orten und in den Situationen gemeindepastoralen Lebens versammeln, erscheint wichtig für die Arbeit mit den Schutzkonzepten.

Eine Herausforderung für die Schutzkonzepterstellung besteht im Anschluss an diesen Teil darin, das Ziel der Erstellung darin zu verorten, die Konzepte als ein gemeinsames Ganzes zu begreifen, in deren Zusammenhang es um die jeweils passende Mitbestimmungsform geht. Damit werden Partizipationskonstrukte stark gemacht, durch die weder auf Seiten der einen (Erwachsenen) noch der anderen (Kinder) die absolute Entscheidungsfreiheit liegen kann (Surall). Auch die Schutzkonzepterstellung macht es erforderlich, Partizipation nicht vorzutäuschen, sondern ihre Grenzen aufzuzeigen, dabei jedoch bestehende Asymmetrien und Diskrepanzen zum Thema zu machen. Die Schutzkonzepterstellung könnte zur Chance werden, vorhandene Trennungen und Überschneidungen von Kinder- und Erwachsenenwelten reflexiv zu bearbeiten.

Zum zweiten Schlaglicht (Die Eigenaktivität der Kinder und Erwachsene, die das „das Unerwartete“[960] erwarten, Kapitel 7.3) kann festgehalten werden, dass im Miteinander von Erwachsenen und Kindern kindliche Eigenaktivität in unterschiedlichen Aktivitätsmodi realisiert wird und Erwachsene sowie Organisationen vor die Anforderung gestellt bleiben, wie sie ihre Netzwerke offenhalten für einen Einbruch des Geheimnisses, für das „Unerwartete“[961]. Angestoßen durch die kindertheologischen Perspektiven werden Handlungsmodi über die Aktivitätsanteile der Kinder und der Erwachsenen in der jeweiligen Situation skalierbar. Diese Skalierung kann als Reflexionsfolie für bestehendes Handeln einerseits und für die Er- bzw. Überarbeitung der in Schutzkonzepten festgeschriebenen Prozesse andererseits nützlich sein. In unterschiedlichen Modi des Zurücktretens, Einbringens, Impulsgebens, Steuerns, Freigebens usw. der Erwachsenen

960 Rahner, Gedanken zu einer Theologie der Kindheit, 321.
961 Ebd.

und der Kinder werden unterschiedliche Räume für Eigenaktivität freigegeben bzw. eingenommen.

Die kindertheologische Diskussion über das Verhältnis von kindlicher (religiöser) Selbstäußerung auf der einen und Reflexionsfähigkeit auf der anderen Seite sensibilisiert im Hinblick auf ein Partizipationsverständnis im Rahmen der Schutzkonzepterstellung dafür, dass beide Formen (Selbstäußerung und Mitteilung kindlicher Perspektiven & (selbst-)reflexive Äußerungen zu z. B. Kinderschutzanliegen) inbegriffen sind. Es geht hier weniger um den Vorrang einer der Formen, sondern vielmehr um die Unterscheidung, die hier fruchtbar gemacht werden kann. Aus kindertheologischen Überlegungen lässt sich ferner eine besondere Sensibilität für die Vielfalt von Ausdrucksformen sowie die aktive Herstellung von Ermöglichung bzw. Verunmöglichung der Wahrnehmung solcher Ausdrücke durch Erwachsene lernen. Im Rahmen von Präventionsarbeit legt es sich – im Anschluss an die Auswertung der Forschung von Hannah Roose – nahe, Positionierungspraktiken von Kindern dort zu ermöglichen, wo sie Bereitschaft zu solchen signalisieren und achtsam dafür zu sein, dass schützende Praktiken solche Positionierungen ermöglichen und nicht verhindern.

Kindheit stellt vor die Herausforderung, vielfältige und ambivalente Erfahrungen mit Kind(ern) und Kindheit(en) – fremden wie eigenen – auszuhalten, sie wahrnehmen und gestalten zu können sowie Interessen- und Perspektivvertretung nicht mit Interessen- und Perspektiversatz zu verwechseln. Es geht darum, Kindsein und Kindheit(en) als Schutz- und Förderungsräume zu begreifen, die jedoch keinen Exklusionsort darstellen (Bohlen). Partizipation im Rahmen der Schutzkonzepterstellung kann zum Schlüssel werden, um keine exklusivistischen Räume erwachsener Wirklichkeitskonstruktionen zu bauen, die buchstäblich über die Köpfe der Kinder hinweg planen. Es erscheint weiterhin hilfreich, Logiken und Programmen, denen Gemeindepastoral folgt, kritisch nachzugehen, um für Präventionsarbeit aufzuspüren, wie und wo Anliegen ungehemmt kommuniziert werden können (Büttner) und diese Möglichkeiten einerseits realistisch in den Konzepten zu spiegeln, andererseits aber auch aus den Konzepten heraus Praxis auf diese Möglichkeiten hin zu gestalten.

Damit kann zum dritten Schlaglicht (Kindbilder – Plädoyer für selbstreflexive und komplexe Sichtweisen, Kapitel 7.4) übergeleitet werden. Bucher und Dillen zeigen, dass Kinder stets mehr sind als die Bilder, die Erwachsene von ihnen haben. Damit verbunden wird eine Kritik am Bild deutlich. Dillen widmet sich der Unterscheidung von Teilnahme und Mitbestimmung. Mit Blick auf gemeindepastorale Kontexte kann festgehalten werden: Die Teilnahme von Kindern scheint in pfarrlichen Strukturen und in der Angebotslogik grundgelegt, erwünscht und ohne weitere Problematisierungen des Praxisortes realisierbar. Mitbestimmung in diesen Strukturen hingegen ist an die Anforderung gebunden, sich als Gemeinschaft (z. B. über die Mitsprache von Kindern, Jugendlichen oder auch erwachsenen Schutzbefohlenen) je neu entdecken zu wollen und ungleich voraussetzungsvoller mit Blick auf den Umbau gewohnter Praktiken. Die Frage nach dem ‚Zusammen-oder-Separat?' von Kindern und Erwachsenen wird zum Kompass, mit Hilfe dessen der lebenstaugliche Variationsgrad in Gemeindepastoral gestaltet werden kann. Wie Kinder- und Erwachsenengruppen miteinander interagieren im gemeindepastoralen System ist gestaltbar und damit letztlich das Ausmaß der Dominanz erwachsener Perspektiven variierbar.

8. Konzeptanalysen: Kinderpartizipation und Schutzkonzepte in der Gemeindepastoral

An dieser Stelle steht die vorliegende Arbeit in gewisser Weise an einem paradoxen Punkt: Es scheint geboten, von den konkreten Partizipationspraktiken aus zu denken, bei der gleichzeitigen kirchlichen Realität, dass vielerorts mittlerweile erstens Konzepte vorhanden sind und diese zweitens sehr stark deduktiv vorgeprägt durch z. B. Leitlinien erstellt wurden. Die vorhandenen Konzepte sind die nötige Basis für die Weiterarbeit im Rahmen der angestoßenen pastoralen Entwicklungsprozesse. Der Ansatz des empirischen Teils dieser Arbeit besteht darin, die Produkte dieses Erstellungsprozesses zu untersuchen. Es wird rekonstruiert, wie sich Partizipation in der Konstruktion der in katholischen Pfarreien erstellten Schutzkonzepte abbildet. Die Konzepte selbst stellen wichtige Datenquellen für die vorliegende Arbeit dar. In ihnen manifestiert sich die nach innen diskutierte und reflektierte und nach außen kommunizierte Strategie zur Prävention sexualisierter Gewalt in Form des Konzeptes. Sie dokumentieren den selbst gegebenen Handlungsrahmen der Pfarrei in Sachen Kinderschutz und sind die schriftlichen Produkte des Erarbeitungsprozesses, die auf Hinweise auf partizipative Prozesse untersucht werden können. Ergänzt wird die Konzeptanalyse durch die Analysen der Protokolle der Teilnehmenden Beobachtungen sowie der Kindergruppendiskussion.

Mit Hilfe der Analysen von 18 Schutzkonzepte aus Pfarreien eines NRW-Bistums wird damit ein weiterer Schritt hin zur Exploration der Leitfrage der Arbeit unternommen. Aus der Perspektive des empirischen Materials zeigt sich dabei nicht Kinderpartizipation als Praxis, sondern die Konstruktion dieser Partizipationsprozesse durch die Haupt- und Ehrenamtlichen, die die Konzepte erstellen. Die Frage, die gestellt und mit Hilfe der Auswertung der Konzeptanalysen beantwortet werden kann, lautet folglich: Welche Partizipationsprozesse werden in den Konzepten produziert? Aus den ergänzenden Perspektiven (Beobachtungen und Kindergruppengespräch) ergeben sich Kontraste und ergänzende Perspektiven. In der Auswertung des Datenmaterials haben sich insgesamt vier Schlüsselperspektiven für die mit dem Forschungsanliegen verbundene Exploration gezeigt:

1. Bausteinorientierung (Kapitel 8.1): Diese Perspektive setzt an der Konfiguration durch die formale Struktur der Konzepte an. Alle

Schutzkonzepte bestehen aus den unterschiedlichen und vorgegebenen Bausteinen (Kapitel 5.2). Die Bausteinstruktur wirkt sich auf die Analyse aus. So zeigen sich bausteinspezifische Unterschiede für die Frage nach Kinderpartizipation. Die Unterschiede sind von den Vorgaben für die Bausteine geprägt und doch zeigen sich in den Konzepten auch je unterschiedliche Umsetzungen für die einzelnen Bausteine. In einigen zeigten sich besonders viele Kodierungen: z. B. in den Verhaltenskodices, den Beschwerdewegen, den Stärkungsprozessen sowie im Bereich Verbesserung/Evaluation/Kontrolle. Andere Bausteine bieten von ihrer Grundanlage her keinen geeigneten ‚Platz' für Kinderpartizipation (z. B. der Teil zu Führungszeugnissen). Die Schutzkonzepte zeichnet also aus, dass in ihnen unterschiedliche Bausteine zusammenkommen, mit denen auch unterschiedliche Aspekte im Hinblick auf Partizipation zum Tragen kommen und kommen können.

2. Catchwords bzw. Catchphrases (Kapitel 8.2): Es wird gezeigt, dass in den Texten der Schutzkonzepte abstrakte Konzepte zu Grundsätzen für Handlungsprogramme erhoben werden. Die Analysen haben ergeben, dass viele Konzeptualisierungen schwammig bleiben und die Ausdrücke zum Teil wie Catchwords bzw. Catchphrases stehen bleiben, was Übersetzungen in Praktiken erschweren kann.
3. Partizipation von Gruppen & Kinder kommen in ihrer Gruppenzugehörigkeit in den Blick (Kapitel 8.3): Kinderpartizipation wird über die Logik der Gruppenorganisation in Gemeindepastoral ausbuchstabiert und Kinder entsprechend in diversen Gruppen über die Konzepte gedacht. Partizipationskonstruktionen können entsprechend in dieser dritten Perspektive im Hinblick auf Gruppen und Gruppenzugehörigkeiten erschlossen werden.
4. Viel sagen, aber wenig entscheiden? (Kapitel 8.4): Die Partizipationstheorien (Kapitel 6.4) haben die Forscherin sensibilisiert für die Vielfalt der mit Partizipation assoziierten Prozesse und deren Unterschiede in den Konzepten. Die Theorien werden hier als Analysefolie genutzt, um die in den Konzepten angetroffenen Konstrukte aus dieser Perspektive auszuleuchten (Kapitel 8.4).

Über diese vier Schlüsselperspektiven erfolgt nun die Darstellung der Analyse des Datenmaterials.

8.1 Bausteinorientierung: Bausteine ohne und mit Kinderpartizipation

Die Kodierungen zeigen, dass die einzelnen Bausteine den Spielraum für Kinderpartizipation jeweils unterschiedlich rahmen. Die Bausteinstruktur ‚färbt' das Datenmaterial sowie die Interpretation der Kodierungen und es zeigen sich bausteinspezifisch unterschiedlich umfassende Partizipationskonstruktionen. Neben Bausteinen ohne Kinderpartizipation (Kapitel 8.1.1) wurden in den Verhaltenskodices (Kapitel 8.1.2), den Beschwerdewegen (Kapitel 8.1.4), dem Qualitätsmanagement (Kapitel 8.1.15) sowie den Prozessen zur Stärkung (Kapitel 8.1.6) Partizipationskonstruktionen gefunden. In den Angaben der Konzepte zu Risiko- bzw. Situationsanalyse konnten mit Ausnahme eines einzigen Konzepts keine Angaben zur Partizipation von Kindern entnommen werden (vgl. Kapitel 8.3.1).

8.1.1 Bausteine ohne Kinderpartizipation

Es können einige Teile ausgemacht werden, in denen Kinderpartizipation keine Rolle spielt, was wiederum an die Vorgaben für die entsprechenden Bausteine erklärend rückgekoppelt werden kann (Kapitel 5.2). So werden Maßnahmen festgehalten, bei denen Kinderpartizipation keine Rolle spielt, z. B. wenn es dabei um die fachliche und persönliche Eignung oder Weiterbildung der Erwachsenen und Jugendlichen geht, die mit Schutzbedürftigen in der Pfarrei im Kontakt sind. In den Texten, die die Konzepte zu persönlicher Eignung, zum erweiterten Führungszeugnis, zur Selbstauskunft (bzw. Verpflichtung auf den Verhaltenskodex) und zur Aus- und Fortbildung vorlegen, geht es um Maßnahmen, die die Erwachsenen und Jugendlichen in den Pfarreien adressieren, insofern sie ehren- oder hauptamtlich tätig sind und die von den in der Pfarrei als verantwortlich benannten Personen(gruppen) durchgesetzt werden.

> „Die Sicherstellung der persönlichen und fachlichen Eignung der hauptamtlichen oder ehrenamtlichen Mitarbeitenden in der Pastoral mit Kindern, Jugendlichen und schutzbedürftigen Erwachsenen liegt in der Verantwortung des Kirchenvorstandes als Rechtsträger unserer Pfarrei und den zuständigen Personen im hauptamtlichen seelsorglichen Dienst."[962]

Mit diesen Maßnahmen schaffen die Pfarreien einen Rahmen für alle Aktionen und Handlungen, indem sie diejenigen überprüfen, fortbilden und in die Verantwortung nehmen, die mit Schutzbefohlenen in Kontakt sind. Sie sind die

962 Schutzkonzept_B, S. 10: 120.
Alle Nachweise zur Zitation der Schutzkonzepte werden mit Seitenzahl und Position der kodierten Stelle im Dokument angegeben. Die Zuweisung der Nummerierungen erfolgte über die zur Kodierung und Auswertung genutzte Software MAXQDA.

Adressat*innen der Maßnahmen dieser Bausteine. Handlungsträger*innen sind die jeweils als Verantwortliche benannten Personen bzw. die Pfarrei als Rechtsträgerin. In diesen Maßnahmen spielt Partizipation von Kindern in den analysierten Konzepten keine Rolle. Es geht in den Konzepten wiederholt darum, dass die verantwortlichen Akteure der Pfarrei die Bedeutung von Kinderschutz- und Präventionsmaßnahmen in den genannten personalbezogenen Maßnahmen mitdenken.

„Zuständige Personalverantwortliche thematisieren die Prävention gegen sexualisierte Gewalt im Vorstellungsgespräch so wie in weiteren Personalgesprächen. Es wurden mit dem Pfarrer, dem Kirchenvorstand und den Verantwortlichen für Ehrenamtliche folgende Absprachen getroffen: Bei allen Bewerbungsgesprächen und bei allen Erstgesprächen mit ehrenamtlichen [sic!] in der Kinder- und Jugendpastoral wird der Bewerber in Bezug auf die „Kultur der Achtsamkeit“ befragt, etwas [sic!] auf diese Weise: „Wenn Sie bei uns tätig werden, werden sie [sic!] eine Präventionsschulung zum Bereich „sexueller Gewalt“ besuchen. Wie stehen sie dazu? So können wir bereits zu Beginn deutlich machen, welchen Stellenwert der Schutz der Kinder und Jugendlichen bei uns hat – und ggf. vorhandene Abneigung, Voreingenommenheit, feststellen. Die neuen Mitarbeiter müssen die Schulung besuchen.“[963]

Dies führt eine erste Rahmung der Partizipationsprozesse im Kontext von Kinderschutz vor Augen. Erwachsene sind – so die Lesart der Schutzkonzepte – für eine sichere institutionelle Rahmung der Prozesse und Handlungen in den Pfarreien verantwortlich. Die Maßnahmen unter den genannten Bausteinen zielen darauf, die Risikofaktoren auf Ebene der engagierten Personen und Mitarbeiter*innen zu minimieren und schützende Faktoren weiter auszubauen. Unter der Prämisse, dass die handelnden Akteure Partizipation als im Rahmen von Prävention angesiedeltes Erfordernis erachten, könnten hinter diesen sehr allgemeinen Formulierungen zur Durchführung von Maßnahmen zumindest potenziell auch partizipationsorientierte Ansätze (z. B. in den Fortbildungen) angesprochen werden. Explizit aufgeführt wird es nicht. Kinderpartizipation wird über die konkret in den Bausteinen formulierten Steuerungseinheiten entsprechend nicht thematisiert, woraus man ableiten könnte, dass die Partizipation von Kindern mit Maßnahmen Hand in Hand geht, in denen Partizipation von Kindern – in den Konstruktionen der Konzepte – zunächst einmal keine Rolle spielt. Dennoch soll diese Interpretation nicht im Sinne einer scharfen Trennung zwischen partizipativen und nicht partizipativen Maßnahmen verstanden werden. Vielmehr zeigt sich in den Konzepten, dass es Bausteine gibt, die auf die grundlegenden Haltungen und Qualifikationen der Erwachsenen zielen.

Führungszeugnisse einholen, Fort- und Weiterbildungen durchführen, Selbstauskunftserklärungen unterschreiben usw. sind Handlungen der Ehren-

963 Schutzkonzept_C, S. 11: 875.

und Hauptamtlichen. Davon zu unterscheiden sind die Maßnahmen und Bausteine, die Verhalten und Miteinander in der Pfarrei in Interaktion von Kindern, Jugendlichen, Erwachsenen, Ehren- und Hauptamtlichen regeln. In den Bausteinen ‚Verhaltenskodex', ‚Beschwerdemanagement', ‚Qualitätsmanagement' und ‚Kinder stärken' konnten solche Konstruktionen in den analysierten Konzepten ausgemacht werden.

8.1.2 Verhaltenskodex

Alle Schutzkonzepte enthalten ein Regelwerk für das Verhalten der ehren- und hauptamtlichen Mitarbeiter*innen (Verhaltenskodex). Die in der Arbeitshilfe des Bistums vorgeschlagenen Aspekte für den Kodex finden sich sichtlich in der Strukturierung der meisten Konzepte wieder. Es fallen zunächst einmal die sich ähnelnden Formulierungen und Inhalte der Verhaltensregeln auf. Ein Beispiel für eine wiederkehrend vorzufindende Regel ist die Wahrung und der Schutz der eigenen Privatsphäre sowie der persönlichen Grenzen:

„Ich respektiere die Intimsphäre und die persönlichen Grenzen der Scham der Kinder, Jugendlichen und erwachsenen Schutzbefohlenen."[964]

„Ich achte die Intimsphäre und die persönlichen Grenzen der Scham. Diese Grenze respektiere ich im körperlichen sowie im emotionalen Bereich. Die Einhaltung der Grenzen fordere ich ebenso für mich ein. Besonders in Übernachtungs-, Pflege- und Duschsituationen bin ich mir des besonderen Schutzes der Intimsphäre bewusst."[965]

„Individuelle Grenzempfindungen sind ernst zu nehmen und zu achten und nicht abfällig zu kommentieren. Beispielsweise fragt man, ob man Kleidungsstücke oder liturgische Gewänder beim anderen zurechtrücken darf."[966]

„Ich mache keine beschämenden Witze oder Spiele, die die Intimsphäre der Beteiligten verletzen."[967]

„Beim Fotografieren oder Filmen wird immer die persönliche Grenze beachtet."[968]

Hier wird deutlich, dass sich Haupt- und Ehrenamtliche für die Grenzen der Schutzbefohlenen verantwortlich zeigen müssen. Es liegt an ihnen und ihrem Verhalten, dass persönliche Grenzen der Schutzbefohlenen nicht übertreten werden. Bei aller Ähnlichkeit der Formulierungen, zeigen sich doch unterschiedliche

964 Schutzkonzept_P, S. 6: 1251.
965 Schutzkonzept_J, S. 8: 2669.
966 Schutzkonzept_B, S. 3: 1319.
967 Schutzkonzept_I, S. 12: 157.
968 Schutzkonzept_D, S. 8: 2812.

Referenzpunkte in den einzelnen Konzepten (Übernachtungs-, Pflege- und Duschsituationen, das Zurechtrücken von Gewändern, die Auswahl von Spielen und Witzen oder das Fotografieren). Diese ersten Beispiele können zweierlei zeigen: Zum ersten zeigen sie auf, dass in den Kodices Regeln formuliert werden, die Schutzrechten der Kinder korrespondieren und Räume eröffnen, damit Kindern ‚sie selbst' sein können. Zum zweiten zeigen sie die unterschiedlichen Adaptionen der als Vorlage vom Bistum erstellen Aspekte in den einzelnen Pfarreien. Aber auch die Ähnlichkeiten und teilweise wörtliche Übernahmen der Formulierungen der Arbeitshilfe. In der Arbeitshilfe des Bistums heißt es wörtlich:

> „Der Schutz der Intimsphäre ist ein wesentlicher Bereich für einen grenzachtenden Umgang miteinander. Dies betrifft sowohl den körperlichen Bereich (z. B. Schlaf-, Pflege- und Duschsituationen) als auch den emotionalen Bereich (beschämende Witze und Kommentare, unangemessenes Reden über intime/sexuelle Themen, unreflektierte Spiele). Ein sensibler Umgang mit Kindern und Jugendlichen, aber auch mit sich selbst, ist erforderlich." [969]

Weiterhin fällt der Bereich der Unterstützung in den Kodices auf. Indem die Haupt- und Ehrenamtlichen schützend, aber auch unterstützend handeln, soll die Eigenaktivitäten der Schutzbefohlenen gestärkt werden:

> „Ich unterstütze Kinder, Jugendliche und erwachsene Schutzbefohlene in ihrer Entwicklung zu eigenverantwortlichen und gemeinschaftsfähigen Persönlichkeiten. Ich unterstütze ihr Recht auf seelische und körperliche Unversehrtheit und ihr Recht auf Hilfe und stärke sie, für diese Rechte wirksam einzutreten. Meine Arbeit mit den mir anvertrauten Kindern, Jugendlichen und erwachsenen Schutzbefohlenen ist geprägt von Wertschätzung und Vertrauen. Ich achte ihre Rechte und ihre Würde."[970]

> „Kinder, Jugendliche und Schutzbefohlene werden in ihren Bedürfnissen unterstützt, auch wenn sie sich verbal nicht gut ausdrücken können."[971]

Schutzbefohlene sollen in ihrer Entwicklung unterstützt werden. Sie sollen auch durch Wertschätzung und Vertrauen sowie Achtung ihrer Rechte und Würde anerkannt werden. In ihrem Handeln, das hier geregelt wird, begeben sich Haupt- und Ehrenamtliche also in einen Aktionsradius, der nicht nur ihr Handeln, sondern auch die Entwicklung von eigenständigen Handlungskompetenzen der Schutzbefohlenen umfasst. Die im Verhaltenskodex angestrebten Handlungen der Haupt- und Ehrenamtlichen zielen zunächst einmal auf das unterstützende und rahmende Handeln der Erwachsenen vor dem Hintergrund der Einlösung von Schutzrechten. Sie zielen aber ebenso ganz grundlegend auf das

969 NRW-Bistum, Arbeitshilfe für Pfarreien zur Erstellung eines Institutionellen Schutzkonzeptes, 12.
970 Schutzkonzept_P, S. 6: 684.
971 Schutzkonzept_C, S. 16: 359.

Freilassen eines (hier noch nicht näher spezifizierten) Entwicklungsraums kindlichen Handelns, der bei aller Fremd-, auch von Eigentätigkeit geprägt ist und gestärkt werden soll. Es gibt in den Verhaltenskodices außerdem zahlreiche weitere Beispiele, die darauf zielen, Kinder darin zu stärken, für ihre eigenen Rechte einzutreten (vgl. hierzu auch Kapitel 8.1.6): „Ich stärke und ermuntere sie, für ihr Recht auf seelische und körperliche Unversehrtheit einzutreten."[972]

Mehrfach finden sich in den Kodices Verweise auf erforderliche Haltungen. Nachfolgend ein Beispiel aus einem Konzept, in dem diese geforderte Haltung anhand einiger Unterpunkte konkretisiert wird:

„Damit Kinder und Jugendliche sich in unseren Gebäuden, Einrichtungen und Gruppen wohl und sicher fühlen, brauchen sie vertrauensvolle Räume, in denen sie sich – vor allem auch im Falle von Grenzüberschreitungen – öffnen können. Das erfordert eine ermutigende und wertschätzende Haltung gegenüber den Kindern und Jugendlichen, die sich in jedwedem Umgang mit ihnen äußert.

- Mitbestimmung ist gewünscht
- Kritikfähigkeit ist gewünscht
- Wir schließen keine/n aus
- Sexualität wird nicht tabuisiert
- Zuhören, Nachfragen und Ernstnehmen, die Kinder und Jugendlichen so nehmen, wie sie sind
- Wir wollen Vertrauensperson sein
- Wir achten Grenzen
- Wir respektieren ein ‚Nein'
- Grenzüberschreitungen werden nicht tabuisiert, sondern adäquat angesprochen"[973]

Das Beispiel zeigt, dass hier die die geforderte ermutigende und wertschätzende Haltung gewissermaßen zur Basisstrategie im Zusammenspiel der genannten untergeordneten Punkte ernannt wird. Eine Basisstrategie jedoch, die in Kombination mit den genannten Punkten abstrakt formuliert wird und gefährdet sein könnte, in die Nähe von Lippenbekenntnissen zu rücken. Die Punkte sind auf die Handlungen der Erwachsenen hin ausgerichtet und formuliert. Die gewünschte Mitbestimmung, Kritikfähigkeit oder auch die Kombination aus Zuhören, Nachfragen und Erstnehmen rücken partizipationsorientierte Interaktionen zwischen Kindern, Jugendlichen und Erwachsenen in scheinbar greifbare Nähe, höhlen sie aber gleichsam auch aus, indem der Haltungsbegriff über ‚Allgemeinposten' konkretisiert wird. Es kommt zu einer diffusen Vermengung von Konkretisierung und Abstraktheit. Interessant wäre z. B. die Arbeit an der Frage (und deren Dokumentation) gewesen, woran Kritikfähigkeit oder Mitbestimmung in einer beispielhaften Situation zu erkennen wären. Ferner könnte man z. B. bei „Wir

972 Schutzkonzept_J, S. 8: 295.
973 Schutzkonzept_E, S. 9: 35.

wollen Vertrauensperson sein" in die Reflexion und Konkretisierung dazu gehen, dass höchstwahrscheinlich ja auch Täter*innen Vertrauenspersonen seien wollen und eine entsprechende Haltung an den Tag legen.

Ein weiterer Aspekt, der auffällt in den Kodices, ist die Äußerung von Zustimmung und Ablehnung. Dieser kommt besonders oft in Verbindung mit dem Thema Körperkontakte auf:

> „Bei der Arbeit mit den uns Anvertrauten und Schutzbefohlenen pflegen wir einen respektvollen Umgang mit Körperkontakt. Wir achten auf Freiwilligkeit und akzeptieren Zustimmung oder Ablehnung, sowohl mit Worten als auch mit Körpersprache."[974]

> „Spiele, die körperliche Nähe verlangen, sind im Team gut zu besprechen und es sind Alternativen für Kinder, die das nicht wollen, zu überlegen. Jeder hat das Recht ohne Begründung die Teilnahme an einem Spiel zu verweigern."[975]

Gerade bei physischen Interaktionen wird den Schutzbefohlenen die Entscheidung zur Zustimmung oder Ablehnung übertragen. Gleichwohl wird in einigen Konzepten auch deutlich, dass ihnen damit einhergehend nicht die Verantwortung für die Interaktionen übertragen wird: „Das Recht von Kindern und Jugendlichen körperliche Berührungen ablehnen zu dürfen, ist unbedingt zu berücksichtigen. Für die Grenzwahrung sind in jedem Fall die Bezugspersonen verantwortlich, auch wenn Impulse von Kindern oder Jugendlichen ausgehen sollten."[976] Die Entscheidungsmacht der Schutzbefohlenen (Ablehnung oder Zustimmung) ist hier maßgebend und zugleich werden Haupt- und Ehrenamtliche nicht aus der Verantwortung für die Gestaltung der entsprechenden Situation entlassen.

Noch weiter zugespitzt werden kann dieser Bereich auf Fragen des Schutzes der eigenen Privat- und Intimsphäre hin. „Individuelle Grenzempfindungen sind ernst zu nehmen und zu achten und nicht abfällig zu kommentieren. Beispielsweise fragt man, ob man Kleidungsstücke oder liturgische Gewänder beim anderen zurechtrücken darf".[977] Mit nahezu aus den Texten der Konzepte spürbarem Nachdruck wird häufig der Grundsatz „Nein heißt Nein" formuliert.[978] Das Nein entscheidet die Situation: Über diese gezogene Grenze hinaus darf sich nicht hinweggesetzt werden – so die hinter liegende Handlungsmaxime.

974 Schutzkonzept_O, S. 9: 1234.
975 Schutzkonzept_B, S. 3: 1087.
976 Schutzkonzept_L, S. 8: 995. Die Formulierung in einem anderen Konzept lautet hier: Die Verantwortung für die Gestaltung von Nähe und Distanz liegt immer bei den beruflichen und ehrenamtlichen Bezugspersonen, nicht bei den betreuten Kindern und Jugendlichen. (Schutzkonzept_L, S. 8: 537)
977 Schutzkonzept_B, S. 3: 1318.
978 Vgl. z. B. ebd., S. 4: 388.

In Verbindung zum Bereich der Körperkontakte, aber auch in anderen Zusammenhängen, wird in den Kodices festgehalten, dass die Beachtung der jeweiligen Entwicklung und des Alters der Schutzbefohlenen wichtig sei.

> „Für Kinder sind Körperwahrnehmung und Körperkontakt, Gefühle und Beziehungserfahrungen oft nicht voneinander getrennt. Deshalb ist es selbstverständlich, dass Kinder körperliche Nähe zu pädagogischen Bezugspersonen suchen und diese auch brauchen."[979]

> „Es dürfen keine Bloßstellungen oder abfälligen Bemerkungen erfolgen, sexualisierte und Vulgärsprache sind zu unterlassen. Da Ironie und Zweideutigkeiten von Kindern und Jugendlichen oft nicht verstanden werden, sind diese ebenfalls zu unterlassen."[980]

> „In der Gemeinde gehen alle Ehrenamtlichen und Hauptamtlichen altersgerecht und dem Konzept angemessen mit Kindern, Jugendlichen und Schutzbefohlenen Personen um."[981]

> „Wir verwenden eine für unser Gegenüber altersentsprechende klare und verständliche Sprache"[982]

Allen Zitaten ist gemeinsam, dass die Berücksichtigung der Entwicklung und des Alters der Schutzbefohlenen in den Bereich der Steuerung der Haupt- und Ehrenamtlichen fällt. Während das zweite Zitat auf das Unterlassen bestimmter Handlungen (hier ironischer Sprache) zielt, wird besonders im letzten Zitat und seiner allgemeingültigen Formulierung deutlich, dass altersgerechter Umgang grundlegend gewünscht ist. Die Beachtung der Entwicklung und des Alters der Schutzbefohlenen in den Konzepten wird als Querschnittsherausforderung mit ganz unterschiedlichen Bezugspunkten markiert. Auch in Interventionssituationen soll laut einem Konzept altersgemäße Einbeziehung der betroffenen bzw. überlebenden Kinder stattfinden: „Wichtig ist, dass ich den Betroffenen altersgemäß in mein Handeln einbeziehe und die Handlungsschritte abspreche."[983]

Eine weitere auffällige Form der Interaktionen ist die gemeinsame Entwicklung von Regeln: „Gemeinsam mit den Kindern und Jugendlichen entwickeln wir Regeln, die wir regelmäßig überprüfen. So kann ein vertrauensvoller Umgang miteinander gelingen."[984] In einem anderen Konzept heißt es: „Kinder und Jugendliche werden bei der Festlegung von Gruppenregeln und deren Befolgung integriert und bestimmen mit."[985] Wiederholt wird deutlich, dass Kinder vor allem dann an der Aufstellung von Regeln beteiligt werden, wenn es sich um

979 Schutzkonzept_J, S. 8: 1849.
980 Schutzkonzept_C, S. 15: 1364.
981 Ebd., S. 15: 1094.
982 Schutzkonzept_N, S. 10: 158. Auch diese Regeln können rückgebunden werden an die Vorlage des Bistums. Vgl. dazu NRW-Bistum, Arbeitshilfe für Pfarreien zur Erstellung eines Institutionellen Schutzkonzeptes, 12.
983 Schutzkonzept_C, S. 22: 923.
984 Schutzkonzept_K, S. 8: 1056.
985 Schutzkonzept_D, S. 9: 211.

spezifische Kinder- bzw. Jugendgruppenregeln handelt. Inwiefern und ob sie an der Erstellung von Regeln für weitere Gruppen in der Pfarrei beteiligt werden sollten, wird nicht festgehalten.

In den Kodices finden sich immer wieder Abschnitte zum Umgang mit Regelverstößen seitens der Kinder und Jugendlichen.[986] In einigen Formulierungen fallen Angemessenheit und Nachvollziehbarkeit als Kriterien solcher Maßnahmen im Umgang mit Regelverstößen auf:

> „In der Arbeit mit Kindern und Jugendlichen ist es notwendig, Regeln für das Miteinander aufzustellen. Die wiederholte Missachtung dieser Regeln kann Konsequenzen erforderlich machen. Dabei steht das Wohl des Kindes bzw. Jugendlichen im Vordergrund. Maßnahmen sollen angemessen und nachvollziehbar sein, im direkten Zusammenhang mit dem Regelbruch stehen und auf keinen Fall in irgendeiner Weise selber grenzverletzend, beschämend oder entwürdigend sein."[987]

Auch hier geht es darum, dass zur obersten Priorität gemacht wird, Grenzüberschreitungen zu vermeiden. Kinder und Jugendliche sind nicht besonders involviert (etwa was die Reflexion oder die Festlegung der Maßnahmen angeht) und sollen keinen willkürlichen Maßnahmen ausgesetzt werden, so das Ziel der Konzepte. Was wiederum die Antizipation und Kompetenz der Verantwortlichen voraussetzt, *wie* die benannten Merkmale (z. B. Angemessenheit und Nachvollziehbarkeit) jeweils adressat*innenabhängig umgesetzt werden.

8.1.3 Den Verhaltenskodex auf das Ferienlager beziehen

Ergänzend zu den Auswertungen der Verhaltenskodices können drei Sequenzen einer Teilnehmenden Beobachtung hinzugezogen werden. In der beobachteten Situation wurden die in den Schutzkonzepten formulierten Handlungsprogrammatiken mit den Erfahrungswelten der Ehrenamtlichen in Verbindung gebracht. In einer Pfarrei hat die Pastoralreferentin (ebenfalls Mitglied der Steuerungsgruppe zur Erstellung des Schutzkonzeptes und Präventionsfachkraft der Pfarrei) ein Treffen mit einigen Zeltlagerleiter*innen initiiert. Dieses Treffen findet im Juli 2019 statt, kurz bevor die Sommerlager stattfinden. Als Ziel des Treffens

986 Auch dieses Element hat eine Vorlage in der Arbeitshilfe: NRW-Bistum, Arbeitshilfe für Pfarreien zur Erstellung eines Institutionellen Schutzkonzeptes, 13.In manchen Kodices werden die Teile zum Umgang mit Regelverstößen auch ‚Disziplinierungsmaßnahmen' genannt.

987 Schutzkonzept_K, S. 10: 27.

formuliert die Pastoralreferentin, dass der Verhaltenskodex auf das „eigene Lager“[988] bezogen werden soll. Das Schutzkonzept ist zum Zeitpunkt des Treffens verabschiedet, aber noch nicht veröffentlicht. Es zeigt sich in der Beobachtung insgesamt, dass die Relevanz des Kodex für die Leiter*innen von der Pastoralreferentin regelrecht bewiesen werden müssen. Drei zentrale Beobachtungen dieses Treffens werden dazu im Folgenden ausgeführt.

Die Pastoralreferentin und sechs ehrenamtliche Lagerleiter*innen (zwischen 17 und 49 Jahren) treffen sich in einem Raum eines Pfarrzentrums. Die Ehrenamtlichen organisieren jeweils zu dritt federführend je ein Sommerlager für Kinder in der Pfarrei. Alle sitzen im Halbkreis auf Stühlen, eine Leinwand ist aufgebaut. Darauf wird eine Mentimeter-Umfrage[989] projiziert. Die Frage, die die Teilnehmer*innen mit ihren Smartphones beantworten, lautet: „Was bedeutet für mich angemessene Sprache?“. ‚Angemessene Sprache‘ ist dabei als ein Aspekt aus dem Verhaltenskodex entnommen. Nach und nach macht Mentimeter aus den Eingaben eine Wortwolke. Die Pastoralreferentin (PR) eröffnet daraufhin das Gespräch:

> PR sagt zum wiederholten Mal, dass man nicht sehen kann, wer was schreibt. „kindgerecht“ und „höflich“ sind größer als andere Worte in der Wortwolke abgebildet. PR sagt, dass solche großen Worte natürlich noch inhaltlich gefüllt werden müssten. D., erzählt, dass es ihm manchmal passiere, dass er etwas „Flapsiges“ zu den Kindern sagt. Darauf sagt S., dass man dabei berücksichtigen müsse, dass Kinder erst ab zwölf oder dreizehn Jahren die Ironie raushören könnten. Sie redet weiter und führt aus, dass sie finde, dass man auch manchmal „Tacheles“ mit den Kindern reden müsse und „Kinder diese Grenzen auch brauchen.“

Die anwesenden Leiter*innen greifen auf ihre eigenen Sprach- und Kommunikationserfahrungen mit Kindern im Sommerlager zurück. Insbesondere bei S. wird deutlich, dass sie aus ihrer Erfahrung ihre eigenen Handlungsleitlinien („manchmal [muss man; R.B.] Tacheles mit den Kindern reden“) entwickelt hat. An späterer Stelle erläutert sie, dass sie aufgrund ihres Alters schon über elaborierte Erfahrungen verfüge. Die im Kodex aufgeschriebenen Aspekte werden in der Sequenz als Konzeptionen des Schutzkonzepts ins Gespräch gebracht. Die Erfahrungen der Leiter*innen erscheinen einerseits als Reflexion angesichts dieses Konstrukts, andererseits als oppositionelle Konstruktionen (‚wie-es-eigentlich-läuft‘), die dem Konstrukt (relativierend) entgegengesetzt werden.

988 Alle Zitate in diesem Unterkapitel, sowohl in doppelten Anführungszeichen als auch als eingerückte Zitate, sind aus den Protokollen zur von der Forscherin durchgeführten Teilnehmenden Beobachtung entnommen. Protokoll__Pfarrei C_Juli 2019.

989 Mentimeter ist eine interaktive Präsentationssoftware, die mit diversen Tools das Interagieren der Zuhörenden miteinander sowie mit der präsentierenden Person ermöglichen. Sie ermöglicht z. B. Echtzeitfeedback.

Eine weitere Frage wird auf Basis eines aus dem Kodex entnommenen Aspekts gestellt: „Wie kleide ich mich im Ferienlager angemessen?“. Eine neue Wortwolke und ein weiteres Gespräch dazu entstehen. Die Gruppe bespricht, wie man Situationen differenzieren müsste, so sei z. B. abends zum Film gucken die Jogginghose völlig angebracht, während dies aber für die Stadt oder den Gottesdienst unangebracht scheint. Als die Pastoralreferentin sagt, dass man als Leiter*in „auch immer Vorbild“ in Sachen Kleidung für die Kinder sei, beginnt S. zu berichten:

Bei ihnen gelte ein „Zwang“ zum Tragen einer Kappe oder von festen Schuhen den Kindern in bestimmten Situationen (z. B. auf dem Weg zum Strand, im Wald o.ä.). Die „Betreuer“ dürften aber zu jedem Zeitpunkt selbst entscheiden, was sie wann tragen. Sie bezeichnet das als „Spagat“, sagt aber auch, dass sie als „Betreuer eben weiß, was für das Kind besser ist“ und daher klar sei, dass sie das vorgeben dürfe auch ohne sich selbst an die Regel zu halten, die für die Kinder gelten. A. bekräftigt dies: „Wir haben eben die Verantwortung für euch.“

Die Pastoralreferentin fragt auf den Bericht von S. zu den unterschiedlichen Bekleidungspflichten nach, was sie täten, wenn Kinder Schuhe tragen würden, die sie selbst, jedoch nicht die Leiter*innen als feste Schuhe empfinden würden. Sie führt über mehrere Minuten weiter aus, warum es ihr in solchen Situationen darum gehen würde, möglichen Ursachen für die Schuhwahl (Blasen…) auf die Schliche zu kommen. Schließlich hält es S. nicht mehr aus. Sie rutscht erst auf ihrem Stuhl hin und her. Dann schaut sie PR an und sagt: „Wir sind doch nur Laien, hallo?“

Die beiden Ansprüche (‚Unserer Erfahrung nach läuft das so und so‘ vs. ‚von PR als hilfreich intendierte Gedankenimpuls durch das Schutzkonzept‘) bleiben hier unvermittelt nebeneinander stehen. Durch die Aussage „Wir sind doch nur Laien, hallo?“ deutet sich auch an, dass die Sensibilität, die die Pastoralreferentin markiert, von der EA als zu herausfordernd bzw. als Überforderung wahrgenommen wird. Die Pastoralreferentin ist auf bestimmte Weise sensibilisiert und scheint ein Konstrukt hinter dem Konstrukt ‚angemessene Kleidung‘ zu kennen, mit dem die EA (S.) nicht vertraut ist. PR kommt von einem konzeptionellen Konstrukt her, das dabei anzusetzen scheint, Kindern grundsätzlich zu vertrauen, dass sie sich bei ihrem Handeln etwas denken. Ihr geht es darum, die Begründung der Kinder für ihr Handeln einzuholen. S. kommt von ihren Erfahrungen her und markiert die Grenzen dessen, was praktisch für sie realisierbar ist. Ihr Ausdruck „nur Laien“ legt auch die Vermutung nahe, dass sie bei anderen Akteuren, die keine Laien sind, vielleicht mehr Leistung oder zumindest einen ihr selbst gegenüber größeren Legitimationszwang in diesem Bereich sähe.

An dieser und auch an anderen Stellen der Beobachtung erscheint PR als Expertin, die die Konstrukte hinter den Konstrukten vermittelt. Irgendwie kommt es aber nicht zur Verhandlung der ‚Konstruktwelt' des (auch unter Beteiligung von RP erstellten) Schutzkonzeptes mit der ‚Erfahrungswelt' zumindest eines Teils der Ehrenamtlichen. Der Kodex und das Schutzkonzept scheinen so für S. eher zu einem Leitfaden zu werden, an dem man sich allenfalls grob orientiert, der aber gegenüber den tatsächlichen Abläufen und Routinen sowie ihrer jahrelangen Erfahrung nachgeordnet wird.

8.1.4 Beschwerdewege

Bei den Beschwerdewegen fällt zunächst auf, dass dieser Baustein unterschiedlich umgesetzt wird. Dieser Teil besteht mitunter ausschließlich aus einer Liste an Ansprechpartner*innen und Kontaktdaten. In manchen Fällen werden über diese Liste hinaus noch weitere Vereinbarungen vermerkt. In manchen Konzepten wird Beschwerdemanagement im sehr engen Rahmen nahezu ausschließlich fixiert auf Verdachtsäußerungen oder die Mitteilung von konkreten Verdachtsfällen zu Taten in den Blick genommen. In anderen Konzepten wird ein allgemeineres Vorgehen aufgestellt, etwa im Sinne eines ‚Lob-und-Kritik-Managements', im Rahmen dessen unabhängig von konkreten Verdachtsfällen Rückmeldungen in verschiedenen Kontexten etabliert werden sollen. Unter den analysierten Konzepten finden sich ganz unterschiedliche Umsetzungen entlang dieser genannten Merkmale. Gemeinsam ist ihnen, dass es jeweils darum geht, Handlungsoptionen für diejenigen bereitzuhalten, die sich mitteilen bzw. sich beschweren wollen. Allerdings unterscheiden sich die Herangehensweisen auch deutlich in ihrem Umfang und damit auch in der Breite der Aktionsflächen, die für die Mitteilungen oder Beschwerden von Kindern geboten werden. Es ist in keinem Konzept erkennbar, dass Kinder an der Erstellung der Beschwerdewege beteiligt wurden.

Einige Konzepte listen so unter dem Punkt Beschwerdewege eine mal längere und mal kürzere Liste an (zumeist internen, aber auch externen) Ansprechpartner*innen auf.[990] Für Kinder und Jugendliche wird hier i.d.R. die Nummer gegen Kummer als externe Beratungsmöglichkeit gelistet.[991] Ansprechpersonen und Kontaktdaten werden hier im Text des Konzepts genannt. Um an diese Information zu gelangen, müssen Menschen das Schutzkonzept vorliegen haben und lesen können. In einem Konzept wird vermerkt, dass „[i]m Rahmen der Erstkommunionvorbereitung […] allen Kindern eine Information und die Telefonnummer von der ‚Nummer gegen Kummer' ausgeteilt"[992] würden. Teilweise, aber

990 Vgl. dazu z. B. Schutzkonzept_K, S. 11: 241.
991 Vgl. dazu z. B. Schutzkonzept_G, S. 16: 541
992 Schutzkonzept_F, S. 11: 2107.

längst nicht in allen Konzepten, werden Strategien benannt, wie diese Beschwerdewege auch außerhalb der Festschreibung im Konzept kommuniziert werden. Insgesamt wird Beschwerde hier konzeptualisiert als mündliches bzw. telefonisches Hilfesuchen bei internen oder externen Vertrauenspersonen. Damit geht in der Konzeptlogik auch einher, dass Haupt- und Ehrenamtlichen, die hier als Ansprechpartner*innen benannt werden, besonders aufmerksam sein sollen für das, was andere ihnen mitzuteilen haben. Das Zuhören wird in einigen Konzepten zu einer wichtigen Fähigkeit:

„Ich höre zu, wenn die mir anvertrauten Menschen mir verständlich machen möchten, dass ihnen durch weitere Menschen seelische, verbale, sexualisierte und körperliche Gewalt angetan wird.“[993]

„Wir hören zu, wenn die uns Anvertrauten und Schutzbefohlenen verständlich machen möchten, dass ihnen durch andere Menschen seelische, körperliche und/oder sexualisierte Gewalt angetan wird.“[994]

Dieses Zuhören wird jedoch in den eben genannten Beispielen als eine Art ‚konditionales‘ Hören formuliert („Ich höre zu, wenn…“). Ein solches Verständnis von Hören zielt jedoch vorbei an einer Aufmerksamkeit, die jegliches Hören einschließt. Einige Konzepte führen innerhalb des Bausteins zusätzliche Aspekte zum allgemeinen Beschwerdemanagement an und überschreiben den Baustein z. B. mit „Beschwerde-Wege für Rückmeldungen und Verdachts-Äußerungen“[995]. Diese gehen über Beratung und Ansprechpartner*innen in konkreten Verdachtsfällen hinaus: „In allen Einrichtungen unserer Kirchengemeinde gibt es verbindlich festgelegte und dort einsehbare Wege für Lob und Kritik jeglicher Art.“[996] Zunächst einmal fällt dabei auf, dass viele Konzepte exakt diese Formulierung übernehmen. Wo diese Wege festgelegt und einsehbar sind und was sie sind, bleibt in einigen Konzepten unklar. Eine Pfarrei formuliert einen Text zu Lob und Kritik wie folgt:

„Das Einrichten von Beschwerdewegen hilft dabei, ein transparentes Verfahren mit klarer Regelung der Abläufe und Zuständigkeiten herzustellen (PrävO § 7). Es bedarf hierbei einer gelebten Kultur, in der Kritik und Lob von Kindern und Jugendlichen bzw. allen in der Kirche Tätigen gehört und ernst genommen werden. Was alle Gruppierungen unserer Pfarrei, die mit Kindern, Jugendlichen sowie hilfe- und schutzbedürftigen Erwachsenen zu tun haben, gemeinsam haben [,] ist, dass die Leiter bzw. Verantwortlichen offen sind für Kritik und Lob der Teilnehmer. Zudem sind diese jederzeit ansprechbar und veröffentlichen auch ihre Kontaktdaten (siehe Risikoanalyse). Des Weiteren gibt es die

993 Schutzkonzept_P, S. 6: 2095.
994 Schutzkonzept_O, S. 10: 493.
995 Schutzkonzept_M, S. 11: 1014.
996 Schutzkonzept_O, S. 10: 2190.

Möglichkeit, bei der monatlichen Sprechstunde des Pfarrers vorstellig zu werden und sein Lob / seine Kritik zu äußern. In einem Ferienlager gibt es die Möglichkeit eines Kummerkastens, der täglich geleert und bearbeitet wird und im Bereich der Flüchtlingshilfe gibt es ebenfalls eine monatliche Sprechstunde der Hauptverantwortlichen.“[997]

An diesem Zitat lassen sich mehrere Aspekte zeigen: Für Kinder gibt es hier die Möglichkeit, innerhalb ihrer Gruppen bei ihren Leiter*innen mündlich Lob und Kritik zu äußern. In den Konzepten findet sich diese Logik teilweise auch für andere Akteure „im Bilde eines Treppen- oder Stufenmodells, dass stets die nächstverantwortliche Person in geschütztem Raum zu kontaktieren und informieren ist.“[998] Des Weiteren offenbaren die unterschiedlichen erwähnten Methoden der Beschwerde (Sprechstunde, Kummerkasten), dass Rückmeldungen hier vor allem im persönlichen Gespräch und ausschließlich im Ferienlager schriftlich und anonym (Kummerkasten) abgewickelt werden können.

„Manche Einrichtungen wie die Kitas und Ferienlager haben eine ‚Ideenbox‘ für Kritik, Anliegen und Rückmeldungen. Es sollten Feedbackrunden zum Abschluss von Gruppenstunden, Fahrten oder Aktionen eingeführt werden. Dies können auch nur kurze Runden sein, so dass Kinder und Jugendliche den Umgang mit Lob und Kritik einüben – wie formuliert man Kritik konstruktiv? Es bestärkt die Teilnehmer darin, ihre Meinung zu sagen und lässt sie erfahren, dass ihre Kritik als Anregung zur Verbesserung des Klimas genutzt werden kann.“[999]

Interessant ist, dass nur für den Bereich der Kitas und der Ferienlager die Ideenboxen, die eine schriftliche Mitteilung ermöglichen, genannt werden. Für die anderen Kinder- und Jugendgruppen der Pfarrei wird die mündliche Rückmeldung aufgenommen und angeboten. Diese ist dann auch an den Kontakt mit Vertrauenspersonen gekoppelt. Anonyme Beschwerden oder Rückmeldungen an die internen Bezugspersonen, wie sie über die Box möglich wären, werden nicht vorgesehen. Weiterhin fällt in diesem Zitat auf, dass vor allem Rückmeldungen zum Abschluss (z. B. von Aktionen) in den Blick kommen. Was Leiter*innen tun, damit die Kritik umgesetzt wird oder sie während Fahrten, Aktionen oder Gruppenstunden Anliegen eingebracht werden können, bleibt ungesagt. Ganz anders wird mit diesem Punkt jedoch im Folgenden umgegangen:

„Durch geeignete Methoden, wie Reflexionsrunden in katechetischen Gruppen oder „Kinderparlamenten“ in Ferienfreizeiten, sollen die Kinder und Jugendlichen ermutigt werden, sich zur Gruppensituation zu äußern. Dabei auftretende Kritikpunkte müssen

997 Schutzkonzept_G, S. 13: 441.Hier kann auch bereits eine Logik erkannt werden, die noch eigens Thema wird (Kapitel 8.3): Kinder werden in den Gruppen gedacht, in denen sie in den Pfarreien unterwegs sind.

998 Schutzkonzept_I, S. 14: 763.

999 Schutzkonzept_B, S. 14: 631 bis 853.

von den Betreuern, Katecheten und Leitern angenommen und beachtet werden. Nach Möglichkeit wird ein gemeinsamer Lösungsweg gesucht".[1000]

Die Gruppensituation lässt erahnen, dass es hier um eine aktive Mitgestaltung der gemeinsamen Zeit geht und nicht ausschließlich um eine abschließende Rückmelderunde. Zu unterscheiden sind von den Konzepten her also erstens die Szenarien der Rückmeldung am Ende und zweitens der Mitgestaltung durch Rückmeldung inmitten des Angebots.

Der Schwerpunkt auf den mündlichen Rückmeldemöglichkeiten fällt an weiteren Stellen auch mit einer besonderen Zentrierung auf die Hauptamtlichen auf, wie z. B. hier:

„Für die Pfarrgemeinde wurde ein Formular entwickelt (s. Anhang), das allen die Möglichkeit gibt, ihre Kritiken und Anregungen an das Seelsorgeteam weiter zu geben. Die Formulare liegen in allen Kirchen und im Pfarrbüro aus und können ausgefüllt im Briefkasten des Pfarrhauses oder ins Kollektenkörbchen geworfen werden. Des Weiteren dürfen sich alle, vor allem auch Kinder und Jugendliche direkt im Gespräch an den Seelsorger oder die Seelsorgerin ihres Vertrauens mit ihrem Anliegen wenden."[1001]

So formuliert erscheint das Vorbringen der Anliegen durch Kinder und Jugendliche fast exterritorialisiert. In der Reproduktion eines Forum internums könnte man sich hier schon fast an die Beichtpraxis erinnert fühlen. Externe Anlaufstellen für Beschwerden werden im Übrigen im selben Konzept für das Vorkommen von „Verdachtsfällen sexualisierter Gewalt"[1002] aufgeführt – ein allgemeines und grundlegendes Beschwerdemanagement, das diese flankiert verbleibt jedoch in den gewohnten Mustern der pfarreiinternen Interaktionsmuster im Gefälle zwischen theologischen Profis und sich beschwerenden Gemeindemitgliedern.

Zugleich soll sichergestellt werden, dass Beschwerdewege „niedrigschwellig und alltagstauglich […] [sind; R.B.], sodass alle Arten von Lob und Kritik/Beschwerden Beachtung finden und für alle Menschen einer Einrichtung transparent und zugänglich sind."[1003] Die Frage bleibt, ob es begründet werden kann, dass mündliche Äußerungen für eine bestimmte Alters- und Zielgruppe wirklich eine niedrigschwellige Möglichkeit darstellen. Die Begründung für die mündlichen Äußerungen ist sicher in der Anlage der Alltagssituationen in Gemeindepastoral selbst zu finden. Insofern erscheinen alltägliche Situationen sehr geeignet, da sie regelmäßig und unbürokratisch funktionieren. Nur weil eine Beschwere mündlich erfolgt, ist sie jedoch sicher nicht automatisch niedrigschwellig bzw. einfacher. Nicht in allen Konzepten werden mehrere Wege und Zugänge

1000 Schutzkonzept_J, S. 12: 768.
1001 Schutzkonzept_E, S. 10: 458.
1002 Ebd., S. 10: 968.
1003 Schutzkonzept_A, S. 8: 1704.

für Beschwerdemöglichkeiten abgesichert (z. B. mündliche Ansprache, schriftlicher Brief oder Mail, externe und interne Anlaufstellen usw.). Hinzu kommt, dass für Kinder weniger anonyme Rückmeldemöglichkeiten zu bestehen scheinen.

8.1.5 Qualitätsmanagement

Die Berücksichtigung von kindlichen Positionen ist mit Blick auf den Baustein Qualitätsmanagement in den Konzepten insgesamt kaum gegeben. Nur ein Konzept benennt explizit, dass Rückmeldungen von Kindern bei der Überarbeitung der Konzepte berücksichtig würden:

> „Das ISK wird aber auch in den einzelnen Gruppen, die mit Kinder [sic!] und Jugendlichen zusammen arbeiten, regelmäßig reflektiert. Gruppen, die regelmäßig mit Kinder [sic!] und Jugendlichen arbeiten (z. B. MessdienerInnen), überprüfen einmal jährlich den Verhaltenskodex. Gruppen, die unregelmäßig bzw. punktuell und projektorientiert mit Kindern und Jugendlichen arbeiten, überprüfen den Verhaltenskodex am Ende ihrer Maßnahme."[1004]

In diesem Konzept ist die regelmäßige Reflexion „mit Gruppen, die mit Kindern und Jugendlichen zusammenarbeiten" festgehalten, wobei unklar bleibt, ob damit die Kinder und Jugendlichen oder die Leitungspersonen dieser Gruppen gemeint sind. Kinder und Jugendliche kommen mit ihren Positionen in diesem Baustein insgesamt in vier Konzepten zum Tragen. Eine Pfarrei definiert als eins von vier Ereignissen, nach denen das Schutzkonzept überarbeitet wird: „bei relevanten Rückmeldungen von Kindern, Jugendlichen oder Verantwortlichen."[1005] Eine andere Pfarrei verweist darauf, dass die Haupt- und Ehrenamtlichen „[g]emeinsam mit den Kindern und Jugendlichen" Regeln entwickeln, die sie auch „regelmäßig überprüfen."[1006] Eine weitere Pfarrei schreibt als ihr Verständnis zum Qualitätsmanagement: „Ein weiterer zentraler Bestandteil unseres Qualitätsmanagements als Pfarrei [Name der Pfarrei] ist es, das Thema Prävention fortlaufend mitzudenken und es auch langfristig zu einem integralen Bestandteil des alltäglichen Pfarreilebens zu machen."[1007] In dieser Logik werden „Gruppenstunden zum Thema Nein-Sagen"[1008] als Qualitätsmanagementmaßnahme aufgelistet, von denen vermutet werden kann, dass sie sich an Kinder richten.

Es gibt zwei Konzepte, in denen die hauptamtlichen Mitarbeiter*innen des Seelsorgeteams als Ansprechpartner*innen benannt werden. Sie stünden „mit

1004 Schutzkonzept_D, S. 12: 1327.
1005 Schutzkonzept_M, S. 2: 2050.
1006 Schutzkonzept_K, S. 8: 1116.
1007 Schutzkonzept_I, S. 15: 650.
1008 Ebd., S. 15: 1331.

den verschiedenen Gruppen in der Pfarrei in Kontakt und besprechen dort, ob es Wünsche, Ergänzungen und Verbesserungsvorschläge für das ISK gibt.“[1009] Auch hier geht es wieder um eine mündliche Rückmeldemöglichkeit. Das andere Konzept definiert kein Medium der Rückmeldung: „Bedenken, Unsicherheiten, Fragen und Anregungen rund um das Themenfeld Prävention sexualisierter Gewalt, sowie Erfahrungen mit dem vorliegenden Schutzkonzept, nehmen die zuständigen Seelsorgerinnen und Seelsorger bzw. die Präventionsfachkraft gerne entgegen.“[1010] Selbstverständlich scheint aber in beiden Fällen, dass eine Rückmeldung im Hinblick auf die Überarbeitung des Konzeptes an Hauptamtliche kommuniziert wird.

8.1.6 Prozesse zur Stärkung

Im Baustein ‚Prozessen zur Stärkung‘ von Kindern und Jugendlichen zeigen sich unterschiedliche Herangehensweisen und Verständnisse der Pfarreien. In einigen Konzepten wird der Inhalt dieses Bausteins verknüpft mit seiner unmittelbar primärpräventiven Bedeutung zur Vorbeugung sexualisierter Gewalt.[1011] Damit wird er auch mit den restlichen Bausteinen des Konzepts verknüpft. Teilweise werden stärkende Maßnahmen aber auch ohne Bezug zum Thema Prävention aufgeführt. Es stellt sich dann teilweise die Frage, ob für Leser*innen ersichtlich wird, in welchem Zusammenhang Kinderschutz und Kinderstärkung stehen. Insbesondere, da einige Konzepte hier mit allgemeinen Grundbegriffen und Maßnahmen hantieren: Mitbestimmung wird z. B. zu einer Art ‚Methode zur Stärkung‘ auserkoren: „Wenn Kinder und Jugendliche mitbestimmen können und mit ihren Ideen und Erfahrungen ernstgenommen werden, erleben sie sich als wertgeschätzt und selbstwirksam, was ihre Persönlichkeit stärkt.“[1012] Ebenso ist im gleichen Konzept die Entwicklung einer Feedbackkultur, in der „Kinder, Jugendliche und Erwachsene sich gegenseitig Rückmeldungen geben über das, was sie erlebt haben und darüber, wie sie sich gegenseitig erleben“[1013], als stärkender Prozess festgehalten. Auch die „Gruppenregeln mitzugestalten“[1014] wird als stärkende Maßnahme genannt. Es gibt Konzepte, in denen die Arbeit mit Kindern und Jugendlichen auf sehr grundsätzliche Art und Weise mit dem Anliegen der Kinderstärkung in Verbindung gebracht wird:

1009 Schutzkonzept_F, S. 14: 1531.
1010 Schutzkonzept_ K, S. 16: 425.
1011 Vgl. z. B. Schutzkonzept_I, S. 17: 277.
1012 Schutzkonzept_D, S. 14: 948-1113.
1013 Ebd., S. 14: 1311.
1014 Schutzkonzept_J, S. 12: 601.

„Jede kirchliche Kinder- und Jugendarbeit dient der Stärkung von Kindern und Jugendlichen. Dazu ist es wichtig Kinder und Jugendliche sprachfähig zu machen. Die Möglichkeit zur Mitbestimmung, Partizipation, Freiwilligkeit sowie die Möglichkeit zur Kritik müssen zu festen Bestandteilen im Umgang miteinander gehören. Sie sollen das Selbstwertgefühl und Selbstbewusstsein der Kinder und Jugendlichen stärken."[1015]

Es wird jedoch nicht nur auf die Nennung der Bedeutung pfarrlicher Kinder- und Jugendarbeit allgemein zurückgegriffen. Es gibt drei Pfarreien, die eine Art Auflistung von „Inhalte[n]"[1016] stärkender Maßnahmen bzw. von deren „Grundsätze[n]"[1017] vornehmen. Alle drei benennen nahezu identisch die nachfolgenden Punkte:

- Umgang mit eigenen Gefühlen
- Nein und Ja sagen können
- Umgang mit Geheimnissen
- Kultur der Achtsamkeit und des Vertrauens miteinander
- Partizipation und Kommunikationskultur stärken
- Sexualpädagogische Angebote
- Wissen um die eigenen Rechte

Gleicht man diese Elemente mit der Arbeitshilfe des Bistums ab, findet man eine nahezu wortwörtliche Übereinstimmung. Weiterhin erscheint Stärkung in einigen Konzepten als eine quasi zusätzliche, freiwillige Maßnahme. Dies wird bspw. dort deutlich, wo eine vorsichtige Einladung an Haupt- und Ehrenamtliche ausgesprochen wird, die die Stärkung zu einem scheinbar freiwilligen Prozess erklärt: „Alle Hauptamtlichen und Ehrenamtlichen sind dazu eingeladen, sich für die Umsetzung von Maßnahmen zur Stärkung in ihren Arbeitsbereichen einzusetzen."[1018] Auch die Vorbildfunktion wird wiederholt als stärkende Maßnahme aufgegriffen:

„SeelsorgerInnen und Verantwortliche in der Kinder- und Jugendarbeit haben dabei einen besonderen Vorbildcharakter"[1019]

„Unsere wichtigste Maßnahme zur Stärkung von Minderjährigen umfasst vor allem das Vorleben von Gewaltverzicht, den respektvollen und akzeptierenden Umgang miteinander, eine altersgerechte und verständnisvolle Begleitung und eine entsprechende Vermittlung und Erklärung unserer wesentlichen Werte und Regeln."[1020]

1015 Schutzkonzept_ P, S. 11: 1063.
1016 Schutzkonzept_O, S. 16: 1109; Schutzkonzept_I, S. 17: 383; Schutzkonzept_F, S. 18: 1410.
1017 Schutzkonzept_ H, S. 13: 1888.
1018 Schutzkonzept_O, S. 16: 1442.
1019 Schutzkonzept_P, S. 11: 2326.
1020 Schutzkonzept_J, S. 12: 165.

„Jeder Mitarbeiter stärkt durch seine Persönlichkeit und sein personelles Angebot die Kinder und Jugendlichen auf seine Weise."[1021]

Interessant ist darüber hinaus, dass sich teilweise eine Lücke auftut mit Blick auf die Altersgruppe der Kinder zwischen Kindergarten- und Jugendalter:

„In den Kindertageseinrichtungen unserer Kirchengemeinde werden die Kinder in ihrer persönlichen Entwicklung unterstützt und so in ihrem Selbstbewusstsein gestärkt. Auch in der Jugendarbeit unserer Kirchengemeinde haben Kinder und Jugendliche ausdrückliche Mitsprache- und Mitbestimmungsrechte."[1022]

„So werden z. B. in den Kindertageseinrichtungen und in der Jugendarbeit unserer Pfarreien Kinder und Jugendliche in ihrer persönlichen Entwicklung unterstützt und so in ihrem Selbstbewusstsein gestärkt und gefördert."[1023]

Beide Beispiele zeigen, dass entweder Kinder im Kita-Alter oder Jugendliche mit den getroffenen Maßnahmen adressiert werden. Die Zielgruppe der Kinder, die sich zwischen diesen beiden Altersstufen befindet, ist von der Konstruktion der Stärkungsprozesse in den Konzepten her nicht im Blick.

8.2 Catchwords und Catchphrases

In den Konzepten werden Worte und Ausdrücke zu Handlungsprogrammatiken erhoben, die zum einen begrifflich abstrakt präsentierte Partizipationskonzepte in Form von Grundsätzen umschreiben und zum anderen in ihrer wörtlichen Formulierung so in vielen Konzepten immer wieder auftauchen. Dies hängt auch maßgeblich mit der starken Orientierung der Pfarreien an der Arbeitshilfe des Bistums zusammen, die sich, wie bereits gesehen, bis in die Übernahme von wörtlichen Formulierungen hineinträgt. Partizipationsprozesse in den Konzepten kennzeichnet, dass sie in einer bestimmten Form in den Konzepten formuliert werden. Diese Form wird hier mit den Begriffen *Catchwords* bzw. *Catchphrases* gefasst.

Diese Catchwords und Catchphrases zeichnet aus, dass sie Beachtung erzeugen und die Aufmerksamkeit an sich ziehen. Auf der Suche nach Partizipationskonstruktionen sind sie der Forscherin aufgefallen. Viele der gefundenen Ausdrücke und Formulierungen könnten auch als Schlagworte bezeichnet werden (jedoch hier nicht im Sinne einer Verschlagwortung), die in verschiedenen

1021 Schutzkonzept_F, S. 18: 2044.
1022 Schutzkonzept_N, S. 18: 342-726.
1023 Schutzkonzept_K, S. 15: 324.

Konzepten immer wieder begegnen.[1024] Die entsprechenden Passagen knüpfen an allgemeine Vorstellungen der Leser*innen von dem, was dort beschrieben wird, an und setzen auch ein allgemeines Vorverständnis voraus. Sie verbleiben dabei nicht selten in einem gewissen Spektrum der Vagheit. Ein Beispiel: „Es gibt die Möglichkeit, von den Schutzbefohlenen ein [sic!] Rückmeldung ausdrücklich einzuholen, über Programm, Inhalte und Durchführung."[1025] Der von der Forscherin in die Konzeption des Catchphrases erhobene Ausdruck *Rückmeldung einholen* fängt die Beschreibung eines Vorgangs ein (to catch), bei dem vielleicht in einem ersten Zugriff auf den Satz klar zu sein scheint, was damit gemeint ist. Im allgemeinen Sprachgebrauch würde er intuitiv in die Nähe von Beteiligung gerückt werden. Assoziationen der Interaktion werden aktiviert. Ebenso ist dies der Fall, wenn z. B. davon geschrieben wird, dass man „Kinder und Jugendliche angemessen berücksichtigen"[1026] oder, dass „Lob und Kritik von Kindern, Jugendlichen und allen in der Kirche Tätigen gehört und ernst genommen werden" solle. [1027] Dieser Teil der Auswertung legt den Fokus auf die Beobachtung, dass solche *Catchwords oder Catchphrases* in den Konzepten sehr häufig genutzt, aber weniger häufig beispielhaft konkretisiert und noch seltener erklärt werden. Sie verweisen damit auf eine potenzielle Leerstelle. Diese Leerstelle entsteht zwischen Konzeption von allgemeinen Handlungsprogrammatiken und konkreten Praktiken und fordert die Akteure zu weiterer Bearbeitung auf. Catchwords und Catchphrases zeichnet damit die Notwendigkeit der Bearbeitung der Leerstelle aus, die sie selbst erzeugen. Dazu dienliche Konkretisierungen der Catchwords und Catchphrases werden jedoch nicht in den analysierten Konzepten vorgenommen und damit stellt sich die Frage, wo diese Bearbeitungen im Alltag der gemeindepastoralen Praxis mit den Konzepten ihren ‚Sitz im Leben' haben.

„Mitspracherecht haben"

Eine erste Auffälligkeit ist die Benennung der Rechte, die Kinder und Jugendliche haben: „Kinder und Jugendliche haben Mitspracherecht"[1028] oder auch: „Kinder und Jugendliche haben Mitsprache- und Mitbestimmungsrechte."[1029] Dabei fällt auf, dass die Rechte als eine Art Zustand benannt werden und mit „haben" eine Formulierung gewählt wird, die ausdrückt, dass Kinder und Jugendliche diese Rechte ihr Eigen nennen können, sie quasi schon in ihrem Besitz sind. Hier wird

1024 Die Analyse kann natürlich nicht aufzeigen, mit welcher Absicht die Verfasser*innen die Begriffe oder Sätze formulierten. *Catchword/Catchphrase* wurde hier gewählt im Hinblick auf den Lese- bzw. Kodiereindruck und eine mögliche Wirkung der Begriffe.

1025 Schutzkonzept_ B, S. 14: 496.

1026 Schutzkonzept_E, S. 6: 1642.

1027 Schutzkonzept_L, S. 10: 324.

1028 Schutzkonzept_K, S. 8: 1828.

1029 Ebd., S. 15: 552.

nicht formuliert, wie Erwachsene handeln, um diesen Rechten zu entsprechen oder welche Handlungen bei den Kindern und Jugendlichen damit verbunden sind. Die reine Benennung des Verfügens über Rechte wird aufgenommen in die analysierten Schutzkonzepte.

„angemessen berücksichtigen"

Eine weitere Konstruktion, die beispielhaft als Catchphrase identifiziert werden konnte, lautet „angemessen berücksichtigen". Besonders im Bereich der Regeln zu Sprache und Wortwahl im Verhaltenskodex kommt sie vor:

> „Wir schätzen den Menschen und deswegen wählen wir eine angemessene gewaltfreie – auch non-verbale Sprache. [...] Besonders achten wir darauf, dass wir Kinder und Jugendliche angemessen berücksichtigen."[1030]

> „Bei sprachlichen Grenzverletzungen schreite ich ein und beziehe Stellung. Besonders achte ich darauf, dass ich Kinder und Jugendliche angemessen berücksichtige."[1031]

Anders als beim vorherigen Konstrukt wird hiermit umschrieben, was Ehren- und Hauptamtliche tun. Wenn jemand berücksichtigt wird, bedeutet im allgemeinen Sprachgebrauch, dass man etwas oder jemanden bei seinen Überlegungen bzw. seinem Handeln beachtet, sie oder ihn nicht übergeht, sondern stattdessen einbezieht.[1032] Dahinter können viele konkrete Interaktionen und Praktiken stecken. Zu dieser offenen Form kommt angemessen als offenes Charakteristikum. Gibt es eine angemessene Berücksichtigung, so legt sich auch der Schluss nahe, dass es unangemessene Berücksichtigung in den jeweiligen Situationen geben kann. Es stellen sich Fragen wie: Wie findet man heraus, was jeweils angemessen ist und wie bildet sich dies dann in konkreten Handlungen ab? Die Aufgabe der Prüfung der Angemessenheit wird offengelassen und in die Hände der Ehren- und Hauptamtlichen gelegt. Um so handeln zu können, wie es das Konzept vorsieht, benötigen diese also die Kompetenz, „berücksichtigen" von Kindern und Jugendlichen in konkrete Praktiken überführen zu können und diese auf Angemessenheit oder Unangemessenheit der Art und Weise dieser Berücksichtigung hin zu prüfen (z. B. Vor- und Nachteile abzuwägen und deren Verhältnismäßigkeit zu prüfen).

„ernst nehmen" und „achtsam" sein

Wiederum als (nahezu, teilweise auch direkt) wörtliches Zitat aus der Arbeitshilfe kommt ein weiterer Aspekt, der zu einem weiteren Catchphrase wird, wiederholt

1030 Schutzkonzept_E, S. 6: 1556.

1031 Schutzkonzept_A, S. 6: 2454.

1032 So Duden: Art. Berücksichtigen. Online unter *https://www.duden.de/node/131353/revision/131389* [Stand: 08.12.2021].

vor: Kinder und Jugendliche „ernst nehmen" wird hier nicht nur aufgenommen, weil diese konkrete und abgewandelte Formulierungen häufig vorkommen, sondern auch, weil sie exemplarisch für die spezifische Sprach- und Ausdrucksweise der Konzepte steht. Diese zeichnet u. a. aus, dass Formulierungen aus den Arbeitshilfen und Vorlagen übernommen werden. Sie taucht besonders im Zusammenhang mit Beschwerdewegen auf und im Hinblick darauf, dass Lob und Kritik geäußert werden können:

> „Im Hinblick auf grenzverletzendes Verhalten und sexualisierte Gewalt bedarf es einer gelebten Kultur, in welcher Kritik und Lob von Kindern, Jugendlichen und allen in der Kirche Tätigen gehört und ernst genommen wird."[1033]

> „Es bedarf hierbei einer gelebten Kultur, in der Kritik und Lob von Kindern und Jugendlichen bzw. allen in der Kirche Tätigen gehört und ernst genommen werden."[1034]

> „Um sichergehen zu können, dass Beschwerdewege auch im Hinblick auf grenzverletzendes Verhalten und sexualisierte Gewalt genutzt werden, bedarf es einer gelebten Kultur, in welcher Lob und Kritik von Kindern, Jugendlichen und allen in der Kirche Tätigen gehört und ernst genommen werden."[1035]

Es gibt auch einige Formulierungen, die das Konstrukt freier formulieren: „Wenn Kinder und Jugendliche mitbestimmen können und mit ihren Ideen und Erfahrungen ernstgenommen werden, erleben sie sich als wertgeschätzt und selbstwirksam, was ihre Persönlichkeit stärkt."[1036] Oder: „Zuhören, Nachfragen und Ernstnehmen, die Kinder und Jugendlichen so nehmen, wie sie sind"[1037] Der Catchphrase steht für die besondere Sprach- und Ausdrucksweise der Konzepte. Es wird viel mit den Formulierungen der Vorlagen und Arbeitshilfe gearbeitet und diese werden mal mehr und mal weniger direkt kopiert in die Konzepte. Es stellt sich die Frage, wie dies im je konkreten Fall mit dem Anspruch korrespondiert, ein möglichst auf die Pfarrei maßgeschneidertes Konzept zu entwickeln. In ähnlicher Weise kann auch auf das Konstrukt der Achtsamkeit verwiesen werden, das in den Konzepten in mannigfachen Bezugszusammenhängen verwendet wird:

> „Die Auswahl von Filmen, Fotos, Spielen und Materialien muss im Sinne eines achtsamen Umgangs miteinander sorgsam getroffen werden. Sie hat pädagogisch sinnvoll und altersadäquat zu erfolgen."[1038]

1033 Schutzkonzept_C, S. 7: 430.
1034 Schutzkonzept_G, S. 13: 598.
1035 Schutzkonzept_L, S. 10: 31.
1036 Schutzkonzept_D, S. 14: 1113.
1037 Schutzkonzept_E, S. 9: 547.
1038 Schutzkonzept_B , S. 5: 1957.

„Je nach Bedarf werden auch eigenen Veranstaltungen zur Kompetenzerweiterung für BetreuerInnen oder KatechtetInnen angeboten, die die Kultur der Achtsamkeit fördern."[1039]

„Die Vereinbarung eines Verhaltenskodexes, der für alle in der Kirchengemeinde Tätigen verbindlich ist, nimmt alle in die Pflicht, eine Haltung der Wertschätzung und Achtsamkeit mit zu tragen und in konkreten Handlungen deutlich zu machen."[1040]

„Daher ist es unserer Pfarrei und allen darin Mitwirkenden ein zentrales Anliegen, diese Kultur der Achtsamkeit und des Hinhörens zu fördern und zu schulen, sodass unsere Pfarrei kein Tatort sexueller Gewalt wird und Betroffene angemessene Hilfe finden können."[1041]

Achtsamkeit ist ein auffallend häufig verwendeter Begriff in den Konzepten. Auch dieses kann rückgebunden werden an Formulierungen der Arbeitshilfe und auch an die Dokumente der DBK zur Prävention.[1042] Es scheint fast zu einem kirchenspezifischen Sprech perfektionalisiert.

„[...], damit das Konzept lebt"

Die Konzepte zeigen auch ihre ganz eigene Sprachwelt im Hinblick auf Partizipation. Diese zeigt sich an bestimmten Spachbildern, die wiederholt genutzt werden. Die Verlebendigung des Konzepts ist eines davon: „Damit dieses Institutionelle Schutzkonzept nicht nur auf dem Papier steht, sondern auch lebt" [1043], wird in einem Konzept formuliert. Es wird ein möglicher, wenn auch zu vermeidender, Kontrast zwischen Konzept und Leben konstatiert und dabei das Konzept vor dem Hintergrund dieses wichtigeren Lebens relativiert: „Mit dem ISK ist ein erster wesentlicher Schritt für schützende Strukturen und eine Kultur der Achtsamkeit in unserer Pfarrei getan. Gleichwohl ist uns bewusst, dass es darauf ankommt, das ISK mit Leben zu füllen."[1044]

Auch die Pfarrei wird als etwas Lebendiges beschrieben: „das Thema Prävention fortlaufend mitzudenken und es auch langfristig zu einem integralen Bestandteil des alltäglichen Pfarreilebens zu machen".[1045] Pfarrei wird als Ort skizziert, in dem Leben stattfindet. In diesem als lebendig charakterisierten

1039 Schutzkonzept_D, S. 15: 10.
1040 Schutzkonzept_F, S. 10: 815.
1041 Schutzkonzept_G, S. 3: 331.
1042 „Ziel von Prävention in Diözesen, Ordensgemeinschaften, neuen Geistlichen Gemeinschaften, kirchlichen Bewegungen und Initiativen sowie in kirchlichen und caritativen Institutionen und Verbänden ist es, eine Kultur des achtsamen Miteinanders zu praktizieren und weiter zu entwickeln." Sekretariat der Deutschen Bischofskonferenz, Rahmenordnung 2020, 1f.
1043 Schutzkonzept_N, S. 4: 2138.
1044 Schutzkonzept_D, S. 16: 21.
1045 Schutzkonzept_I, S. 15: 763.

Pfarreileben kommt es nun nicht auf den „Papiertiger“ an, sondern auf den Vollzug der Lebendigkeit. An anderer Stelle wird auch von einer gelebten Kultur geschrieben: „Es bedarf hierbei einer gelebten Kultur, in der Kritik und Lob von Kindern und Jugendlichen bzw. allen in der Kirche Tätigen gehört und ernst genommen werden.“[1046] Die Hervorhebung einer Verlebendigung wirkt wie eine fast schon dramatische Inszenierung: Das Konzept wird zum Leben erweckt. Es wird als etwas inszeniert, dem in dem, was sich alltäglich in Gemeindepastoral vollzieht, Gestalt verliehen wird. Die Verschriftlichung selbst wird nicht als Akt mit belebender Funktion konzipiert.

8.3 Kinder kommen in ihrer Gruppenzugehörigkeit in den Blick

Die Schutzkonzepte fokussieren auf die unterschiedlichen Gruppen der Pfarreien. Dies ist eine zentrale Konfiguration für die Konstruktion von Kinderpartizipation. Der Blick richtet sich nicht auf einzelne Kinder, sondern auf die Gruppen, in denen sich Kinder und Jugendliche organisieren, in denen sie zusammenkommen und in denen Aktionen für sie und mit ihnen stattfinden. Es geht z. B. um

> „Kinder in Kindergruppen, Jugendgruppen, Messdienergruppen, Musikgruppen (Kinderchören, Bands, etc.), in katechetischen Gruppen (Vorbereitung zur Erstkommunion und Firmung), Ferienlagern und in Verbänden und Vereinen, die die Räumlichkeiten der Pfarrei St. […] nutzen“[1047]

In den Zuständigkeitsbereich der Pfarrei fallen alle Gruppen, die sich innerhalb pfarrlicher Strukturen organisieren bzw. die Orte, Räumlichkeiten oder Gebäude der Pfarrei nutzen. In den Konzepten werden verschiedene Gruppen genannt. Dies sind zum einen (auf Dauer angelegte) Vereine und Verbände unter nichtpfarrlicher Trägerschaft, wie z. B. die Pfadfinder*innen oder die Landjugend (die jedoch i. d. R. ein separates Schutzkonzept erstellen). Zum anderen andere Gruppen der Pfarrei, die eine fortlaufende Dauer des Bestehens in der Pfarrei auszeichnet wie z. B. Messdiener*innen, Spielmannszüge oder Schützenbruderschaften. Besonders häufig werden daneben kirchenmusische Gruppierungen genannt (z. B. Bands oder Chöre). Daneben gibt es auch zahlreiche weitere Gruppenformate: Katechesen (Erstkommunion und Firmung), Hausaufgabenbetreuung, Spieleangebote, offene Kinder- und Jugendarbeit und Treffs, Initiativen für Geflüchtete oder Angebote, die in Zusammenarbeit mit externen Partnern durchgeführt werden (z. B. Lesepaten in den Kitas). Außerdem fallen liturgische Angebote (z. B.

1046 Schutzkonzept_G, S. 13: 598.
1047 Schutzkonzept_J, S. 4: 1912.

Kinderkirche, Familien- oder Kindermesskreise und Familien- bzw. Kindergottesdienste) auf. Weitere Gruppen werden im Zusammenhang mit vielfältigen Formen von Ferienlagern und Fahrten genannt. Weiterhin werden zahlreiche Kinder- und Jugendprojekte als punktuelle Aktionen genannt (z. B. Sternsingeraktion, Kinderbibelwoche, 72-Stunden-Aktion, Menschenkickerturnier).

8.3.1 Erstellung der Schutzkonzepte und Anwaltschaften für Gruppenperspektiven

Das Merkmal der Gruppenzugehörigkeit lässt sich besonders gut im Blick auf die Erstellung der Schutzkonzepte weiter entfalten. Denn nicht nur Kinder kommen in Gruppenkonstellationen und Kollektiven in den Blick. Die gesamte Arbeit an den Konzepten organisiert sich auf diese Weise. Zunächst zu den Gruppen, die die Schutzkonzepte in den Pfarreien erstellen: Nicht alle Konzepte geben Auskunft darüber, welche und wie viele Personen das Schutzkonzept erarbeitet haben. In den Konzepten, in denen sich diese Informationen finden (insg. 12 von 16), werden zwischen zwei und elf Personen angegeben. Teilweise wird noch zusätzlich ein*e Vertreter*in der diözesanen Präventionsstelle erwähnt, die die Pfarreien begleitet hat. I. d. R. werden bei der Aufzählung der mitwirkenden Personen die Bereiche mitgenannt, für die die Personen jeweils in der Pfarrei zuständig sind (z. B. Messdiener*innenarbeit oder Firmkatechese). Teilweise werden auch gewählte Ämter genannt (z. B. Kirchenvorstandsmitglied oder Pfarreiratsmitglied) oder die jeweilige Funktion im Pastoralteam (z. B. leitender Pfarrer oder Pastoralreferent*in). Personen mit weiteren beruflichen Tätigkeiten in der Pfarrei werden auch benannt (z. B. Verbundleitung der Kitas oder Leitung der Altenpflegeeinrichtung). Die Personenkonstellationen in den Steuerungsgruppen sind grundsätzlich unterschiedlich. Die Zusammensetzungen der Steuerungsgruppen werden in den Konzepten wie folgt begründet:

> „In der Projektgruppe wurde darauf geachtet, dass alle Gruppen und Personenkreise, die in unserer Pfarrei mit Kindern und Jugendlichen zu tun haben, durch eine/n Ansprechpartner/in vertreten sind.“[1048]

> „Schon in der Projektgruppe wurde darauf geachtet, dass alle Gruppen und Personenkreise, die in unserer Pfarre mit Kindern und Jugendlichen zu tun haben, durch einen Ansprechpartner vertreten waren.“[1049]

1048 Schutzkonzept_L, S. 4: 889.
1049 Schutzkonzept_E, S. 4: 30.

„Zur Erstellung dieses ISK hat sich eine Projektgruppe mit Teilnehmern aus allen Bereichen der Pfarrei zusammengefunden, die unmittelbar und mittelbar mit Kindern und Jugendlichen zu tun [haben; R.B.].“[1050]

Bei der Zusammensetzung der Steuerungsgruppe scheint für die Pfarreien relevant, dass die verschiedenen Gruppen und Bereiche, die mit Kinder- und Jugendarbeit befasst sind, durch Vertreter*innen repräsentiert sind. In manchen Konzepten lässt sich erahnen (jedoch nicht belegen), dass auch Jugendliche, und nicht nur Erwachsene, Teil der Steuerungsgruppe sind. Die Konzepte dokumentieren dies aber nicht eindeutig, weshalb diese Information für Externe der Pfarreien über die Konzepte nicht ersichtlich wird.

Darüber hinaus lässt sich feststellen: Allen Konzepten ist (bis auf eine Ausnahme, in der Pfarrer und Pastoralreferentin das Konzept allein erstellten) gemeinsam, dass sie von Vertreter*innen des Pastoralteams und von Ehrenamtlichen gemeinsam erstellt wurden. Nicht immer war jedoch ein Priester Teil der Steuerungsgruppe. Teilweise kommen auch Hauptamtliche aus weiteren Bereichen (hauptsächlich aus den Kitas) hinzu. Teilweise wurde angegeben, wer die Projektleitung innehatte. Dies waren vier Pastoralreferent*innen und ein Pfarrer.

Tab. 6: Mitwirkende in den Steuerungsgruppen zur Erstellung der Schutzkonzepte

Mitwirkende in der Steuerungsgruppe nach Angehörigkeit zu (Berufs-)Gruppen	*Anzahl der Konzepte, in denen Angehörige der jeweiligen Personengruppen mitgewirkt haben (n=12[1051])*
Pfarrer oder Priester	6
Pastoralreferent*in	10
Pastoralassistent*in	4
KV-Mitglieder (EA)	8
Vertreter*innen der Messdienergemeinschaften (meist EA)	5
Vertreter*innen der Kitas (meist Verbundleitung oder Erzieher*in)	10
Vertreter*innen des Pfarreirats (EA)	8
Mitwirkende in der Katechese (als solche benannt; EA und HA)	3

Eigene Darstellung

1050 Schutzkonzept_A, S. 3: 1899.

1051 Aus lediglich 12 der 18 analysierten Schutzkonzepten konnten die entsprechenden Informationen entnommen werden. Diese Aufzählung der Bereiche, aus denen die Mitwirkenden kommen, stellt nur eine Auswahl dar. Manche Bezeichnungen sind insgesamt über die Konzepte hinweg nicht trennscharf zuzuordnen zum Haupt- oder Ehrenamt.

Die unterschiedlichen Bausteine der Schutzkonzepte ermöglichen Kinderpartizipation an unterschiedlichen Teilen der Schutzkonzepterstellung. Insgesamt ziele die Erstellung der Schutzkonzepte laut Rahmenordnung der DBK auf Partizipation bei der Erstellung mit „allen hierfür relevanten Personen und Gruppen".[1052] Ein Blick in die zur Analyse zur Verfügung stehenden Schutzkonzepte zeigt hier eine Leerstelle: Es kann festgestellt werden, dass die Konzepte in aller Regel nicht bezeugen, ob und wenn ja, was Kinder mit der Erstellung zu tun hatten. Ein einziger Baustein konnte ausgemacht werden, bei dem Partizipation von Kindern bei der Erstellung eine Rolle gespielt hat in den vorliegenden Konzepten: Die Risikoanalyse/Situationsanalyse. Allgemein ist die Dokumentation der Risikoanalyse in den Konzepten selbst aber sehr unterschiedlich umgesetzt. Es scheint häufige Praxis, dass die Ergebnisse der dazu durchgeführten Gespräche und Prozesse sowie die gewonnenen Erkenntnisse, die als Ausgangsbasis für die Konzepterstellung gelten, nicht im Konzept selbst dokumentiert und veröffentlicht werden. Um es deutlich zu sagen: Was die Konzepte i. d. R. nicht leisten, ist die Dokumentation des partizipativen Erstellungsprozesses und der Ergebnisse der Risikoanalyse. In mehreren Konzepten finden sich Hinweise darauf, dass die Ergebnisse der Risikoanalyse auf Anfrage einsehbar seien (z. B. im Pfarrbüro oder bei der Präventionsfachkraft).[1053] Daher wird in beinahe allen Fällen in den Konzepten selbst nicht ersichtlich, ob und wenn ja, wie Kinder oder andere Personengruppen partizipiert haben.

> „Es fand eine Reflektion [sic!] des Ist – Bestandes, (Risikoanalyse/Beschwerdemanagements/Verhaltenskodex) in den einzelnen Gruppen/Institutionen statt, da uns klar war, dass diese unterschiedlich in den Gruppen/Institutionen ausfallen. Diese Ergebnisse wurden anschließend zusammengetragen und im Konzept unserer Pfarrei gebündelt.[1054]

Das Zitat zeigt: Es wurde offenbar eine Reflexion in den einzelnen „Gruppen" bzw. „Institutionen" der Pfarrei angestoßen, welche Personen damit aber konkret zu tun hatten, ob es sich dabei um Kinder, um Jugendliche oder Erwachsene handelte, wessen Perspektiven eingeflossen sind, wie diese Prozesse konkret durchgeführt wurden und welche Ergebnisse sie zu Tage gebracht haben, bleibt unklar. Das Schutzkonzept fußt nach Angaben der Autor*innen auf diesen Angaben, welche dies sind und wie sie mit den getroffenen Maßnahmen des Schutzkonzepts zusammenhängen, wird nicht dokumentiert. Damit bleibt im Rahmen dieses partizipativen Prozesses auch völlig offen, welchen Einfluss die im Rahmen der Risiko-/Situationsanalyse getätigten Äußerungen auf die Erstellung des Konzeptes haben.

1052 Sekretariat der Deutschen Bischofskonferenz, Rahmenordnung 2014, 37.
1053 Vgl. z. B. Schutzkonzept_O, S. 5: 970.
1054 Schutzkonzept_C, S. 3: 881.

Auch im Kontext der Risiko-/Situationsanalyse wird die Partizipation von Gruppen beschrieben, dabei werden drei Varianten deutlich: Im ersten Fall (1) wird faktisch die Partizipation von Ehren- und Hauptamtlichen Leitungspersonen von Kinder- und Jugendgruppen, nicht aber von Teilnehmer*innen (sprich von Kindern und Jugendlichen selbst) dieser Gruppen durchgeführt. Es gibt Konzepte, die auch explizit benennen, dass die Risikoanalyse mit den haupt- und ehrenamtlichen Leitungspersonen der Gruppen durchgeführt wurde:

„Mitglieder der Projektgruppe haben folgende Gruppen und Einrichtungen besucht und mit den dort wirkenden Haupt- und Ehrenamtlichen eine Situationsanalyse durchgeführt: Kindertageseinrichtungen […], öffentliche Büchereien […], Gruppenleiterrunde, Ferienlagerteam, Messdienergemeinschaft […], Kindermesskreis, […] Erstkommunionkatechetinnen und -katecheten, Kinderbibelwochenteam.“[1055]

Im zweiten Fall (2) bleibt für die Leser*innen der Konzepte unklar, welche konkreten Akteure aus den verschiedenen Gruppen nun an der Risikoanalyse beteiligt waren:

„In der Steuerungsgruppe wurde darauf geachtet, dass alle Bereiche, in denen Kinder und Jugendliche in den Pfarreien aktiv sind, in der Situationsanalyse Berücksichtigung finden. Hierbei half das bereits erwähnte Organigramm. Neben Gesprächen mit Experten der einzelnen Bereiche wurde ein Fragebogen entwickelt, der Aufschluss über den aktuellen IST-Zustand, mögliche Risiken und Wünsche der jeweiligen Gruppen, Einrichtungen und Vertreter gibt.“[1056]

„Folgende Gruppen sind durch die Mitglieder in der Projektgruppe befragt worden: Kindertageseinrichtung […], Katholische Öffentliche Büchereien […], KLJB […], Messdienergemeinschaft und Gruppenleiter […], Schützenbruderschaft […], Spielmannszug […]

„Die Befragung der einzelnen Gruppen ist mit den folgenden - der jeweiligen Gruppe angepassten - Methoden durchgeführt worden: Wimmelbilder, anonymer oder offener Fragebogen, Frage- und Antwortgespräch, Schreibgespräch, Skalierungen sowie über ein geschütztes Onlineportal. Schwerpunkte der Befragungen waren die Handlungsabläufe der jeweiligen Gruppe, die Kommunikation, die Wertschätzung und die Achtsamkeit im Miteinander.“[1057]

Auch wenn man sich beim zweiten Beispiel anhand der Wahl der Methoden vorstellen kann, dass hier die Teilnehmer*innen der Gruppen angesprochen wurden, kann man es aus der Dokumentation nicht eindeutig entnehmen. Dies ist wichtig festzuhalten, denn die Schilderungen der Partizipationsmöglichkeiten im Zuge der Risikoanalysen verweisen hier darauf, dass mit Partizipation der einzelnen Gruppen der Pfarreien faktisch das Einbringen der Perspektive der

1055 Schutzkonzept_N, S. 6: 363.
1056 Schutzkonzept_K, S. 4: 584.
1057 Schutzkonzept_O, S. 5: 3.

erwachsenen und jugendlichen Stellvertreter*innen oder Sprecher*innen gemeint sein kann. Die Kinder und Jugendlichen waren hier nicht involviert (1) bzw. es bedürfte weiterer Nachfrage, welche Akteure genau gemeint sind (2). Es kann also festgehalten werden: Wenn von Gruppen, auch von Kinder- und Jugendgruppen der Pfarreien die Rede ist, bedeutet dies nicht automatisch, dass auch Kinder und Jugendliche partizipiert haben an der Risikoanalyse bzw. bedeutet es nicht, dass dies aus den Konzepten heraus ersichtlich würde. Dies ist einerseits wichtig für die vorliegende Analyse, da auf Basis der Informationen aus dem Datenmaterial in vielen Konzepten schlicht Informationslücken vorliegen. Es kann damit andererseits aber auch vermutet werden, dass für die Risikoanalysen der Schutzkonzepte mitunter lediglich die Perspektiven der Personen hinzugezogen wurden, die für die Angebote verantwortlich und zuständig sind. In den Schutzkonzepten wird noch ein dritter Fall (3) deutlich: In einem der Konzepte finden sich eindeutige Hinweise darauf, dass Kinder in die Risikoanalyse der Pfarrei einbezogen wurden:

„Die Kinder wurden aufgefordert, durch ihre Einrichtung zu gehen und grüne oder rote Punkte an den Orten zu verteilen, wo sie sich besonders wohl bzw. unwohl fühlten. Dabei kam heraus, dass die Vergabe der Punkte sehr ambivalent je nach Empfinden der Kinder stattfand. Keinerlei Stellen in den Einrichtungen und auf dem Gelände der Kindergärten stachen negativ hervor. Im Kindergarten [NAME] merkten die Kinder an, dass sich einige vor dem Gartenhäuschen gruseln."[1058]

Es handelt sich um eine Kita der Pfarrei, in der diese Maßnahmen durchgeführt werden (vgl. dazu auch Kapitel 8.3.2). Etwas irritierend ist die Bewertung der Punktevergabe der Kinder: Es wirkt so, als sei sie, da sie „je nach Empfinden" durchgeführt wurde, nicht richtig auswertbar. Zumindest ist im Konzept nur dokumentiert, dass nichts negativ hervorstach, ob jedoch Konsequenzen aus der Beurteilung der Kinder gezogen wurden, wird hier nicht dokumentiert.

Im Prozess der Erstellung werden also bestimmte Personen (Erwachsene und Jugendliche) zu „Vertretern"[1059] oder zu „Ansprechpartner[n]"[1060] für bestimmte Gruppen, Angebote, Aktionen usw. mit Schutzbefohlenen im Hinblick auf Präventionsangelegenheiten: „Wie schon im Prozess der Situationsanalyse wurde der Verhaltenskodex mit Vertretern aller Gruppen und Einrichtungen, die mit Kindern und Jugendlichen regelmäßig in Kontakt sind, entwickelt."[1061] Diese werden offenbar nicht zwangsläufig neu gefunden für diesen Zweck. Teilweise wird auf bereits bestehende Zuständigkeiten zurückgegriffen, etwa wie hier beschrieben dann zur Überarbeitung der Konzepte: „Spätestens nach fünf Jahren

1058 Schutzkonzept_E, S. 4: 559.
1059 Schutzkonzept_ F, S. 11: 146.
1060 Schutzkonzept_L, S. 4: 1065.
1061 Schutzkonzept_F, S. 11: 72.

soll das ISK anhand dieser Fragen mit den Verantwortlichen in der Kinder- und Jugendpastoral sowie den SeelsorgerInnen grundlegend überprüft werden."[1062] Zwei Mal findet sich in den Konzepten auch die Angabe, dass Personen, „die unmittelbar und mittelbar mit Kindern und Jugendlichen zu tun"[1063] haben, an der Erstellung involviert seien. Hier scheint eine Art implizites Qualitätskriterium zu greifen: Menschen, die ‚nah dran sind' an Kindern und Jugendlichen, haben etwas zu sagen zum Thema und werden gehört. In einigen Konzepten wird formuliert, dass darauf geachtet wurde, dass „alle Bereiche"[1064] berücksichtigt werden. Aus den Konzepten offenbart sich die augenscheinlich gängige Praxis für die Schutzkonzepterstellung, die erwachsenen (haupt- und ehrenamtlichen) und jugendlichen Gruppenleitungen an einen Tisch zu holen. Sie repräsentieren einen bestimmten Bereich oder eine bestimmte Gruppe und sollen anwaltschaftlich deren Perspektive einbringen. W wessen Perspektive diese Personen einbringen, wird damit nicht abgesichert. Ob und inwiefern auch kindliche oder jugendliche Teilnehmer*innenperspektiven aus diesen Gruppen einfließen, kann auf Basis der Konzepte nicht beurteilt werden. Es handelt sich um eine Einbindung der Gruppierungen über Stellvertreter*innen, die ihre Perspektiven (evtl. auch ihre Perspektiven auf Kinder und Jugendliche in ihren Gruppen) einbringen.

Die Schutzkonzepte offenbaren insgesamt eine Logik, die darauf abzielt, möglichst alle Bereiche und Gruppen für die Erstellung der Schutzkonzepte und die Umsetzung der Präventionsarbeit zu mobilisieren.

> „Dieser Kodex wurde durch einen partizipativen Prozess entwickelt, an dem die Kindertageseinrichtungen, Gruppierungen aus der Jugendarbeit, Mitarbeiterinnen der Büchereien, Mitglieder des Kirchenvorstandes und des Pfarreirates, sowie die Mitarbeitervertretung der Kirchenangestellten mitgewirkt haben."[1065]

Es geht bei der Erstellung der Konzepte primär darum, dass alle vor Ort befindlichen Gruppierungen ‚abgedeckt' werden im Rahmen der Erstellung. Wichtig scheint, dass – der Logik des institutionellen Aufbaus der Pfarrei folgend – alle (oder möglichst viele) Bereiche abgebildet werden im Prozess. Der Fokus liegt nicht darauf, die Diversität der Akteursperspektiven abzubilden. Hinzu kommt eine quantitative Dimension, so gelte es das Ziel zu verfolgen, „dass im Ergebnis viele Akteure einbezogen wurden."[1066]

1062 Schutzkonzept_P, S. 10: 747.
1063 Schutzkonzept_ A, S. 3: 2080; Schutzkonzept_E, S. 3: 1142.
1064 Schutzkonzept_ K, S. 4: 633.
1065 Schutzkonzept_N, S. 10: 754.
1066 Schutzkonzept_K, S. 2: 1213.

8.3.2 Kitas im Blick der gemeindepastoralen Schutzkonzepte

In den Schutzkonzepten wird i. d. R. darauf verwiesen, dass für die und von den Kindertageseinrichtungen „besondere Vereinbarungen"[1067] getroffen oder separate Schutzkonzepte erstellt werden. Teilweise werden die Strategien und Konzepte der Kitas in den vorliegenden Schutzkonzepten der Pfarreien mit abgedruckt, da diese ihre Konzepte teils schon eher als die Pfarreien erstellt haben. Leitungen bzw. Vertreter*innen sind, wie oben gesehen, auch häufig in den Steuerungsgruppen zur Erstellung der Schutzkonzepte in den Pfarreien anzutreffen. Die Kitas haben also ein separates Konzept, werden aber mit der Konzepterstellung der Pfarrei teilweise vernetzt. Im Vergleich der Konzepte fallen Unterschiede auf z. B. lassen sich in den Texten der Kitas zahlreiche, mitunter fachlich fundierte und einrichtungsspezifische Beschwerdewege finden:

„Jede einzelne Kindertageseinrichtung unserer Gemeinde hat ein Qualitätsmanagement Handbuch, in dem ein Beschwerdeverfahren hinterlegt ist. Kinder, Eltern, Mitarbeiterinnen und Mitarbeiter haben in beiden Einrichtungen das Recht sich zu beschweren."[1068]

„‚Sich beschweren'" zur Selbstverständlichkeit zu machen, kann Kinder vor Übergriffen schützen. Die Kinder nutzen im Kita Alltag oft informelle Wege, um ihre Unzufriedenheit zu äußern, und sie äußern ihre Beschwerden nicht immer eindeutig und direkt. Dabei müssen sie sicher sein, dass ihre Anliegen ernst genommen werden. Die Kinder wenden sich bei Beschwerden in der Regel an eine Person ihres Vertrauens, wenn sie Anliegen und Nöte haben und sich besprechen wollen. Das können die Fachkräfte aus der eigenen Gruppe sein oder jede andere Fachkraft aus der Einrichtung. Diese Person des Vertrauens steht den Mädchen und Jungen im Alltag unmittelbar zur Verfügung und ist sozusagen die erste, entscheidende Beschwerdestelle. Es gibt für die Mädchen und Jungen ebenso die Möglichkeit, sich direkt an die Einrichtungsleitung zu wenden. Sie ist in den Gruppen präsent und den Kindern bekannt, hat aber in der Regel eine größere Distanz und kann von außen einen Blick auf das Geschehen einnehmen."[1069]

Im zweiten Beispiel wird genau erklärt, wie Kinder Beschwerden äußern. Es wird also nicht bei der beschlossenen Maßnahme zum Beschwerdemanagement angesetzt, sondern bei den alltäglichen Wegen, die Kinder wählen, um sich mitzuteilen. Dies unterscheidet den Ansatz dieser Kita von den Konzepten der Pfarreien. An die Wahrnehmung der Gewohnheiten der Kinder anknüpfend werden die Rollen und Aufgaben der unterschiedlichen Mitarbeiter*innen als Vertrauenspersonen bzw. Ansprechpartner*innen differenziert und erläutert. Es wirkt so, als wäre in das Konzept ein Expert*innenwissen über kindliches Verhalten nicht

1067 Schutzkonzept_B, S. 8: 20.
1068 Schutzkonzept_D, S. 18: 249.
1069 Ebd., S. 18: 1892.

nur eingeflossen, sondern es wurde auch in den Text aufgenommen. Dies stellt ein Unterscheidungsmerkmal zu den Konzepten der Pfarreien dar.
Die Verknüpfung von Kitas und Gemeindepastoral wurde auch in der Kindergruppendiskussion deutlich. Hier drehte sich das Gespräch um die Nutzung der Räumlichkeiten der Kita durch die Erstkommunionkatechesegruppen:

> Die Kinder berichten über die Nutzung der Räumlichkeiten des Kindergartens innerhalb der Erstkommunionvorbereitung. Die Kinder wurden in Katechesegruppen eingeteilt und nutzen im Rahmen der Erstkommunionvorbereitung die Räumlichkeiten der zur Pfarrei gehörigen Kita. Dies ist möglich, da die Erstkommunionvorbereitung immer am Wochenende stattfindet. Als erste Reaktion auf die Frage, wie ihnen dies gefalle, reagierten zwei Kinder mit Daumen-Hoch, drei mit Daumen-Mitte und weitere zwei mit Daumen-Runter. Ein Mädchen begründet ihr Daumenvoting (Daumen-Runter) damit, dass sie die Räumlichkeiten an ihre eigenen Kindergartenzeit erinnern würden, in denen sie „immer geärgert" worden sei. Ein anderes Mädchen sagt, dass sie die Spielsachen dort immer ablenken würden und außerdem die Stühle und Tische für sie zu klein seien. Ein Mädchen, dass mit Daumen-Mitte votierte, sagt, dass es im Kindergarten stinke. Ein Junge erklärt, dass man im Kindergarten „keine Arbeiten" schreibe und man dort in den Minipausen während der Katecheseeinheiten gut spielen könne. Ebenfalls könne man sich dort gut unterhalten. Das Gespräch kommt dann auf das Thema Toiletten. Zwei Kinder stört es, dass sie und auch andere über die Toilettentüren hinwegsehen könnten und man sich, weil die Waschbecken so tief hängen, zum Händewaschen hinknieen müsse.[1070]

Die Kinder teilen unterschiedliche Erfahrungen mit dem Ort, während er bei einem Kind negative Erinnerungen an die eigene Zeit dort wachruft, ist für das andere Kind erwähnenswert, dass man dort gut spielen und sich unterhalten kann. Die Sequenz zeigt auch, dass die Kinder durch ihre Wahrnehmung der Räumlichkeiten Hinweise auf Begebenheiten geben, die sie stören und in der Wahrung ihrer Intimsphäre beeinflussen, denn die für ihre Körpergröße zu niedrigen Toilettentüren ermöglichen es, Erwachsenen oder anderen Gleichaltrigen über sie hinüberzuschauen. Die auf die Körpergrößen von Kindern im Kindergartenalter abgestimmte Toilettenraumeinrichtung ist für die Altersgruppe der Erstkommunionkinder unpassend. Diese Sequenz veranschaulicht hier beispielhaft, wie kindliche Erfahrungsberichte neue und relevante Perspektiven auf Kinderschutzfragen in den konkreten Handlungsvollzügen ermöglichen.

8.3.3 Kinder und ihre Familien im Blick der Schutzkonzepte

Die Familie stellt keine gemeindepastorale Gruppe dar, ist aber die Lebensgemeinschaft, in der die Kinder aufwachsen. Sie ist zentraler Beziehungsort,

1070 Aus dem Protokoll zur Verschriftlichung der Kindergruppendiskussion der Forscherin.

allerdings auch – wie bereits beschrieben wurde – der Ort, an dem viele Kinder Gewalt erfahren. Nicht nur Kinder, sondern auch ganz zentral Familien stehen im Fokus vieler gemeindepastoraler Angebote wie z. B. Familiengottesdiensten oder Familienfreizeiten. Das für die Teilnehmende Beobachtung besuchte Begegnungsangebot mit Hausaufgabenbetreuung ist dafür ein Beispiel.

Kinder werden in den Schutzkonzepten kaum im Zusammenhang mit ihren Familien in den Blick genommen. Eltern kommen kaum vor in den beschriebenen Präventions- und Interventionsmaßnahmen. Sie werden in den Konzepten erwähnt, wenn es um das Thema Datenschutz (z. B. um Einverständniserklärungen für das Aufnehmen und Veröffentlichen von Fotos oder Videos) geht.[1071] Ansonsten bleibt ihre Rolle und Perspektive unberücksichtigt. Sie scheinen als Akteursgruppe, die ihre Perspektiven einbringt, nur in Einzelfällen im Blick. Einige Konzepte sehen Elternabende zum Thema Prävention und Schutzkonzept vor, aber es konnte in der Analyse nichts entdeckt werden, was darauf schließen ließe, dass diese Gruppe strukturell berücksichtigt würde bei der Konzeption.

In der Kindergruppendiskussion führte das Gespräch über das Pfarrfest (ausgehend von einem Bildimpuls: es war eine im Rahmen des Pfarrfestes aufgebaute Hüpfburg zu sehen) zu einem interessanten Austausch der Kinder. Das Bild einer Hüpfburg wurde mit einem roten und einem grünen Punkt versehen. Die Erklärung für den grünen Punkt war für ein Kind, dass es Spaß mache auf der Hüpfburg, Grund für den roten Punkt war für ein anderes Kind, dass es auch gefährlich werden könne. Ein Kind gab zu bedenken, dass sie auf Festen wie diesem von ihrem Bruder „immer geärgert" würde. Hier scheint exemplarisch auf, dass auch familiäre Konflikte oder andere Themen mit in gemeindepastorale Situationen hineingetragen werden. Die Bemerkung des Kindes lässt aufhorchen, inwiefern Veranstaltungen etc. in den Schutzkonzepten sowie den Kinderschutzpraktiken überhaupt als Orte in den Blick kommen, an denen familiäre Themen und Konflikte (weiter) ausgetragen werden.

8.3.4 Ausgewählter Blick auf ehrenamtliches Engagement

Ergänzend zu den Konzeptanalysen konnte durch die Teilnehmende Beobachtungen noch ein Blick auf die Praktiken der Gruppe der Ehrenamtlichen im Rahmen der Angebotsplanung bzw. -durchführung gewonnen werden. Zwei ausgewählte Stellen geben exemplarisch Aufschluss darüber, wie die Arbeitsweisen und Handlungsprogrammatiken von Ehrenamtlichen, die in Gruppenstrukturen organisiert sind, mit Kinderschutz und -partizipationsfragen in Verbindung stehen können.

1071 Vgl. z. B. Schutzkonzept_H, S. 9: 2200.

*Die Gruppe der Leiter*innen will eine gute Zeit haben*

In der Teilnehmenden Beobachtung in einer Messdienerleiter*innenrunde in einer Pfarrei hat sich gezeigt, dass die Leiter*innen (insgesamt 21 junge Frauen und Männer im Alter zwischen 15 und ca. 30 Jahren) umtreibt, wie sie selbst Spaß haben können im Rahmen der von ihnen geplanten Aktionen für ihre Gruppen. Im Zuge der Planung einiger Aktionen für die Messdiener*innen der Pfarrei ergab sich z. B. folgende Situation:

> Es werde noch nach Freiwilligen gesucht, die Kinderschminken beim Kinderschützenfest anbieten, sagt L. M., der ihr schräg gegenübersitzt, greift in die auf dem Tisch liegende Packung Toffifees und nimmt sich eins. L. ergänzt, dass das Material dafür komplett gestellt würde. Niemand antwortet. Sie ergänzt, dass dies sicher auch eine nette Gelegenheit sei, um mit mehreren Leiter*innen zusammen zu sein und es nicht nur um die Kinderbetreuung gehe. Nach kurzem Murmeln melden sich vier Personen, die das Kinderschminken übernehmen.[1072]

Diese und weitere Aktionen, die die Gruppe plant, weisen an mehreren Stellen die hier als „nette Gelegenheit“ beschriebene Komponente auf, miteinander als Leiter*innen Zeit zu verbringen. Das Interesse der Jugendlichen und jungen Leiter*innen für Kinderaktionen wird durch die Aussicht auf die gemeinsame Zeit geweckt und nicht über die Aktion selbst. Es wird in dieser Sequenz nicht besprochen, warum das Angebot für die Kinder wichtig sein könnte oder wie es kommt, dass die Gruppe dafür verantwortlich ist, Kinderschminken anzubieten. Ob hier bspw. eine Entscheidungstradition greift, der Wunsch seitens der Kinder geäußert wurde oder, ob die Leiter*innen sich die Aktion selbst gewünscht haben, bleibt unklar. Deutlich wird, dass in dieser Sequenz weniger die Aktion, ihre konkrete Durchführung oder die Kinder im Fokus des Gesprächs sind, sondern die Bedürfnisse derjenigen, die das Angebot stellen, damit es überhaupt zustande kommt. Die Leiter*innen stellen sicher, dass ihre Interessen im Angebot Kinderschminken sichergestellt werden. Die Gemengelage der Bedürfnisse und Erwartungen im Zusammenhang mit einer solchen Aktion werden in dieser Sequenz sichtbar.

Glauben schenken und Fokus auf ehrenamtliche Einzelpersonen

Eine weitere Teilnehmende Beobachtung wurde in einem von Ehrenamtlichen organisierten Begegnungsangebot für Familien und Kinder mit Hausaufgabenbetreuung durchgeführt. Mit Blick auf die Interessen und Perspektiven der dort tätigen Ehrenamtlichen konnte u. a. folgende Situation zwischen zwei Ehrenamtlichen (EA1 und EA2. EA2 ist hauptverantwortlich für das Angebot) und einem Kind (D., 9 Jahre) beobachtet werden:

1072 Protokoll_Pfarrei C_Juni 2019.

EA (1), die an einem Tisch sitzt, wird von D. gefragt, ob er sich ein Stück Kuchen nehmen dürfe. Sie sagt, sie wisse nicht, ob er schon eins hatte. D. sagt nein. EA (1) sagt zu D., dass sie EA (2) fragen wird. Diese ist aber gerade in einem anderen Raum. D. geht auf und ab, setzt sich kurz, steht dann wieder auf. Als EA (2) nach einigen Minuten in den Raum kommt, fragt sie EA (1), ob D. schon ein Stück Kuchen gehabt habe. EA (2) erwidert, dass sie D. noch kein Stück hat essen sehen. „Siehst du", brüllt D. in Richtung EA (1), „du glaubst mir ja nicht".

In der Beobachtung zeigt sich, dass im Rahmen der Durchführung des Angebots die Entscheidung, die als Folge einer Anfrage durch das Kind an die Ehrenamtliche ansteht, von einer (hauptverantwortlichen) Ehrenamtlichen entschieden wird. Die von D. angefragte Ehrenamtliche (EA (1)) adressiert diese (EA (2)) als entscheidende Beobachterin. D. ist dabei darauf angewiesen, dass die Ehrenamtlichen wahrnehmen, ob er schon Kuchen gegessen hat. Die Arbeitsweise und Handlungen von EA (1) haben die Reaktion von D. zur Folge, der wahrnimmt, dass ihm von ihr kein Glauben geschenkt wird. Die Mechanismen der Zusammenarbeit der Ehrenamtlichen im Angebot (die Fokussierung auf die entscheidende Beobachterin) wirken sich auf D. aus. In der Situation und ‚Eins-zu-Eins-Situation' werden Glaubwürdigkeit und Vertrauen zum Thema. Die Sequenz zeigt auch, dass innerhalb der Gruppen der Ehrenamtlichen hierarchische Muster bestehen und diese auch in Situationen mit Kindern über Praktiken reaktualisiert werden. Diese Praktiken sorgen in dieser Sequenz allerdings nicht etwa für Transparenz über Entscheidungsstrukturen für das Kind, sondern führen es zu der Annahme, ihm werde nicht geglaubt. Erklärungen dem Kind gegenüber erfolgen nicht. So unscheinbar der Gegenstand der Sequenz (Kuchen essen) wirken mag, so zeigt sich daran doch seine potenziell große Bedeutung. Es wird sichtbar, wie über die Praktiken der Erwachsenen in alltäglichen und ‚kleinsten' Situationen in allen denkbar möglichen Bereichen des gemeindepastoralen Interagierens, Vertrauen, Stärkung und Transparenz konkret und für Kinder spürbar auf- und abgebaut werden.

8.4 Viel sagen, aber wenig entscheiden: Rekonstruktion anhand der vier Kernelemente des kindlichen Partizipationsrechts

Die in den Konzepten entdeckten Beschreibungen von Partizipationsprozessen können nun noch mit Hilfe von zwei der vorgestellten Modelle (Kapitel 6.4.2 und 6.4.3) rekonstruiert, eingeordnet und gruppiert werden. So kann Näheres über die Formen und ihre konkrete Ausgestaltung im Kontext der Schutzkonzepte gelernt werden. Daher wurde folgendes Vorgehen gewählt: Die Kodierungen werden auf Basis der Grundeinordnung zu den vier Kernelementen des kindlichen Partizipationsrechts (Information, Verständnis, Stimme und Einfluss) dargestellt. Die Ergebnisse ergeben – so geordnet –ein spezifisches Bild von Partizipationshandlungen im Rahmen der Schutzkonzepte in Gemeindepastoral. Anschließend werden ausgewählte Elemente mit Hilfe des Modells der Hierarchie kindlicher Partizipationsrechte Forschungsprozessen (Kapitel 6.4.2), in dem Büker u. a. die Kernelemente mit den Partizipationsgraden nach Hart kreuzen, verortet . Danach folgt eine Reflexion der Elemente auf Basis der Partizipationspyramide von Straßburger/Rieger (Kapitel 6.4.3). Diese sich wechselseitig ergänzenden Analyseschritte ermöglichen es abschließend, die gewonnenen Erkenntnisse zu bündeln.

8.4.1 Information

Es gibt zwei Grundmechanismen, nach denen Informationsweitergabe über das Schutzkonzept, seiner Inhalte und damit verbundener Anliegen in Bezug auf Prävention und Intervention abgesichert wird: Abholmöglichkeit und Bereitstellung. Diese beiden Mechanismen beziehen sich auf alle Akteure in der Pfarrei. Auffällig ist jedoch, dass hinsichtlich der Ausprägungen beider Mechanismen ein deutliches Defizit auszumachen ist mit Blick auf Kinder.

Alle Konzepte beinhalten Beschreibungen der Wege und Orte, auf denen bzw. an denen das Konzept sowie damit korrespondierende Anhänge, Materialien, Informationen usw. zu finden sind: „Dieses Konzept ist für alle öffentlich zugänglich und kann auf den Homepages der Pfarreien eingesehen und heruntergeladen werden. Ausgedruckt liegt es in allen Pfarrbüros zur Einsicht bereit.“[1073] Solche oder ähnliche Formulierungen finden sich in allen Konzepten. Durchaus gängige Praxis scheint zu sein, dass der Verhaltenskodex sowie Ansprechpartner*innen im Verdachtsfall ausgehangen werden und das Konzept auf der Homepage bzw. im Pfarrbüro oder bei den Präventionsfachkräften veröffentlicht wird und einsehbar ist. Etablierte Informationskanäle der pfarrlichen Infrastruktur mit Zielgruppe Erwachsene (bzw. Jugendliche) werden genutzt. Das Pfarrbüro als lokale Anlaufstelle, die Homepage als digitale Möglichkeit – beides Orte, die Menschen unterschiedliche und (zumindest im Fall der Homepage) für Erwachsene alltagsnahe Zugangsmöglichkeiten sichern. Abholmöglichkeiten und Bereitstellung von Informationen tragen hier jedoch erstmal wenig dazu bei, dass Kinder informiert werden und sich informieren können. Hinzu kommt: Unter den analysierten Konzepten gibt es nur eine Pfarrei, die sich aus dem Schutzkonzept für Kinder ergebende Informationen in Form eines Briefes an jedes Kind in der Pfarrei in kindgerechter Sprache sowie damit korrespondierende Infomaterialien (wie z.

1073 Schutzkonzept_P, S. 3: 1613.

B. ein Plakat und einen Flyer) erstellt hat und diese auch in der Pfarrei an Kindern zugänglichen Orten verbreitet. Eine andere Pfarrei schreibt:

„An geeigneten Orten in unseren Gemeinde- und Jugendräumen werden Hinweise mit örtlichen Beratungseinrichtungen im kirchlichen und außerkirchlichen Bereich, sowie die Telefonnummern für spezielle Hilfe ausgehängt, damit diese Informationen allen, vor allem auch den Kindern und Jugendlichen, zugänglich sind.“[1074]

Eine weitere Pfarrei setzt sich zum Ziel, den Erstkommunionkindern die Nummer gegen Kummer auszuteilen.[1075] Dies drei bleiben erwähnenswerte Einzelbeispiele für angestrebte kindgerechte Informationsbereitstellung. Fast alle Pfarreien jedoch führen Beratungsstellen und Hilfenummern für Kinder in ihren Beschwerdewegen auf. In den Konzepten findet sich aber nur selten ein Hinweis darauf, wie sie Kindern zur Verfügung gestellt werden sollen.

Zwei Besonderheiten bzgl. Informationen fallen in den Konzepten noch auf: Zum einen eine Pfarrei, die in ihrem Verhaltenskodex auf das Thema Disziplinierungsmaßnahmen und Konsequenzen gegen Regelverstöße (bezogen auf Kinder und Jugendliche) eingeht und festhält, dass „die abgesprochenen Regeln für alle gelten“ und dass, „wenn Regeln verändert werden, [...] dies an alle kommuniziert werden“ solle.[1076] Nur zur Klarstellung: hier geht es nicht um die Kommunikation von Gruppenregeln allgemein, sondern um die Kommunikation bei Veränderungen von Regeln. Dies wird in den anderen Konzepten nicht mitgedacht. Zum anderen fällt auf, dass in einer anderen Pfarrei die Notwendigkeit gesehen wird, Kindern Informationen über ihnen Unbekanntes bereitzustellen: „Informationen über befremdliche und unbekannte Angebote fördern Vertrauen, z. B. im Blick auf das Beichtsakrament und die Beichträume.“[1077] Insbesondere das in vielfacher Hinsicht sensible und vor allem Kindern unbekannte Beichtgespräch wird damit als erläuterungsbedürftiger Zusammenhang markiert.

In den Konzepten werden Aushänge mit Ansprechpartner*innen aufgeführt: Auf diesen Aushängen werden dann verschiedene Personen und Kontaktdaten inner- und außerhalb der Pfarrei gelistet, die kontaktiert werden können. Zumeist läuft dies unter dem Baustein ‚Beschwerdewege‘ (Kapitel 8.1.4). Einige Pfarreien hängen in ähnlicher Form den Verhaltenskodex aus. Es wird in einigen Fällen beschrieben, dass diese Aushänge auch besonders in Bereichen der Kinder- und Jugendarbeit angebracht werden sollen.[1078] In einigen Konzepten wird eigens erwähnt, dass Gruppenleiter*innen und andere direkte Kontaktpersonen

1074 Schutzkonzept_J, S. 10: 982.
1075 Schutzkonzept_F, S. 11: 2106.
1076 Schutzkonzept_D, S. 21: 31.
1077 Ebd., S. 8: 1051.
1078 Schutzkonzept_L, S. 10: 1344.

von Kindern Informationen ausgehändigt werden: „Der Verhaltenskodex wird als Teil des Institutionellen Schutzkonzeptes und darüber hinaus als Flyer in den Pfarrbüros, Kindergärten, in den Kirchen und Büchereien und auf der Homepage veröffentlicht und den betreffenden GruppenleiterInnen und BetreuerInnen ausgehändigt.“[1079] Es bleibt in aller Regel auch hier völlig unklar, wie und ob auf die Aushänge hingewiesen wird: „Die folgenden Informationen sind in den verschiedenen Bereichen der Arbeit mit Kindern und Jugendlichen in geeigneter Weise (Aushang, Flyer...) bekannt zu machen.“[1080] Dies bedeutet auch, dass die Informationsweitergabe vor allem über schriftliche Informationsquellen erfolgt. Dies exkludiert junge Kinder und andere Personen, die nicht lesen können, die keinen Internetzugang oder keine Kontakte zum Pfarrbüro haben, grundlegend von der Teilhabe an diesen Informationen. Auch eine mündliche Weitergabe über die Existenz des Schutzkonzepts, über umfassende Informationen über Prävention in der Pfarrei oder über die Hilfe- und Kontaktnummern wird nicht gesichert. Hinzu kommen kindgerechte Sprache und Aufbereitung von Informationen sowie die Orte der Informationsbereitstellung. Von den erwähnten Ausnahmen abgesehen lässt sich nur bruchstückhaft ausmachen wie und ob in den Pfarreien Kinder altersangemessen Zugang in für sie geeigneter Sprache, Form und an geeigneten Orten über das Schutzkonzept, den Verhaltenskodex, ihre Rechte, Prävention und Hilfenummern erhalten. Eine kindgerechte und Kinder adressierende Informationsweitergabe des Schutzkonzeptes in Bereitstellung und in Absicherung von Abholmöglichkeiten für die Kinder besteht folglich nicht bzw. korrekter: Dies wird in den Schutzkonzepten nicht dokumentiert und damit nicht verbindlich gesichert.

8.2.4 Verständnis

Im Vergleich zur Information lassen sich zum Kernelement Verständnis insgesamt weniger Kodierungen der Konzepte zuordnen. Im alltäglichen Präventionsgeschehen soll kindliches Verständnis offenbar vor allem, allerdings in ausgewählten Situationen, über das Erklären erzeugt werden. In mehreren Konzepten gerät die Wickel- bzw. Toilettengangsituation der zur Pfarrei gehörigen Kitas in den Blick: „wer den Toilettengang begleiten soll, achten [sic!] auf eine offene und transparente, unter Einhaltung der Intimsphäre, jederzeit zugängliche Situation und erklären [sic!] den Kindern währenddessen, was wir machen.“[1081] Erklären scheint auch in einem Konzept dort relevant zu sein, wo Gruppenregeln

1079 Schutzkonzept_D, S. 7: 912.
1080 Schutzkonzept_A, S. 8: 2574.
1081 Schutzkonzept_D, S. 20: 1191.

eingehalten werden sollen: „Bestehende Regeln sollen nicht aufgezwungen, sondern vielmehr erklärt und nahegebracht werden, um den jeweiligen Sinn hinter dem Regelwerk verständlich zu machen.“[1082] Die beiden Beispiele sind Einzelfunde. Für jüngere Kinder wird in notwendigen pflegerischen Situationen mit Körperkontakt erklärt, für ältere Kinder, die in Gruppen der Pfarrei organisiert sind, kommen die Gruppenregeln in den Blick.

Ein weiteres Element wird in zwei ganz unterschiedlichen Situationen deutlich, die sich beide mit dem Nichteinhalten von Regeln und den daraus folgenden Konsequenzen beschäftigen. In der ersten Situation geht es um Doktorspiele in der Kita: „Doktorspiele finden bei uns unter Einhaltung von klaren Regeln (siehe Angemessenheit von Körperkontakt) statt. Wir haben die Situation im Blick und schreiten im Falle einer Grenzüberschreitung oder Nichteinhaltung der Regeln ein und sprechen mit den Kindern über den Vorfall.“[1083] In einem anderen Konzept wird zum Thema Regelverstöße (wiederum in der Kita) festgehalten: „Konsequenzen passen wir dem Regelverstoß an, z. B. ein Kind kippt den Sand aus, dann ist die Konsequenz, dass es diesen Sand wieder auffegt. Sie müssen nachvollziehbar und dem Entwicklungsstand und dem Regelbruch angemessen sein.“[1084] Hier wird deutlich, dass Regeln für ein rücksichtsvolles Miteinander und Konsequenzen aus Verstößen gegen diese Regeln nicht nur kommuniziert, sondern den Kindern im Alltag plausibilisiert werden sollen.

In einem anderen Konzept heißt es zum Handeln in der Situation, in der sich jemand offenbart bzgl. einer Grenzüberschreitung und das weitere Vorgehen geplant wird: „Wichtig ist, dass ich den Betroffenen altersgemäß in mein Handeln einbeziehe und die Handlungsschritte abspreche.“[1085] Absprachen mit Kindern und anderen Personen werden hier erwähnt, um das Handeln der Erwachsenen, die ihre Verantwortung wahrnehmen und in Verdachtssituationen schützend handeln, zu konkretisieren.

Die Kernelemente des Kinderrechts auf Partizipation werden in der Modellvorlage hierarchisch gedacht. Wie sehr Verständnis auf Information aufbaut, zeigt das Beispiel des Briefes an jedes Kind in einer Pfarrei, dort heißt es auch:

„Niemand darf verletzt oder ausgenutzt werden. Wenn das aber doch passiert, dann wird eine Grenze überschritten. Leider gibt es Menschen, die eine Grenze überschreiten. Dann werden Kinder verletzt und ausgenutzt. Es gibt Kinder, die vernachlässigt werden. Es gibt Kinder, die Gewalt und Misshandlungen erleben. Es gibt Kinder, die erleben im Haus der eigenen Familie Gewalt. Es gibt Kinder, die erleben sexuelle Gewalt und sexuellen Missbrauch. Das sind schwierige Wörter. Hier kannst du ein Beispiel lesen: Stell dir vor, eine

1082 Schutzkonzept_J, S. 12: 604.
1083 Schutzkonzept_D, S. 20: 2075.
1084 Ebd., S. 20: 3143.
1085 Schutzkonzept_C, S. 22: 923.

Person sagt zu einem Kind nette Worte: Du bist toll, du hast eine schöne Stimme, schöne Haare, einen schönen Körper, ... Vielleicht umarmt die Person das Kind gerne und lange. Aber dem Kind ist all das unangenehm. Es fühlt sich bedrängt und eingeengt".[1086]

Dies ist nur ein Ausschnitt des Briefs, aber es kann damit verdeutlich werden, dass versucht wird, altersgerecht Informationen bereitzustellen und damit Verständnis anzuregen – in diesem Abschnitt zum Thema des sexuellen Missbrauchs.

Schon anhand der bisher angeführten Beispiele wird deutlich, dass verständnisgenerierende Prozesse in unterschiedlichen Konzepten mit Blick auf unterschiedliche Kontexte der Präventionsarbeit und des Alltags mitgedacht werden. Legt man aber hinzu, dass in den Schutzkonzepten insgesamt sehr wenig Stellen kodiert wurden, die als verständnisgenerierendes Verhalten gegenüber Kindern gewertet werden können, kann man festhalten: Es lässt sich auch hier nicht erkennen, dass auf Verständnis zielende Prozesse gegenüber Kindern entweder in bestimmten Bausteinen strukturell von den Pfarreien aufgegriffen und festgehalten werden (z. B. bei den Stärkungsprozessen) oder, dass sie als Grundmerkmal pfarrlicher Kommunikationskultur in den Konzepten festgehalten würden. Vielmehr lässt sich dies punktuell und in Einzelfällen einiger Konzepte erahnen. In den Konzepten lässt sich nicht erkennen, dass ein altersgerechtes Verständnis für die in der Pfarrei ergriffenen präventiven und intervenierenden Maßnahmen zum Schutz vor sexualisierter Gewalt allgemein berücksichtigt würde.

In ausgewählten Situationen wird in manchen der Konzepte sichergestellt, dass Verständnis bei Kindern erzeugt wird. Es geht dann darum, ihnen bestimmte Dinge zu erklären (Gruppenregeln oder Handlungen beim Toilettengang) oder mit ihnen Absprachen zu treffen (bei Vorgehen nach einer Verdachtsäußerung). Wichtig zu differenzieren ist: Hier geht es um Verständnisgenerierung in spezifischen Situationen. Kein Schutzkonzept hält fest, wie Kindern das Verständnis für Präventionsmaßnahmen in der Pfarrei insgesamt konkret nahegebracht werden soll (vom Beispiel des Briefes an alle Kinder der Pfarrei abgesehen). Auffallend ist auch, dass greifbare Beispiele für Alltagssituationen (Toilettengang bzw. Maßnahmen bei Regelverstoß) aus dem Kontext der Kita-Arbeit stammen. Verständnis für Regeln zu erzeugen mit Blick auf andere Gruppen der Pfarrei wird in den Konzepten kaum erwähnt. Gerade bei Kindern ab dem Grundschulalter scheint es wenig Ansätze zu geben, wie man sich mit ihrem für Kinderschutz- und Präventionsthemen relevanten Verständnissen auseinandersetzt oder wie man Kindern die Maßnahmen des Schutzkonzeptes verständlich macht.

1086 Schutzkonzept_ M_kindgerechte Sprache, S. 1: 442.

8.4.3 Stimme

Die gefundenen Kodierungen rund um den Bereich des Kernelements *Stimme* zeigen sich als vielfältiges Spektrum, zu dem insgesamt die meisten Kodierungen vorgenommen wurden. Zunächst fallen Stellen in den Schutzkonzepten auf, die sich explizit darauf beziehen, wie Kinder ihre Stimme erheben und sich gegen sexualisierte Gewalt und jegliche Formen der Grenzüberschreitung wehren können, indem sie sich Hilfe holen bzw. sich Erwachsenen anvertrauen. In den Konzepten finden sich zunächst einmal Passagen, die darauf rekurrieren, dass auch Kinder das Recht darauf haben, Verdachte zu äußern und sich Hilfe zu holen: „Es steht allen anvertrauten Kindern und Jugendlichen sowie haupt- und ehrenamtlichen Mitarbeitern immer zu, etwaige Verdachtsmomente zu äußern und weiterzuleiten."[1087] In einem Fall wird auch explizit der Handlungsanspruch Erwachsener beschrieben, dieses Recht zu vermitteln: „Wir vermitteln Kindern und Jugendlichen, dass sie ein Recht auf Hilfe haben und die Möglichkeit, mit jemandem vertrauensvoll über die Situation sprechen."[1088] Kinder zu ermutigen, sich zu äußern, wen ihnen etwas passiert ist, scheint damit eher angelegt in der Partizipationskonstruktion der Schutzkonzepte als bei ihnen Verständnis für Prävention, Kinderrechte und das Schutzkonzept insgesamt zu generieren.

Während das Recht der Kinder auf Hilfe in einigen Konzepten einfach allgemeingültig festgestellt wird, bedarf es offenbar für einige Pfarreien einer Atmosphäre, in denen Kindern dies ermöglicht wird. Diese werde maßgeblich von Erwachsenen bzw. Betreuungspersonen gestaltet: „Von daher ist es wichtig, achtsam mit diesen schutzbedürftigen Menschen umzugehen und ihnen zuzuhören, wenn sie sich anvertrauen wollen!"[1089] In einem Konzept wird aufgenommen, dass Kinder in der Pfarrei die Möglichkeit haben sollen, zu lernen, „dass sie ‚Nein' sagen dürfen und sollen, wenn sie sich unwohl fühlen oder ihnen eine Situation Angst macht".[1090] Die kindlichen Rechte, sich Hilfe zu holen und sich zu offenbaren und anzuvertrauen und die damit verbundenen erwachsenen Handlungen, wie etwa das Zuhören oder das Herstellen einer vertrauensvollen Atmosphäre, werden dabei in den Konzepten selten zugleich genannt. Es überwiegen die Nennungen der kindlichen Rechte – dann i. d. R. unverbunden mit erwachsenen Handlungen, die zur Umsetzung dieser Rechte beitragen.

In dem schon erwähnten Brief an jedes Kind in der Pfarrei wird den Kindern zugesichert, dass die Erwachsenen zu kompetenten Handlungen fähig sind, wenn sie sich ihnen anvertrauen:

1087 Schutzkonzept_I, S. 14: 2070.
1088 Schutzkonzept_L, S. 13: 797.
1089 Schutzkonzept_B , S. 2: 524.
1090 Schutzkonzept_L, S. 13: 667.

„Wenn DIR so etwas passiert, dann solltest du dir Hilfe holen. Auch wir bieten dir Hilfe an. Du darfst zu deinem Gruppenleiter oder deiner Gruppenleiterin gehen. Du darfst ihm oder ihr erzählen, was passiert ist. Oder wovor du Angst hast, dass es passieren könnte. Alle Gruppenleiterinnen und Gruppenleiter haben gelernt, wie sie dann gut mit dir umgehen. Dein Leiter oder deine Leiterin hört dir zu und gibt dir Hilfe. Er oder sie bespricht mit dir, was zu tun ist, damit die Taten aufhören. Du kannst dabei immer mitbestimmen.“[1091]

In einem Schutzkonzept werden den Kindern konkrete Ansprechpersonen entsprechend eines Stufenmodells der nächstverantwortlichen Personen genannt: „Aus Sicht der anvertrauten Kinder und Jugendlichen sind es die verantwortlichen Gruppenleiter, Katecheten, Erzieher und haupt- und ehrenamtlichen Mitarbeiter sowie die in den pastoralen Teilbereichen zuständigen Seelsorger der Pfarrei.“[1092] In einem weiteren Konzept gibt es eine konkrete Idee dazu, wie Kinder dazu befähigt werden können, sich Hilfe zu holen, nämlich indem ihnen „der Unterschied von ‚Petzen‘ und ‚Hilfe suchen‘ verdeutlicht“[1093] werde.

Über das Hilfe holen hinaus kommt in den Konzepten das Beschweren vor, das hier dem Kernelement der Stimmt zugeordnet wird. „Zudem gibt es in einigen Kindetagesstätten und Ferienlagern einen Kasten für Beschwerden. Es können auch anonyme Beschwerden eingeworfen werden.“[1094] Für keinen anderen Bereich und für keine anderen Kindergruppen in Pfarreien werden Beschwerdewege so stark ausdifferenziert wie für die Kita. In einem Konzept findet sich dazu der folgende Text:

„Eine jede KiTa hat ihre eigenen, speziellen Gruppenregeln. Jede Beschwerde der Kinder ist willkommen und wird ernst genommen.
Beschwerdearten:
Einzelgespräche und Hilfen zur selbstständigen Streitschlichtung (Erziehende/Kinder)

Beratungen im morgendlichem Stuhlkreis der Kinder mit den Erziehenden (regelmäßiges Angebot)

Beschwerden von Kindern an die Erzieher sind jederzeit möglich

Kindersprechstunde – Kinder sollen sich frei äußern können und nicht dazu gedrängt oder gezwungen werden.

Einzelgespräche oder gelenkte Beschwerdegespräche mit Eltern

Elternbeirat“[1095]

1091 Schutzkonzept_ M_kindgerechte Sprache, S. 2: 1065. Hervorhebung im Original.
1092 Schutzkonzept_ I, S. 14: 623.
1093 Schutzkonzept_L, S. 13: 359.
1094 Schutzkonzept_B, S. 13: 759.
1095 Schutzkonzept_C, S. 7: 715.

Auch wenn die restlichen für die Kita geltenden Maßnahmen nicht Teil des Schutzkonzepts der Pfarreien sind, die Beschwerdewege der Kitas werden in einigen Konzepten mit aufgeführt. Es fällt auf, dass gerade dieser Teil Eingang findet in die pfarrlichen Schutzkonzepte.

In einigen Konzepten werden Beschwerdewege auch verknüpft mit der Möglichkeit, Lob und Kritik zu äußern: „Beschwerdewege müssen demnach niedrigschwellig und alltagstauglich sein, sodass alle Arten von Lob und Kritik/Beschwerden Beachtung finden und für alle Menschen einer Einrichtung transparent und zugänglich sind.“[1096] Geht es um Lob und Kritik, finden sich in den Konzepten zwei Arten der Formulierungen: einmal bezogen auf Kinder und Jugendliche und einmal bezogen auf einen weiteren Kreis der in Pfarrei tätigen Akteure. So werden in einigen Konzepten einerseits explizit „kindgerechte Möglichkeiten Lob und Kritik, Sorgen und Anfragen an die Erzieherinnen und die Einrichtungsleitung weiterzugeben“[1097] aufgenommen oder es wird festgehalten, dass „Leiter bzw. Verantwortliche offen sind für Kritik und Lob der Teilnehmer“[1098]. An anderer Stelle geht es um das Etablieren „einer gelebten Kultur, in der Kritik und Lob von Kindern und Jugendlichen bzw. allen in der Kirche Tätigen gehört und ernst genommen werden.“[1099] Auffällig ist, dass genau diese Formulierung im exakten Wortlaut in drei Konzepten vorkommt.[1100] Wie die Etablierung der Kultur genau von Statten geht, bleibt offen. In einem Konzept wurde jedoch aufgenommen, dass „der Umgang mit Lob und Kritik und die Möglichkeit der Beschwerde thematisiert und ein gesicherter Umgang damit vereinbart werden“[1101] solle. In einem anderen Konzept wird ergänzt: „Zudem sind diese [Gruppenleiter*innen; R.B.] jederzeit ansprechbar und veröffentlichen auch ihre Kontaktdaten (siehe Risikoanalyse).“[1102] Werden Lob und Kritik an Betreuungspersonen oder Leiter*innen herangetragen, gelten für sie die in den Konzepten festgehaltenen Verfahrensweisen. Eine letzte weitere Besonderheit bzgl. der Möglichkeit, Lob und Kritik zu äußern fällt auf: Es wird mitunter auch separat erwähnt, dass der Pfarrer bzw. ein „Seelsorger bzw. eine Seelsorgerin ihres Vertrauens“ [1103] für Kinder und Jugendliche ansprechbar sei. An einem Ort veranstalte der Pfarrer eine „monatliche[ ] Sprechstunde“, bei der man „vorstellig“ [1104] werden könne.

1096 Schutzkonzept_L, S. 10: 326.
1097 Schutzkonzept_E, S. 10: 205.
1098 Schutzkonzept_G, S. 13: 760.
1099 Ebd., S. 13: 598.
1100 Vgl. dazu: ebd.; Schutzkonzept_C, S. 7: 428, Schutzkonzept_L, S. 10: 31.
1101 Schutzkonzept_A, S. 8: 2009.
1102 Schutzkonzept_G, S. 13: 760.
1103 Schutzkonzept_E, S. 10: 785.
1104 Schutzkonzept_G, S. 13: 760.

Eine weitere Form ist die Betonung der Möglichkeit der Meinungsäußerung und der Stärkung der Kinder hierzu: „Bei allen Veranstaltungen der Pfarrei bestärken wir Kinder und Jugendliche darin, ihre Meinung zu äußern."[1105] In einem Konzept wird dies besonders anschaulich formuliert: „Durch geeignete Methoden, wie Reflexionsrunden in katechetischen Gruppen oder ‚Kinderparlamenten' in Ferienfreizeiten, sollen die Kinder und Jugendlichen ermutigt werden, sich zur Gruppensituation zu äußern."[1106] Einige Konzepte führen eine weitere Form ein und möchten die Leser*innen für kindliche Zustimmung bzw. Ablehnung sensibilisieren. „Bei der Arbeit mit den uns Anvertrauten und Schutzbefohlenen pflegen wir einen respektvollen Umgang mit Körperkontakt. Wir achten auf Freiwilligkeit und akzeptieren Zustimmung oder Ablehnung, sowohl mit Worten als auch mit Körpersprache."[1107] Ebenso wird das „Mitspracherecht"[1108] von Kindern und Jugendlichen betont. In einem Konzept wird sehr allgemein formuliert: „Auch in der Jugendarbeit unserer Kirchengemeinde haben Kinder und Jugendliche ausdrückliche Mitsprache- und Mitbestimmungsrechte".[1109]

Ein weiteres Konstrukt der Schutzkonzepte, das dem Bereich Stimme zugeordnet werden kann, ist die gegenseitige Rückmeldung bzw. das gegenseitige Feedback. In einigen Konzepten geht es darum, wie „Kinder, Jugendliche und Erwachsene sich gegenseitig Rückmeldungen geben über das, was sie erlebt haben und darüber wie sie sich gegenseitig erleben"[1110]. Während hier die wechselseitige Kommunikation betont wird, geht es in anderen Konzepten um „die Möglichkeit, von den Schutzbefohlenen ein [sic!] Rückmeldung ausdrücklich einzuholen"[1111] und damit um die Initiation des Prozesses durch Erwachsene und die im Mittelpunkt stehende Rückmeldung der Schutzbefohlenen. In allen Konzepten, die so oder so ähnlich formulieren, werden angestrebte Feedback-Kultur und Stärkungsprozesse miteinander in Verbindung gebracht: „Wenn Angebote regelmäßig reflektiert werden und Kinder, Jugendliche und Erwachsene sich gegenseitig Rückmeldungen geben über das, was sie erlebt haben und darüber wie sie sich gegenseitig erleben, können Kinder und Jugendliche lernen, ihre Meinungen und Gefühle zu äußern und dazu zu stehen."[1112]

Mehrfach erwähnt und mit unterschiedlichen Funktionen verknüpft wird auch der „Kummerkasten"[1113] sowie weitere anonyme Möglichkeiten explizit für

1105 Schutzkonzept_L, S. 13: 559.
1106 Schutzkonzept_J, S. 12: 768.
1107 Schutzkonzept_ O, S. 9: 1234.
1108 Schutzkonzept_K, S. 8: 1828.
1109 Schutzkonzept_N, S. 18: 726.
1110 Schutzkonzept_ D, S. 14: 1311.
1111 Schutzkonzept_B, S. 14: 445.
1112 Schutzkonzept_D, S. 14: 1311.
1113 Vgl. z. B. Schutzkonzept_G, S. 13: 1257.

Kinder, ihre Rückmeldungen anzubringen wie z. B. „eine ‚Ideenbox' für Kritik, Anliegen und Rückmeldungen"[1114], die „[m]anche Einrichtungen wie die Kitas und Ferienlager"[1115] nutzen würden. Während sich ein solches anonymes Rückmeldungsangebot in der Kita an die Eltern richtet, gibt es im Ferienlager oder an anderen Orten der Pfarrei älteren Kindern die Möglichkeit, sich zu äußern. Nur in einem Konzept wird festgehalten, wie mit den im Kummerkasten befindlichen Anliegen weiter umgegangen wird, diese solle nämlich „täglich geleert und bearbeitet"[1116] werden.

8.4.4 Einfluss

Es gibt verschiedene Formulierungen in den Konzepten, die darauf schließen lassen, dass Kinder Einfluss ausüben können, in den im Schutzkonzept thematisierten Bereichen. Einige zielen darauf ab, wie für einzelne Kinder gesichert werden kann, dass sie (und ausschließlich sie!) über bestimme Situationen bestimmen und entscheiden können, so z. B. in pflegerischen Situationen in der Kita („das jeweilige Kind sucht sich den Erzieher oder die Erzieherin aus, der/die ihn wickeln darf"[1117]). Dieses Beispiel ist auch deswegen interessant, weil es zeigt, wie auch jüngere Kinder in für sie wichtigen Bereichen Einfluss ausüben können.

In den meisten Fällen wird Recht der Kinder auf Mitbestimmung betont[1118]. Was genau Gegenstand kindlichen Einflusses ist, bleibt weitestgehend schwammig:

> „Es kann bei der inhaltlichen Gestaltung mitbestimmt werden, beispielsweise durch Sammlung von Interessen, Programmpunkten und Ideen in einem Brainstorming oder durch ein Kinderparlament. Die Kinder und Jugendlichen werden ermutigt, eigene Interessen, Ideen und Änderungsvorschläge einzubringen. So können sie an Entscheidungsprozessen partiziperen [sic!]."[1119]

Die Methoden scheinen jedoch zunächst einmal auf Mitsprache zu zielen, die genauen Möglichkeiten der Einflussnahme auf Entscheidungsprozesse bleiben unklar. Bezeichnend ist auch, dass Partizipationsprozesse auf dieser Ebene tendenziell als Ideale (Recht auf Mitbestimmung) formuliert werden. Die Konzepte bezeugen keine aktuelle Praxis der Partizipation auf dieser Ebene. Es werden damit

1114 Schutzkonzept_B, S. 14: 445.
1115 Ebd., S. 14: 445.
1116 Schutzkonzept_G, S. 13: 1257.
1117 Schutzkonzept_B, S. 8: 1012.
1118 Vgl. z. B. Schutzkonzept_N, S. 18: 726 oder Schutzkonzept_K, S. 15: 552.
1119 Schutzkonzept_B, S. 14: 1186.

normative Ziele markiert, deren Wirklichkeitsanpassung jedoch nicht verhandelt wird.

Ein wiederkehrender Punkt, in dem Kindern Mitsprache und auch Einfluss eingeräumt wird, sind Gruppenregeln. Also Regeln, die für die Gruppen gelten, in denen sie sich mit anderen Kindern und Jugendlichen zusammen aufhalten. Hier geht es dann um eine gemeinsame Gestaltung der Regeln durch Kinder bzw. Jugendliche und Gruppenleiter*innen und weitere Erwachsene: „Gemeinsam mit den Kindern und Jugendlichen entwickeln wir Regeln, die wir regelmäßig überprüfen. So kann ein vertrauensvoller Umgang miteinander gelingen."[1120] Oder: „Viele Entscheidungen sollten gemeinsam im Betreuer- bzw. Erzieherteam diskutiert und getroffen werden"[1121]. Hier ist kein alleiniger Einfluss der Kinder und Jugendlichen beabsichtigt (wie dies z. B. beim Wickeln der Fall war). Vielmehr geht es um einen gemeinsamen Entscheidungsprozess zwischen Erwachsenen (Jugendlichen) und Kindern.

Weiterhin wichtig ist in den Konzepten die Partizipation von Kindern in Situationen, in denen sie (mutmaßlich) von Gewalt betroffen sind. Bereits zuvor konnte mit Blick in den Brief an alle Kinder der Pfarrei gesehen werden, dass dort Kindern Mitbestimmung zugesichert wird, wenn sie sich Erwachsenen bzw. Gruppenleiter*innen anvertrauen. Allerdings formulieren die Konzepte auch hier teilweise sehr mehrdeutig: „Bei sprachlichen Grenzverletzungen schreite ich ein und beziehe Stellung. Besonders achte ich darauf, dass ich Kinder und Jugendliche angemessen berücksichtige."[1122] Es ist aus dem Konzept heraus unklar, wie weit in einer solchen Situation kindliche Partizipation reichen darf und/oder muss. In einem anderen Konzept heißt es: „Wichtig ist, dass ich den Betroffenen altersgemäß in mein Handeln einbeziehe und die Handlungsschritte abspreche."[1123] In dieser Situation scheinen für die Verfasser*innen der Konzepte Entscheidungen von Erwachsenen getroffen zu werden. Mit diesen einher gehen jedoch Information und Mitsprache der Kinder.

8.4.5 Viel sagen, aber wenig entscheiden?

Es zeigen sich in den Konzepten verschiedene Ansätze, wie an spezifischen Punkten des Pfarreilebens punktuell verschiedene Kernelemente von Kinderpartizipation integriert und in den Schutzkonzepten festgeschrieben werden. In nur einem Konzept lässt sich erkennen, dass partizipative Strukturen mit Blick auf Kinder

1120 Schutzkonzept_K, S. 8: 1056.
1121 Schutzkonzept_B, S. 14: 1544.
1122 Schutzkonzept_A, S. 6: 2454.
1123 Schutzkonzept_C, S. 22: 923.

explizit verbunden werden mit dem Schutzauftrag der Erwachsenen. Die Beispiele zeigen auch, dass es im Zusammenhang mit Partizipation von Kindern in der Präventionsarbeit sehr auf die sorgsame Differenzierung von Situationen ankommt. Weiterhin scheint relevant, welche Gruppen mit Blick auf was woran beteiligt werden und, ob es sich um Interaktionen zwischen Erwachsenen und Kindern oder Kindern untereinander handelt.

Es ist nicht immer gesichert, wie Kinder altersangemessen und in geeigneter Sprache und Form über das Schutzkonzept, den Verhaltenskodex, ihre Rechte, Prävention oder Hilfenummern informiert werden. Es lässt sich auch nicht erkennen, dass auf Verständnis zielende Prozesse gegenüber Kindern entweder in bestimmten Bausteinen des Schutzkonzeptes grundsätzlich von den Pfarreien aufgegriffen und festgehalten werden (z. B. bei den Stärkungsprozessen) oder, dass sie als Grundmerkmal pfarrlicher Kommunikationskultur in den Konzepten festgehalten würden. Es scheint am ehesten selbstverständlich im Schutzkonzept festzuhalten, Kinder zu Äußerungen und Mitteilungen zu ermutigen, wenn ihnen etwas passiert ist. Daneben werden Möglichkeiten zur Äußerung in verschiedenen Konstrukten aufgegriffen: Lob und Kritik äußern, Feedback geben, sich beschweren oder Rückmeldungen geben. Es wird teilweise auch die korrespondierende Haltung der Erwachsenen geschildert (z. B. Achtsamkeit), wie diese in Praktiken überführt werden kann oder wie diese überprüft werden kann, geht aus den Konzepten nicht hervor. In einigen Konzepten lässt sich erkennen, dass grundlegende Kinderrechte repetiert werden. Auch hier werden Transformationsprozesse aus dem Text des Konzeptes heraus in Richtung der Praktiken der Akteure nicht abgesichert. Dies scheint sich in allen Fällen in die Sphäre der ‚Umsetzung' zu verlagern. Das setzt sich bei den Partizipationskonstrukten fort, die der Einflussnahme zugeordnet wurden. Auch hier werden den Kindern Rechte im Bereich der Einflussnahme zugestanden, die Analyse zeigt jedoch, dass es nur ganz wenige Beispiele in den Schutzkonzepten gibt, die dies auch über diese allgemeine Formulierung hinaus weiter berücksichtigen. Wie die in den vorherigen Kapiteln aufgeführten Beispiele zeigen, funktionieren die als Partizipationsprozesse identifizierten Konstrukte nicht unbedingt über die Einflussnahme auf Entscheidung, sondern vielmehr über Stimme und Konstruktionen der Sprachfähigkeit.

8.4.6 Einordnung der Systematisierung anhand der Modelle

Um die in den Schutzkonzepten entdeckten Prozesse noch ausführlicher zu analysieren, wird nun ein Doppelschritt vorgenommen: Zunächst werden einige der genannten Beispiele aus den Konzepten mit Hilfe des Modells von Büker u. a.

und dann anhand der Partizipationspyramide nach Straßburger/Rieger eingeordnet. Diese beiden Analyseschritte ergänzen sich. Die Exploration erfolgt anhand einiger exemplarisch ausgewählten Beispielen der partizipativen Prozesse aus Kapitel 8.4.1 bis 8.4.4.

Tab. 7: Gefundene Prozesse in den Schutzkonzepten (exemplarisch)

Information	Veröffentlichung und Zugänglichkeit des Schutzkonzepts auf der Homepage, im Pfarrbüro oder bei Präventionsfachkräften Brief an jedes Kind in der Pfarrei Aushang mit Beratungsstellen und Hilfetelefonnummern (für Kinder und Erwachsene) Aushang des Verhaltenskodexes Austeilen der Nummer gegen Kummer Kommunikation veränderter Regeln für Disziplinierungsmaßnahmen und Konsequenzen Informationen über Unbekanntes/Befremdliches, z. B. Beichte und Beichträume
Verständnis	Kindern etwas erklären (während der Wickel- bzw. Toilettensituation oder Gruppenregeln) Mit Kindern über Grenzüberschreitungen bei Doktorspielen sprechen Betroffene bzw. Überlebende altersgemäß in das eigene Handeln und das weitere Vorgehen nach einem Vorfall einbeziehen Kindern Konsequenzen aus Regelverstößen plausibilisieren Brief an jedes Kind in der Pfarrei
Stimme	Das Recht, einen Verdacht zu äußern und sich Hilfe zu holen Sich anvertrauen Nein sagen Gruppenleiter und andere Personen ansprechen zu können Beschweren Lob und Kritik äußern Meinungsäußerung (in Reflexionsrunden oder Kinderparlamenten) Zu- und Ablehnung (mündlich und körpersprachlich) Mitspracherecht Feeback geben Kummerkasten und Ideenbox nutzen
Einfluss	Bestimmen, wer wickeln soll Recht auf Mitbestimmung Gemeinsam über Gruppenregeln entscheiden Mitbestimmen in der Situation, in der sich ein Kind einem Erwachsenen anvertraut hat

Eigene Darstellung

Es folgt der Versuch, die in den Konzepten angetroffenen Prozesse mit Hilfe der Modelle zu sortieren. Zunächst kann jedoch festgehalten werden, dass die oben aufgeführten und in den Schutzkonzepten gefundenen partizipativen Prozesse als weitgehend allgemeingültige Formulierungen anzutreffen sind. Eine zentrale Erkenntnis lautet daher: In vielen Fällen können hinter den Formulierungen unterschiedliche partizipative Praktiken stecken. Insofern kommt der nachfolgende Einordnungsversuch permanent an Grenzen. Er zeigt dennoch auf, welche Handlungskonzeptionen in den Konzepttexten gesetzt werden und wie die jeweiligen Konzeptionen mit Blick auf die Partizipationsmodelle einzuordnen sind. Wenn Konzepttext und Praktiken sich im Modell der Schutzkonzepte als Organisationsentwicklungsprozesse (Kapitel 5.4) gegenseitig transformieren können sollen, können diese Einordnungen (z. B. für Überarbeitungen der Konzepte) hilfreich sein. Sie können auch zum Abgleich mit vorhandenen Praktiken genutzt werden, um Konzepttext und Praktiken ins Gespräch zu bringen. Es kann hier ferner gezeigt werden, dass Handlungsträger*innen und Rollen (gerade im Verhältnis zwischen Aufgaben von Erwachsenen und Kindern) in den Beispielen mitunter ungeklärt bleiben. Damit verschwimmt einerseits über die ausgewählten Beispiele selbst die Präzision der Zuordnung in den Modellen. Andererseits kann aber auch genau dies als Lücke klar markiert werden: indem Handlungsträger*innenschaften im Rahmen von partizipativen Prozessen nicht zugewiesen werden, bleiben Transformationsereignisse aus dem Konzept heraus in die Praktiken der Akteure vor Ort auf weitere Verarbeitungsschritte angewiesen. Der Text selbst verändert (mit Blick auf Partizipation) hier nicht automatisch die Praxis, was gleichermaßen intuitiv logisch ist, wie aber auch analytisch konfligieren kann mit den Erwartungen an ein Schutzkonzept, wenn erwartet wird, dass mit seiner Hilfe gemeindepastorale Praxis präventionsorientiert umorganisiert werden soll.

8.4.6.1 Einordnung mit Hilfe des Modells der Hierarchie kindlicher Partizipationsprozesse

Die Kernelemente Information, Verständnis, Stimme und Einfluss werden im Modell von Büker u. a.[1124] mit den Partizipationsgraden nach Hart gekreuzt und als Matrix zusammengestellt (vgl. für die Grundmatrix Kapitel 6.4.2).

Die im Bereich der *Information* ausgeführten Beispiele aus den Konzepten lassen sich in den Partizipationsgraden eins bis fünf verorten, wie die nachfolgende Übersicht zeigt.

Tab. 8: Kindliches Partizipationsrecht: Information

Kindliches Partizipationsrecht: Information			
			Prozesse in den Schutzkonzepten

1124 Büker u.a., Kinder partizipativ in Forschung einbeziehen - ein kinderrechtsbasiertes Stufenmodell, 111.

8	Child-initiated, shared decisions with adults Kinder-Initiative, geteilte Entscheidungen mit Erwachsenen	Vom Kind geschaffene Informationen	
7	Child-initiated and directed Von Kindern initiiert und durchgeführt	Größere Informationsgrundlage als die der Erwachsenen	
6	Adult-initiated, shared decisions with children Erwachsenen-Initiative, geteilte Entscheidungen mit Kindern	Gleiche Informationen wie die der Erwachsenen	
5	Consulted and informed Konsultiert; Mitsprache auf Basis von Verständnis	Bedeutungsvolle Informationen	Brief an jedes Kind in der Pfarrei
4	Assigned but informed Zugeteilte, restriktive Rolle auf Basis von Informationen	Ausgewählte Informationen	Kommunikation veränderter Regeln für Disziplinierungsmaßnahmen und Konsequenzen Informationen über Unbekanntes/Befremdliches, z. B. Beichte und Beichträume
3	Tokenism Alibi-Teilhabe	Unterstützte Möglichkeiten der Informationsgewinnung (Scaffolding)	Austeilen der Nummer gegen Kummer
2	Decoration Dekoration	Eingeschränkte Informationsmöglichkeit	Aushang mit Beratungsstellen und Hilfetelefonnummern (für Kinder und Erwachsene) Aushang des Verhaltenskodexes
1	Manipulation	Geringe Information	Veröffentlichung und Zugänglichkeit des ISK auf der Homepage, im Pfarrbüro oder bei Präventionsfachkräften

Partizipationsgrade nach HART, Children's Participation und unter Adaption der Partizipationsgrade nach BÜKER u.a., Kinder partizipativ in Forschung einbeziehen – ein kinderrechtsbasiertes Stufenmodell.

Die unteren drei Grade bilden nach Büker u.a. noch keine Partizipation ab. In diesen Bereich können die Informationsstrategien, die in den Konzepten vorkommen, einsortiert werden. Als eingeschränkte Informationsmöglichkeit können die Aushänge erachtet werden. Hier unterscheiden sich die Konzepte, ob die Aushänge auch an Kindern zugänglichen Orten erfolgen. Informationen für Beratung und Hilfe scheinen wichtige schutzkontextspezifische Aspekte. Die Art und Weise des Zugangs (Homepage, Pfarrbüro, Aushang) lässt hier auf eine Verortung am unteren Ende der Graduisierung schließen: Verlässliche Zugänge für Kinder werden damit nicht gesichert. Das Austeilen der Nummer gegen Kummer stellt zumindest die direkte Weitergabe einer ausgewählten Hilfenummer mit externen Ansprechpartner*innen sicher. Informationen über Unbekanntes oder Befremdliches und die Kommunikation veränderter Regeln für Disziplinierungsmaßnahmen und Konsequenzen werden hier als ausgewählte Informationen eingestuft. Der Brief an jedes Kind in der Pfarrei, der umfassendere Informationen bereitstellt, kann als bedeutungsvolle Information einsortiert werden. Hier zeigt sich ein besonderes Merkmal der hier behandelten Partizipationsprozesse im Rahmen der Schutzkonzepte: Der Brief gibt zielgruppen- und hilfeorientierte Informationen an die Kinder weiter, die auf Kinderstärkung zielen. Damit sind die Informationen zwar fokussiert und in gewisser Weise gefiltert, aber mit Blick auf die Kinder dennoch als maximal bedeutungsvoll einzuschätzen.

Die im Bereich des Kernelements *Verständnis* gefundenen Beispiele lassen sich wie folgt auf Basis der Matrix verorten:

Tab. 9: Kindliches Partizipationsrecht: Verständnis

Kindliches Partizipationsrecht: Verständnis			
			Prozesse in den Schutzkonzepten
8	Child-initiated, shared dedecisions with adults	Größeres Verständnis als das der Erwachsenen	
	Kinder-Initiative, geteilte Entscheidungen mit Erwachsenen		
7	Child-initiated and directed Von Kindern initiiert und durchgeführt	Gleiches Verständnis wie das der Erwachsenen	
6	Adult-initiated, shared decisions with children Erwachsenen-Initiative, geteilte Entscheidungen mit Kindern	Verständnis bedeutsamer Aspekte	
5	Consulted and informed Konsultiert; Mitsprache auf Basis von Verständnis	Verständnis ausgewählter Aspekte	Brief an jedes Kind in der Pfarrei
4	Assigned but informed		

	Zugeteilte, restriktive Rolle auf Basis von Informationen	Unterstützende Möglichkeiten des Aufbaus von Veständnis (Scaffolding)	Kindern etwas erklären (während der Wickel- bzw. Toilettensituation oder Gruppenregeln) Betroffene bzw. Überlebende altersgemäß in das eigene Handeln und das weitere Vorgehen nach einem Vorfall einbeziehen Kindern Konsequenzen aus Regelverstößen plausibilisieren Mit Kindern über Grenzüberschreitungen bei Doktorspielen sprechen
3	Tokenism Alibi-Teilhabe	Eingeschränkte Möglichkeiten des Verständnisses	
2	Decoration Dekoration	Geringes Verständnis	
1	Manipulation Manipulation	Kein Verständnis	

Partizipationsgrade nach HART, Children's Participation und unter Adaption der Partizipationsgrade nach BÜKER u.a., Kinder partizipativ in Forschung einbeziehen – ein kinderrechtsbasiertes Stufenmodell.

Kindern etwas erklären, ihnen Konsequenzen verdeutlichen oder mit ihnen über Grenzüberschreitungen bei Doktorspielen sprechen – dies waren Beispiele für hauptsächlich auf Verständnis zielenden Prozesse. Es wurde bereits festgestellt, dass dies Einzelbeispiele aus wenigen Konzepten sind. Es kann also nicht von einer konzeptübergreifenden Kommunikationskonzeption gesprochen werden, die auf kindliches Verständnis zielt. Ebenfalls deutlich wurde bereits die Tatsache, dass vor allem Situationen in Kitas in den Blick kommen. Das alles sind Beispiele mit Potenzial für die Einordnung in der Matrix auf Partizipationsgrad vier, bei dem es darum geht, unterstützende Möglichkeiten des Aufbaus von Verständnis zu finden. Am Beispiel des Erklärens während Wickel- oder Toilettengangsituationen scheint auch noch mal auf, dass auf Kinderstärkung zielende Prozesse sowie Transparenz und Begründungen erwachsenen Handelns als Dynamiken häufig mitzulaufen scheinen in den angezielten Praktiken. In dem Fall, in dem Betroffene bzw. Überlebende in das Handeln Erwachsener miteinbezogen werden oder Grenzüberschreitungen besprochen werden, wird nochmals besonders der Schutzaspekt deutlich, der als Auftrag der Erwachsenen die Möglichkeiten der Kinder zur Partizipation rahmt. Verständnis und Informationen als Basis sind wichtig und stehen der Aktions- und Handlungspflicht der Erwachsenen unbenommen gegenüber.

Die im Bereich der *Stimme* gefundenen Beispiele lassen sich wie folgt auf Basis der Matrix verorten:

Tab. 10: Kindliches Partizipationsrecht: Stimme

Kindliches Partizipationsrecht: Stimme			
			Prozesse aus den Schutzkonzepten
8	Child-initiated, shared decisions with adults Kinder-Initiative, geteilte Entscheidungen mit Erwachsenen	Gleichberechtigte Stimme wie die der Erwachsenen	
7	Child-initiated and directed Von Kindern initiiert und durchgeführt	Bedeutsame Stimme	Das Recht, einen Verdacht zu äußern und sich Hilfe zu holen Sich anvertrauen Nein sagen Gruppenleiter und andere Personen ansprechen zu können Beschweren Lob und Kritik äußern Meinungsäußerung (in Reflexionsrunden oder Kinderparlamenten) Feeback geben
6	Adult-initiated, shared decisions with children Erwachsenen-Initiative, geteilte Entscheidungen mit Kindern	Meinungsäußerung in ausgewählten Bereichen	Zu- und Ablehnung (mündlich und körpersprachlich)
5	Consulted and informed Konsultiert; Mitsprache auf Basis von Verständnis	Unterstützte Möglichkeiten der Meinungsäußerung (Scaffolding)	
4	Assigned but informed Zugeteilte, restriktive Rolle auf Basis von Informationen	Eingeschränkte Möglichkeit zur Meinungsäußerung	Kummerkasten und Ideenbox nutzen
3	Tokenism	Geringe Stimme	

	Alibi-Teilhabe		
2	Decoration Dekoration	Keine Stimme	
1	Manipulation	Keine Stimme	

Partizipationsgrade nach HART, Children's Participation und unter Adaption der Partizipationsgrade nach BÜKER u.a., Kinder partizipativ in Forschung einbeziehen – ein kinderrechtsbasiertes Stufenmodell.

Bei den Beispielen aus den Konzepten fällt sofort auf, dass auf Ebene der Stimme Beispiele zu finden sind, die auf höheren Graden anzusiedeln sind: Indem Kinder einen Verdacht äußern, sich Hilfe holen, sich beschweren oder Lob und Kritik äußern, kann ihnen potenziell auch eine bedeutsame Stimme im jeweiligen Prozess zukommen. Dazu kommt es auf die konkrete Situation an, die aus den Konzepten heraus und über die genutzten schlagwortartigen Formulierungen nicht bestimmt werden kann. Hinzu kommt, dass im Kontext von Prävention und Intervention in Pfarrei bei all diesen Praktiken natürlich Prozesse stattfinden können, in denen die kindliche Perspektive nicht ohne die Unterstützung der Erwachsenen gedacht werden kann. Wie in der allgemeinen Logik der Partizipationsmodelle angelegt, geht es auch hier nicht um die höchstmögliche, sondern um die passendste Stufe der Partizipation.

Es scheint, dass die Konzepte bzgl. des Rechtes auf Stimme besonders viele schutzbezogene Spezifizierungen finden und immer wieder die Frage aufkommt, wie das selbstständige Handeln von Kindern hier dann eigentlich strukturell ermöglicht und durch das Handeln von Erwachsenen unterstützt wird. Wenn es z. B. heißt: „Es steht allen anvertrauten Kindern und Jugendlichen sowie haupt- und ehrenamtlichen Mitarbeitern immer zu, etwaige Verdachtsmomente zu äußern und weiterzuleiten“[1125]. Hier scheint konzeptionell zunächst ein recht hoher Grad der Partizipation angelegt, da die Möglichkeit, Verdachtsmomente zu äußern, für alle gleichberechtigt offensteht. Wie hier das eigenständige Handeln der Kinder flankiert wird von absichernden und ermöglichenden Handlungsmustern Erwachsener müsste weiter ausgeführt werden.

Die im Bereich des *Einflusses* gefundenen Beispiele lassen sich wie folgt auf Basis der Matrix verorten:

Tab. 11: Kindliches Partizipationsrecht: Einfluss

			Prozesse aus den Konzepten
8	Child-initiated, shared decisions with adults	Bedeutsamer Einfluss	

1125 Schutzkonzept_I, S. 14: 2070.

	Kinder-Initiative, geteilte Entscheidungen mit Erwachsenen		
7	Child-initiated and directed Von Kindern initiiert und durchgeführt	Einflussnahme in ausgewählten Bereichen	Bestimmen, wer wickeln soll
6	Adult-initiated, shared decisions with children Erwachsenen-Initiative, geteilte Entscheidungen mit Kindern	Unterstützte Möglichkeiten der Einflussnahme (Scaffolding)	Gemeinsam über Gruppenregeln entscheiden
5	Consulted and informed Konsultiert; Mitsprache auf Basis von Verständnis	Eingeschränkte Möglichkeiten der Einflussnahme	Mitbestimmen in der Situation, in der sich ein Kind einem Erwachsenen anvertraut hat
4	Assigned but informed Zugeteilte, restriktive Rolle auf Basis von Informationen	Geringe Einflussnahme	
3	Tokenism Alibi-Teilhabe	Keine Einflussnahme	
2	Decoration Dekoration	Keine Einflussnahme	
1	Manipulation Manipulation	Keine Einflussnahme	

Partizipationsgrade nach HART, Children's Participation und unter Adaption der Partizipationsgrade nach BÜKER u.a., Kinder partizipativ in Forschung einbeziehen – ein kinderrechtsbasiertes Stufenmodell.

Faktisch gibt es in den Konzepten kaum Hinweise darauf, dass Kinder aktiv an Entscheidungen beteiligt sind. Das sagt natürlich wiederum lediglich aus, dass dies nicht in den Konzepten festgehalten wird. Wenn gemeinsam über Gruppenregeln entschieden wird oder das Kind selbst bestimmen darf, wer es wickelt, kann hier im Modell gesprochen von Partizipation relativ hoher Graduisierung gesprochen werden. Die Mitbestimmung in der Situation des Anvertrauens einer erfolgten Grenzüberschreitung ist hier nochmals mit aufgenommen, allerdings unter Vorsicht, da unklar ist, wie viel Einfluss mit dieser Mitbestimmung dann tatsächlich einhergeht. Das Beispiel hilft aufzuzeigen, dass sich hinter diesen in den Schutzkonzepten gewählten allgemeinen Formulierungen faktisch sehr viele unterschiedliche partizipative oder auch nicht- bzw. scheinpartizipative Handlungen verbergen können. Auch in dieser Situation geht es dessen unbenommen darum, den passenden Grad der Partizipation zu reflektieren.

8.4.6.2 Einordnung mit Hilfe des Modells der Partizipationspyramide

Im Folgenden werden die in den Schutzkonzepten gefundenen Prozesse nun an das Modell der Partizipationspyramide von Straßburger/Rieger angelegt. Generell kann festgehalten werden, dass das Schutzkonzept bereits den Rahmen für die angestoßenen Prozesse bildet. Die Perspektive, aus der heraus die Prozesse geschildert werden, ist also eine institutionell-professionelle. Straßburger/Rieger sprechen in ihrem aus dem sozialen Bereich kommenden Model von Fachkräften. Übertragen auf die Pfarrei sind hier ehren-, haupt- und nebenamtlich Tätige die Fachkräfte, die linksseitig der Pyramide Möglichkeitsräume für Partizipation gestalten. Die unter *Information* aufgeführten Beispiele aus den Schutzkonzepten lassen sich der ersten Stufe des Modells (informieren, links) zuordnen. Es geht um Informationen, die Kindern (und ggf. anderen Gruppen) bereitgestellt werden. Insofern kann die ‚Abholdynamik' aus der ersten Interpretation der Daten eingeordnet werden. Im ersten Schritt werden Informationen aufbereitet und bereitgestellt und können dann erst überhaupt abgeholt werden. Dafür müssten aber beide Mechanismen sichergestellt werden.

Abb. 10: Die Partizipationspyramide

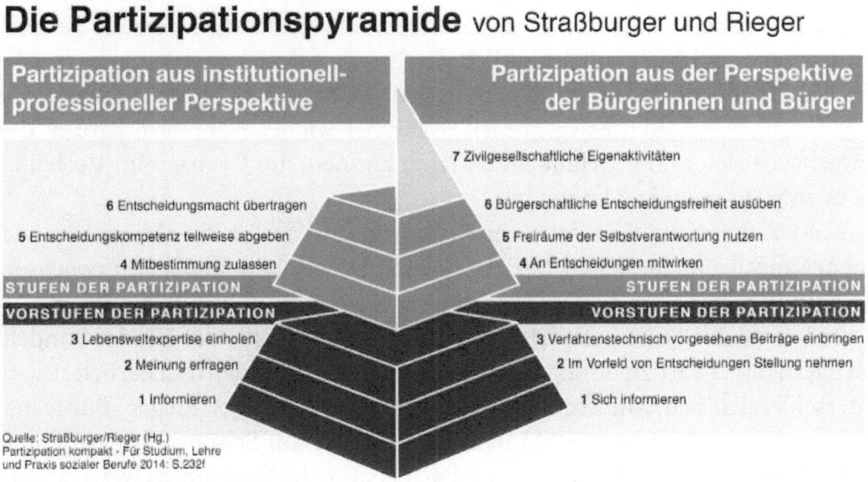

Abb. aus: STRAẞBURGER/RIEGER, Partizipation kompakt. Für Studium, Lehre und Praxis sozialer Berufe 2014, 232f.

In manchen Beispielen geht es auch um die Kommunikation von Entscheidungen. Wenn der Verhaltenskodex ausgehangen wird oder veränderte Regeln für Disziplinierungsmaßnahmen und Konsequenzen kommuniziert werden, werden getroffene Entscheidungen transparentgemacht. Das Austeilen der Nummer gegen Kummer oder die Informationsbereitstellung über Unbekanntes oder

Befremdliches zielen nicht auf die Kommunikation einer Entscheidung. Infos zu Hilfeangeboten dienen als eine Grundlage, um sich überhaupt Hilfe holen zu können. Infos über Befremdliches (wie z. B. die Beichte oder Beichträume) dienen der Transparenz über Kindern unbekannte Räume und Situationen in der Pfarrei. Es handelt sich also um verschiedene Informationen, die nicht alle auf das im Modell angestrebte Ziel des Einflusses auf Entscheidungen ausgerichtet sind.

Kindern etwas erklären (Gruppenregeln oder während Wickel-bzw. Toilettensituationen), mit ihnen über Grenzüberschreitungen bei Doktorspielen sprechen und ihnen Konsequenzen aus Regelverstößen zu erklären, erscheint mit Blick auf die Pyramide nicht verortbar. Am ehesten rücken diese Prozesse in die Nähe des Informierens. Es gibt aber keine konkrete Entscheidung, die in diesen Situationen ansteht. In den Schutzkonzepten dokumentiert wird in den genannten Situationen eine einseitige Kommunikation, die nicht auf Augenhöhe stattfindet und die unmittelbar mit der rahmenden Schutzhandlung der Erwachsenen zusammenhängt. Natürlich kann sich aus der Situation heraus ein Austausch ergeben (was ein Merkmal der vorpartizipativen Stufen im Sinne der Pyramide wäre), dennoch geht es in allen genannten Fällen um von Erwachsenen gesetzte, normierte Regeln bzw. um durchgeführte Handlungen beim Wickeln/Toilettengang, die verständlich gemacht werden sollen. Es wird deutlich, dass die Beispiele Transparenz und Nachvollziehbarkeit des Handels der Erwachsenen gegenüber den Kindern herzustellen versuchen. Es geht nicht um willkürliche Regeln oder willkürliches Verhalten Erwachsener gegenüber Kindern, sondern darum, dass Erwachsene sich und ihr Handeln erklären können, um Grenzen im Verhalten, die es zu wahren und zu lernen gilt.

Kinder altersgemäß in das eigene Handeln und das weitere Vorgehen nach einem Vorfall einzubeziehen, bezieht sich auf Situationen, in denen Erwachsene die Verantwortung für die Situation tragen. Sie handeln anwaltlich, indem sie – in der wie auch immer gelagerten Situation – zum Wohle des Kindes handeln. Inwiefern dabei Partizipation von Kindern erfolgen kann, wird sicherlich situativ unterschiedlich sein. Mit Bezug zum Modell von Straßburger/Rieger könnte man aber sagen, dass hier (je nach Situation) rollenklar am Schutzauftrag orientiert und auf Ebene der drei Vorstufen von Partizipation kommuniziert werden kann. Zumindest wäre je situativ begründungspflichtig, warum nicht auch hier gelten sollte, dass auch geringe Partizipation besser ist als ein Handeln jenseits der altersgemäßen Kenntnis und des Verständnisses der Kinder. Die Partizipationspyramide als Reflexionsfolie bricht hier erfolgreich Pauschalformulierungen der Schutzkonzepte auf und verweist darauf, dass auch hier Partizipation angestrebt werden kann. Ein partizipationstheoretisch informierter und differenzierender

Fokus ermöglicht es so, auf Anliegen und Ziele der Prozesse zu schauen, die nicht als Partizipation, aber doch als verwandte Maßnahme formuliert sind.

Die meisten Nennungen fanden sich beim Recht auf Stimme. Spannend ist, dass sich die hier erstmal verorteten Prozesse, bei genauem Hinsehen, nicht leicht zuordnen lassen. Beschweren, Lob und Kritik äußern, Feedback geben, seine Meinung äußern und den Kummerkasten oder die Ideenbox nutzen sind hier aus Sicht der rechten Pyramidenseite formulierte Handlungen, die alle auf Ebene der Vorstufen (ca. Stufe zwei bis drei) rangieren. Bzgl. dieser Prozesse werden in den Konzepten besonders stark die Rechte der Kinder betont. Einmal wird beschrieben, dass Erwachsene Kindern dazu diese Rechte vermitteln. Aus dieser Perspektive heraus wird hier das Zusammenspiel der Pyramidenseiten deutlich, da Kinder hier ermutigt werden sollen, diese Rechte eigenständig, in denen ihnen zur Verfügung gestellten Rahmenbedingungen, wahrzunehmen. Auch hier gilt: Der Grad des Einflusses auf die Entscheidung ist über diese Formulierungen im Konzept noch nicht gesichert oder abschließend bestimmt. Auch Aspekte wie das Nein-Sagen, Sich-Anvertrauen oder Hilfe-holen zielen auf das Tätigwerden von Kindern in der dafür aufmerksamen und hörenden institutionellen Rahmendynamik in der Pfarrei.

In einem Beispiel wurde formuliert, dass Erwachsene bzgl. Körperkontakten auf Zustimmung bzw. Ablehnung der Kinder achten. In dieser Formulierung scheint der Einfluss der Kinder auf die Situation einerseits angelegt und doch bleibt er ungeregelt. In welchem Verhältnis die Zustimmung oder Ablehnung zur Handlung des Erwachsenen steht, bleibt hier unklar: Ist sie bindend? Wird sie verhandelt? Am Grad des Einflusses auf die Entscheidung hängt auch die Verortung auf der Pyramide. Wenn eingehalten wird, dass Kinder selbst bestimmen, wer sie wickelt, geben Erwachsene ihre Entscheidungsmacht an dieser Stelle an die Kinder ab (Stufe sechs, linke Seite). Wird gemeinsam über Gruppenregeln entschieden, ist dies teilweise der Fall (Stufe vier). Allerdings wäre zu fragen, wie genau sich das ‚gemeinsam' konstituiert. Im Modell von Straßburger/Rieger geht es auf Stufe vier um ein Besprechen und anschließend darum, gemeinsam über das weitere Vorgehen abzustimmen.

In den Konzepten fällt auf, dass hier stärker als mit Blick auf andere Aspekte Dynamiken verknüpft werden, die auf Seiten der Erwachsenen Aufmerksamkeit, Ansprechbarkeit oder Sensibilität fordern und auf Seiten der sich Mitteilenden (z. B. Kindern, Jugendlichen oder sonstigen Schutzbefohlenen) Stimme, Mitteilung oder Entscheidungskraft zur Handlung. Ein Beispiel: „Von daher ist es wichtig, achtsam mit diesen schutzbedürftigen Menschen umzugehen und ihnen zuzuhören, wenn sie sich anvertrauen wollen!"[1126] Anforderungen bestehen in

1126 Schutzkonzept_B, S. 2: 524.

dieser Situation auf beiden Seiten, wobei den Erwachsenen zukommt, den institutionell-professionellen Ermöglichungsrahmen dazu zu gestalten.

8.5 Zwischenresümee

Es ließ sich zeigen, dass Kinderpartizipation im Zusammenhang mit den Schutzkonzepten in Korrespondenz mit der Bausteinstruktur der Konzepte konfiguriert wird. Partizipation von Kindern im Rahmen der Schutzkonzepte geht Hand in Hand mit anderen Maßnahmen und Bausteinen, bei denen Kinderpartizipation – in der Konstruktion der Konzepte – keine explizite Rolle spielt. Entweder, weil die Maßnahmen sich explizit nur auf Erwachsene beziehen (z. B. Führungszeugnisse) oder, weil sie sich auf Erwachsene beziehen, der Zusammenhang zu partizipativen Maßnahmen aber nicht ausgewiesen wird (z. B. Fort- und Weiterbildung). Die Bauweise der Konzepte präfiguriert die Möglichkeiten und Räume, in denen Partizipation ins Spiel gebracht werden kann.

In Catchwords bzw. Catchphrases zeigen sich die allgemeinen und offenen Formulierungen von Handlungsprogrammatiken im Bereich der Partizipation, die eine Leerstelle zwischen Konzept(-text) und Praxis greifbar werden lassen und insofern genau an dieser Stelle nach ‚Übersetzungsmöglichkeiten' fragen lassen. Hier wird für den Fokus auf Kinderpartizipation konkret und aufzeigbar, was auch in den Ausführungen zu Schutzkonzepten insgesamt schon deutlich wurde: Die Beobachtungen reaktualisieren, dass der Anspruch der Schutzkonzepte als Organisationsentwicklungsprozesse sich nicht allein um die Produktion von dreht, sondern auf die Etablierung von Praktiken zielt, die jedoch maßgeblich von Steuerungsinstrumenten flankiert werden und abhängen.

Der Aspekt der Partizipation von Gruppen konnte mit verschiedenen Schwerpunkten entfaltet werden. Die Logik der Schutzkonzepte gibt den Blick auf Partizipation in dieser bestimmten Stoßrichtung frei: Kinder werden über verschiedene Gruppen sichtbar gemacht in den Konzepten (z. B. Kita oder Messdiener*innen) und in der Logik dieser Konstruktion werden partizipative Prozesse in den Konzepten beschrieben. Die Logik der Gruppenorganisation rückt bestimmte Gruppen in den Fokus, andere scheinen randständig (z. B. Familien). Weiterhin lässt sie die Perspektive auf einzelne Kinder sowie Eins-zu-eins-Situationen teils offen: der Blick auf das einzelne Kind wird damit konzeptionell nicht mitgesteuert. In Situationen, die sich auf die Arbeit der Kitas beziehen, kommen mitunter Einzelsituationen z. B. in Wickelsituationen in den Konzepten vor. Für die Erstellung der Konzepte sind die Perspektiven der unterschiedlichen Gruppen interessant, wobei nicht zwingend auch die Vielfalt der Akteursperspektiven damit gesichert ist.

Die in den Konzepten entdeckten Konstrukte wurden schließlich anhand der vier Elemente des Partizipationsrechts nach Büker u. a. zugeordnet und im Rahmen der Partizipationsmodelle rekonstruiert. Die Schutzkonzepte arbeiten mit punktuellen Elementen der Kinderpartizipation, wobei dabei nicht der Einfluss auf Entscheidungen, sondern vielmehr die Äußerung bzw. Stimme zentraler Marker zu sein scheint. Partizipation von Kindern wird hier eher im Bereich Stimme, Verständnis oder Information angesiedelt und ist in ihren Ausprägungsformen mitunter vorpartizipativ. Kindliche Einflussnahme ist im Zusammenhang mit unmittelbarer Gefahrenabwehr mit Blick auf Körperkontakt in den Verhaltenskodices jedoch z. B. stark konzipiert (Zustimmung oder Ablehnung). Interaktionen und Situationen, die von Körperlichkeit und dem unmittelbaren Erleben von Grenzüberschreitungen auf Seiten der Kinder weggehen, sind jedoch weniger von kindlichem Einfluss geprägt.

9. Schutzkonzepte und Kinderpartizipation in der Gemeindepastoral: Zusammenfassende Thesen

Institutionelle Schutzkonzepte und Kinderpartizipation kommen im Rahmen dieser Arbeit aus verschiedenen Perspektiven in den Blick. Diese Mehrperspektivität ist zentral für die Dokumentation und das Verständnis der Ergebnisse. Wenn in diesem Kapitel die Ergebnisse der Auseinandersetzung mit diesen Perspektiven verfasst werden, so geschieht dies nicht, um eine Art ‚zentralen Regler' für die Steuerung von Kinderpartizipation im Rahmen der Schutzkonzepte in Gemeindepastoral vorzustellen. Diese Arbeit ist mit einem explorativen Anliegen in Form eines tastenden Experiments angetreten. Gemeindepastoral verändert sich angesichts von Präventionsarbeit. Aus den Analysen, die innerhalb dieser Arbeit vorgenommen und zusammengeführt wurden, können in diesem Sinne einige bündelnde Schlüsse für den religionspädagogischen Diskurs und die gemeindepastorale Praxis zusammenfassend fruchtbar gemacht werden. Aufmerksamkeit für das aufzubringen, was im Rahmen der Schutzkonzepte eigentlich passiert, kann einen Teil dazu beitragen, zukunftsfähige Formen der Gestaltung dieser Lebens- und Lernorte für Kinder, Jugendliche, Eltern, Familien und Erwachsene zu entwickeln und die bisherige Praxis sowie theologisch-religionspädagogische Reflexionen dieser Praxis zu diskutieren.

Die im Rahmen dieser Arbeit eingenommenen Perspektiven sind in literaturbasierte und empirische Perspektiven unterteilt. Ausgehend von der Auseinandersetzung mit Schutzkonzepten als Organisationsentwicklungsprozessen in Gemeindepastoral (Kapitel 5) wurde Partizipation als Grundmerkmal der Schutzkonzepterstellung präsentiert und Kinderpartizipation vor dem dreifachen Hintergrund erstens der Schutzkonzepterstellung, zweitens der UN-KRK und drittens der ausgewählten Partizipationsmodelle umrissen (Kapitel 6). In einem weiteren Angang wurden theologische Perspektiven auf Kinder und ihre Partizipation wiederum in dreifacher Weise exploriert: erstens im Hinblick auf das Verhältnis von Schutz und Partizipation, zweitens auf Eigenaktivität und drittens auf eine notwendige Mehrperspektivitätskompetenz (Kapitel 7). Das vorangegangene Kapitel (Kapitel 8) widmet sich der Darstellung der Analyseergebnisse der Schutzkonzepte (unter Berücksichtigung einzelner Perspektiven aus dem Kindergruppengespräch sowie den Beobachtungen). Damit geben die Ergebnisse in erster Linie einen Einblick in diejenigen Prozesse und Maßnahmen, die in den

Schutzkonzepten schriftlich festgehalten werden. Die Perspektiven der Expert*innen, die zur Felderschließung genutzt wurden (Kapitel 3), wurden zum Bezugspunkt für die Wahl des grundlegenden Angangs dieser Arbeit. Auf Basis der ‚Karte', die sie zeichneten, wurden damit die eben beschriebenen Wege abgeschritten.

Die Vorstellung der Ergebnisse erfolgt in diesem Kapitel, indem Verknüpfungen zwischen den Perspektiven hergestellt und zu einer Art ‚Zusammenschau' verdichtet werden. Damit werden nicht alle Ergebnisse dieser Arbeit ins Wort gehoben und es sollen nicht alle Ergebnisse wiederholt werden. Es wird vielmehr eine Schau der Ergebnisse vorgenommen, bei der der Blick der Forscherin über die Gesamtheit der gemachten Beobachtungen und Entdeckungen schweift und an ausgewählten Stellen fokussiert, um einzelne Elemente und Verknüpfungen hervorzuheben. Diese bieten Anknüpfungspunkte für weitere Forschung und die weitere Auseinandersetzung in der gemeindepastoralen Praxis. Partizipation kann im Zusammenhang mit Schutzkonzepten nur als ein auf mehrere Ebenen bezogenes, vielschichtiges Phänomen betrachtet werden. Durch die Einnahme dieser Metaperspektive formt sich der Blick auf Kinderpartizipation, die über die Logiken der Schutzkonzepte erschlossen wird. Kinderpartizipation ist „(Querschnitts-)Aufgabe"[1127] und „Modus des Kinderschutzes"[1128] und kann in Hinsicht auf die Ebene der Organisation wie auch auf der Ebene von Personen und Akteuren ausformuliert werden. Der zentrale Vorschlag dieser Arbeit lässt sich unter dem Stichwort ‚Synchronisierungsleistung' verdichten. Diese lässt sich in Bezug auf den Zusammenhang von Konzepterstellung, Konzepttext und Entwicklungsprozess beziehen sowie auf die an sich partizipativ konzeptionierten Prozesse und auf Kinderpartizipation im Spezifischen übertragen.

9.1 Partizipation als Synchronisierungsleistung in der ständigen Abstimmung zwischen Konzepttext, dessen Erstellung sowie der fortwährenden Arbeit mit dem Konzept

Partizipation im Zusammenhang mit Schutzkonzepten kann als ‚Synchronisierungsleistung' beschrieben werden. Eine zentrale Herausforderung ist es, den Konzepttext, den Prozess der Konzepterstellung und die sich währenddessen und im Anschluss fortwährend vollziehenden Organisationsentwicklungsprozesse miteinander abzugleichen und aufeinander abzustimmen. Nicht das Textprodukt selbst, sondern der Erstellungsprozess sowie die fortwährende Arbeit mit dem Konzept

1127 WIESNER, Partizipation als Modus des Kinderschutzes, 21.
1128 Ebd., 22.

und dessen Entwicklung müssen im Rahmen der Präventionsarbeit in der Gemeindepastoral konsequenter abgesichert werden.

Institutionelle Schutzkonzepte sind als Steuerungsinstrumente für wirksame Prävention konzipiert. Sie werden in der sozialwissenschaftlichen Forschung beschrieben als „einrichtungsspezifische Maßnahmen und Prozesse“[1129]. Für katholische Pfarreien besteht die Pflicht, ein Schutzkonzept zu erstellen. Diese Pflicht zielt auf den zu erstellenden Text, welcher dann bei der Präventionsstelle des Bistums vorgelegt wird, jedoch nicht genehmigungspflichtig ist.[1130] Über die Analyse der Schutzkonzepte wurde mit unter eine Copy-Paste-Logik deutlich. Diese zeigt sich über eine wortwörtliche Übereinstimmung mit den Vorschlägen einer Arbeitshilfe des Bistums. Diese steht zum Teil im Gegensatz zu dem Anspruch, einrichtungsspezifische Maßnahmen zu entwickeln. Der Konzepttext wird hier zum Ziel des Prozesses. Damit eng verbunden konnte in der Arbeit über die Interviews eine Implementierungslogik entdeckt werden: Das Schutzkonzept wird in dieser Logik dann *nach* seiner Erstellung in den Alltag der Menschen *gebracht*. Es wird in dieser Logik erst erstellt und dann ‚gelebt‘.

Die vorliegende Arbeit kommt zu der Erkenntnis: Dass Konzepte in Textform da sind, wird gut abgesichert. Die Prozessbegleitung bei der Erstellung, die Anleitung ihrer Überarbeitung, der Fokus darauf, dass bereits in der Art und Weise der Zusammenarbeit im Rahmen der Erstellung kulturverändernde Prozesse ermöglicht werden können, wird weniger gut abgesichert. Die Gefahr dabei: Es werden womöglich Papiere erstellt, die für Praxisveränderung nichts austragen und der gewünschte Effekt der Schutzkonzepterstellung kann verpuffen. Praxissteuerung wird dann ungenau. Und das wiederum läuft entgegen des Selbstverständnisses von Prävention und Intervention, bestehende Missstände aufzudecken und Handlungsalternativen aufzuweisen und einzuüben.

Auf Basis der Ergebnisse legt sich die Vermutung nahe, dass sich der erstellte Konzepttext und das alltägliche Tun wie ‚zwei Welten‘ gegenüberstehen können. Entgegen einer Implementierungslogik macht die vierliegende Arbeit daher ein Verständnis von Schutzkonzepten stark, das den Entwicklungsprozess der mit dem Konzept verbundenen Maßnahmen in den Fokus nimmt. Eine möglicherweise gewöhnliche Ordnung zum Betreiben von Konzeptarbeit wird in der Prävention also in gewisser Weise auf den Kopf gestellt. Schutzkonzepte sind mehr als Textprodukte. Sie wollen vielmehr als Organisationsentwicklungsprozesse verstanden werden, im Rahmen derer der Text einen Teil darstellt.

1129 ALLROGGEN u.a. in: Schutzkonzepte in Theorie und Praxis, S. 10.

1130 Seit der Neuerung der PrävO im Mai 2022 werden die eingereichten Schutzkonzepte nun auch fachlich begutachtet. Die Einreichenden erhalten anschließend eine qualifizierte Rückmeldung. Die Schutzkonzepte sind weiterhin nicht genehmigungspflichtig.

Die Differenzierung der drei Ebenen der Schutzkonzepte (Erstellung, Textprodukt und Entwicklungsprozess) hat gezeigt, dass zwischen diesen Ebenen eine gewisse ‚Synchronisierung' sichergestellt sein muss. Damit ist ein wechselseitiger Abgleich der Konzeptionen und Praktiken in den mit den Ebenen verbundenen Prozessen und Textprodukten gemeint. Nicht gemeint ist eine künstliche ‚Gleichsetzung' der Ebenen. Vielmehr geht es um die Reflexion der für die Ebenen charakteristischen Prozesse, damit sie nicht auseinanderziehen, sondern vielmehr angesichts gemeinsamer Anliegen gekoppelt werden. Zwischen den Ebenen geht es also um kritische und reflexive Abstimmungs- und Abgleichprozesse zwischen alltäglichem Tun und Konzepttext. Partizipation im Zusammenhang mit Schutzkonzepten kann folglich als ‚Synchronisierungsleistung' beschrieben werden. Eine zentrale Herausforderung ist es, den Konzepttest, den Prozess der Konzepterstellung und die sich währenddessen und im Anschluss fortwährend vollziehenden Organisationsentwicklungsprozesse miteinander abzugleichen und aufeinander abzustimmen. Im Hinblick auf Partizipation bedeutet dies, dass sie über diese drei Ebenen hinweg stabil und tragfähig konzipiert und diese Konzeption auch ebenso stabil realisierbaren Praktiken entsprechen muss. Wer im Alltag daran beteiligt ist, die Maßnahmen des Schutzkonzeptes zu leben, sollte in synchroner Weise im Rahmen der Texterstellung beteiligt sein und seinen Verantwortungsbereich möglichst so wiederfinden in den formulierten Maßnahmen, dass klar ist, was er*sie tun soll. Was nicht bedeutet, dass ‚stabile' Konzeptionen und Praktiken unveränderbar wären. Im Gegenteil: Stabilität wird durch permanentes Infragestellen neu hergestellt – eine Dynamik, die mit den Synchronisierungsleistungen einhergeht. Ferner sind die Ebenen nicht als Nacheinander zu verstehen, sondern als zirkulärer Prozess, im Rahmen dessen sich die Ebenen überlagern. Mit dem Beispiel der Ehrenamtlichen aus Kapitel 8.1.3 gesprochen: Es geht darum, Konzept- und Erfahrungslogik produktiv miteinander abzugleichen. Dies erfolgt dann idealerweise nicht erst im Rahmen einer ‚Implementierung' des Schutzkonzeptes in der Praxis, sondern z. B. auch bereits im Rahmen der Erstellung oder in Überarbeitungsschleifen.

Die zentrale Frage, die hier nun zum Dreh- und Angelpunkt wird, lautet: Wird das Konzept zum Referenzpunkt und zum Partner von Praxisentwicklung oder nicht? Steuert es Praxis mit oder ist es letztlich ein „Papiertiger"? Als eine mögliche Handlungskonsequenz muss also stehen: Nicht die Erstellung des Textes, sondern der Entwicklungsprozess zum Konzept hin und die kontinuierliche Arbeit mit dem Konzept (entgegen einer ‚Deadlinelogik' für die Konzepterstellung) muss konsequenter abgesichert werden.

9.2 Die Pfarrei als richtige Adressatin der Schutzkonzepterstellung?

Es muss die Frage gestellt werden, ob die Pfarrei die richtige Adressatin zur Erstellung von Schutzkonzepten sein kann.

Partizipation an der Erstellung der Konzepte kann sich nachhaltig positiv auf die gewünschte Transformation des Organisationshandelns auswirken (Kapitel 6.1.1). Es konnten ganz unterschiedliche Umsetzungen der Partizipation bei der Erstellung der Konzepte rekonstruiert werden. Die Perspektiven von Kindern spielten dort selten eine Rolle. Die Perspektive von erwachsenen Vertreter*innen (aus Leitungsperspektive) von Kindergruppen werden hingegen eingebracht und erscheinen vergleichsweise gut abgesichert in einer Art ‚Repräsentationslogik': Partizipation im Rahmen der Schutzkonzepterstellung funktioniert über Repräsentant*innen von Gruppen, die in den Strukturen vor Ort vorhandenen sind. Beispielhaft für diese Logik ist, dass in den Steuerungsgruppen Vertreter*innen unterschiedlicher Gruppen aktiv sind und im Rahmen der Risikoanalyse alle Gruppen der Pfarrei kontaktiert werden. Dieses Vorgehen der Partizipation von Gruppen ist jedoch nicht deckungsgleich mit einer weiteren Logik, die im Rahmen dieser Arbeit gehoben wurde: das Einbringen der Vielfalt der vorhandenen Akteursperspektiven. Hierbei geht es um die unersetzbaren Perspektiven, die über die Strukturlogiken der Einteilung in Gruppen hinausgehen (z. B. können hier Einzelperspektiven sichtbar gemacht werden oder inoffizielle Zugehörigkeiten und unausgesprochene Strukturen und Vergruppierungen entdeckt werden). Unvertretbares Akteurshandeln und stellvertretende Deutungen konstituieren ein Spannungsfeld, in dem es sich im Rahmen der Präventionsarbeit reflexiv zu positionieren gilt. Da es *die* Gemeinde und *die* Pfarrei nicht gibt und konkrete Netzwerkstrukturen und Gegebenheiten vor Ort einzigartig sind, kommt es darauf an, dass möglichst konkret von dem ausgegangen wird, was an Erfahrungen, eingeübter Praxis, Befürchtungen, erkannten Risiken etc. vorhanden ist. Die konkrete Umsetzung der Verarbeitung der Wirklichkeitswahrnehmungen der verschiedenen Akteure setzt einen ersten Impuls dafür, ob mit den zu erarbeitenden Konzepten das Organisationshandeln wirklich transformiert werden kann.

Das Partizipationsrecht bezieht sich nach UN-KRK auf das einzelne Kind sowie Kindergruppen. Mit Blick auf unterschiedliche kindliche Entwicklungen und die Beurteilung nach Alter und Reife, sensibilisiert die UN-KRK auch für eine Beurteilung von Partizipation in Orientierung am jeweiligen Einzelfall. In den Konzeptanalysen wurde deutlich, dass für die Präventionsarbeit der Gemeindepastoral den (Kinder-)Gruppen besondere Bedeutung zukommt. Sie werden als die ‚kleinsten Einheiten' gesetzt, in denen Partizipation konzipiert wird. So kommen Kinder insbesondere in ihrer Gruppenzugehörigkeit in den Blick, eine

Perspektive auf einzelne Kinder wird eher in den von Kitas eingebrachten Situationen in den Schutzkonzepten eingenommen (Kapitel 8.3.2). Es scheint also durchaus mindestens einen Ort zu geben, an denen Alter, Reife und Einzelfallbeurteilungen eher im Blick sind: die Kita. An den übrigen Orten der Gemeindepastoral wird das einzelne Kind mit ihrer*seiner Stimme an bestimmten Stellen eher vorausgesetzt als explizit angesprochen, z. B. indem auf das Recht verwiesen wird, sich Hilfe zu holen, Ansprechpersonen im Beschwerdefall genannt werden oder die ‚Nummer gegen Kummer' abgedruckt wird.

Die Erstellung der Textprodukte zielt – im analysierten NRW-Bistum – auf die Pfarrei und orientiert sich an der territorialen Struktur der Seelsorgeeinheiten sowie an der Pfarrei als Rechtsträgerin für ihren Zuständigkeitsbereich. Pfarreien sind komplexe Gebilde. Ihre Struktureigenheiten stellen eine besondere Rahmensituation dar, die nur begrenzt vergleichbar ist, mit dem was im Regelfall im sozialwissenschaftlichen Diskurs als ‚Einrichtung' vorausgesetzt wird. Für Schutzkonzepte ist entscheidend, dass gleiche „Logiken und Handlungsmuster [...] sofort deutlich machen, in welcher Organisation man sich befindet"[1131] und dennoch jede Organisation an sich als einzigartig zu bezeichnen ist, „weil sie letztlich ihre eigenen Strukturen, Regeln, Routinen, Kulturen, Geschichten, Gedächtnisse, Mythen oder Vergegenständlichung aufweist."[1132] So mag es zwar in vielen Pfarreien Zeltlager geben, aber die jeweiligen Konfigurationen der Umsetzung von „Zeltlager" erfordern für alle Einheiten spezifische Maßnahmen. Hinzu kommt: Pfarreien stellen mitunter großräumige Gebilde dar, die unter ihrem Dach (teils auch in ihrer Trägerschaft) andere Orte kirchlichen Lebens versammeln (z.B. Kitas oder Altenheime).

Die Erstellung der Textprodukte zielt – im analysierten NRW-Bistum – auf die Pfarrei und orientiert sich an der territorialen Struktur der Seelsorgeeinheiten sowie an der Pfarrei als Rechtsträgerin für ihren Zuständigkeitsbereich. Pfarreien sind komplexe Gebilde. Ihre Struktureigenheiten stellen eine besondere Rahmensituation dar, die nur begrenzt vergleichbar ist, mit dem was im Regelfall im sozialwissenschaftlichen Diskurs als ‚Einrichtung' vorausgesetzt wird. Für Schutzkonzepte ist entscheidend, dass gleiche „Logiken und Handlungsmuster [...] sofort deutlich machen, in welcher Organisation man sich befindet"[1133] und dennoch jede Organisation an sich als einzigartig zu bezeichnen ist, „weil sie letztlich ihre eigenen Strukturen, Regeln, Routinen, Kulturen, Geschichten, Gedächtnisse, Mythen oder Vergegenständlichung aufweist."[1134] So mag es zwar in vielen Pfarreien Zeltlager geben, aber die jeweiligen Konfigurationen der Umsetzung von

1131 Oppermann/Schröer, Organisationen, 100.
1132 Ebd.
1133 Ebd.
1134 Ebd.

„Zeltlager" erfordern für alle Einheiten spezifische Maßnahmen. Hinzu kommt: Pfarreien stellen mitunter großräumige Gebilde dar, die unter ihrem Dach (teils auch in ihrer Trägerschaft) andere Orte kirchlichen Lebens versammeln (z.B. Kitas oder Altenheime).

Es kann daher die Frage gestellt werden, ob die Pfarrei die richtige Adressatin zur Erstellung der Schutzkonzepte ist. Aus den Konzeptanalysen heraus lässt sich diese Frage am Beispiel der eben nochmals ausgeführten ‚Repräsentationslogik', die eine stellvertretenden Deutung bedeutet, beispielhaft anfragen: Im Prozess der Risikoanalyse werden Erwachsene und Jugendliche zu Fürsprecher*innen der Gruppen, die sie leiten. So werden z.B. die Leiter*innen des Zeltlagers auf ihre für das Schutzkonzept relevanten Erfahrungen hin befragt, die Teilnehmer*innen hingegen aber nicht. Es geht offenbar darum, dass alle Bereiche der Pfarrei abgedeckt werden in einer Risikoanalyse, nicht aber darum, die unterschiedlichen Akteursgruppen und Perspektiven sichtbar zu machen. Lernende Organisationen – als welche man sich selbst ja rahmt, wenn man mit dem Anspruch auftritt, eine „Kultur des achtsamen Miteinanders" zu entwickeln – bauen gerade auf den Mehrwert der unvertretbaren Perspektiven. Die Ergebnisse der vorliegenden Arbeit (z.B. aus dem Kindergruppengespräch) legen nahe, dass kindliche Perspektiven für die Entwicklung von Präventionsmaßnahmen einen Mehrwert haben und blinde Flecken ausleuchten können. Diese werden in den untersuchten Konzepten nicht fruchtbar gemacht. Hinzu kommt, dass Kinder wie beschrieben, über die Gruppen, in denen sie in Gemeindepastoral organisiert sind, in den Blick kommen. Der Blick auf das einzelne Kind oder auch auf das Kind in Familie wird konzeptionell nicht mitgesteuert. Das Phänomen der stellvertretenden Deutungen ist damit *ein* Hinweis darauf, dass es über den aktuellen Zugriff der Konzepte mitunter nicht gelingt, in die Tiefenstrukturen der gemeindepastoralen Handlungsmuster vorzudringen.

Die Herausforderung angesichts der komplexen Gebilde, die zu sicheren Orten entwickelt werden sollen, besteht darin, gemeindliche Strukturen, Interaktionen und Aktivitäten in den Blick und in ihrer Komplexität problematisiert zu bekommen. Wo dies gelingt, kommen die Elemente, Handlungen, Beziehungen etc. in den Blick, die einen echten Unterschied machen können für Prävention. Ob dies auf der Ebene der Pfarrei mit Hilfe der aktuellen Herangehensweise alltagsnah bearbeitbar ist, steht zu fragen.

9.3 Partizipation als konzeptioneller Platzhalter erhält Organisationslogiken aufrecht

Es kann ein Spannungsfeld zwischen Partizipationserwartungen und der Nicht-Einhaltung von Partizipationserwartungen ausgemacht werden. Partizipation im Zusammenhang mit Schutzkonzepten in gemeindepastoraler Praxis kann folglich nicht einfach angeordnet werden.

Für die Erstellung von Schutzkonzepten wird seitens der Vorgaben durch die Rahmenordnung Prävention der Deutschen Bischofskonferenz erwartet, dass diese „partizipativ in Zusammenarbeit mit allen hierfür relevanten Personen und Gruppen" erfolgt. „Dazu gehören auch die Kinder und Jugendlichen und erwachsenen Schutzbefohlenen selbst."[1135] – so die Rahmenordnung.

An Seite dieser Erwartung kommt es in der Umsetzung der Präventionsmaßnahmen offenbar in der Praxis zu Prozessverkürzungen. In den Expert*inneninterviews wurde deutlich, dass Prävention vom „Sonderthema" hin zu einer „Gesamthaltung" entwickelt werden soll. Was diesen Prozess erschwere, sei die wahrgenommene Diskrepanz zwischen Präventionskonzeption oder Präventionsidealen und alltäglichem Tun. In verschiedenen Facetten konnte in den Interviews herausgearbeitet werden, dass die Frage nach dem ‚Wie' der Überbrückung zwischen den Kategorien ‚Sonderthema' und ‚Gesamthaltung', zwischen ‚Konzeption' und ‚Alltag' oder auch zwischen ‚Text' und ‚Alltagspraxis' noch einige Fragezeichen im Prozess hervorruft. Den Interviewpartner*innen folgend geht es im Rahmen der Schutzkonzepterstellung darum, dass das Schutzkonzept erst *in den Alltag gebracht* werden muss.

Auf Partizipation hin gelesen wurden sowohl Partizipationserwartungen als auch eine Nicht-Einhaltung von Partizipationserwartungen entdeckt, die im Hinblick auf Kinderpartizipation in Form einer Vertagung verhandelt werden. Eine vorangegangene Texterstellung mündet in einen nachgelagerten Entwicklungsprozess, in dem dann (zukünftig) auch partizipationsorientierte Maßnahmen konsequenter zur Durchsetzung kämen. Kindliche Perspektiven werden in den Interviews als wünschenswertes Element der Schutzkonzepterstellung skizziert, das jedoch angesichts von Kapazitäts- und Ressourcenfragen in den Pfarreien auf einen Zeitpunkt X vertagt wird, zu dem das dann erstellte Schutzkonzept „gelebt" wird. Es kommt also zu kapazitätskonformer Prozessbegrenzung, die im Resultat aber dazu führt, dass vom Auftrag der Schutzkonzepterstellung abgewichen wird. Damit wird auch deutlich: Von Verhandlung kann im Grunde

1135 Gleichlautend in: Sekretariat der Deutschen Bischofskonferenz, Rahmenordnung 2014, 37 sowie in Sekretariat der Deutschen Bischofskonferenz, Rahmenordnung 2020, 4.

genommen nicht gesprochen werden, es kommt vielmehr zu Vermeidungsszenarien. In den Interviews wird ebenso ausgeführt, dass es nicht darauf ankäme, wie „schön formuliert" die Konzepte seien. Im Anschluss an die Ergebnisse der Konzeptanalysen (z. B. Kapitel 8.2) lässt sich aber die Frage stellen, inwiefern als Catchword oder Catchphrase identifizierte Formulierungen bei der Übersetzungsleistung in Praktiken behilflich oder hinderlich werden können aufgrund ihrer allgemeingehaltenen Bauweise. Wird Partizipation zum konzeptionellen Platzhalter, erfüllt sie eher die Funktion, Organisationslogiken in Gemeindepastoral aufrechtzuerhalten und wird dadurch jedoch weniger zum Prozesssteuerungsinstrument. Prävention sexualisierter Gewalt ist jedoch darauf angewiesen, dass Organisationslogiken zugunsten einer kinderschützenden Kulturveränderung potenziell unterbrochen werden können. Im Generieren von konzeptionellen Platzhaltern im Hinblick auf partizipative Prozesse entsprechen die Konzepte dem Streben, gemeindepastorales Organisationshandeln letztlich aufrechtzuerhalten, anstatt sich für Veränderungen zu öffnen.

Partizipation im Zusammenhang mit Schutzkonzepten in gemeindepastoraler Praxis kann folglich nicht einfach angeordnet werden. Partizipation bedeutet nicht, dass alle Akteure „bei jedem Arbeitsschritt vollumfänglich beteiligt sein müssen, sondern der Prozess so gestaltet sein muss, dass das Anliegen, Perspektive und Erfahrungshintergrund aller Beteiligten jederzeit eingebracht werden können."[1136] Als Schlussfolgerung legt sich die Empfehlung nahe, bei alltäglichen und bereits routinierten Abläufen und Prozessen anzusetzen und den Fokus im ersten Schritt auf deren Wahrnehmung zu richten. So könnte z. B. für den Bereich der Beschwerdewege die bestehenden Rückmeldepraktiken in den Blick genommen werden. Indem nicht die Fragestellung gestellt wird: „Wie können Beschwerdewege am besten umgesetzt werden?", sondern die Frage verfolgt wird: „Wie sind unsere Beschwerdewege eigentlich in Praktiken eingebunden?", löst sich das Spannungsfeld zwar nicht auf, aber es verändert sich der Fokus. Die Akteure erarbeiten sich selbst ein Reflexionswissen, das die Texterstellung anregen kann. Dazu muss der Fokus jedoch intensiver auf Erstellung und Überarbeitung des Konzepts liegen.

9.4 Das kindliche Partizipationsrecht auf die eigene Stimme ermöglichen und absichern

Die Schutzkonzepte setzen darauf, dass Kinder ihr Partizipationsrecht auf Stimme verwirklichen können. Diese Verwirklichung muss ermöglicht und abgesichert

1136 Schutzkonzepte in Theorie und Praxis, 31.

werden. Dazu braucht es die Bereitstellung kindgerechter Informationen sowie die Sicherstellung kindgerechter Sprache und Aneignungsformen.

Partizipation hat in zahlreichen Theorien, die sich mit ihr auseinandersetzen, zentral mit der Frage nach Einfluss auf Entscheidungen zu tun. Aus der UN-KRK lassen sich vier hierarchisch angeordnete Kernelemente der Partizipationsrechte von Kindern ableiten: Information, Verständnis, Stimme und Einfluss. Die Analyse der untersuchten Konzepte ergibt im Rückbezug auf diese Elemente: Ausgehandelt wird in den Konzepten in verschiedenen Facetten und über verschiedene Elemente der Bausteine vor allem die Frage danach, wie Kinder sprachfähig gemacht werden können.

In den Konzeptanalysen im Rahmen dieser Arbeit hat sich gezeigt, dass verlässliche Zugänge z. B. zu Informationen aus den Schutzkonzepten für Kinder nicht durchgängig gesichert sind. Ähnlich verhält es sich mit den auf kindliches Verständnis zielenden Prozessen. Mit Blick auf kindlichen Einfluss fällt auf, dass das Äußern von Zustimmung oder Ablehnung vor allem mit Blick auf Körperkontakte identifiziert wurde. Hier wird eine konzeptionelle Struktur hergestellt, die Kindern viel Einfluss für den Bereich der Kontakte am eigenen Körper sichert. Bei Aspekten, die eher von Körperlichkeit weggehen, wurden Konstrukte identifiziert, die z. B. gemeinsame Entscheidungsfindung von Kindern und Erwachsenen anvisieren (z. B. Festlegen von Gruppenregeln).

Es geht in den Konzepten, so eines der Ergebnisse der Konzeptanalysen im Rahmen der vorliegenden Arbeit, also weniger um den Einfluss auf Entscheidungen, sondern vielmehr um die Ermöglichung kindlicher Äußerungen, sprich um das Kernelement der Stimme. Es wird so beispielsweise wiederholt verschriftlicht, dass Kinder einen Verdacht oder Lob und Kritik äußern können, dass sie sich beschweren oder ‚Nein' sagen können sollen. Vorausgesetzt wird damit ein Verständnis von Kindern, im Rahmen dessen sie etwas zur Sprache bringen können sollen. Die Pfarreien und Gemeinden geben sich damit selbst die Aufgabe, dieses ‚Zur-Sprache-bringen' abzusichern und zu ermöglichen.

Aus dem Abgleich von Partizipationstheorien und den vorgefundenen Konstrukten in den Schutzkonzepten kann abgeleitet werden: Wenn erwartet wird, dass Kinder etwas sagen können sollen, dann braucht es eine entsprechende Absicherung über verschiedene Maßnahmen. Diese sind in der Anlage der Konzepte zwar mitgedacht, aber im analysierten Material so kaum auffindbar. Gleichzeitig können diese Maßnahmen als zentrale Anforderungen an präventionssensibles religionspädagogisches Handeln bezeichnet werden. Diese Maßnahmen sind z. B.:

- Der verlässliche Zugang zu Informationen in kindgerechter Sprache, die altersgemäßes Verständnis ermöglichen (was z.B. Schutzkonzepte oder Verhaltenskodices in kindgerechter Sprache sein könnten),
- Die Berücksichtigung verschiedener kindlicher Ausdrucks- und Aneignungsformen (mündlich, schriftlich, spielerisch und vor allem niedrigschwellig durchführbar) z.B. für Beschwerdewege und
- Gelegenheiten, sich im verständlich machen, einzuüben und Erfahrungen mit der Wertschätzung für die eigene Meinung zu sammeln. Diese Maßnahme wird aktuell z.B. insofern unterwandert, als dass im Rahmen der Risikoanalyse die Kinder und Jugendlichen selbst in nur einem der Konzepte mit einbezogen wurden.

Aus dem Bereich der Kindertheologie kann hier die Gestaltung und Reflexion unterschiedlicher Aktivitätsmodi hilfreich sein (Kapitel 7.3.2). Ermöglichung bzw. Verunmöglichung der Wahrnehmung kindlicher Ausdrücke ist eine aktive Herstellungsleistung der Erwachsenen. Die Herausforderung ist, Positionierungspraktiken von Kindern zu ermöglichen, wo sie Bereitschaft zu solchen signalisieren und achtsam dafür sein, dass schützende Praktiken solche Positionierungen ermöglichen und nicht verhindern.

Literaturverzeichnis

ACKERMANN, Timo/ROBIN, Pierrin: Kinder im Kinderschutz. Zur Konstruktion von Agency in amtlichen Entscheidungsprozessen. In: BÜHLER-NIEDERBERGER, Doris/ALBERTH, Lars/EISENTRAUT, Steffen (Hg.): Kinderschutz. Wie kindzentriert sind Programme, Praktiken, Perspektiven? Weinheim und Basel 2014, 64–81.

ACKERMANN, Timo/ROBIN, Pierrin: Kinder im Kinderschutz. Zur Konstruktion von Handlungsträgerschaft in Jugendamtsakten. In: Sozialmagazin. 5-6 (2015), 72–80.

AGHAMIRI, Kathrin: Das Sozialpädagogische als Spektakel. Eine Fallstudie sozialpädagogischer Gruppenarbeit in der Grundschule, Dissertation. Opladen/Berlin/Toronto 2016.

ALLROGGEN, Marc u.a.: Einleitung: Schutzkonzepte zur Verbesserung des Kinderschutzes in Organisationen. In: WOLFF, Mechthild/SCHRÖER, Wolfgang/FEGERT, Jörg (Hg.): Schutzkonzepte in Theorie und Praxis. Ein beteiligungsorientiertes Werkbuch. Weinheim/ Basel 2017, 10–13.

AMANN, Klaus/HIRSCHAUER, Stefan: Die Befremdung der eigenen Kultur. Ein Programm. In: HIRSCHAUER, Stefan/AMANN, Klaus (Hg.): Die Befremdung der eigenen Kultur. Zur ethnographischen Herausforderung soziologischer Empirie. Frankfurt am Main 1997, 7–52.

ANDRESEN, Sabine: Kinderschutz im Alltag - Multidimensionale Perspektiven und Konzepte. In: CRONE, Gerburg/LIEBHARDT, Hubert (Hg.): Institutioneller Schutz vor sexuellem Missbrauch. Achtsam und verantwortlich handeln in Einrichtungen der Caritas (Studien und Praxishilfen zum Kinderschutz). Weinheim u.a. 2015, 117–126.

ANDRESEN, Sabine/TIPPELT, Rudolf (Hg.): Sexuelle Gewalt in Kindheit und Jugend. Theoretische, empirische und konzeptionelle Erkenntnisse und Herausforderungen erziehungswissenschaftlicher Forschung (64 Beiheft). Weinheim, Basel 2018.

ARBEITSGEMEINSCHAFT KATHOLISCHER KATECHETIK-DOZENTEN (AKK) (Hg.): Religionspädagogische Beiträge (RpB). 35/Themenheft: Kindsein heute. (1995).

ATTESLANDER, Peter: Methoden der empirischen Sozialforschung (ESV Basics). Berlin [11]2006.

BAADER, Meike Sophia: Zur Konstruktion des Kindes in Ellen Keys „Jahrhundert des Kindes". In: Engagement. Zeitschrift für Erziehung und Schule. 4 (1998), 199–205.

BAADER, Meike: Kinder als Akteure oder wie ist das Kind als Subjekt zu denken? Historische Kontexte, relationale Verhältnisse, pädagogische Traditionen, neue

Perspektiven. In: BLOCH, Bianca u.a. (Hg.): Kinder und Kindheiten. Frühpädagogische Perspektiven. Weinheim/ Basel 2018, 22–39.

BABATSIKOS, Georgia: Parent's knowledge, attitudes and practices about preventing child sexual abuse: A literature review. In: Child Abuse Review. 19/2 (2010), 107–129.

BANGE, Dirk: Definitionen und Begriffe. In: BANGE, Dirk/KÖRNER, Wilhelm (Hg.): Handwörterbuch sexueller Missbrauch. Göttingen 2002, 47–52.

BANGE, Dirk: Gefährdungslagen und Schutzfaktoren bei Kindern und Jugendlichen in Bezug auf sexuellen Kindesmissbrauch. In: FEGERT, Jörg (Hg.): Sexueller Missbrauch von Kindern und Jugendlichen. Ein Handbuch zur Prävention und Intervention für Fachkräfte im medizinischen, psychotherapeutischen und pädagogischen Bereich, Mit 22 Tabellen. Berlin 2015, 103–106.

BANGE, Dirk: Gefährdungslagen und Schutzfaktoren im familiären und institutionellen Umfeld in Bezug auf sexuellen Kindesmissbrauch. In: FEGERT, Jörg (Hg.): Sexueller Missbrauch von Kindern und Jugendlichen. Ein Handbuch zur Prävention und Intervention für Fachkräfte im medizinischen, psychotherapeutischen und pädagogischen Bereich, Mit 22 Tabellen. Berlin 2015, 138–141.

BAUER, Christian: Vom Haben zum Sein? Partizipation in einer synodalen Kirche. In: *Zeitschrift für Pastoraltheologie (ZPTh)* (1/2020), 37–57.

BAUER, Moritz: "Reinheit" der Kinder? Über ein problematisches Narrativ in der Missbrauchskrise. In: *feinschwartz.net theologisches Feuilleton*, 11.11.2020. Online unter https://www.feinschwarz.net/reinheit-der-kinder-problematisches-narrativ-in-der-missbrauchskrise/ [Stand: 08.12.2021].

BEHNISCH, Michael/ROSE, Lotte: Frontlinien und Ausblendungen. Eine Analyse der Mediendebatte um den Missbrauch in pädagogischen und kirchlichen Institutionen des Jahres 2010. In: ANDRESEN, Sabine/HEITMEYER, Wilhelm (Hg.): Zerstörerische Vorgänge. Missachtung und sexuelle Gewalt gegen Kinder und Jugendliche in Institutionen. Weinheim/ Basel 2012, 308–328.

BEHRENDS, Teresa: Das Kind als (Menschen-)Rechtssubjekt. Zur FOrm der Kinderrechte. In: FANGMEYER, Anna/MIERENDORFF, Johanna (Hg.): Kindheit und Erwachsenheit in sozialwissenschaftlicher Forschung und Theoriebildung. Weinheim Basel 2017, 22–36.

BERGMANN, Christine: Sexualisierte Gewalt - politische Reaktionen. In: BÖLLERT, Karin/WAZLAWIK, Martin (Hg.): Sexualisierte Gewalt. Institutionelle und professionelle Herausforderungen. Wiesbaden 2014, 127–138.

BERTELS, Gesa/WAZLAWIK, Martin: Jugendliche und Kinder stärken. Für das Kindeswohl und gegen sexualisierte Gewalt (Kompass). Düsseldorf 2013.

BIZER, Christoph u.a. (Hg.): Menschen Bilder im Umbruch - didaktische Impulse (Jahrbuch der Religionspädagogik (JRP) 20). Neukirchen-Vluyn 2004.

BLASBERG-KUHNKE, Martina/BUBMANN, Peter: Gemeinde/Gemeindepädagogik. In: WiReLEx. Das Wissenschaftlich-Religionspädagogische Lexikon im Internet vom Februar 2016. Online unter https://www.bibelwissenschaft.de/stichwort/100210/ [Stand: 08.12.2021].

BÖLLERT, Karin: Sexualisierte Gewalt - Professionelle Herausforderungen. In: BÖLLERT, Karin/WAZLAWIK, Martin (Hg.): Sexualisierte Gewalt. Institutionelle und professionelle Herausforderungen. Wiesbaden 2014, 139–150.

BOHLEN, Stephanie: Das Kind ins Gespräch bringen. Eine sozialwissenschaftliche und theologische Reflexion. In: VERBAND KATHOLISCHER TAGESEINRICHTUNGEN (Hg.): Zukunftsweisend und verlässlich. Bildung in katholischen Kindertageseinrichtungen, Dokumentation der Bundesfachtagung 2005 des KTK-Bundesverbandes in Fulda. 2005, 23–38.

BOSCHKI, Reinhold/WOPPOWA, Jan: Theologie der Kinder - Theologie der Kindheit. In: Katechetische Blätter. 2 (2006), 94–100.

BUCHER, Anton: Kindbilder: Spiegel der Erwachsenen. In: ARBEITSGEMEINSCHAFT KATHOLISCHER KATECHETIK-DOZENTEN (AKK) (Hg.): Religionspädagogische Beiträge (RpB). 35/Themenheft: Kindsein heute. (1995), 57–68.

BUCHER, Anton: Braucht Mutter Kirche brave Kinder? Religiöse Reifung contra kirchliche Infantilisierung. München 1997.

BUCHER, Anton: An wirklichen Kindern vorbei, und doch unersetzbar: Kindbilder. In: BIZER, Christoph u.a. (Hg.): Menschen Bilder im Umbruch - didaktische Impulse (Jahrbuch der Religionspädagogik (JRP) 20). Neukirchen-Vluyn 2004, 62–73.

BUCHER, Anton: Die dunkle Seite der Kirche. Etsdorf 2010.

BÜKER, Petra u.a.: Kinder partizipativ in Forschung einbeziehen - ein kinderrechtsbasiertes Stufenmodell. In: Diskurs Kindheits- und Jugendforschung. 1 (2018), 109–114.

BÜTTNER, Gerhard: "Enthemmte Kommunikation" als Voraussetzung für Glauben-Lernen. In: KARLE, Isolde (Hg.): Kirchenreform. Interdisziplinäre Perspektiven (Arbeiten zur praktischen Theologie 41). Leipzig 2009, 237–252.

BÜTTNER, Gerhard: Theologisieren mit Kindern – zwischen Empathie und Strukturierung. In: BÜTTNER, Gerhard u.a. (Hg.): Handbuch Theologisieren mit Kindern. Einführung - Schlüsselthemen - Methoden. München 2014, 19–25.

BUNDESMINISTERIUM DES INNERN, FÜR BAU UND HEIMAT: Polizeiliche Kriminalstatistik 2020. Ausgewählte Zahlen im Überblick. 2021.

BUNDESMINISTERIUM FÜR JUSTIZ/BUNDESMINISTERIUM FÜR FAMILIE, SENIOREN, FRAUEN UND JUGEND/BUNDESMINISTERIUM FÜR BILDUNG UND FORSCHUNG: Abschlussbericht Runder Tisch Sexueller Kindesmissbrauch in Abhängigkeits- und Machtverhältnissen in privaten und öffentlichen Einrichtungen und im familiären Bereich. 2011. Online unter https://www.bmj.de/SharedDocs/Downloads/DE/Fachinformationen/Abschlussbericht_RTKM.pdf?__blob=publicationFile [Stand: 08.12.2021].

BÖWER, Michael/BRÜCKNER, Fabian: Das Mindset achtsames organisieren. Ein Methodenkoffer für das Einüben von Achtsamkeit im Kinderschutz und in der Kinder- und Jugendhilfe des Rauhen Hauses Hamburg. In: Sozialmagazing. 40/5/6 (2015), 14–25.

BÖWER, Michael: Wenn Zivilgesellschaft High Reliability stiftet. In: SCHRÖER, Andreas u.a. (Hg.): Organisation und Zivilgesellschaft: Beiträge der Kommission Organisationspädagogik. Wiesbaden 2020, 75–84.

BOWKER, Geoffrey/STAR, Susan: Sorting Things Out: Classification and Its Consequences. Cambridge, MA.

BRENNEKE, Bettina/TERVOOREN, Anja: Gruppendiskussionen mit Kindern am Übergang vom Elementar- zum Primarbereich. Methodologische Diskussionen und forschungspraktische Überlegungen. In: HARTNACK, Forian (Hg.): Qualitative Forschung mit Kindern. Herausforderungen, Methoden, Konzepte. Wiesbaden 2019, 193–235.

CAMERON, Helen u.a.: Talking about God in Practice: Theological Action Research and Practical Theology. London 2010.

CLARKE, Adele/KELLER, Reiner: Situationsanalyse. Grounded theory nach dem Postmodern Turn (Interdisziplinäre Diskursforschung). Wiesbaden 2012.

CONEN, Marie-Luise: Institutionen und sexueller Missbrauch. In: BANGE, Dirk/KÖRNER, Wilhelm (Hg.): Handwörterbuch sexueller Missbrauch. Göttingen 2002, 196–201.

DETTENBORN, Harry: Kindeswohl und Kindeswille. Psychologische und rechtliche Aspekte; mit 5 Tabellen. München/Basel 2001.

DEUTSCHES JUGENDINSTITUT E.V. (Hg.): Sexuelle Gewalt gegen Mädchen und Jungen in Institutionen. Abschlussbericht des DJI-Projekts im Auftrag der Unabhängigen Beauftragten zur Aufarbeitung des seuxuellen Kindesmissbrauchs, Dr. Christine Bergmann. München 2011.

DEUTSCHES KINDERHILFSWERK E.V.: Kinderrechte im Unterricht und in der Schule. Für Schulleitungen, Lehrkräfte und pädagogische Fachkräfte, Lehrerinfo Kinderrechte. Berlin 2017.

DEUTSCHES KOMITEE FÜR UNICEF E.V. (HG.): Konvention über die Rechte des Kindes. Online unter: https://www.unicef.de/blob/50770/b803ba01e7ad59f-c9607c893b8800ede/d0007-krk-kinderversion-illustrationen-2014-pdf-data.pdf [Stand: 08.12.2021].

DIAKONIE RHEINLAND-WESTFALEN-LIPPE E.V.: Das Bundeskinderschutzgesetz. Hinweise zur Umsetzung in Einrichtungen und Diensten der Kinder- und Jugendhilfe. 2013.

DILLEN, Annemie: Children are the Future…and the Present. Challenging Pastoral Practices with Children. In: Counseling et spiritualité. Counselling and Spirituality. 28/1 (2009), 129–148.

DILLEN, Annemie: Neither Angels, nor Devils. Theological Views on Children's Responsability. In: INTAMS Review. 18 (2012), 192–202.

DILLEN, Annemie: Gewalt in Familien: eine Herausforderung für das kirchliche und theologische Sprechen. In: Pastoraltheologische Informationen. 36/1 (2016), 63–74.

DILLEN, Annemie: Von Kindern herausgefordert. Wege zu einer praktischen Theologie und Ethik jenseits von Anpassung und Inklusion. In: HEIMBACH-STEINS,

Marianne/RIEDL, Anna M. (Hg.): Kindeswohl zwischen Anspruch und Wirklichkeit. Theorie und Praxis im Gespräch (Gesellschaft, Ethik, Religion Band 10). Paderborn 2017, 145–155.

DILLEN, Annemie: Children at the Center? Practical Theology by, about and with children? In: DILLEN, Annemie/GÄRTNER, Stefan (Hg.): Discovering practical theology: Exploring boundaries (Louvain theological & Pastoral Monographs 47). Leuven 2020, 127–155.

DÖRING, Nicola/BORTZ, Jürgen: Forschungsmethoden und Evaluation in den Sozial- und Humanwissenschaften (Springer-Lehrbuch). Berlin/Heidelberg [5]2016.

DOMANN, Sophie/RUSACK, Tanja: Schutzkonzepte in der Kinder- und Jugendhilfe. Die Sicht der Jugendlichen und Betreuungspersonen. In: Kinder- und Jugendschutz in Wissenschaft und Praxis. 60/3 (2015), 91–95.

DOMANN, Sophie/ESSER, Florian/RUSACK, Tanja: Jugendliche und ihre Co-Produktion bei Schutzkonzepten. In: KJuG. 62 (2017), 56–60.

DORSCH, Gabriele: Die Konvention der vereinten Nationen über die Rechte des Kindes (Schriften zum Völkerrecht 115). Berlin 1994.

DREßING, Harald u.a.: Sexueller Missbrauch an Minderjährigen durch katholische Priester, Diakone und männliche Ordensangehörige im Bereich der deutschen Bischofskonferenz. Projektbericht. Mannheim Heidelberg Gießen 2018. Online unter https://www.dbk.de/fileadmin/redaktion/diverse_downloads/dossiers_2018/MHG-Studie-gesamt.pdf [Stand: 08.12.2021].

DÜNNWELLER, Barbara: Beschwerderecht für das UN-Übereinkommen über die Rechte des Kindes. In: GEIGER, Gunther (Hg.): Kinderrechte sind Menschenrechte. Kinderrechte in Deutschland. Opladen/ Berlin/ Farmington Hills 2011, 95–115.

DUNGS, Susanne: Unausweichliche Abhängigkeit vom Anderen. Die Anerkennungstheorie von Judith Butler in ihrer Bedeutung für eine feministische christliche Sozialethik. In: SPIEß, Christian/WINKLER, Katja (Hg.): Feministische Ethik und christliche Sozialethik (Schriften des Instituts für Christliche Sozialwissenschaften der Westfälischen Wilhelms-Universität Münster 57). Berlin/ Münster 2008, 277–305.

EBERHARDT, Bernd/NAASNER, Annegret/NITSCH, Matthias: Bundesweite Fortbildungsoffensive von 2010 bis 2014 zur Implementierung präventiver Schutzkonzepte. In: FEGERT, Jörg (Hg.): Kompendium "Sexueller Missbrauch in Institutionen". Entstehungsbedingungen, Prävention und Intervention. Weinheim 2015, 622–635.

EGLAU, Uwe u. a.: Sexueller Missbrauch in Organisationen. Erkennen, Verstehen, Handeln. Wien 2011.

EICHER, Elisabeth/HESSE, Sabine/ZIMMER, Andreas: "Kinder haben Rechte". Der Europäische Tag zum Schutz von Kindern vor sexueller Ausbeutung und sexuellem Missbrauch am 18. November, Hintergrundinformationen und erste Anregungen für pastorale Arbeitsfelder. 2016.

EICHHOLZ, Reinald: Das Kindeswohl als Inbegriff der Rechte des Kindes. In: Maywald, Jörg; Eichholz, Reinald: Kindeswohl und Kinderrechte. Orientierungen und Impulse aus der UN-Kinderrechtskonvention Expertise im Auftrag des A-FET. (Sonderveröffentlichung. Bundesverband für Erziehungshilfe e.V.) Hannover 2007, 37–92.

EICHHOLZ, Reinald: Zum Stand der Umsetzung der Kinderrechtskonvention in Deutschland. In: PENKA, Sabine/FEHRENBACHER, Roland (Hg.): Kinderrechte umgesetzt. Grundlagen, Reflexion und Praxis. Freiburg im Breisgau 2012, 25–32.

ELTROP, Bettina: Art.: Kinder/Kindheit. In: WiReLex Das wissenschaftlich-religionspädagogische Lexikon im Internet vom Februar 2017. Online unter http://www.bibelwissenschaft.de/stichwort/100310/ [Stand 09.10.2021],

ENDERS, Ursula: Das geplante Verbrechen. Sexuelle Ausbeutung durch Mitarbeitende aus Institutionen. In: ULONSKA, Herbert/RAINER, Michael (Hg.): Sexualisierte Gewalt im Schutz von Kirchenmauern. Anstösse zur differenzierten (Selbst-)Wahrnehmung (Theologie: Forschung und Wissenschaft Bd. 6). Münster ²2007, 31–66.

ENDERS, Ursula (Hg.): Grenzen achten. Schutz vor sexuellem Missbrauch in Institutionen. Ein Handbuch für die Praxis (KiWi Paperback 1230). Köln ²2017.

ENDERS, Ursula/KOSSATZ, Yücel: Grenzverletzung, sexueller Übergriff oder sexueller Missbrauch. In: ENDERS, Ursula (Hg.): Grenzen achten. Schutz vor sexuellem Missbrauch in Institutionen, Ein Handbuch für die Praxis (KiWi Paperback 1230). Köln ²2017, 30–53.

ENDERS, Ursula (Hg.): Zart war ich, bitter war's. Handbuch gegen sexuellen Missbrauch (KiWi 785). Köln ⁶2019.

ENDERS, Ursula: Traurige Bilanz der Aufarbeitung sexuellen Missbrauchs in der katholischen Kirche - ein persönliches Statement von Ursula Enders. 2020. Online unter https://www.zartbitter.de/gegen_sexuellen_missbrauch/images/Fachinformationen/2020_03/Presseerklaerung_Kirche_Ursula_Enders.pdf [Stand: 08.12.2021].

ERZBISTUM PADERBORN/KOORDINATIONSSTELLE PRÄVENTION SEXUALISIERTER GEWALT IM ERZBISTUM PADERBORN (Hg.): Entwicklung institutioneller Schutzkonzepte. Konkrete Schritte und Empfehlungen aus der Praxis. Paderborn 2017.

(ERZ-)DIÖZESEN IN NRW (BISTUM AACHEN, BISTUM ESSEN, ERZBISTUM KÖLN, BISTUM MÜNSTER, ERZBISTUM PADERBORN): Ordnung zur Prävention gegen sexualisierte Gewalt an Minderjährigen und schutz- oder hilfebedürftigen Erwachsenen (Präventionsordnung PrävO). 2014. Online unter https://praevention-bildung.dbk.de/grundlagen-praevention/ [Stand: 08.12.2021].

FEGERT, Jörg u.a.: Sexueller Kindesmissbrauch - Zeugnisse, Botschaften, Konsequenzen. Ergebnisse der Begleitforschung für die Anlaufstelle der Unabhängigen Beauftragten der Bundesregierung zur Aufarbeitung des sexuellen Kindesmissbrauchs, Frau Dr. Christine Bergmann. Weinheim 2013.

FEGERT, Jörg/WOLFF, Mechthild: Eine neue Qualität der Debatte um Schutz vor Missbrauch in Institutionen. In: FEGERT, Jörg (Hg.): Kompendium "Sexueller

Missbrauch in Institutionen". Entstehungsbedingungen, Prävention und Intervention. Weinheim 2015, 15–34.

FEGERT, Jörg/SCHRÖER, Wolfgang/WOLFF, Mechthild: Persönliche Rechte von Kindern und Jugendlichen. Schutzkonzepte als organisationale Herausforderungen. In: WOLFF, Mechthild/SCHRÖER, Wolfgang/FEGERT (Hg.): Schutzkonzepte in Theorie und Praxis. Ein beteiligungsorientiertes Werkbuch. Weinheim/ Basel 2017, 14–24.

FLICK, Uwe: Qualitative Sozialforschung. Eine Einführung. Reinbeck bei Hamburg [5]2012.

FRIEBERTSHÄUSER, Barbara/LANGER, Antje: Interviewformen und Interviewpraxis. In: FRIEBERTSHÄUSER, Barbara/LANGER, Antje/PRENGEL, Annedore (Hg.): Handbuch qualitative Forschungsmethoden in der Erziehungswissenschaft. Weinheim/ Basel [4]2013, 437–455.

GASTERSTÄDT, Julia: Der Komplexität Begegnen und Inklusion Steuern. Eine Situationsanalyse Zur Umsetzung Von Artikel 24 der UN-BRK in Deutschland (Rekonstruktive Bildungsforschung 28). Wiesbaden 2019.

GEMEINSAME SYNODE DER BISTÜMER IN DER BUNDESREPUBLIK DEUTSCHLAND, Beschluss Ziele und Aufgaben kirchlicher Jugendarbeit, OG I, 277–311.

Gesetz vom 26.06.1990 (BGBl. I S. 1163). Kinder- und Jugendhilfegesetz SGB VIII.

Gesetz vom 22.12.2011 (BGBl. I S. 2975). Bundeskinderschutzgesetz.

Gesetz vom 17.02.1992 (BGBl. II S. 121). Kinderrechtskonvention.

Gesetz vom 17.12.2008, (BGBl. I S. 2586, 2587). Gesetz über das Verfahren in Familiensachen und in den Angelegenheiten der freiwilligen Gerichtsbarkeit.

GRÜMME, Bernhard: Eine Theologie der Kindheit bei Karl Rahner. In: Orientierung. 21 (2004), 231–234.

GÜNTER, Diana: Arbeit mit Kindern in der römisch-katholischen Kirche. In: SPENN, Matthias (Hg.): Handbuch Arbeit mit Kindern - evangelische Perspektiven. Gütersloh 2007, 476–484.

HALBMEYER, Ernst (2019): Der zirkuläre theorieentwickelnde Forschungsablauf. Online unter https://www.univie.ac.at/ksa/elearning/cp/ksamethoden/ksamethoden-74.html [Stand: 08.12. 2021]

HAMMER, Wolfgang: Kinderschutz – Spannungsverhältnisse gestalten. In: SUESS, Gerhard/HAMMER, Wolfgang (Hg.): Kinderschutz. Risiken erkennen, Spannungsverhältnisse gestalten (Fachbuch Klett-Cotta). Stuttgart 2010, 13–24.

HART, Roger: Children's Participation. From Tokenism to Citizenship (Innocenti Essays 4). 1992.

HEINITZ, Stefan/SLÜTER, Ralf: Von der Notlösung zum Erfolgsmodell. Erfindungen, Fallstricke und Perspektiven im Kinderschutz am Beispiel der Entwicklung des Profils der "insoweit erfahrenen Fachkraft". In: BÖWER, Michael/KOTTHAUS, Jochem (Hg.): Praxisbuch Kinderschutz. Professionelle Herausforderungen bewältigen. Weinheim/ Basel 2018, 44–58.

HEINZEL, Friederike: Qualitative Methoden in der Kindheitsforschung. Ein Überblick. In: HEINZEL, Friederike (Hg.): Methoden der Kindheitsforschung. Ein

Überblick über Forschungszugänge zur kindlichen Perspektive (Kindheiten). Weinheim ²2012, 22–35.

HEINZEL, Friederike: Gruppendiskussion und Kreisgespräch. In: HEINZEL, Friederike (Hg.): Methoden der Kindheitsforschung. Ein Überblick über Forschungszugänge zur kindlichen Perspektive (Kindheiten). Weinheim ²2012, 104–115.

HEINZEL, Friederike: Zugänge zur kindlichen Perspektive - Methoden der Kindheitsforschung. In: FRIEBERTSHÄUSER, Barbara/LANGER, Antje/PRENGEL, Annedore (Hg.): Handbuch qualitative Forschungsmethoden in der Erziehungswissenschaft. Weinheim/ Basel ⁴2013, 707–721.

HEITMEYER, Wilhelm: Sozialer Tod. Sexuelle Gewalt in Institutionen: Mechanismen und System. In: ANDRESEN, Sabine/HEITMEYER, Wilhelm (Hg.): Zerstörerische Vorgänge. Missachtung und sexuelle Gewalt gegen Kinder und Jugendliche in Institutionen. Weinheim/ Basel 2012, 22–35.

HELMING, Elisabeth/MAYER, Marina: „Also über gute Sexualität zu reden, aber auch über die Risiken, das ist auch eine ganz große Herausforderung.“. Einige ausgewählte Aspekte zum Umgang mit Sexualität und sexueller Gewalt in institutionellen Kontexten, die mit Kindern und Jugendlichen arbeiten. In: ANDRESEN, Sabine/HEITMEYER, Wilhelm (Hg.): Zerstörerische Vorgänge. Missachtung und sexuelle Gewalt gegen Kinder und Jugendliche in Institutionen. Weinheim/ Basel 2012, 49–64.

HELSPER, Werner/REH, Sabine: Nähe, Diffusität und Asymmetrie in pädagogischen Interaktionen. In: THOLE, Werner u.a. (Hg.): Sexualisierte Gewalt, Macht und Pädagogik (Vorstandsreihe der Deutschen Gesellschaft für Erziehungswissenschaft). Leverkusen 2012, 265–290.

HÜBENTHAL, Maksim: Altersgrenzen, Partizipation und Kinderrechte. In: DRERUP, Johannes/SCHWEIGER, Gottfried (Hg.): Handbuch Philosophie der Kindheit. Berlin 2019, 380–387.

HUBER, Christina/LEHMANN, Lukas: Auswertung Qualitativer Daten. In: AEPPLI, Jürg u.a. (Hg.): Empirisches wissenschaftliches Arbeiten. Ein Studienbuch für die Bildungswissenschaften (utb-studi-e-book 4201). Bad Heilbrunn ⁴2016, 230–264.

HUMME, Mark: Eine Diskursanalytik sozialpädagogischer Praxis. Wiesbaden 2015.

INTERNATIONAL SAVE THE CHILDRENS ALLIANCE: Child Rights Programming. How to Apply Rights-Based Approaches in Programming. London 2002.

JANSSEN, Bettina: Sexueller Missbrauch in der katholischen Kirche - Tatorte und Aspekte der Täter-Opfer-Institutionen-Dynamik. In: FEGERT, Jörg (Hg.): Kompendium "Sexueller Missbrauch in Institutionen". Entstehungsbedingungen, Prävention und Intervention. Weinheim 2015, 208–223.

JARG, Bergold/STEFAN, Thomas: Partizipative Forschungsmethoden: ein methodischer Ansatz in Bewegung. In: Forum qualitative Sozialforschung. 13/1 (2012), ohne Seiten.

JUD, Andreas: Sexueller Kindesmissbrauch - Begriffe, Definitionen und Häufigkeiten. In: FEGERT, Jörg (Hg.): Sexueller Missbrauch von Kindern und Jugendlichen. Ein Handbuch zur Prävention und Intervention für Fachkräfte im medizinischen, psychotherapeutischen und pädagogischen Bereich, Mit 22 Tabellen. Berlin 2015, 41–49.

KALLOCH, Christina: Kindertheologie – Kinderphilosophie. In: BÜTTNER, Gerhard u.a. (Hg.): Handbuch Theologisieren mit Kindern. Einführung - Schlüsselthemen - Methoden. München 2014, 13–18.

KAMMEYER, Katharina: "Lieber Gott, Amen!". Theologische und empirische Studien zum Gebet im Horizont theologischer Gespräche mit Vorschulkindern, Zugl.: Dortmund, Techn. Univ., Diss., 2008. Stuttgart 2009.

KAMPERT, Meike: „Unser Schutzkonzept ist in einem Ordner, ich weiß aber nicht, wo der gerade steht“. In: Sozial Extra. 39/5 (2015), 22–24.

KAPPLER, Selina u.a.: So können Schutzkonzepte in Freizeiteinrichtungen für Kinder und Jugendliche gelingen. Erkenntnisse der qualitativen Studie des Monitorings (2015–2018) zum Stand der Prävention sexualisierter Gewalt an Kindern und Jugendlichen in Deutschland in evangelischen Gemeinden, katholischen Pfarreien, muslimischen und jüdischen Gemeinden, in der organisierten sportlichen, verbandlichen und kulturellen Kinder- und Jugendarbeit sowie bei Anbietern von Kinder- und Jugendreisen und in Austauschorganisationen, Teilbericht 4. 2018.

KATHOLISCHE LANDESARBEITSGEMEINSCHAFT KINDER- UND JUGENDSCHUTZ NW E.V. (Hg.): Arbeitshilfe Institutionelles Schutzkonzept für die Arbeit mit Kindern und Jugendlichen. Münster 2015.

KAUPP, Angela: Gemeindekatechese. Eine Relecture angesichts veränderter Bedingungen. In: ALTMEYER, Stefan/BITTER, Gottfried/BOSCHKI, Reinhold (Hg.): Christliche Katechese unter den Bedingungen der "flüchtigen Moderne" (Praktische Theologie heute 142). Stuttgart 2016, 161–170.

KERBER-GANSE, Waltraud: Die UN-Kinderrechtskonvention. Eine allgemeine Einführung. In: GEIGER, Gunther (Hg.): Kinderrechte sind Menschenrechte. Kinderrechte in Deutschland. Opladen/ Berlin/ Farmington Hills 2011, 13–32.

KINDLER, Heinz: Prävention von sexuellem Missbrauch – Möglichkeiten und Grenzen. In: FEGERT, Jörg (Hg.): Sexueller Missbrauch von Kindern und Jugendlichen. Ein Handbuch zur Prävention und Intervention für Fachkräfte im medizinischen, psychotherapeutischen und pädagogischen Bereich, Mit 22 Tabellen. Berlin 2015, 351–362.

KINDLER, Heinz/FEGERT, Jörg: Missbrauch in Institutionen. Empirische Befunde zur grundlegenden Orientierung. In: FEGERT, Jörg (Hg.): Kompendium "Sexueller Missbrauch in Institutionen". Entstehungsbedingungen, Prävention und Intervention. Weinheim 2015, 167–185.

KINDLER, Heinz/DERR, Regine: Sexueller Missbrauch im Forschungsfokus. In: DJI Impulse. 2 (2017), 4–9.

KLEIN, Stephanie: Überlegungen zu einer empirisch fundierten Praktischen Theologie. In: Pastoraltheologische Informationen. 35/2 (2015), 59–56.

KRAPPMANN, Lothar: Kinderrechte. In: SPENN, Matthias (Hg.): Handbuch Arbeit mit Kindern - evangelische Perspektiven. Gütersloh 2007, 121–129.

KRUSE, Jan u.a.: Qualitative Interviewforschung. Ein integrativer Ansatz (Grundlagentexte Methoden). Weinheim/Basel [2]2015.

LACHMANN, Rainer: Art. Kind. In: TRE Bd. 18 (1989), 156–176.

LIEBEL, Manfred: Kinder und Gerechtigkeit. Über Kinderrechte neu nachdenken. Weinheim 2013.

LIEBHARDT, Hubert: Beschwerdeverfahren als Teil einer Fehlerkultur. In: CRONE, Gerburg/LIEBHARDT, Hubert (Hg.): Institutioneller Schutz vor sexuellem Missbrauch. Achtsam und verantwortlich handeln in Einrichtungen der Caritas (Studien und Praxishilfen zum Kinderschutz). Weinheim u.a. 2015, 50–62.

LINDGREN, Astrid: Niemals Gewalt! A.-L. Kornitzky und K. Behnken. Hamburg 2017.

LÖTSCHER, Hanni: Beobachtung. In: AEPPLI, Jürg u.a. (Hg.): Empirisches wissenschaftliches Arbeiten. Ein Studienbuch für die Bildungswissenschaften (utb-studi-e-book 4201). Bad Heilbrunn [4]2016, 192–203.

LUTTERBACH, Hubertus: Sexuelle Gewalt gegen Kinder - eine Verletzung des christlich begründeten Kinderschutzes. In: Concilium. 40/3 (2004), 298–307.

LUTTERBACH, Hubertus: Kinder und Christentum. Kulturgeschichtliche Perspektiven auf Schutz, Bildung und Partizipation von Kindern zwischen Antike und Gegenwart. Stuttgart 2010.

LUTTERBACH, Hubertus: Was haben Kinder dem Christentum zu verdanken? Eine historisch-theologische Spurensuche als gegenwartsorientierende Provokation. In: GEIGER, Gunther (Hg.): Kinderrechte sind Menschenrechte. Kinderrechte in Deutschland. Opladen/ Berlin/ Farmington Hills 2011, 141–166.

LUTZ, Bernd: Katechese in der Gemeinde. In: BITTER, Gottfried (Hg.): Neues Handbuch religionspädagogischer Grundbegriffe. München [2]2009, 305–310.

MAUCHER, Katharina: Leitungsverantwortung und Leitungsaufgaben in Institutionen. In: FEGERT, Jörg (Hg.): Kompendium "Sexueller Missbrauch in Institutionen". Entstehungsbedingungen, Prävention und Intervention. Weinheim 2015, 455–472.

MAYNE, Fiona/HOWITT, Christine/RENNIE, Léonie: A hierarchical model of children's research participation rights based on information, understanding, voice, and influence. In: European Early Childhood Education Research Journal. 26/5 (2018), 644–656.

MAYWALD, Jörg: Das Recht gehört zu werden. Beteiligung als Grundrecht jedes Kindes. In: KNAUER, Raingard/STURZENHECKER, Benedikt (Hg.): Demokratische Partizipation von Kindern. Weinheim 2016, 16–30.

METTE, Norbert: Art. Kind. IV Rechtlich. In: LThK Bd. 5 ([3]Sonderausgabe 2006), 1433–1434.

METTE, Norbert: Gemeinde - eine Wiederentdeckung des Zweiten Vatikanischen Konzils. In: SELLMANN, Matthias (Hg.): Gemeinde ohne Zukunft? Theologische Debatte und praktische Modelle (Theologie kontrovers). Freiburg im Breisgau 2013, 91–102.

MEUSER, Michael/NAGEL, Ulrike: ExpertInneninterviews - vielfach erprobt, wenig bedacht. Ein Beitrag zur qualitativen Methodendiskussion. In: BOGNER,

Alexander/LITTIG, Beate/MENZ, Wolfgang (Hg.): Das Experteninterview. Wiesbaden 2002, 71–94.

MÜLLER-FRIESE, Anita: Theologisieren in heterogenen Lerngruppen. In: BÜTTNER, Gerhard u.a. (Hg.): Handbuch Theologisieren mit Kindern. Einführung - Schlüsselthemen - Methoden. München 2014, 44–50.

NEUMANN, Sascha: Die Wissenschaft und ihre Kinder. Zur politischen Epistemologie der Frühpädagogik. In: BLOCH, Bianca u.a. (Hg.): Kinder und Kindheiten. Frühpädagogische Perspektiven. Weinheim/ Basel 2018, 40–54.

OEFFLING, Yvonne/WINTER, Veronika/WOLFF, Mechthild: Prävention als organisationales Bildungskonzept. In: OPPERMANN, Carolin (Hg.): Lehrbuch Schutzkonzepte in pädagogischen Organisationen (Studienmodule Soziale Arbeit). Weinheim 2018, 204–231.

OPPERMANN, Carolin (Hg.): Lehrbuch Schutzkonzepte in pädagogischen Organisationen (Studienmodule Soziale Arbeit). Weinheim 2018.

OPPERMANN, Carolin u.a.: Kultur der Achtsamkeit als wesentlicher Aspekt eines Schutzkonzeptes. In: OPPERMANN, Carolin (Hg.): Lehrbuch Schutzkonzepte in pädagogischen Organisationen (Studienmodule Soziale Arbeit). Weinheim 2018, 41–55.

OPPERMANN, Carolin/SCHRÖER, Wolfgang: Organisationen. In: OPPERMANN, Carolin (Hg.): Lehrbuch Schutzkonzepte in pädagogischen Organisationen (Studienmodule Soziale Arbeit). Weinheim 2018, 98–113.

OPPERMANN, Carolin/SCHRÖER, Wolfgang: AdressatInnen und Schutzkonzepte. In: OPPERMANN, Carolin (Hg.): Lehrbuch Schutzkonzepte in pädagogischen Organisationen (Studienmodule Soziale Arbeit). Weinheim 2018, 141–151.

OPPERMANN, Carolin/WINTER, Veronika/WOLFF, Mechthild: Methoden zur partizipativen Durchführung von Gefährdungsanalysen. In: OPPERMANN, Carolin (Hg.): Lehrbuch Schutzkonzepte in pädagogischen Organisationen (Studienmodule Soziale Arbeit). Weinheim 2018, 192–203.

PFEFFER, Klaus: Die un-heilige Wirklichkeit der Kirche als theologische Erkenntnisquelle. Vom Hinhören und Hinsehen auf die Leidensgeschichten von Menschen in und mit der Kirche. In: REMÉNYI, Matthias/SCHÄRTL, Thomas (Hg.): Nicht ausweichen. Theologie angesichts der Missbrauchskrise. Regensburg 2019, 177–188.

PLENER, Paul/FEGERT, Jörg/WOLFF, Mechthild: Konsequenzen für die Ausbildung: Hochschulen als riskante Orte und Orte der Prävention. In: FEGERT, Jörg (Hg.): Kompendium "Sexueller Missbrauch in Institutionen". Entstehungsbedingungen, Prävention und Intervention. Weinheim 2015, 683–694.

PLUTO, Liane: Partizipation in den Hilfen zur Erziehung. Eine empirische Studie. München 2007.

PRZYBORSKI, Aglaja/WOHLRAB-SAHR, Monika: Qualitative Sozialforschung. München ^{4}2014.

RAHNER, Karl: Gedanken zu einer Theologie der Kindheit. In: RAHNER, Karl (Hg.): Schriften zur Theologie. Einsiedeln u.a. 1966, 313–329.

Reis, Oliver: Inklusion. In: Kropac, Ulrich/Riegel, Ulrich (Hg.): Handbuch Religionsdidaktik. Stuttgart 2020, 472–477.

REIS, Oliver: Zur Differenz zwischen Modell und Gemeindeentwicklung in der Praxis. Theoretische Modelle und ihre Wirkung in den konkreten Räumen aus Sicht der Aktuer-Netzwerk-Theorie. In: ERZBISTUM PADERBORN (Hg.): Entwicklung der ehrenamtlichen Mitverantwortung. Projektbericht 1: Modelle, Transformationen, Corona-Erfahrungen. Paderborn 2021, 43–63.

REISINGER, Doris: Machtmissbrauch und sexuelle Gewalt in der Kirche - was hat Theologie damit zu tun? Gedanken aus der Perspektive einer Betroffenen. In: REMÉNYI, Matthias/SCHÄRTL, Thomas (Hg.): Nicht ausweichen. Theologie angesichts der Missbrauchskrise. Regensburg 2019, 52–60.

RETKOWSKI, Alexandra u.a.: Basis-Curriculum zur Verankerung des Themas "Sexuelle Gewalt in Institutionen" in universitärer und hochschulischer Lehre Netzwerk der Juniorprofessuren im Rahmen der BMBF-Förderlinie "Sexuelle Gewalt in pädagogischen Kontexten". In: WAZLAWIK, Martin u.a. (Hg.): Sexuelle Gewalt in pädagogischen Kontexten. Aktuelle Forschungen und Reflexionen (Sexuelle Gewalt und Pädagogik 3). Wiesbaden 2019, 261–289.

Riedl, Anna M.: Der Begriff des Kindeswohls in theologisch-ethischer Perspektive. Von einer Kindertheologie zur Theologie der Kindheit. In: EthikJournal. 1/2 (2013), 1-15. Online unter http://www.ethikjournal.de/fileadmin/user_upload/ethikjournal/Texte_Ausgabe_2_10-2013/Riedl__Kindeswohl_in_theologisch-ethischer_Perspektive_EthikJournal_1_2013_2.pdf [Stand: 08.12.2021].

RIEDL, Anna M.: Ethik an den Grenzen der Souveränität: christliche Sozialethik im Dialog mit Judith Butler unter Berücksichtigung des Kindeswohlbegriffs. Gesellschaft - Ethik – Religion. Paderborn 2017.

RIEDL, Anna M.: Kindeswohl zwischen Anspruch und Wirklichkeit. Sozialethische Sondierungen zur Anerkennung und zu einer Ethik der Verletzbarkeit. In: HEIMBACH-STEINS, Marianne/RIEDL, Anna (Hg.): Kindeswohl zwischen Anspruch und Wirklichkeit. Theorie und Praxis im Gespräch (Gesellschaft, Ethik, Religion Band 10). Paderborn 2017, 13–32.

RIEDL, Anna M.: Kindeswohl - Eine sozialethische Grundlegung. Bericht zum dreijährigen Forschungsprojekt am Institut für Christliche Sozialwissenschaften in Münster. In: Diskurs Kindheits- und Jugendforschung. 12/1 (2017), 89–94.

RIEGER, Judith: So viele Rechte wie nie zuvor – Partizipation in der Kinder- und Jugendhilfe. In: STRAßBURGER, Gaby/RIEGER, Judith (Hg.): Partizipation kompakt. Für Studium, Lehre und Praxis sozialer Berufe. Weinheim Basel [2]2019, 111–117.

RÖRIG, Johannes-Wilhelm: Was muss geschehen, damit nichts geschieht? Prävention sexualisierter Gewalt und die Bedeutung von institutionellen Schutzkonzepten. In: Thema Jugend. 3 (2016), 3–5.

RÖRIG, Johannes-Wilhelm: „Sexuelle Gewalt gegen Kinder und Jugendliche verändert sich durch digitale Medien fundamental". In: DJI Impulse. 2 (2017), 10–12.

ROOSE, Hanna/LOOSE, Anika/EICHHOLTZ, Jasmin: Kindertheologie und schulische Alltagspraxis. Eine Studie zum Verhältnis von kindertheologischen Normen und eingeschliffenen Routinen im Religionsunterricht. Stuttgart 2019.

SCHEIDLER, Monika: Katechese/Katechetik. In: WiReLex. Das Wissenschaftlich-Religionspädagogische Lexikon im Internet, Januar 2015. Online unter https://www.bibelwissenschaft.de/stichwort/100103/ [Stand: 08.12.2021].

SCHLOZ, Carolin/ALLROGGEN, Marc/FEGERT, Jörg: Forschungsstand zur Umsetzung von Schutzkonzepten und Faktoren einer gelingenden Implementierung. In: WOLFF, Mechthild/SCHRÖER, Wolfgang/FEGERT (Hg.): Schutzkonzepte in Theorie und Praxis. Ein beteiligungsorientiertes Werkbuch. Weinheim/ Basel 2017, 25–32.

SCHÖNING-MÜLLER, Sabine: Mitbestimmung als wesentliches Element des Kinderschutzes in stationären Einrichtungen. In: CRONE, Gerburg/LIEBHARDT, Hubert (Hg.): Institutioneller Schutz vor sexuellem Missbrauch. Achtsam und verantwortlich handeln in Einrichtungen der Caritas (Studien und Praxishilfen zum Kinderschutz). Weinheim u.a. 2015, 92–98.

SCHOLZ, Gerold: Teilnehmende Beobachtung. In: HEINZEL, Friederike (Hg.): Methoden der Kindheitsforschung. Ein Überblick über Forschungszugänge zur kindlichen Perspektive (Kindheiten). Weinheim ²2012, 116–133.

SCHRÖER, Wolfgang/WOLFF, Mechthild: Schutzkonzepte und Gefährdungsanalysen - eine Grundverständigung. In: OPPERMANN, Carolin (Hg.): Lehrbuch Schutzkonzepte in pädagogischen Organisationen (Studienmodule Soziale Arbeit). Weinheim 2018, 28–40.

SCHWEITZER, Friedrich: Was ist und wozu Kindertheologie? In: BUCHER, Anton (Hg.): "Im Himmelreich ist keiner sauer". Kinder als Exegeten (Jahrbuch für Kindertheologie 2). Stuttgart 2003, 9–18.

SCHWERDT, Daniel/WAZLAWIK, Martin: Institutionelle Schutzkonzepte in der Schule. In: KJuG. 62 (2017), 66–70.

SEKRETARIAT DER DEUTSCHEN BISCHOFSKONFERENZ: Rahmenordnung - Prävention gegen sexualisierte Gewalt an Minderjährigen und schutz- und hilfebedürftigen Erwachsenen im Bereich der Deutschen Bischofskonferenz. In: SEKRETARIAT DER DEUTSCHEN BISCHOFSKONFERENZ (Hg.): Aufklärung und Vorbeugung - Dokumente zum Umgang mit sexuellem Missbrauch im Bereich der Deutschen Bischofskonferenz. (Arbeitshilfe 246). Bonn ³2014, 34–43.

SEKRETARIAT DER DEUTSCHEN BISCHOFSKONFERENZ: Handreichung zur Rahmenordnung – Prävention gegen sexualisierte Gewalt an Minderjährigen und erwachsenen Schutzbefohlenen im Bereich der Deutschen Bischofskonferenz. In: SEKRETARIAT DER DEUTSCHEN BISCHOFSKONFERENZ (Hg.): Aufklärung und Vorbeugung - Dokumente zum Umgang mit sexuellem Missbrauch im Bereich der Deutschen Bischofskonferenz. (Arbeitshilfe 246). Bonn ³2014, 44–81.

SEKRETARIAT DER DEUTSCHEN BISCHOFSKONFERENZ: Zahlen und Fakten (Arbeitshilfen 306). 2018/19. 2019.

SEKRETARIAT DER DEUTSCHEN BISCHOFSKONFERENZ (Hg.): Rahmenordnung – Prävention gegen sexualisierte Gewalt an Minderjährigen und schutz- und hilfebedürftigen Erwachsenen im Bereich der Deutschen Bischofskonferenz 2020. Online unter https://www.dbk.de/fileadmin/redaktion/diverse_downloads/dossiers_2019/2019-207b-Rahmenordnung-Praevention.pdf [Stand: 08.12.2021].

SPENGLER, Friederike: Kindsein als Menschsein. Beitrag zu einer integrativen theologischen Anthropologie (Marburger theologische Studien 88). Leipzig 2005.

SPENN, Matthias (Hg.): Evangelische Kinder- und Jugendarbeit im Perspektivwechsel. Aufwachsen in schwieriger Zeit - Kinder in Kirche und Gesellschaftsentwicklungen seit der EKD-Synode 1994 in Halle, Saale, eine Veröffentlichung des Comenius-Instituts. Münster 2005.

STRAßBURGER, Gaby/RIEGER, Judith: Bedeutung und Formen der Partizipation – Das Modell der Partizipationspyramide. In: STRAßBURGER, Gaby/RIEGER, Judith (Hg.): Partizipation kompakt. Für Studium, Lehre und Praxis sozialer Berufe. Weinheim Basel ²2019, 12–39.

STRAßBURGER, Gaby/RIEGER, Judith: Partizipation kompakt – Komplexe Zusammenhänge auf den Punkt gebracht. In: STRAßBURGER, Gaby/RIEGER, Judith (Hg.): Partizipation kompakt. Für Studium, Lehre und Praxis sozialer Berufe. Weinheim Basel ²2019, 230–240.

STRAUSS, Anselm/CORBIN, Juliet: Grounded Theory: Grundlagen Qualitativer Sozialforschung. Weinheim 1996.

STRIET, Magnus/WERDEN, Rita: Vorwort. In: STRIET, Magnus/WERDEN, Rita (Hg.): Unheilige Theologie! Analysen angesichts sexueller Gewalt gegen Minderjährige durch Priester (Katholizismus im Umbruch). Freiburg/ Basel/ Wien 2019, 7–14.

STRIET, Magnus: Sexueller Missbrauch im Raum der Katholischen Kirche. Versuch einer Ursachenforschung. In: STRIET, Magnus/WERDEN, Rita (Hg.): Unheilige Theologie! Analysen angesichts sexueller Gewalt gegen Minderjährige durch Priester (Katholizismus im Umbruch). Freiburg/ Basel/ Wien 2019, 15–40.

STRODTHOLZ, Petra/KÜHL, Stefan: Qualitative Methoden in der Organisationsforschung – ein Überblick. In: KÜHL, Stefan/STRODTHOLZ, Petra (Hg.): Methoden der Organisationsforschung. Ein Handbuch. Reinbeck bei Hamburg 2002, 11–29.

SURALL, Frank: Ethik des Kindes. Kinderrechte und ihre theologisch-ethische Rezeption (Forum Systematik Band 31). Stuttgart 2009.

SURALL, Frank: "Für" und "von" im Streit der Präpositionen. Beobachtungen zur Subjektwahrnehmung von Kindern in Kirche und Theologie. In: HEIMBACH-STEINS, Marianne/RIEDL, Anna M. (Hg.): Kindeswohl zwischen Anspruch und Wirklichkeit. Theorie und Praxis im Gespräch (Gesellschaft, Ethik, Religion Band 10). Paderborn 2017, 169–174.

SYNODE DER EVANGELISCHEN KIRCHE IN DEUTSCHLAND: Aufwachsen in schwieriger Zeit. Kinder in Gemeinde und Gesellschaft. Gütersloh 1995.

TREIBEL, Annika/DÖLLING, Dieter/HERMANN, Dieter: Das Anzeigeverhalten Betroffener sexueller Übergriffe. In: WAZLAWIK, Martin u.a. (Hg.): Sexuelle Gewalt in pädagogischen Kontexten. Aktuelle Forschungen und Reflexionen (Sexuelle Gewalt und Pädagogik 3). Wiesbaden 2019, 125–136.

TYRELL, Hartmann: Religion - Organisationen und Institutionen. In: SCHÄFERS, Bernhard/STAGL (Hg.): Kultur und Religion, Institutionen und Charisma im Zivilisationsprozess. Festschrift für Wolfgang Lipp (Konstanzer Schriften zur Sozialwissenschaft 65). Konstanz 2005, 25–56.

TYRELL, Hartmann: Religion und Organisation: Sechs kirchensoziologische Anmerkungen. In: HERMELINK, Jan/WEGNER, Gerhard (Hg.): Paradoxien kirchlicher Organisation. Niklas Luhmanns frühe Kirchensoziologie und die aktuelle Reform der evangelischen Kirche (Religion in der Gesellschaft 24). 2008, 179–204.

UNABHÄNGIGE BEAUFTRAGTE ZUR AUFARBEITUNG DES SEXUELLEN KINDESMISSBRAUCHS: Abschlussbericht der Unabhängigen Beauftragten zur Aufarbeitung des sexuellen Kindesmissbrauchs, Dr. Christiane Bergmann. 2011. Online unter https://beauftragter-missbrauch.de/service/berichte [Stand: 08.12.2021].

UNABHÄNGIGER BEAUFTRAGTER FÜR FRAGEN DES SEXUELLEN KINDESMISSBRAUCHS: Handbuch Schutzkonzepte sexueller Missbrauch. Befragung zum Umsetzungsstand der Empfehlungen des Runden Tisches "Sexueller Kindesmissbrauch", Bericht mit Praxisbeispielen zum Monitoring 2012-2013. 2013. Online unter https://beauftragte-missbrauch.de/fileadmin/user_upload/Publikation_-_Abschlussberichte/130911_Zwischenbericht_2_Befragung.pdf [Stand: 08.12. 2021].

UNABHÄNGIGER BEAUFTRAGTER FÜR FRAGEN DES SEXUELLEN KINDESMISSBRAUCH/DEUTSCHE BISCHOFSKONFERENZ: Vereinbarung zwischen dem Beauftragten der Deutschen Bischofskonferenz für Fragen des sexuellen Missbrauchs Minderjähriger im kirchlichen Bereich und dem Unabhängigen Beauftragten für Fragen des sexuellen Kindesmissbrauchs (UBSKM). 2016.

UNABHÄNGIGER BEAUFTRAGTER FÜR FRAGEN DES SEXUELLEN KINDESMISSBRAUCH/DEUTSCHE BISCHOFSKONFERENZ: Vereinbarung zwischen dem Beauftragten der Deutschen Bischofskonferenz für Fragen des sexuellen Missbrauchs Minderjähriger im kirchlichen Bereich und dem Unabhängigen Beauftragten für Fragen des sexuellen Kindesmissbrauchs (UBSKM). 2020. Online unter https://www.dbk.de/fileadmin/redaktion/diverse_downloads/presse_2020/2020-074a-Gemeinsame-Erklaerung-UBSKM-Dt.-Bischofskonferenz.pdf [Stand: 08.12.2021].

UNABHÄNGIGER BEAUFTRAGTER FÜR FRAGEN DES SEXUELLEN KINDESMISSBRAUCHS: Definition von sexuellem Kindesmissbrauch. Online unter https://beauftragter-missbrauch.de/praevention/was-ist-sexueller-missbrauch/definition-von-sexuellem-missbrauch/ [Stand: 08.12.2021].

UNABHÄNGIGER BEAUFTRAGTER FÜR FRAGEN DES SEXUELLEN KINDESMISSBRAUCHS: Schutzkonzepte. Online unter https://beauftragter-missbrauch.de/praevention/schutzkonzepte/ [Stand: 08.12.2021].

UNICEF: Fact sheet: The right to participation. 2014. Online unter https://www.slideshare.net/renewvipolitics/unicef-crc-right-to-participation [Stand: 08.12.2021].

UNITED NATIONS COMMITTEE ON THE RIGHTS OF THE CHILD: General Comment No. 7 (2005). Implementing child rights in early childhood. Geneva 2005.

URBAN-STAHL, Ulrike: Beschweren erlaubt! 10 Empfehlungen zur Implementierung von Beschwerdeverfahren in Einrichtungen der Kinder- und Jugendhilfe. 2013. Online unter https://www.ewi-psy.fu-berlin.de/einrichtungen/arbeitsbereiche/-sozialpaedagogik/dokumente/BIBEK-Handreichung.pdf [Stand: 08.12.2021].

VEREINTE NATIONEN, AUSSCHUSS FÜR DIE RECHTE DES KINDES: Allgemeine Bemerkung Nr. 12 (2009). Das Recht des Kindes, gehört zu werden. 2009. Online unter https://ekkj.admin.ch/fileadmin/user_upload/ekkj/04themen/06Anhoerungs-recht/d_09_GeneralComment_No12_Anhoerungsrecht.pdf [Stand: 08.12.2021].

VOGL, Susanne: Interviews mit Kindern führen. Eine praxisorientierte Einführung (Grundlagentexte Methoden). Weinheim/Basel 2015.

WAPLER, Friederike: Kinderrechte. In: DRERUP, Johannes/SCHWEIGER, Gottfried (Hg.): Handbuch Philosophie der Kindheit. Berlin 2019, 121–127.

WEICK, Karl E./SUTCLIFFE, Kathleen M.: Das Unerwartete managen. Wie Unternehmen aus Extremsituationen lernen. Stuttgart 2010.

WEITENDORF, Silke: Nachwort. NIEMALS GEWALT! Oder: Es gibt Dinge, die man tun muss, sonst ist man kein Mensch, sondern nur ein Häuflein Dreck [Nachwort zu:] LINDGREN, Astrid: Niemals Gewalt! A.-L. Kornitzky und K. Behnken. Hamburg 2017, 43–69.

WIESNER, Reinhard: Partizipation als Modus des Kinderschutzes. In: INFORMATIONSZENTRUM KINDESMISSHANDLUNG/KINDESVERNACHLÄSSIGUNG (Hg.): UN-Kinderrechtskonvention. Impulse für den Kinderschutz. 2009, 21–23.

WIPPLINGER, Rudolf/AMANN, Gabriele: Sexueller Missbrauch: Begriffe und Definitionen. In: AMANN, Gabriele/WIPPLINGER, Rudolf (Hg.): Sexueller Missbrauch. Überblick zu Forschung, Beratung und Therapie, Ein Handbuch. Tübingen [3]2005, 17–43.

WITT, Andreas u.a.: Die Prävalenz von sexuellem Missbrauch in Institutionen. Ergebnisse einer repräsentativen Bevölkerungsstudie, Präsentation zum Vortrag auf dem DGKJP-Kongress im März 2017 in Ulm. Online unter https://www.uniklinik-ulm.de/fileadmin/default/Kliniken/Kinder-Jugendpsychiatrie/Praesentationen/prevalence_sexual_abuse_institutions_DGKJP_2017 .pdf [Stand: 08.12.2021].

WÖHRER, Veronika: Partizipative Aktionsforschung mit Kindern und Jugendlichen. Von Schulsprachen, Liebesorten und anderen Forschungsdingen. Wiesbaden 2017.

WOLFF, Mechthild/HARTIG, Sabine: Gelingende Beteiligung in der Heimerziehung. Gute Praxis beim Mitreden, Mitwirken und Mitbestimmen von Kindern und Jugendlichen im Heimalltag; ein Werkbuch für Jugendliche und ihre BetreuerInnen (Edition Sozial). Weinheim/Basel 2013.

WOLFF, Mechthild: Missbrauch von Kindern und Jugendlichen durch Professionelle in Institutionen. Perspektiven der Prävention durch Schutzkonzepte. In:

BÖLLERT, Karin/WAZLAWIK, Martin (Hg.): Sexualisierte Gewalt. Institutionelle und professionelle Herausforderungen. Wiesbaden 2014, 95–110.

WOLFF, Mechthild: Organisationsanalysen als Ausgangspunkt der Entwciklung eines besseren KlientInnenschutzes. In: CRONE, Gerburg/LIEBHARDT, Hubert (Hg.): Institutioneller Schutz vor sexuellem Missbrauch. Achtsam und verantwortlich handeln in Einrichtungen der Caritas (Studien und Praxishilfen zum Kinderschutz). Weinheim u.a. 2015, 39–49.

WOLFF, Reinhart u.a.: Kinder im Kinderschutz. Zur Partizipation von Kindern und Jugendlichen im Hilfeprozess, Eine explorative Studie. Herausgegeben vom Nationalen Zentrum Frühe Hilfen (NZFH) in der Bundeszentrale für gesundheitliche Aufklärung (BZgA). 2014.

WOLFF, Stephan: Sozialwissenschaftliche Grundlagen des Organisierens. Online-Modul. Hildesheim 2002.

WYNESS, Michael: Children's Participation: Definitions, Narratives and Disputes. In: BARALDI, Claudio/COCKBURN, Tom (Hg.): Theorising Childhood. Cham 2018, 53–72.

ZIMMERMANN, Mirjam: Kindertheologie als theologische Kompetenz von Kindern. Grundlagen, Methodik und Ziel kindertheologischer Forschung am Beispiel der Deutung des Todes Jesu, Zugl.: Dortmund, Techn. Univ., Habil.-Schr., 2009. Neukirchen-Vluyn ²2012.

ZOLLNER, Hans: Kirchenleitung und Kinderschutz. Theologie im Kontext des Kinderschutzgipfels 2019. In: REMÉNYI, Matthias/SCHÄRTL, Thomas (Hg.): Nicht ausweichen. Theologie angesichts der Missbrauchskrise. Regensburg 2019, 189–200.

Anhang

Förderliche und herausfordernde Faktoren bei der Schutzkonzepterstellung [Vgl. hierzu Kapitel 6.1.1]

Die Zusammenstellung der Ergebnisse erfolgte aus den nachfolgend genannten Studien:

- Kappler, Selina u. a.: So können Schutzkonzepte in Freizeiteinrichtungen für Kinder und Jugendliche gelingen. Erkenntnisse der qualitativen Studie des Monitorings (2015–2018) zum Stand der Prävention sexualisierter Gewalt an Kindern und Jugendlichen in Deutschland in evangelischen Gemeinden, katholischen Pfarreien, muslimischen und jüdischen Gemeinden, in der organisierten sportlichen, verbandlichen und kulturellen Kinder- und Jugendarbeit sowie bei Anbietern von Kinder- und Jugendreisen und in Austauschorganisationen, Teilbericht 4. 2018.
- Dreßing, Harald u. a.: Sexueller Missbrauch an Minderjährigen durch katholische Priester, Diakone und männliche Ordensangehörige im Bereich der deutschen Bischofskonferenz. Projektbericht. Mannheim Heidelberg Gießen 2018. Online unter https://www.dbk.de/fileadmin/redaktion/diverse_downloads/dossiers_2018/MHG-Studie-gesamt.pdf [Stand: 08.12.2021].

Förderliche Faktoren der Schutzkonzepterstellung

Expliziter Bezug auf christliche Wertehaltungen	Kappler u. a., 44: Vereinzelt wurde positiv hervorgehoben, dass sexuelle Gewalt so vor dem Hintergrund der in der diözesanen Präventionsordnung explizit benannten Werthaltungen (wie z. B. ein achtsames Miteinander oder Rücksichtnahme) thematisiert würde Dreßing u. a., 200: „das christliche Menschenbild und das christliche Wertesystem mit seinem Schutzauftrag“.
Diözesane Unterstützung für die Schutzkonzepterstellung (administrativ und	Dreßing u. a., 208: Hilfreich wäre laut Präventionsbeauftragten ein „diözesanes Controlling […], um z. B. die Selbstverpflichtungserklärungen

emotional/wertschätzend)	einzuholen oder zu verwalten oder die Teilnahme an Präventionsschulungen zu dokumentieren“. DREẞING u. a., 203f.: Wertschätzung der Präventionsarbeit allgemein seitens der Diözesanleitung: 4 von 27 Präventionsbeauftragten nahmen eine „sehr hohe“ Wertschätzung der Präventionsarbeit im Bistum wahr. Diese subjektiv empfundene Wertschätzung „spiegelt sich allerdings nicht unbedingt in den personellen Ressourcen und der Infrastruktur wider, die die Diözesen für die Präventionsarbeit bereitstellen“. DREẞING u. a., 208: Verwaltungsaufwand gewinnt an Bedeutung, da so viele und so vielfältige Einrichtungen und Träger ISK entwickeln.
Konkrete Vorgaben und Verpflichtungen	KAPPLER u .a., 47f.: Mit Blick auf den Verhaltenskodex z. B. können konkrete Verpflichtungen und Vorgaben als entlastend angesehen werden Es sei erstrebenswert als Sicherheit und nicht als Reglementierungsinstrument für die in der Pfarrei Tätigen zu erachten. Dafür sei allerdings nötig, dass die Verantwortung für die Einhaltung des Kodexes geteilt würde und z. B. nicht auf hauptamtliche „Kontrolle“ beschränkt bliebe.
Intensivschulungen der Ehrenamtlichen	KAPPLER u. a., 48: Intensivschulungen der Ehrenamtlichen scheinen nachhaltig zu wirken.
Unterstützung durch Präventionsfachkräfte	KAPPLER u. a., 51: Die Präventionsfachkräfte wurden als unterstützend und beratend mit Blick auf die Umsetzung der Prävention beschrieben und nicht nur als Ansprechpartner*innen im Fall der Intervention.
Kompetenz von Priestern	DREẞING u. a., 200: „fachliche und menschliche Kompetenz von Priestern, mit Leid und Verletzung umzugehen bzw. sich um vulnerable Personen (einschließlich Kindern und Jugendlichen) zu kümmern“.
Partizipation	KAPPLER u. a., 50: Partizipation wurde ambivalent beurteilt: Einerseits wurde die partizipative Entwicklung des Verhaltenskodex als nachhaltig wirksam für die Akzeptanz beurteilt. Andererseits

	würden partizipative Prozesse die zeitlichen Kapazitäten übersteigen.
Herausfordernde Faktoren der Schutzkonzepterstellung	
Gemengelage von privaten und professionellen Beziehungen	Kappler u. a., 43: Eine bedeutsame Rolle spielen Pfarrer und Gemeinde- bzw. Pastoralreferent*innen, wobei für Präventionsbemühungen in Pfarreien immer berücksichtigt werden müsse, dass es zu einem „Gemengelage zwischen engen Arbeitsbeziehungen und privaten Beziehungen sowie Freundschaften in der Gemeinde bei Haupt- und Ehrenamtlichen" komme. Daraus ergeben sich weiterhin zwei Herausforderungen: Einmal hinsichtlich der Schwierigkeit, seelsorgerische und leitende Aufgaben zu trenne und hinsichtlich der Trennung von Beruf/Engagement und Privatleben, was besonders den Ehrenamtlichen schwerfiele.
Schwierigkeiten bei der Thematisierung von Sexualität	Kappler u. a., 44: Sexualität und Geschlechtlichkeit wurden als in der Institution Kirche schwierig zu thematisieren angesehen.
Mangelnde Erfahrung mit konzeptioneller Arbeit	Dreßing u. a., 206: Die Umsetzung viel Laut Autor*innen anderen Einrichtungen, wie z. B. Schulen, leichter, da sie – im Unterschied zur kategorialen und territorialen Pastoral – „über Erfahrung mit konzeptioneller Arbeit verfügten".
Heterogene Handhabe bei den Fortbildungen	Kappler u. a., 48: Die unterschiedliche quantitative Handhabe der Fortbildungsbedarfe, die sich hauptsächlich an der Dauer, Art und Intensität des Kontakts mit Kindern und Jugendlichen bemisst, seien sehr heterogen. Inhaltlichen seien sich die Fortbildungen wiederum bistumsübergreifend sehr ähnlich.
(Mehrfach-)Vorlage der Führungszeugnisse	Kappler u. a., 49f.: Herausfordernd sei auch, wie die Dokumentation und Prüfung der vorgelegten Führungszeugnisse vertraulich ablaufen könne. Das Auslagern an eine externe Stelle wurde daher vorgeschlagen. Auch müssten Führungszeugnisse von einer Person teils mehrfach vorgelegt werden (z. B. bei einem ehrenamtlichen Engagement im Jugendverband und in der Pfarrei).

	Da sich die Fristen zur Vorlage der Führungszeugnisse von Bundesland zu Bundesland unterscheiden, kann dies zur Herausforderung für Bistümer werden, die sich auf mehrere Bundesländer erstrecken.
Kommunikationswege zur Präventionsfachkraft	KAPPLER u. a., 51: Nicht immer seien Kommunikationswege zur Präventionsfachkraft oder zu einer Interventionsstelle klar, wenn Kinder und Jugendliche sich einer Vertrauensperson in der Pfarrei anvertrauten. Ehrenamtliche würden kaum als Vertrauenspersonen herangezogen werden, weshalb es wichtig sei Ansprechpersonen öffentlich bekannt zu machen.
Fehlende , Rehabilitationskultur‘	KAPPLER u. a., 52: Eine „Rehabilitationskultur“ nach einem fälschlichen oder unbestätigten Verdacht sei bisher kaum bedacht.
Hierarchie	KAPPLER u. a., 44: Verschiedene hierarchische Ebenen machen verschiedene Abstimmungsprozesse erforderlich.
Vielfalt der Angebote und Einrichtungen innerhalb der Pfarrei	KAPPLER u. a., 44: Zuständigkeiten und Aufgaben sind vielfältig und herausfordernd. Verschiedene Einrichtungen auf dem Gebiet der Pfarrei (z. B. Kitas oder Schulen) machen Absprachen bzgl. Prävention komplex. KAPPLER u. a., 45f.: Vielfalt der Angebote für Kinder und Jugendliche bräuchte eigentlich eine Vielfalt von Angeboten. Ebenso ist die Vielfalt herausfordernd für die Risikoanalyse. Verantwortung für Präventionsarbeit ist durch multiple Kooperationen mit anderen Einrichtungen oder Bereichen teils unklar.
Personenzentriertheit	KAPPLER u. a., 45f.: Die Personenzentriertheit (auf z. B. den Pfarrer oder Ehrenamtliche) der Pfarreien wird als Problem benannt. (). Ebenfalls scheint noch nicht allerorts die Notwendigkeit von ISK gesehen zu werden.
Herausforderungen durch die Arbeit mit Ehrenamtlichen	KAPPLER u. a., 46: Weiterhin wird die hohe Fluktuation der Ehrenamtlichen als Herausforderung benannt.

	KAPPLER u. a., 49: Insbesondere bei älteren Ehrenamtlichen bzw. bei solchen, die nur punktuell in der Pfarrei aktiv sind, sei es schwierig, sie dazu zu motivieren, eine Schulung zu besuchen. U.a. auch, weil die Relevanz zur *eigenen* Auseinandersetzung mit sexualisierter Gewalt nicht gesehen würde.
Partizipation	KAPPLER u. a., 50: Partizipation wurde ambivalent beurteilt: Einerseits wurde die partizipative Entwicklung des Verhaltenskodex als nachhaltig wirksam für die Akzeptanz beurteilt. Andererseits würden partizipative Prozesse die zeitlichen Kapazitäten übersteigen.
Priesterliche Reaktanz	DREßING u. a., 199: Präventionsbeauftragte benennen in der MHG-Studie Reaktanz von Priestern bei der Teilnahme an Präventionsschulungen, eine „generelle Tabuisierung des Themas Sexualität", die Unzugänglichkeit klerikaler Netzwerke sowie einen hierarchischen „und auf Weiheämter ausgerichtete[n] Führungsstil sowie die „fehlende Bereitschaft, der Prävention die angemessene Bedeutung zu geben" als Erschwerungsfaktoren für die Umsetzung von Präventionskonzepten.
	DREßING u. a., 201: Die neue „Kultur des achtsamen Miteinanders" wird offenbar nur schleppend Teil des kirchlichen Alltags. Die Autor*innen der MHG-Studie geben angesichts der von den Präventionsbeauftragten rückgemeldeten Reaktanz gegenüber der Thematik bei geweihten Priestern, zu bedenken, dass „sich eine solche Kultur allein durch Aktivitäten der Präventionsbeauftragten" nicht herbeiführen ließe und „sich ein solcher Wandel auf Leitungsebene vollziehen muss".